本书获安徽大学"211工程三期徽学与地域文化"资助
教育部人文社会科学重点研究基地
安徽大学徽学研究中心重大项目《新安理学与徽州社会》成果
项目批准号：06JJD770001

# 徽州宗族論集

赵华富 ◎著

人民出版社

# 目　录

# 前　言

徽州自古就是一个宗族社会。唐宋以来,徽州宗族愈来愈发展,愈来愈繁荣。明清时期,徽州成为中国宗族制度一个十分典型的地区。胡晓在《新安名族志序》一文中说:

新安……山峭水厉,燹火弗惊,巨室名族,或晋唐封勋,或宦游宣化,览形胜而居者恒多也。其故家遗俗,流风善政,宛然具在。以言乎派,则如江淮河汉,汪汪千顷,会于海而不乱;以言乎宗,则如泰华之松,枝叶繁茂,归一本而无二;言乎世次,则尊卑有定,族居则闾阎辐辏,商贾则云合通津;言乎才德,则或信义征于乡闾,或友爱达于中外,或恬退著述,或忠孝赫烈。至于州里之镇定,六州之保障,诸儒之大成,宗庙血食,千载不磨,又名族之杰出者。(程尚宽《新安名族志》)

徽州社会各个方面——经济、政治、文化、思想、科技、民俗——都与宗族有千丝万缕的联系,各种社会现象无不打上宗族的烙印。徽州世家大族是徽州社会发展变化的重要动力和土壤。

徽州历史和徽学的内容十分丰富。它包含徽州宗族、徽州田制、徽州商帮、徽州教育、徽州民俗、徽州方言、徽州文献、徽州文书、徽州刻书、徽州戏曲、徽州工艺、徽州科技、新安理学、新安医学、新安版画、新安画派、徽派朴学、徽派园林、徽派盆景、徽派篆刻、徽墨、徽菜、歙砚等。徽州宗族是徽州历史的基础和核心。徽州宗族研究是徽学的关键和钥匙。

赵华富

2009年11月16日

# 论徽州宗族的繁荣

唐宋以来，特别是明清时期，徽州宗族异常繁荣，徽州成为中国宗族制度一个十分典型的地区。胡晓在《新安名族志序》中说：

新安……山峭水厉，燹火弗惊，巨室名族，或晋唐封勋，或宦游宣化，览形胜而居者恒多也。其故家遗俗，流风善政，宛然具在。以言乎派，则如江淮河汉，汪汪千顷，会于海而不乱；以言乎宗，则如泰华之松，枝叶繁茂，归一本而无二；言乎世次，则尊卑有定，族居则闾阎辐辏，商贾则云合通津；言乎才德，则或信义征于乡闾，或友爱达于中外，或恬退著述，或忠孝赫烈。至于州里之镇定，六州之保障，诸儒之大成，宗庙血食，千载不磨，又名族之杰出者。①

徽州宗族的繁荣表现在哪里呢？历史文献记载和社会调查资料证明，徽州宗族的繁荣重要表现在四个方面。

## 一、祠堂建设

在历史上，徽州人认为，“举宗大事，莫最于祠，无祠则无宗，无宗则无祖，是尚得为大家乎哉？”②；“追远报本，莫重于祠”③；“崇本枝，萃涣散，莫大于建祠”④。他们说，“祠堂栖祖宗之神”⑤，或曰，“祠所以聚祖考之精

① 程尚宽：《新安名族志》，明嘉靖三十年刻本。

② 程一枝：《程典》十二《本宗列传》第二下，明万历二十六年家刻本。

③ 程昌：《窦山公家议》卷三《祠祀议》，明万历刻本。

④ 《歙西溪南吴氏世谱·续刻溪南吴氏世谱叙》，明末清初抄本。

⑤ 黟县《济阳江氏宗谱》卷首之二《艺文·江村元善堂图记》，清道光十九年木活字本。

神"①。"祠堂之建立，所以妥先灵而隆享祀"②。一个宗族如果没有祠堂，则"无以妥祖宗之灵而为飨祀之所"③。所以，徽州人"聚族而居，居必有祠，而大宗祠必建于始迁之族"④，换句话说，徽州人"聚族而居，必立之祠，使祖宗之灵有所冯依，志奉先也"⑤。《歙西溪南吴氏世谱·续刻溪南吴氏世谱叙》记载：

创建宗祠，上以奉祀祖宗，报本追远；下以联属亲疏，惇叙礼让，其晟典也。

创建宗祠，"奉祀祖宗，报本追远"。《潭渡黄氏享妣专祠记》说：

报本之礼，祠祀为大。为之寝庙以安之立之，祏主以依之陈之，笾豆以奉之佐之，钟鼓以飨之。登降拜跪，罔敢不虔；春雨秋霜，无有或怠。一世营之，百世守之，可云报矣。⑥

创建宗祠，"联属亲疏，惇叙礼让"。歙县《金山洪氏宗谱》卷二《世祠引》说：

祠之时义大矣哉！人本乎祖，昉于一人之身，而渐而为千百人之身，而渐而为亿万人之身，求其合族众而咸知尊祖，尊祖而敬宗，敬宗而睦族，非祠曷由臻此。

在历史上，徽州人把建造祠堂当成宗族头等大事。因此，徽州几乎没有一个宗族无祠堂，而且许多宗族还不只一个祠堂。徽州祠宇林立，数量之多甲天下。《绩溪金紫胡氏家谱·嘉庆重修家谱序》说：

新安居万山之中，民淳而俗厚，敦本务实，惟宗祠、家谱为兢兢。自五代以迄于今，民生不见兵革。聚族而居，或累数十世，祠宇之绵亘连云者，远近相望，不可枚举。先儒之遗教有自来矣。

据历史文献记载，歙县棠樾鲍氏宗族有敦本堂、清懿堂、世孝祠、文会

---

① 《绩溪仁里程世禄堂世系谱》卷末上《墓图》，清宣统三年刻本。

② 黟县《环山余氏宗谱》卷二十一《衡公祠记》，民国六年木活字本。

③ 《重修古歙东门许氏宗谱》卷八《宗祠规条议》，清乾隆二年刻本。

④ 歙县《方氏族谱》卷首《方氏族谱序》，清康熙四十年刻本。

⑤ 歙县《潭渡孝里黄氏族谱》卷首《修谱随记》，清雍正九年刻本。

⑥ 歙县《潭渡孝里黄氏族谱》卷六《祠祀》，清雍正九年刻本。

祠、宣忠堂等数座祠堂①。黟县西递明经胡氏宗族有祠堂26座，其中宗祠1座，大支祠2座，余则小支祠和专祠②。绩溪上庄明经胡氏宗族“向隆斯制”(按：指祠堂)，宗祠而外，还有笃庆堂、其顺堂、敦复堂、余庆堂、敦和堂、继述堂、寿传堂、作求堂、凝和堂、思济堂、有裕堂、义和堂。这里“厅祠林立。盖古人合族返本之制……庶几近之矣”③。黟县南屏叶氏宗族有叙秩堂、敦本堂、奎光堂、永思堂、锺瑞堂、德辉堂、敦仁堂、尚素堂、继序堂、仪正堂、念祖堂11座祠堂④。今天，黟县南屏村还保存下来叶氏、程氏、李氏等宗族祠堂8座，其中宗祠2座，支祠3座，家祠3座，形成著名的祠堂建筑群。

徽州祠堂建筑规模宏大，营造精细，装饰精美，已闻名中外，被誉为“徽州三绝”之一。

休宁《竹林汪氏宗祠记》说，新安“聚族而居，数千百年，春露秋霜，明禋不替。村落间，祠宇相望，规模宏敞”。据历史文献记载，建于明代嘉靖、万历年间(1522—1619年)的歙县呈坎贞靖罗东舒先生祠，是前罗氏宗族东舒公祠堂。这是一座四进三院祠堂，占地十余亩。第三进享堂，高大宏敞，可容千余人。未亲闻目睹者，简直不敢想象。第四进宝纶阁，通面阔29公尺，进深10公尺，九楹，外加置阁梯二楹，共11个开间；台基高1.33公尺，寝殿高7.5公尺，阁高4.7公尺，总计高13.53公尺，高大雄伟，令人惊叹。贞靖罗东舒先生祠前后两幢祠宇之雄伟宏敞，国内祠宇罕见⑤。明代崇祯年间(1628—1644年)重建的休宁古林黄氏宗族祠堂，有正堂5间，两庑5间，回廊5间，仪门5间，前仪门5间，后寝楼5间，前门楼3间，公厨1所。这座规模宏大的祠堂，共占地四亩八分有零⑥。清代乾隆二年(1737年)，歙县东门许氏宗族重建诰敕楼、拜堂各五大间，并建文会馆、经蒙义学，高大门楼，“四载告竣，计此拜堂可容千人跪拜”。从《城东许氏宗祠图》可以看到，

① 歙县《棠樾鲍氏宣忠堂支谱》，清嘉庆十年家刻本。

② 胡星明：《西递村祠堂寺庙庵堂书院一览》，油印稿。

③ 绩溪《上川明经胡氏宗谱》下卷之下《拾遗》，清宣统三年木活字本。

④ 《黟县南屏叶氏族谱》卷一《祠堂》，清嘉庆十七年木活字本。

⑤ 歙县文化局编：《歙县文物志》。

⑥ 休宁《古林黄氏重修族谱》卷一《祠宇祀产》，明崇祯十六年刻本。

这座祠堂简直就如同一座规模宏大的皇宫①。

徽州大多数祠堂，营造精细，装饰精美。如，歙县潜口汪氏宗祠、郑村郑氏宗祠、棠樾鲍氏敦本堂、北岸吴氏宗祠、大阜潘氏宗祠、叶村洪氏祠堂、石谭吴氏叙伦堂、绍村张氏宗祠、韶坑徐氏宗祠、呈坎贞靖罗东舒先生祠；休宁县溪头村王氏祠堂、东临溪乡程氏宗祠；绩溪县龙川胡氏宗祠等，不胜枚举。这些祠堂建筑上的砖雕、木雕、石雕，刀工细腻，玲珑剔透，古朴典雅，形象生动，令人叹为观止。著名的龙川胡氏宗祠，被中外建筑学家、艺术家誉为"木雕博物馆"。这是一座前后三进祠堂建筑群。祠宇不仅梁面、梁托、梁钩上有各种各样的精美雕刻，而且祠内隔扇上还有平板花雕和镂空花雕。木雕设计完美，雕刻精湛，内容丰富多彩，有"九狮滚球遍地锦"，"九龙戏珠满天星"。走进龙川胡氏宗祠，宛如进入艺术宫殿，令人感觉美不胜收。

由于祠堂大多规模宏伟，营造精细，装饰精美，所以，许多祠堂建造耗费的人力、物力和财力是非常惊人的。如，歙县昉溪许邦伯门修建祠堂，"是役也，阅时七载，用款逾万缗，工费浩大，卒底于成"②。新馆鲍氏宗族修建的大宗祠，"自大门至寝室，渐进而高，有楼岿然。前望马鞍诸山，皆罗列若拱状。门阀轩宏，土木完固。约其费以数万金计。奕奕岿岿，洵邑中钜观也。落成之日，颜其堂曰'著存'"③。桂溪项氏宗族修建宗祠，在宗族子弟中集资银 7,042.623 两。从康熙十八年(1679 年)到乾隆十九年(1754 年)，75 年中维修 4 次，共用维修费银 9,800 余两，其中康熙四十二年(1703 年)一次维修即用银 6,000 千余两④。康熙年间(1662—1722 年)，潭渡黄氏宗族建享妣专祠，"庀材鸠工，为堂五楹，前有三门，后有寝室与祠门，而堂之崇三丈五尺。其深二十七丈，其广六丈四尺。前后称是，坚致完好。凡

① 《重修古歙东门许氏宗谱》卷八《规约·宗祠新置义田规约》，清乾隆二年刻本。

② 《古歙昉溪许邦伯门修建祠记汇存·重建邦伯门敦本堂祠记》，民国二十二年铅印本。

③ 《歙新馆鲍氏著存堂宗谱》卷二《家传·八公合传(并序)》，清光绪元年著存堂活字本。

④ 歙县《桂溪项氏族谱》卷二十二《祠祀·建祠原始》、《祠祀·修祠继述》，清嘉庆十六年木活字本。

祠之所应有者，亦无不备。阅载而后成，计白金之费三万两"①。休宁月潭朱氏宗族修祠堂，经几代人集资，"量规画，庀材木，竭力经营，历十载而祠宇始成"②。从动工到竣工，历时10年，耗费人力、物力和财力之大，可想而知。竹林汪氏宗族修建宗祠，从乾隆二十六年（1761年）开工至三十二年（1767年）告竣，历时6年，共67项开支，其中大厅木料支银2,576.52两，木司工账支银3,805.705两，石司工账支银3,109.63两……石灰使用187,320斤，总共支银38,230.54两③。黟县江村江氏宗族修建祠堂，"阖族踊跃，共成先志。有地者输地，有银者输银。多者千数百金，少则数十数两。其代众生息，并自输之数，总记之有输至数千两零者。至于输献柱，输块石，亦各视其家之所有焉"④。绩溪县城西周氏宗族重建宗祠，"规画既定，于是诹日迁主，测影正位，前当孔道，后凿山丛，左购庐，右易地，以广厥基。伐石于浙，荦木于宣，任畚挶者呼邪，讦者运，甓者施，垩帚者日指以千计，凡岁八稔而祠成……是役也，经始于乾隆三十四年四月朔日，落成于四十一年十月，计银一万六千八百两有奇"⑤。

大建祠堂，是徽州宗族繁荣的第一个表现。

## 二、族谱修纂

歙县《桂溪项氏族谱》卷首《汪太傅公序》说：

> 余家新安，居万山中，风淳俗古，城郭村落率多聚族而居，故于族谊最笃，而世家巨阀尤兢兢以修谱为重务。

早在西晋咸宁年间（275—279年），"（程）延公尝为文以示子孙，有三世不修谱便为小人之戒"⑥。这个观点被儒家知识分子——特别是理学大

① 歙县《潭渡孝里黄氏族谱》卷六《祠祀·新建享妣专祠记略》，清雍正九年刻本。

② 《新安月潭朱氏族谱》卷二十二上《丙寅重修祠堂记》，民国二十年木活字本。

③ 休宁《竹林汪氏宗祠记》。

④ 黟县《济阳江氏族谱》卷首之二《艺文·江村敦本堂纪略》，清道光十九年木活字本。

⑤ 《绩溪城西周氏宗谱》卷之首《重建宗祠记》，清光绪三十一年木活字本。

⑥ 歙县《槐塘程氏重续宗谱·订正程氏屡代编续总谱得失序（出槐阴堂水木图）》，清康熙十二年刻本。

师朱熹——大力倡导,成了徽州人的金科玉律。

徽州人认为,“立族之本,端在修谱。族之有谱,犹国之有史。国无史不立,族无谱不传”①。具体一点说,就是:“家之有谱,犹国之有史也。国而非史,则君臣之贤否,礼乐之污隆,刑政之臧否,兵机之得失,运祚之兴衰,统绪之绝续,无由以纪;家而非谱,则得姓之源流,枝派之分别,昭穆之次序,生卒之岁月,嫁娶之姓氏,出处之显晦,无由以见,国何以治,而家何以齐哉?”②绩溪《洪川程氏宗谱·洪川程敦睦堂世系谱序》引吕本中的话说:“国无国之道,而后国乱;家无家之道,而后家乱。故礼乐纲纪者,国之道也;宗法谱系者,家之道也。”

徽州人认为,“谱者,家之大典,姓氏之统于是乎出,宗祖之绩于是乎章,子姓之绪于是乎传,宗法于是乎立,礼义于是乎兴,胡可缓也”③。“夫谱者,收族之道,尊祖敬宗之本也”④。《新安月潭朱氏族谱》卷首《成化壬辰重修朱氏会谱序》说:“夫谱牒之作,所以原本始,序昭穆,隆宗支,别亲疏,属涣散,而厚人伦,其于风化之系重矣。”

徽州宗族把修纂族谱视为“盛典”⑤。

在族谱修纂开始之前,有的宗族举行祭祖宣誓典礼。《祁门善和程氏仁山门支修宗谱·经修谱述》说:“沐浴斋戒,祭告于我门祖祠神前,祝之曰:‘凡首事者无保其力,与事者共诚其心,纂校参考,誓襄厥成。惟我祖神,正直聪明,锡福无疆,邦族之光。’”

在族谱修成以后,许多宗族都举行祭祖典礼。清雍正四年(1726年),婺源武口王氏宗族续修统宗世谱杀青。“族人传知,谱事告竣,各派诣祖墓、统祠祭奠”⑥。绩溪《明经胡氏龙井派宗谱》卷首《明经龙井派续修宗谱记》说:“谱既成,族人皆会,置酒相庆,更荐俎豆,以告于列祖列宗,煌煌乎

---

① 绩溪《盘川王氏宗谱》卷之首《凡例》,民国十年活字本。
② 《歙西溪南吴氏世谱·叙》,明末清初抄本。
③ 程一枝:《程典·自序》,明万历二十六年家刻本。
④ 歙县《托山程氏家谱·托山程氏重修本支谱后序》,明崇祯九年刻本。
⑤ 婺源《詹氏宗谱》卷首《会修宗谱公启》:“谱牒之修,今为盛典。”清光绪五年刻本。
⑥ 《新安武口王氏统宗世谱》卷首《续修统谱序》,清雍正四年刻本。

洵盛典也。”

清道光六年(1826年),黟县西递明经胡氏宗族为《西递明经胡氏壬派宗谱》修成,举行隆重的祭谱祭祖典礼。据《道光五年修族(?谱)账录丙辰(?乙酉)》记载,明经胡氏宗族本始堂、敬爱堂两祠,张灯结彩,以为祭祀之地。九月初三日祭义祖胡三及族祖七哲,初六日祭始祖胡昌翼,初九日祭始迁祖胡士良,“皆以谱祔”。从祭谱祭祖开始之日,请黄山和尚大启道场,在本始堂唪经三日,“诵经谢神,以迓神庥,以邀厚福”。同时,“合村禁屠,斋戒三日,以昭虔敬”。

为了表示祭谱祭祖典礼,“事至重也,礼至隆也”,西递明经胡氏宗族公议演戏致祭。据《道光五年修族(?谱)账录丙辰(?乙酉)》记载,戏有三班:曰庆升,曰有庆,曰小春。戏台设三处:一在本始堂前,一在双溪口,一在上厅坦。自九月初三至十二日,共演戏10天,唱60余本。初六日大祭之日,“三处演戏,自辰至暮,自暮达旦,一日一夜,共演戏十本”,各方“来观者不下四万人”,乃黟县前所“未有之事”。

西递明经胡氏宗族《道光五年修族(?谱)账录丙辰(?乙酉)》记载:“凡大神会必有台阁,此我徽之风气使然也。”在举行祭谱祭祖之前和祭谱祭祖期间,西递明经胡氏宗族于敬爱堂门外“设台阁四座”。台阁有“扮戏之孩童”,有“上梯之勇士”。前者“以兆孩童之腾达”,后者“以表壮年之先登”。

为了荣宗耀祖,有的名门右族所修族谱,不仅刻印精美,纸张优良,装帧考究,而且卷帙浩大。清乾隆十八年(1753年)刻印的《休宁古林黄氏重修族谱》,八卷,版面长51公分,宽31.5公分。虽然用的是宣纸,但共计重量竟达15公斤①。绩溪庙子山王氏宗族藏乾隆四十二年(1777年)修《新安武口王氏世系谱》一部,计40大本,“装帙成箱”。太平天国与清兵大战时,庙子山王氏宗族为保护这部王氏大典,派精于少林武术、“数十人不能敌”的族人王兆盛“负之逃”。由此可以想见,这部族谱卷帙之大②。明万历三

① 参见叶显恩《明清徽州社会与佃仆制》,安徽人民出版社1983年版,第172页。

② 《绩溪庙子山王氏谱》卷二十,民国二十四年排印本。

年刻本《汪氏统宗谱》,多达172卷。北京图书馆有一部存108卷,竟有24册。清乾隆刻本《汪氏通宗世谱》,140卷,目录2卷。北京图书馆存132卷,即达35册。乾隆二十五年刻本《重编歙邑棠樾鲍氏三族宗谱》,竟多达200卷,卷首1卷。乾隆三十年刻本《星源甲道张氏宗谱》,42卷,多达42册。

徽州宗族,无论大小贫富,是望族还是非望族,几乎都有族谱。根据"三世不修谱便为小人之戒",许多宗族大约每一个甲子即重修一次族谱。明万历十四年(1586年),歙县槐塘程氏宗族修谱以后,至清顺治九年(1652年)已过六十七年,"踰两世"未再修谱,江村程氏有的支丁"闻而惧焉"①。甚至有人"谆谆修族谱、修茔志,近则三年五年,远则三五十年,以其本固而末不摇"也②。

在"三世不修谱便为小人"的思想指导下,各个宗族都把修纂族谱当成宗族头等大事。所以,徽州族谱数量之多,恐怕其他地区能够与之相比的并不多。鸦片战争以来,虽然经过一次战火和多次浩劫,但现在保存和流传下来的徽州族谱总数,还是异常可观的。这些族谱分藏于:国家图书馆,中国历史博物馆,中国第一历史档案馆,中国社会科学院历史研究所图书馆,北京大学图书馆,河北大学图书馆,上海图书馆,南京图书馆,浙江省图书馆,安徽省图书馆,安徽省博物馆,黄山市博物馆,歙县博物馆等几十个单位。此外,还流传到国外一大批。国家图书馆馆藏善本族谱共有427部,徽州宗族族谱占一半以上③。

徽州人大修族谱,耗费了大量人力和财力。明隆庆年间(1567—1572年),婺源县武口王氏修统宗世谱,肩事者"济济多人,经营十载有余"④。天启年间(1621—1627年),武口王氏又修统宗世谱,"修者三十余人,历十

---

① 《绩溪仁里程世禄堂世系谱》卷首上《编修周渔先生〈槐塘显承堂重续宗谱序〉》,清宣统三年刻本。

② 《歙西溪南吴氏世谱·先茔志后序》,明末清初抄本。

③ 《北京图书馆古籍善本书目》,第492—534页。

④ 《新安武口王氏统宗世谱》卷首《续修希翔公支下统宗谱序》,清雍正四年刻本。

二年而后成",仅"各派往返食用工费重至数千金"①。清乾隆年间(1736—1795年),歙县棠樾、蜀源、岩镇鲍氏三族修纂《重编歙邑棠樾鲍氏三族宗谱》,棠樾输银2,320两,蜀源输银1,200两,岩镇输银44两,总共耗银3,564两②。道光五年(1825年),黟县西递明经胡氏宗族纂修《西递明经胡氏壬派宗谱》,共集资银4,602.746两,最后总支出银5,344.77两,兑除透用银742.024两③。

魏晋南北朝时期,实行九品中正制。族志是朝廷选举官吏的重要依据和参考。封建政府很重视族志的修纂,因此,出现了许多族志④。到唐初,皇帝还"命诸圣贤儒士而集族志"⑤。中唐以后,随着士族贵族的衰落和科举制度的发展,族志失去社会意义和政治意义。因此,族志已不多见。

但是,徽州地区例外,随着宗族的发展和族谱大量修纂,先后出现了3部族志。

1.《新安大族志》,陈栎纂,抄本、康熙六年刻本;

2.《新安名族志》,程尚宽纂,嘉靖三十年刻本;

3.《新安休宁名族志》,曹嗣轩纂,天启六年刻本。

此外,还有清人龚自珍编的《徽州府氏族表》。

这些族志的编纂说明什么呢?一方面说明,唐宋以来,特别是明清时期,徽州宗族十分繁荣,徽州是中国封建宗族制度一个典型地区。另一方面说明,历史上徽州人的宗族观念特别浓厚和强烈。一些名门望族子弟都以自己宗族的社会地位而自豪,仅靠族谱还不能显示出这种优越的社会地位。于是名族志就应运而生。

大修族谱,是徽州宗族繁荣的第二个表现。

---

① 《新安武口王氏统宗世谱·凡例》,清雍正四年刻本。

② 《重编歙邑棠樾鲍氏三族宗谱》卷二〇〇《刊谱输金》,清乾隆二十五年一本堂刻本。

③ 黟县西递明经胡氏宗族《道光五年修族(?谱)账录丙辰(?乙酉)》,抄本。

④ 《隋书》卷三十三,中华书局标点本。

⑤ 陈栎:《新安大族志·序》,抄本。

## 三、族田设置

徽州许多宗族都有族田。这种土地名目很多，有祭田(又曰祀田)、祠田、墓田、义田、学田、右文田、社田、公田……这些不同种类的土地，既相互区别，又相互包含，都归宗族所有，所以，我们总称之为族田。

徽州的族田虽然种类很多，但是，重要的只有两种：一、祭田(祠田、墓田、社田田租主要都是用于祭祀，所以，基本上属于祭田)；二、义田(学田、右文田、公田田租都是用于宗族的公益事业，所以，基本上属于义田)。

朱熹《家礼》规定："初立祠堂，则计见田，每龛取其二十之一，以为祭田。亲尽则以为墓田。后凡正位祔者，皆仿此。宗子主之，以给祭用。上世初未置田，则合墓下子孙之田，计数而割之。皆立约闻官，不得典卖。"在徽州，朱熹的话就是经典，人们大都奉行不悖。所以，徽州宗族非常重视祭田的设置。徽州人认为，"祠而弗祀，与无同；祀而无田，与无祀同"①。"凡祭田之置，所以敬洁备物，诚不可缺"②。《古歙城东许氏世谱》卷七《许氏家规》记载：

> 祭之有田，业可久也。传曰，"无田不祭"，盖谓此尔。吾宗祭社、祭墓、祭于春秋，俱有田矣。

休宁《江村洪氏家谱》卷十四《宗祠祀田记》说：

> 宗祀之所赖以久远者，惟田。礼曰：惟士无田，则亦不祭。田固蒸尝之所自出也。吾家宗祠既建，钟鼓既具，则春秋禋祀，所恃以备羊豕，洁粢盛，立百年不敝之贮者，非田不可……后世子孙，即有公用急需，勿得妄动祀田。如弃田，是绝祖宗血食也。

在历史上，徽州祭田(包括祠田、墓田、社田)没有统计数字。在徽州的地方志和族谱等历史文献中，祭田资料俯拾即是，不胜枚举。由此可见，在徽州土地总量当中，祭田所占比例，恐怕是相当大的。现据部分历史文献资料列表如下。

---

① 《重修古歙城东许氏世谱》卷七《朴庵翁祭田记》，明崇祯七年家刻本。

② 黟县《环山余氏宗谱》卷一《余氏家规》，民国六年木活字本。

徽州宗族祭田举例表(含祠田、墓田、社田)

| 序列 | 年代 | 地区 | 宗族 | 捐输人 | 名称 | 面积 | 资料来源 |
|---|---|---|---|---|---|---|---|
| 1 | 宋 | 休宁 | 旌城汪氏 | 汪　泳 | 祭田(含义田) | 100 亩 | 弘治《徽州府志》卷七《人物志·勋贤》 |
| 2 | 宋 | 婺源 | 茶院朱氏 | 朱　熹 | 祭田 | 100 亩 | 王懋竑《朱熹年谱》卷之一上 |
| 3 | 元 | 黟县 | 黄村黄氏 | 黄真元 | 祭田(含义田、学田) | 630 余亩 | 嘉庆《黟县志》卷七《人物志·质行》 |
| 4 | 明 | 歙县 | 东门许氏 |  | 祀田 | 300 余亩 | 《古歙城东许氏世谱》卷一《宗祠祀典条录·祠祀》 |
| 5 | 明 | 歙县 | 东门许氏 | 许朴庵 | 祀田 | 12 亩 | 《古歙城东许氏世谱》卷七《朴庵翁祭田记》 |
| 6 | 明 | 歙县 | 东门许氏 | 许　禾 | 祭田 |  | 《古歙城东许氏世谱》卷七《许氏义田宅记》 |
| 7 | 明 | 歙县 | 托山程氏 | 程世业 | 祭田 |  | 歙县《托山程氏家谱》卷二十一《祠田》 |
| 8 | 明 | 歙县 |  | 程懋绩 | 祠田 | 30 亩 | 民国《歙县志》卷九《人物志·义行》 |
| 9 | 明 | 歙县 | 江村江氏 | 江若清 | 祀田 |  | 民国《歙县志》卷九《人物志·义行》 |
| 10 | 明 | 歙县 | 溪南吴氏 | 吴迪哲 | 祀田 |  | 民国《歙县志》卷九《人物志·义行》 |
| 11 | 明 | 婺源 | 桃溪潘氏 |  | 墓田 | 25 亩 | 《婺源桃溪潘氏族谱》卷十二《墓田记》 |
| 12 | 明 | 婺源 | 桃溪潘氏 | 潘　淇 | 祠田 | 10 亩 | 《婺源桃溪潘氏族谱·桃溪潘氏世族名望》 |
| 13 | 明 | 歙县 | 托山程氏 |  | 祠田 | 30 余亩 | 歙县《托山程氏家谱》卷二十一《祠田》 |
| 14 | 明 | 祁门 | 胡村胡氏 | 胡天禄<br>胡徵献 | 祭田(含义田) | 330 亩 | 康熙《徽州府志》卷十五《人物志·尚义》 |
| 15 | 明 |  | 谢氏 |  | 祠田 | 44 亩余 | 徽州《明嘉靖合同标书》 |
| 16 | 清 | 歙县 | 潭渡黄氏 |  | 祠田 | 163 亩 | 歙县《潭渡黄氏族谱》卷六《祠记》 |

续表

| 序列 | 年代 | 地区 | 宗族 | 捐输人 | 名称 | 面积 | 资料来源 |
|---|---|---|---|---|---|---|---|
| 17 | 清 | 歙县 | 潭渡黄氏 | 黄天寿 | 祭田 | 20亩 | 歙县《潭渡黄氏族谱》卷七《厚德》 |
| 18 | 清 | 歙县 | 江村江氏 | 江承炳 | 祭田（含义田） | 1000余亩 | 江登云《橙阳散志》卷三《人物志·义行》 |
| 19 | 清 | 歙县 | 江村江氏 | 江承珍 | 祀田 | 40亩 | 江登云《橙阳散志》卷三《人物志·义行》 |
| 20 | 清 | 歙县 | 江村江氏 | 江振鸿 | 祀田（含义田） | 千数百亩 | 民国《歙县志》卷九《人物志·义行》 |
| 21 | 清 | 歙县 | 江村江氏 | 江承东 | 祭田 | | 民国《歙县志》卷九《人物志·义行》 |
| 22 | 清 | 歙县 | 棠樾鲍氏 | 鲍志道 | 祭田 | 150亩 | 歙县《棠樾鲍氏宣忠堂支谱》卷十九《祀事》 |
| 23 | 清 | 歙县 | 新馆鲍氏 | 鲍亭表 | 祠田 | | 《歙新馆鲍氏著存堂宗谱》卷二《鲍亭表公传》 |
| 24 | 清 | 歙县 | 富堨汪氏 | 汪士暹 | 墓田 | | 民国《歙县志》卷九《人物志·义行》 |
| 25 | 清 | 歙县 | 江村江氏 | 江必达 | 祀田 | | 民国《歙县志》卷九《人物志·义行》 |
| 26 | 清 | 歙县 | 江村江氏 | 江裕瑸 | 祀田 | | 民国《歙县志》卷九《人物志·义行》 |
| 27 | 清 | 歙县 | 蜀源鲍氏 | 鲍光甸 | 祠产<br>社田 | | 民国《歙县志》卷九《人物志·义行》 |
| 28 | 清 | 歙县 | 新馆鲍氏 | 鲍立然 | 祠田 | | 民国《歙县志》卷九《人物志·义行》 |
| 29 | 清 | 歙县 | 坤沙胡氏 | 胡良权 | 祀田 | | 民国《歙县志》卷九《人物志·义行》 |
| 30 | 清 | 歙县 | 坑口项氏 | 项光祰 | 祀产 | | 民国《歙县志》卷九《人物志·义行》 |
| 31 | 清 | 歙县 | 丰南吴氏 | 吴　寰 | 祀田 | | 民国《歙县志》卷九《人物志·义行》 |
| 32 | 清 | 歙县 | 沙溪凌氏 | 凌彝珮 | 祀田 | | 民国《歙县志》卷九《人物志·义行》 |
| 33 | 清 | 歙县 | 双溪凌氏 | 凌和贵 | 祀产 | | 民国《歙县志》卷九《人物志·义行》 |

续表

| 序列 | 年代 | 地区 | 宗族 | 捐输人 | 名称 | 面积 | 资料来源 |
|---|---|---|---|---|---|---|---|
| 34 | 清 | 歙县 | 长林吴氏 | 吴自亮（赎） | 祭田 | | 民国《歙县志》卷九《人物志·义行》 |
| 35 | 清 | 歙县 | 邑城程氏 | 程光国 | 祀田 | | 民国《歙县志》卷九《人物志·义行》 |
| 36 | 清 | 歙县 | 渔梁巴氏 | 巴源立 | 祀产 | | 民国《歙县志》卷九《人物志·义行》 |
| 37 | 清 | 歙县 | 项村郑氏 | 郑廷佐 | 祀田 | 50余亩 | 民国《歙县志》卷九《人物志·义行》 |
| 38 | 清 | 歙县 | 呈狮范氏 | 范　信 | 祀田 | | 民国《歙县志》卷九《人物志·义行》 |
| 39 | 清 | 歙县 | 郑村郑氏 | 郑秀圃 | 祠田 | 20余亩 | 民国《歙县志》卷九《人物志·义行》 |
| 40 | 清 | 歙县 | 洪源王氏 | 王恒镇 | 祭田 | | 民国《歙县志》卷九《人物志·义行》 |
| 41 | 清 | 歙县 | 王宅村王氏 | 王一标 | 祀田 | | 民国《歙县志》卷九《人物志·义行》 |
| 42 | 清 | 歙县 | 江村程氏 | 程文蕚 | 祀产 | | 民国《歙县志》卷九《人物志·义行》 |
| 43 | 清 | 休宁 | 竹林汪氏 | 汪　丕 | 祠田 | 300余亩 | 休宁《竹林汪氏宗祠记》 |
| 44 | 清 | 祁门 | 石坑张氏 | 张启勋 | 祭田（含义田） | 数百十亩 | 同治《徽州府志》卷三十《人物志·义行》 |
| 45 | 清 | 婺源 | 庆源詹氏 | 詹德章 | 祠田 | 百数十亩 | 民国《重修婺源县志》卷三十七《人物志·义行》 |
| 46 | 清 | 婺源 | 江湾江氏 | 江祚锡 | 祭田（含义田） | 400亩 | 民国《重修婺源县志》卷三十七《义行》一 |
| 47 | 清 | 婺源 | 江湾江氏 | 江祚锡 | 祠田 | 数十亩 | 民国《重修婺源县志》卷三十七《义行》一 |
| 48 | | 歙县 | 棠樾鲍氏 | | 墓田 | 9亩余 | 《重编歙邑棠樾鲍氏三族宗谱》卷一八三《墓图》 |
| 49 | | 黟县 | 城东隅王氏 | 王锌<br>王钦<br>王大儒 | 祭田 | | 嘉庆《黟县志》卷七《人物志·尚义》 |

义田，是用于周济宗族贫困户、鳏寡孤独户和兴办公益事业的土地。据考，“义田之设，始于范文正公”①。《任衡朱公义田记》记载：

自宋范文正公创立义田，规模具备。明荆川唐氏以为得立宗之遗意。厥后，希风往哲，接踵代兴。至我朝，世家大族有能遵行者，经大府题达，例得旌奖。其为风化人心计，至深长也。②

徽州人认为，“睦族敦宗，乡闾是尚。恤茕赈乏，仁义其滋。里中义田之举，所以嘉惠通族之鳏寡孤独废疾者，至优至渥，诚善事也”③。歙县《棠樾鲍氏宣忠堂支谱》卷十九《鲍氏义田记》说：

周礼大司徒教民以六行，而任恤居其二。又于州党之中，示以相周相救之法，凡以矜贫乏通有无也。我朝圣圣相承，勤求疾苦。今有司朔望宣讲《圣谕广训》，敦敦启牖，诚欲使各亲其亲，家给人足，而后民生以厚，风俗以淳。方今海内涵濡教泽，从风慕义之士，指不胜屈。

同祭田一样，在徽州地方志和族谱当中，义田资料也是俯拾即是，举不胜举。现在，根据部分历史文献资料列表如下。

**徽州宗族义田举例表（含学田、右文田、公田）**

| 序列 | 年代 | 地区 | 宗族 | 捐输人 | 名称 | 面积 | 资料来源 |
|---|---|---|---|---|---|---|---|
| 1 | 宋 | 休宁 | 陪郭程氏 | 程　信 | 义田 | 500 亩 | 弘治《徽州府志》卷七《人物志·勋贤》 |
| 2 | 宋 | 休宁 | 旌城汪氏 | 汪　泳 | 义田（含祭田） | 100 亩 | 弘治《徽州府志》卷七《人物志·勋贤》 |
| 3 | 元 | 黟县 | 黄村黄氏 | 黄真元 | 义田（含祭田） | 630 余亩 | 嘉庆《黟县志》卷七《人物志·义行》 |
| 4 | 元 | 婺源 | 盘山程氏 | 程本中 | 学田 | 500 亩 | 民国《重修婺源县志》卷三十七《义行》一 |
| 5 | 明 | 歙县 | 东关许氏 | 许　禾 | 义田 | 70 亩 | 《重修古歙城东许氏世谱》卷七《许氏义田宅记》 |

① 歙县《棠樾鲍氏宣忠堂支谱》卷十九《鲍氏义田记》，清嘉庆十年家刻本。

② 《新安月潭朱氏族谱》卷二十二下，民国二十年木活字本。

③ 歙县《桂溪项氏族谱》卷首《凡例》，清嘉庆十六年木活字本。

续表

| 序列 | 年代 | 地区 | 宗族 | 捐输人 | 名称 | 面积 | 资料来源 |
|---|---|---|---|---|---|---|---|
| 6 | 明 | 歙县 | 呈坎罗氏 | 罗元孙 | 学田 | 100 亩 | 民国《歙县志》卷九《人物志·义行》 |
| 7 | 明 | 歙县 | 岩镇佘氏 | 佘文义 | 义田 | 100 亩 | 民国《歙县志》卷九《人物志·义行》 |
| 8 | 明 | 歙县 | 东关李氏 | 李天祥 | 义田 | | 民国《歙县志》卷九《人物志·义行》 |
| 9 | 明 | 歙县 | 东关程氏 | 程　钧 | 义田 | | 民国《歙县志》卷九《人物志·义行》 |
| 10 | 明 | 歙县 | | 方尚本 | 义田 | 数十亩 | 民国《歙县志》卷九《人物志·义行》 |
| 11 | 明 | 休宁 | | 吴继良 | 义田、学田 | 178 亩 | 康熙《徽州府志》卷十五《人物志·尚义》 |
| 12 | 明 | 祁门 | 胡村胡氏 | 胡天禄<br>胡徽献 | 义田<br>（含祭田） | 330 亩 | 康熙《徽州府志》卷十五《人物志·尚义》 |
| 13 | 明 | 婺源 | 方村方氏 | 方仲诰 | 义田 | 100 亩 | 民国《重修婺源县志》卷三十七《人物志·义行》 |
| 14 | 明 | 歙县 | 潭渡黄氏 | 黄立文 | 义田 | 100 亩 | 歙县《潭渡黄氏族谱》卷七《孝友》 |
| 15 | 清 | 歙县 | 溪南吴氏 | 吴邦伟<br>吴邦佩 | 义田 | 1,000 余亩 | 吴荫培《吴氏言行录》上 |
| 16 | 清 | 歙县 | 江村江氏 | 江承炳 | 义田<br>（含祭田） | 1,000 余亩 | 江登云《橙阳散志》卷三《人物志·义行》 |
| 17 | 清 | 歙县 | 江村江氏 | 江裕瑸 | 义田 | 100 亩 | 民国《歙县志》卷九《人物志·义行》 |
| 18 | 清 | 歙县 | 江村江氏 | 江承珍 | 义田<br>右文田<br>公田 | 120 亩 | 江登云《橙阳散志》卷三《人物志·义行》 |
| 19 | 清 | 歙县 | 江村江氏 | 江振鸿 | 义田<br>（含祀田） | 千数百亩 | 民国《歙县志》卷九《人物志·义行》 |
| 20 | 清 | 歙县 | 潭渡黄氏 | 黄天寿 | 义田<br>学田 | 130 亩 | 歙县《潭渡黄氏族谱》卷七《厚德》 |
| 21 | 清 | 歙县 | 伏塘坑方氏 | 方德龙 | 义田 | 109 亩 | 民国《歙县志》卷九《人物志·义行》 |

续表

| 序列 | 年代 | 地区 | 宗族 | 捐输人 | 名称 | 面积 | 资料来源 |
|---|---|---|---|---|---|---|---|
| 22 | 清 | 歙县 | 唐模许氏 | 许以晟等 | 义田 | 100余亩 | 民国《歙县志》卷九《人物志·义行》 |
| 23 | 清 | 歙县 | 唐模许氏 | 许　荫 | 义田 | | 民国《歙县志》卷九《人物志·义行》 |
| 24 | 清 | 歙县 | 松明山汪氏 | 汪人御 | 义田 | 500亩 | 民国《歙县志》卷九《人物志·义行》 |
| 25 | 清 | 歙县 | | 鲍玉堂 | 义田 | 500亩 | 民国《歙县志》卷九《人物志·义行》 |
| 26 | 清 | 歙县 | 唐模许氏 | 许以景 | 义田 | 数顷 | 民国《歙县志》卷九《人物志·义行》 |
| 27 | 清 | 歙县 | 大阜潘氏 | 潘景文 | 义田 | 100亩 | 民国《歙县志》卷九《人物志·义行》 |
| 28 | 清 | 歙县 | 唐模许氏 | 许承基 | 义田 | 100亩 | 民国《歙县志》卷九《人物志·义行》 |
| 29 | 清 | 歙县 | 郡城胡氏 | 胡　璋 | 义田 | | 民国《歙县志》卷九《人物志·义行》 |
| 30 | 清 | 歙县 | 小溪项氏 | 项　宪 | 义田 | | 民国《歙县志》卷九《人物志·义行》 |
| 31 | 清 | 歙县 | 丛睦坊汪氏 | 汪守仁 | 义田 | | 民国《歙县志》卷九《人物志·义行》 |
| 32 | 清 | 歙县 | 富堨汪氏 | 汪士暹 | 义田 | | 民国《歙县志》卷九《人物志·义行》 |
| 33 | 清 | 歙县 | 雄村曹氏 | 曹景宸 | 义田<br>右文田 | 500亩 | 民国《歙县志》卷九《人物志·义行》 |
| 34 | 清 | 歙县 | 蜀源鲍氏 | 鲍光甸 | 义田 | | 民国《歙县志》卷九《人物志·义行》 |
| 35 | 清 | 歙县 | 古关李氏 | 李有亮 | 公田 | | 民国《歙县志》卷九《人物志·义行》 |
| 36 | 清 | 歙县 | 狮岭下胡氏 | 胡纯琏 | 公田 | 40余亩 | 民国《歙县志》卷九《人物志·义行》 |
| 37 | 清 | 歙县 | 大阜潘氏 | 潘文崧 | 义田 | | 民国《歙县志》卷九《人物志·义行》 |
| 38 | 清 | 歙县 | 潭渡黄氏 | 黄　晟 | 义田 | | 民国《歙县志》卷九《人物志·义行》 |

续表

| 序列 | 年代 | 地区 | 宗族 | 捐输人 | 名称 | 面积 | 资料来源 |
|---|---|---|---|---|---|---|---|
| 39 | 清 | 歙县 | 小溪项氏 | 项宪<br>项士溥 | 义田 | | 民国《歙县志》卷九《人物志·义行》 |
| 40 | 清 | 歙县 | 上丰宋氏 | 宋元国 | 公田 | | 民国《歙县志》卷九《人物志·义行》 |
| 41 | 清 | 歙县 | 桂林洪氏 | 洪清田 | 学田 | 数十亩 | 民国《歙县志》卷九《人物志·义行》 |
| 42 | 清 | 歙县 | 桂林洪氏 | 洪杜洲 | 义田 | | 民国《歙县志》卷九《人物志·义行》 |
| 43 | 清 | 歙县 | 东门许氏 | 许登瀛 | 义田 | | 《重修古歙东门许氏宗谱·新安许氏宗谱序》 |
| 44 | 清 | 歙县 | 棠樾鲍氏 | 鲍志道妻 | 义田 | 100余亩 | 歙县《棠樾鲍氏宣忠堂支谱》卷十九《祀事》 |
| 45 | 清 | 歙县 | 棠樾鲍氏 | 鲍启运 | 义田 | 1,249余亩 | 歙县《棠樾鲍氏宣忠堂支谱》卷十九《祀事》 |
| 46 | 清 | 祁门 | 旸源谢氏 | 谢明哲 | 义田<br>学田 | 140亩 | 同治《祁门县志》卷三十《人物志·义行》 |
| 47 | 清 | 祁门 | 样墅洪氏 | 洪世迎 | 义田 | 100余亩 | 同治《祁门县志》卷三十《人物志·义行》 |
| 48 | 清 | 祁门 | 石坑张氏 | 张启勋 | 义田<br>（含祭田） | 数百十亩 | 同治《祁门县志》卷三十《人物志·义行》 |
| 49 | 清 | 黟县 | 鲍村王氏 | 王懋赏 | 义田 | | 嘉庆《黟县志》卷六《人物志·质行》 |
| 50 | 清 | 婺源 | 江湾江氏 | 江源进 | 义田 | 100余亩 | 民国《重修婺源县志》卷三十七《义行》一 |
| 51 | 清 | 婺源 | 江湾江氏 | 江祚锡 | 义田<br>（含祭田） | 400亩 | 民国《重修婺源县志》卷三十七《义行》一 |
| 52 | 清 | 婺源 | 盘山程氏 | 程世杰 | 义田 | 300余亩 | 民国《重修婺源县志》卷三十七《义行》一 |
| 53 | 清 | 婺源 | 庆元詹氏 | 詹德章 | 义田 | 70亩 | 民国《重修婺源县志》卷三十七《义行》一 |
| 54 | 清 | 黟县 | 艾坑余氏 | 余延椿 | 义田<br>（含祭田） | 1,026砠 | 嘉庆《黟县志》卷七《人物志·尚义》 |

续表

| 序列 | 年代 | 地区 | 宗族 | 捐输人 | 名称 | 面积 | 资料来源 |
|---|---|---|---|---|---|---|---|
| 55 | 清 | 歙县 | 大阜潘氏 | 潘仲兰 | 义田 | 100亩 | 民国《歙县志》卷九《人物志·义行》 |
| 56 | 清 | 歙县 | 新馆鲍氏 | 鲍存晓<br>鲍鸣岐 | 义田 | 20亩 | 《歙新馆鲍氏著存堂宗谱·赴新馆省祠墓记》 |

徽州地理环境一个重要特点是:"山多田少。"宋代以来,人口增长较快。这就产生了一个严重的社会问题,即"田地少,户口多"①。

据历史文献记载,宋元以来,徽州很少有"田连阡陌","岁收谷百万"的大地主。一般地主占有土地都在百亩左右。"田产千亩"即属于特大地主。歙县槐塘程相在歙县和绩溪共占有土地三千亩,就我们所见到的资料,这个地主极为罕见②。

但是,徽州不少宗族却占有大量土地。绩溪《上川明经胡氏宗谱·拾遗》记载:"吾族祀产最多,自宗祠、支祠,下逮近代各家,无不毕有。"休宁《古林黄氏重修族谱》卷一《祠宇祀产》记载:"祀田、地、山、塘,亩步四至,各有保簿开载,税入三甲黄宗祠户,十甲黄承祀户,上纳粮编。"绩溪城西周氏宗族《旧置田产》、《旧置北乡田产》、《旧置十五都田产》、《旧置地业》、《旧置山业》、《新置田产》、《修祠户》、《老配享》、《文会》、《上京户》、《能干会》、《税户》、《新管庄田产》、《新置产业归修祠户》、《新特祭配享产业》、《新特祭配享户》共16项,总计有田近300亩,地30多亩,山20余亩。此外,还有《十三都遥遥庄渊字等号田产》,总计租谷12,231斤,租芦8.5斗③。《金紫胡氏祠产册序》记载:"金紫家庙,产业颇丰,若无底籍流传,世远年湮,势难保无遗失侵占之弊……爰将祠基、屋业首列于前,各处坟茔继之,三则家边、东村、杨溪、丁家店、大石门、卓溪六柱田产,由近及远,雁编成

① 弘治《徽州府志》卷二《食货志·田地》,《天一阁藏明代方志选刊》,上海古籍书店1982年影印本。

② 歙县《槐塘程氏重续宗谱·会通宗述》,清康熙十二年刻本。

③ 《绩溪城西周氏宗谱》卷二十,清光绪三十一年木活字本。

本，颜曰《考据》，良有以也。”①上列《徽州宗族祭田（包括祠田、墓田、社田）举例表》和《徽州宗族义田（包括学田、右文田、公田）举例表》，仅宗族之人捐输这一项，歙县雄村曹氏宗族、松明山汪氏宗族、休宁陪郭程氏宗族、婺源江湾江氏宗族都占有土地五百亩；黟县黄村黄氏宗族占有土地六百三十亩；婺源盘山程氏宗族占有土地八百亩；歙县溪南吴氏宗族占有土地一千亩；歙县棠樾鲍氏宗族占有土地一千五百亩；歙县江村江氏宗族占有土地两千数百亩。

大置族田，是徽州宗族繁荣的第三个表现。

## 四、宗族活动

徽州宗族的集体活动非常繁多。有“元旦团拜”、“元宵”、“春社”、“春祭”、“标祀”、“中元”、“秋祭”、“冬祭”、“烧年”、“祖先诞辰”、“祖先忌日”……宗族成员之间“喜庆相贺，忧戚相吊”，是经常性的集体活动。此外，还有迎神赛会，等等。

据历史文献记载和社会调查资料，在众多的宗族集体活动中，重要的活动有元旦团拜、春祭、标祀、秋祭和冬祭。

在历史上，农历元旦这天，徽州宗族绝大多数都举行“元旦团拜”。徽州人把元旦团拜视为“叙昭穆，秩名分，重本慎始之道”的一项重大集体活动②。为了表明这个活动的重要性，许多宗族都在族规家法中作了明确的规定。《歙新馆鲍氏著存堂宗谱》卷三《祠规》关于元旦庆贺仪节的规定：

> 黎明，管年者令人满街鸣锣一次。凡老少冠者，俱着吉服诣祠。到齐，祠内鸣钟三次，礼生二人，一东一西，唱序立，行谒庙礼。四拜毕，行团拜礼，循世次名分列东西，排班序立，行二拜……至巳时，各家妇人止许髻簪尾冠青布衫，齐赴祠，行谒庙礼。四拜毕，行团拜礼，二拜……

徽州宗族农历元旦团拜活动的最大特点是：男女老少全部参加。在徽

---

① 《绩溪金紫胡氏家谱》卷首下《艺文》，清嘉庆二十四年刻本。

② 《重修古歙城东许氏世谱》卷七《许氏家规》，明崇祯七年家刻本。

州宗族的族规家法中，关于农历元旦团拜的规定虽然不完全相同，但都是先行谒庙礼（按：即拜祖先），后行团拜礼（宗族族人互相拜）。团拜礼毕，依昭穆世次而坐，饮“利市酒”。然后，按人头发“和合饼”（或曰“元旦饼”）。

春祭、秋祭和冬祭，是徽州宗族最隆重的祭祀祖先的集体活动。有的宗族只举行春祭和冬祭，有的宗族既举行春秋二祭，又举行冬祭。祭祀全在祠堂举行。

《新安黄氏大宗谱》卷二《溪西叙伦堂记》说：“今夫家必有庙，庙必有主，禋祀蒸尝，时必有祭。”徽州人认为，“礼有五经，莫重乎祭。祭者本其孝敬，而时合天道，物从王制”①。休宁《茗洲吴氏家典》卷二《祭田议》说：

> 治人之道，莫急于礼；礼有五经，莫重于祭……是故先王萃合人心，总摄众志，既立之庙，又定之祭。

春祭、秋祭和冬祭，是徽州宗族祭祖大典。祭祀之日，一些名门望族大都鸣锣通知，齐集族众。祭时，钟鼓齐鸣，香烟缭绕，至诚至敬，庄严肃穆。一切礼节，“谨遵朱子《家礼》”②。

徽州宗族普遍规定，祭祖大典，凡是能够参加的成年子弟，必须一律参加。歙县新馆鲍氏宗族《祠规》规定：“祠祭日，凡派下子孙在家者，俱要齐集；如无故不到者，罚银三分。六十以上者，不论。管祭者稽查。”③绩溪上庄明经胡氏宗族《新定祠规二十四条》崇祭祀规定：“凡祭祀，春以春分日举行，冬以冬至日举行……有无故不到及怠慢失仪者，罚”；“凡派下子孙，有不祀其祖考者，革出，毋许入祠。”④

许多宗族还对老人和未冠者作了具体规定。歙县棠樾鲍氏宗族规定：“年七十老人不能行礼者，准祭后补拜”；“未冠八岁以上，即命与祭，俾自幼习知礼节。”⑤《潭渡孝里黄氏家训》规定：“子弟五岁以上，每谒祖、讲书及

---

① 祁门《陈氏大成宗谱》卷五《祭祀志》，明嘉靖五年刻本。

② 绩溪《上川明经胡氏宗谱》下卷之中《新定祠规二十四条》，清宣统三年木活字本。

③ 《歙新馆鲍氏著存堂宗谱》卷三，清光绪元年著存堂活字本。

④ 绩溪《上川明经胡氏宗谱》下卷之中，清宣统三年木活字本。

⑤ 歙县《棠樾鲍氏宣忠堂支谱》卷十七《祀事·值年规例》，清嘉庆十年家刻本。

忌辰祭祀,务令在旁观看学习,使之见惯。"①

有的宗族规定,男女俱要参加祭祖大典。黟县《环山余氏宗谱》卷一《余氏家规》规定:"达旦黎明,鸣鼓一周,男女俱要鲜洁衣冠,照依排定班次,随班行礼。"

标祀,又曰"挂钱"、"挂纸"、"标挂"(按:即清明扫墓),是徽州宗族一项重大集体活动。徽州人认为,祖墓是"祖宗体魄所在"②,或者说,"系祖宗藏魄之所"③。标祀是展亲大典。《休宁宣仁王氏族谱·宗规》说:

> 祠宇宗祖神灵所依,墓冢宗祖体魄所藏。子孙思宗祖不可见,见所依所藏之处,即如见宗祖也。祠祭、墓祭皆属展亲大礼,必加敬谨。

徽州人认为,宗族子弟诣祖墓参加标祀活动,是尊祖敬宗的重要表现;反之,就是最大"不孝"。歙县《潭渡孝里黄氏族谱》卷六《祠祀》记载:

> 子姓不肯遍诣各墓展拜,唯于给票(即颁发"胙筹"——引者)之处支领。是其胸中只重斤许猪肉,全无尊祖敬宗之心,不孝孰甚!

历史上,徽州人特别重视"风水"。到处寻觅"风水宝地",造成许多宗族祖墓既分散,又遥远。宗族子弟不愿多跑路,费时间,"遍诣各墓展拜"。许多宗族族规都规定,对"不肯遍诣各墓展拜"的宗族子弟"罚胙"。在那个时代,"斤许猪肉"——大多数宗族胙肉为一斤——对贫穷的宗族子弟的诱惑力还是不小的。

一个人口众多的名门右族,标祀队伍往往浩浩荡荡,车水马龙。据历史文献记载,歙县黄墩是徽州黄氏始祖墓所在地。明万历二十年(1592 年)三月初五日,徽州黄氏"各派至黄墩,肇兴祀典。于是缙绅文学五十余人,仆从车舆骈阗一市。祭奠礼仪森备,炫煌睹听,观者云集"④。这是一次大规模的黄氏标祀盛典。歙县棠樾鲍氏宗族去里田祖墓标祀,不仅有乘车的,骑马的,而且还有坐轿的⑤。许多宗族通过标祀活动,显示自己宗族的社会地

① 歙县《潭渡孝里黄氏族谱》卷四,清雍正九年刻本。

② 《重修古歙东门许氏宗谱》卷八《许氏家规》,清乾隆二年刻本。

③ 黟县《环山余氏宗谱》卷一《余氏家规》,民国六年木活字本。

④ 歙县《潭渡孝里黄氏族谱》卷五《祖墓》,清雍正九年刻本。

⑤ 赵华富:《歙县棠樾鲍氏宗族个案报告》,《江淮论坛》1993 年第 2 期。

位、政治势力和经济力量。

徽州人认为,祭祖贵在一个“诚”字,“以诚敬为先”。歙县东门许氏宗族《许氏家规》说:“人本乎祖而祭于春秋,所以报本返始以伸孝思焉尔。于此不用其诚,恶乎用其诚。”[①]遵循朱熹《家礼》精神,祭品“虽称家之有无,清素为上”[②]。

徽州人有一条重要生活准则:“凡事死之礼,当厚于奉生者。”所以许多名门右族用于祭祀祖先的费用是很大的。例如,清嘉庆十年(1805 年),歙县棠樾鲍氏宗族规定的祭祀费用:

| | |
|---|---|
| 春社祭品约用钱 | 4,980 文 |
| 中元祭品约用钱 | 2,884 文 |
| 秋社祭品约用钱 | 4,098 文 |
| 冬至祭品约用钱 | 18,877 文 |
| 烧年祭品约用钱 | 4,098 文 |
| 七次忌辰约用钱 | 4,008 文 |
| 古城关祭品约用钱 | 5,815 文 |
| 里田祭品约用钱 | 4,812 文 |
| 画山园、西沙溪祭品约用钱 | 3,576 文 |

这个宗族每年用于祭祀祖先费用总计 53,148 文,支丁胙酒钱全部未算在内[③]。歙县东门许氏宗族春秋二祭,每祭“计用豚胙五十余口,约二千余斤,鸡百只,鱼百尾,枣栗时果各百斤,蜡烛百斤,焚帛百端,香楮、蔬肴、美醢之类不及悉纪”。许氏宗族规定:“各分分受胙肉九斤,各收献卓仪品分献之胙。”他们认为,这是“上妥祖宗之灵,永享蒸尝之祀;下荫子姓之蕃,世守不易之规也”。东门许氏宗族巨额的祭祖费用,靠的是“先世置有祀田三百余亩,岁之谷利三千余斛,及外之山、塘、屋舍之子利若干”[④]。黄氏宗族黄

① 《重修古歙东门许氏宗谱》卷八,清乾隆二年刻本。

② 《新安武口王氏统宗世谱·宗规》,清雍正四年刻本。

③ 歙县《棠樾鲍氏宣忠堂支谱》卷十七《祀事·值年规例》,清嘉庆十年家刻本。

④ 《重修古歙城东许氏世谱》卷一《宗祠祀典条录·祠祀》,明崇祯七年家刻本。

墩墓祭祭品：

猪一口，羊一腔，糖献五色，饼锭五色，粘果五色，罩果五色（花套全），鲜献五色，煎炸五色，酒肴四桌，三馔四桌，随食四桌，饼锭四桌，果子四桌，面饼四桌，小糖狮四桌，插花三十支，衣冠六身（男四，女二），绢帛六副，香烛七对，金银纸钱，祀后土三牲一副，酒米三斗，饭米三斗，柴、油、盐、酱、醋、菜……①

大搞宗族活动，是徽州宗族繁荣的第四个表现。

（原载《东方论坛》2010 年第 2 期）

① 歙县《潭渡孝里黄氏族谱》卷五《祖墓》，清雍正九年刻本。

# 论徽州宗族繁荣的原因

清代学者赵吉士在《寄园寄所寄》卷十一《故老杂记》中说：

> 新安各姓，聚族而居，绝无一杂姓搀入者。其风最为近古。出入齿让，姓各有宗祠统之。岁时伏腊，一姓村中，千丁皆集。祭用文公《家礼》，彬彬合度。父老尝谓，新安有数种风俗胜于他邑：千年之冢，不动一抔；千丁之族，未常散处；千载之谱系，丝毫不紊；主仆之严，数十世不改，而宵小不敢肆焉。

事实证明，赵吉士这些话是符合实际情况的。历史文献记载和社会调查资料告诉我们，唐宋以来，特别是明清时期，徽州宗族异常繁荣，徽州是中国封建宗族制度一个十分典型的地区。

徽州宗族繁荣的原因是什么呢？历史文献记载和社会调查资料证明，徽州宗族繁荣的重要原因有三个。

## 一、地理环境

第一，徽州处万山之中，少兵燹之虞，是宗族发展和繁荣的一个有利条件。

明清时期，已经有许多人看到徽州“屈万山中”、“兵燹鲜经”与宗族发展、繁荣的相互关系。《方氏族谱原序(后编)》的作者说：“歙以山谷为州也，其险阻四塞，几类蜀之剑阁矣，而僻在一隅，用武者莫之顾。中世以来，兵燹鲜经焉，以故故家旧牒多有存者。”①《序休宁戴氏族谱》的作者认为：“新安屈万

① 歙县《方氏族谱》卷首，清康熙四十年刻本。

山中，无兵燹之虞。聚族以居，谨姻连，贱赘冒，家庙鲜饬，系牒明备，柱础碑碣往往有唐宋间物，以故大家巨姓所在有之，而休之戴氏尤著。”①

有不少人，不仅看到徽州“山川峻奥，战争罕及”与宗族发展、繁荣的相互关系，而且还与其他郡、城作了比较。《古林黄氏重修族谱序》的作者说：“海阳士往往述其桑梓，百代不背其先，不易其族。盖山川峻奥，战争罕及之地。子孙每克守先人之丘墓、室庐。非若他郡之一经蹂躏，便迁徙流离如浮梗比也。”②《新安昌溪吴氏太湖支谱序》的作者认为：“夫新安，在汉为丹杨（按：即丹阳——引者）山越地，万山攒峭，径路陡绝。自汉迄明，虽间遭兵革，而世家大族窜匿山谷者，犹能保其先世之所藏。非若金陵，南北土地平衍，一经离乱，公私扫地，其势然也。”③

明嘉靖年间，一位叫徐中行的政府官员，对徽州“万山回环，郡称四塞”与宗族发展、繁荣的相互关系作了精辟的阐述。他说：

余昔奉诏，恤刑南畿，入新都境内，见村落不二三里，鸡犬相闻，居民蜂房鳞次，若廛市然，一姓多至千余人，少亦不下数百。盖以地僻大江之南，万山回环，郡称四塞，即有兵火，不至延久。故其民多生全，而庶甲海内。隋唐世家，历历可考，且家各有谱。余每喜其乐土，而诵其善俗也。④

徽州“万山回环”，“兵燹鲜经”，为宗族的发展和繁荣提供了一个极为有利的环境。《环山余氏重修族谱序》的作者说得好：“虽当兵争时代，犹能于山中敦崇本务，自成为世外桃源。”⑤

第二，徽州大好山水，人们安土重迁，与宗族的发展和繁荣有内在联系。黟县《明经胡氏存仁堂支谱》卷首《地理谱》记载：

自来民不土著则生息不长。吾徽古姓旧族，皆土著数千年者也。君子爱枌榆，小人敬桑梓，井里可不重乎？

---

① 休宁《戴氏族谱》，明崇祯五年家刻本。

② 休宁《古林黄氏重修族谱》，明崇祯十六年刻本。

③ 新安《吴氏族谱》，清抄本。

④ 歙县《桂溪项氏族谱》卷一《旧谱序跋》，清嘉庆十六年木活字本。

⑤ 黟县《环山余氏宗谱》卷首，民国六年木活字本。

徽州人“壮则服贾，老则归田”①，“人重去其乡”②，“其怀土重迁之风有自来矣”③。《新安黄氏大宗谱》卷首《黄墩始祖墓图说》曰：

安土重迁，吾徽之常；不忘其本，吾宗之奕。

徽州人安土重迁的风俗和思想，主要是自然经济和封建伦理思想造成的，但与自然环境不无关系。

历史文献记载和社会调查资料表明，徽州宗族大都处于优美的自然环境之中。如，歙县桂溪项氏宗族聚居地是：“西南诸山，林壑深茂；前后文笔峰，层峦拥翠，溪流环绕。”④金山洪氏宗族聚居环境是：“山磅礴而深秀，水澄沏而潆洄，土田沃衍，风俗敦朴。”洪氏始迁祖洪显恩，“避喧就肃，择胜寻幽，始居于此。既而子孙日盛，遂甲一乡”⑤。托山程氏宗族所居地是：“山谷环聚，田土膏腴。八垄森列如拱，源头活水如带。远眺则黄山、松萝、金竺、天马，近俯则南塘北野，驼石印墩，咸若有天造地设于其间。又其后有三台山之秀，巨石仙踪之奇，屏列拥护，若负扆然。”程氏始迁祖程时谦曰：“是可为子孙不拔之基矣。昔太王迁岐，姬周始王。今卜居此，吾后其昌乎？”⑥绩溪县盘川王氏宗族聚居之地是：“狮山拱峙，澄水潆洄，古树参天，良田盈野。”在这个自然环境中，王氏宗族“族众繁衍，合村而居，敬业乐群，雍雍睦睦”⑦。黟县西递明经胡氏宗族聚居的环境是：“岭霞东蔚，洄水西流；虎阜前蹲，罗峰遥峙；天马踊泉之胜，犀牛望月之奇；左环右抱，外密中宽。”在这里，明经胡氏宗族“孝悌力田、育子贻孙者，三十有余世；诗书学古、安居乐业者，七百五十年。序伏腊之豆觞，守高曾之规矩。流长源远，本大叶繁”⑧。

① 《重编歙邑棠樾鲍氏三族宗谱》卷七十五《文庆公派》，清乾隆二十五年一本堂刻本。
② 歙县《潭渡黄氏族谱》卷五《祖墓》，清雍正九年刻本。
③ 程一枝：《程典》二十《风俗志》第四，明万历二十六年家刻本。
④ 歙县《桂溪项氏族谱》卷一《旧谱序跋》，清嘉庆十六年木活字本。
⑤ 歙县《金山洪氏宗谱》卷首《金山洪氏续修宗谱序》，清同治十二年刻本。
⑥ 歙县《托山程氏家谱》卷一《嘉厚公传》，明崇祯九年刻本。
⑦ 绩溪《盘川王氏宗谱》卷之前《盘川王氏族谱序》，民国十年活字本。
⑧ 黟县西递明经胡氏宗族《道光五年修族（？谱）账录丙辰（？乙酉）》，抄本。按：胡氏于道光五年开始修谱，翌年告竣。道光五年为乙酉年，道光六年为丙戌年。

这样大好山水,人们必然安土重迁。

徽州人安土重迁的风俗和思想,造成宗族的发展和繁荣。江登云《橙阳散志》卷十二《艺文志·存志户墓祀序》记载:

水有源,木有根,人之于祖亦然。吾徽敦本追远,视他郡较盛。聚族而居,一姓相传,历数百载,衍千万丁。祠宇、坟茔世守勿替。间有贸迁远地者,一旦归来,邱垅无恙,庐舍依然。语云:歙俗千年归故土。谅哉言也。

第三,徽州"山多田少",人多贫困,促进了宗族的发展与繁荣。

淳熙《新安志》卷二《叙贡赋》记载:

新安为郡在万山间,其地险陋而不夷,其土骍刚而不化。水湍悍,少潴蓄……大山之所落,深谷之所穷,民之田其间者,层累而上,指十数级不能为一亩,快牛剡耜不得旋其间,刀耕而火种之。十日不雨,则卬天而呼。一遇雨泽,山水暴出,则粪壤与禾荡然一空。盖地之勤民力者如此。

嘉靖《徽州府志》卷二《风俗》记载:

自休之西而上尤称斗。入岁收堇不给半饷。多仰取山谷,甚至采薇葛而食。

由于自然条件的制约和社会生产力水平极端低下,徽州"一亩所入,不及吴中饥年之半"①;"大都计一岁所入,不能支什之一"②。这种困苦的生活,迫使徽州人必须聚族而居,以便相互协作,相互帮助,相互周济,相互关照。反之,如果脱离宗族群体,贫苦的人们就很难活下去。

在徽州宗族的族规家法中,大都有"恤族"、"救灾"的规定。绩溪《华阳邵氏宗谱》卷十八《家规》恤灾条规定:

族由一本而分,彼贫即吾贫。苟托祖宗之荫而富贵,正宜推祖宗之心以覆庇之,使无失所,此仁人君子之用心也。若自矜富贵,坐视族人贫困,听其鬻妻质子而为人仆妾,以耻先人,是奚翅贫贱羞哉?即富贵

---

① 康熙《徽州府志》卷六《物产》,清康熙三十八年万青阁刊本。

② 嘉靖《徽州府志》卷八《食货志》,明嘉靖四十五年刻本。

亦与有责也。

《重修古歙东门许氏宗谱》卷八《许氏家规》救灾恤患条规定：

人固以安静为福，而灾危患难亦时有之，如水火、贼盗、疾病、死丧，凡意外不测之事，此人情所不忍，而推恩效力固有不容已者。其在乡党邻里有相周之义焉，有相助相扶持之义焉，况于族人本同一气者乎？今后凡遇灾患，或所遭不偶也，固宜不恤财、不恤力以图之；怜悯、救援、扶持、培植，以示敦睦之义。此非有所强而迫也，行之存乎人耳。

徽州宗族为巩固自身的发展和繁荣，普遍实行的一项重大措施是：大力表彰“义行”。凡是资助宗族和周济、帮助、扶持贫苦族人的宗族子弟，成绩特别卓著者府志立传，其次县志立传，再其次族谱立传。在徽州府府志、徽州所属六个县县志和各个宗族的族谱当中，这类人物的传记占了很大篇幅。

徽州宗族采取的周济、扶持、帮助贫苦族人的措施，对宗族的巩固、发展和繁荣起了重大作用。许多占有大量“义田”的宗族，贫困族人一般避免了乞讨为生，背井离乡之苦。歙县唐模村和棠樾村有句俗语，叫作“唐模、棠樾，饿死情愿”。因唐模许氏宗族和棠樾鲍氏宗族占有大量义田，贫苦的族人能得到宗族的周济和扶持，最低水平的生活有保障。所以，他们都安土重迁，至死也不肯脱离自己的宗族。①

地理环境的影响是徽州宗族繁荣的第一个原因。

## 二、朱熹思想

徽州宗族的繁荣和徽州成为中国封建宗族制度一个典型地区，朱熹思想的影响起了重大作用。

朱熹，字元晦，后改仲晦，号晦庵，后称晦翁，号遁翁，自称云谷老人，号沧洲病叟。生于南宋建炎四年（1130 年），卒于南宋庆元六年（1200 年）。祖籍徽州婺源（今江西婺源县），侨寓福建建阳。

朱熹是理学集大成者。孔子之后，朱熹是中国封建社会地位最高、影响

① 参见赵华富《歙县棠樾鲍氏宗族个案报告》，《江淮论坛》1993 年第 2 期。

最大的思想家。宋宁宗在《除朱熹为焕章阁待制侍讲诰》中说:"朱熹发六经之蕴,穷百氏之源。"对朱熹作了很高的评价①。宋理宗进一步察觉到朱熹思想对巩固封建统治的重大作用和意义。因此,他特赠朱熹为太师,追封信国公,后改封徽国公,用祭祀孟子的礼仪祀朱熹②。宋度宗诏赐婺源为"文公阙里",将朱熹的地位又升了一个台阶。宋以后,历代封建王朝都视朱熹为圣人,将朱熹的思想钦定为官方哲学,明经取士都以朱熹等"宋儒传注为宗"③。朱熹的地位一再拔高,一直拔高到与孔圣人差不多同等地位④。

婺源是"文公阙里"。朱熹一生曾两次回故里省墓,第二次逗留时间三个月。当地名流多与之游,许多学人慕朱熹之名,拜他为师,成为他的门生。其中学行卓著者即有祝穆、吴昶、程先、程永奇、汪莘、许文蔚、汪晫、谢琏等⑤。

徽州出了个大圣人朱夫子,徽州人感到无上光荣。他们从宗族观念出发,把朱熹说成扭转乾坤的伟大人物,对其顶礼膜拜。《新安黄氏会通宗谱·集成会通谱叙》记载:

> 盖人伦不明,宗法废弛,民俗颓弊甚矣。幸而皇宋诞膺景运,五星聚奎。于是吾郡朱夫子者出,阐六经之幽奥,开万古之群蒙,复祖三代之制,酌古准今,著为《家礼》,以扶植世教。其所以正名分,别尊卑,敬宗睦族之道,亲亲长长之义,灿然具载。而欧、苏二子亦尝作为家谱,以统族属。由是海内之士,闻其风而兴起焉者,莫不家有祠,以祀其先祖,族有谱,以别其尊卑。

读朱子之书,以朱熹思想作为指导思想,是徽州人坚定不移的信念。赵滂在《商山书院学田记》中讲到徽州的教育时说:

> 自井邑田野,以至远山深谷,居民之处,莫不有学,有师,有书史之

① 《婺源茶院朱氏家谱·除朱熹为焕章阁待制侍讲诰》,明刻本。

② 《宋史纪事本末》卷八十《道学崇黜》,中华书局标点本。

③ 《松下杂抄》卷下。

④ 见民国《重修婺源县志》卷十八,卷六十四,卷六十六,民国十四年刊本。

⑤ 参见《徽州地区简志》,黄山书社 1989 年版,第 284 页

藏。其学所本，则一以郡先师朱子为归。凡六经传注，诸子百家之书，非经朱子论定者，父兄不以为教，子弟不以为学也。是以朱子之学虽行天下，而讲之熟，说之详，守之固，则惟新安之士为然。①

休宁《茗洲吴氏家典》记载：

我新安为朱子桑梓之邦，则宜读朱子之书，服朱子之教，秉朱子之礼，以邹鲁之风自待，而以邹鲁之风传之子若孙也。

朱熹的《家礼》一书，以三纲五常为指导思想和基本原则，对通礼、冠礼、婚礼、丧礼、祭礼作了详尽细致的说明和规定。② 通过这些封建礼仪的说明和规定，全面地、系统地阐明了封建宗族制度和封建宗法伦理关系。

徽州人视朱熹《家礼》为一部划时代的伟大著作。他们认为，三代以后，“人伦不明，宗法废弛，民俗颓弊甚矣”。《家礼》一书，“正名分，别尊卑，敬宗睦族之道，亲亲长长之义，灿然具载”。于是，海内“莫不家有祠，以祀其先祖，族有谱，以别其尊卑”。

徽州人把朱熹《家礼》当做经典。徽州宗族修纂的族谱，都以三纲五常为指导思想和基本原则，没有一部例外。特别是族规家法和冠、婚、丧、祭等内容，不仅谨遵《家礼》的精神和原则编写，有的干脆改头换面照抄《家礼》。

徽州人认为，朱熹《家礼》“炳如日星”，是宗族行动的指南。休宁《茗洲吴氏家典》作者要求他们的宗族子弟，“遵行《家礼》，率以为常”，按《家礼》办事，不越雷池一步，即所谓“非敢于《家礼》有所损益也”③。歙县泽富王氏宗族《宗规》规定：冠、婚、丧、祭“并遵文公《家礼》”，并特别指出，祭品“虽称家之有无，清素为好，勿习世俗，浮华斗靡，有违《家礼》”。④ 绩溪上庄明经胡氏宗族《新定祠规二十四条》崇祭祀规定：“凡祭祀，春以春分日举行，冬以冬至日举行。高、曾、祖、祢用牲，旁亲用庶馐。一切仪节，谨遵朱子

---

① 转引道光《休宁县志》卷之一《风俗》，清道光三年刊本。

② 朱熹《家礼》，有人认为系别人托朱熹之名而作。笔者认为，无论撰者是谁，此书编撰都是以朱熹思想作为指导原则，这是毫无疑义的。

③ 休宁《茗洲吴氏家典·家典凡例》，清雍正十三年刻本。

④ 歙县《泽富王氏宗谱》，明隆庆、万历间刻本。

《家礼》。"[1]歙县潭渡黄氏宗族《祠规》规定:"元旦谒祖、团拜及春秋二祭,悉遵朱子《家礼》。"[2]黟县城西余氏宗族族人余允恭,晚年与弟"遵朱子《家礼》,建立家规,以训子孙,俗多化之"[3]。

徽州人认为,朱熹《家礼》一书,"若衣服饮食,不可一日离焉耳"[4]。历史文献记载告诉我们,历史上徽州人都生活在宗族之中。朱熹《家礼》对宗族的通礼、冠礼,婚礼、丧礼、祭礼以及宗法伦理关系等诸方面都作了说明和规定。徽州人崇拜朱熹。他们"读朱子之书,服朱子之教,秉朱子之礼"。因此,《家礼》中种种规定,就成为徽州宗族子弟行动的准则和规范。对徽州人来讲,朱熹《家礼》一书,"若衣服饮食,不可一日离焉耳",这是不言而喻的。

历史文献记载告诉我们,婺源是"文公阙里",徽州人对朱熹的崇拜超过全国所有地区。因此,朱熹思想对徽州的影响,比任何地区都深远。徽州宗族十分繁荣,徽州成为中国封建宗族制度一个典型地区,这是一个重要原因。《新安月潭朱氏族谱》卷首《月潭朱氏族谱序》记载:

> 新安里各姓别,姓各有祠,祠各有谱牒,阅岁千百,厘然不紊。用能慈孝敦睦,守庐墓,长子孙,昭穆相次,贫富相保,贤不肖相扶持,循循然,彬彬然,序别而情挚。试稽其朔,固由考亭先生定礼仪,详品节,渐渍而成俗。吾徽人食考亭之泽深且远,宜今之旅于外者,为馆舍必尊祀考亭也。

歙县《潭渡黄氏族谱》卷六《祠祀·潭渡孝行里黄氏大宗祠碑记》记载:

> 郡县内俗之近古者,惟新安最。其世家巨姓,多聚族而居,谨茔墓,修烝尝,考谱牒,得追远之意,笃本之思。盖新安乃子朱子故里,流风遗教渐渍使然也。

一言以蔽之,"歙在万山间,乃程朱之阙里也。故多旧家,能保其族,以

---

① 绩溪《上川明经胡氏宗谱》下卷之中,清宣统三年木活字本。

② 歙县《潭渡黄氏族谱》卷六,清雍正九年刻本。

③ 嘉庆《黟县志》表七《人物志·尚义》,清同治九年刊本。

④ 休宁《茗洲吴氏家典·家典凡例》,清雍正十三年刻本。

至数百年，盖他郡所少有”①。

朱熹思想的影响是徽州宗族繁荣的第二个原因。

## 三、仕宦和徽商

徽州宗族的繁荣和徽州成为中国封建宗族制度一个典型地区，宗族子弟中的仕宦和富商对宗族的捐输起了重要作用。

宋代，徽州人科举和入仕取得巨大成就。据弘治《徽州府志》卷六《选举志·科第》记载，宋代徽州科举中式进士达619人。在同书卷七《人物志·勋贤》和卷八《人物志·宦业》中立传官员多达123人。其中宰相和副宰相三人，尚书三人，侍郎七人。罗愿在《新安志》卷一《风俗》中说：“黄巢之乱，中原衣冠避地保于此（按：指歙县黄墩——引者）。后或去或留，俗益向文雅。宋兴则名臣辈出。”

据《明清进士题名碑索引》记载，明朝徽州人科举中进士者有392人，清朝有226人。这只是指徽州本籍进士，如果加上寄籍外地进士，那大大超过这个数字。据北京歙县会馆观光堂题名榜记载，仅歙县一个县，有清一代本籍和寄籍进士即达296人。在歙县本籍和寄籍科举中式者中，有状元五人，榜眼二人，武榜眼一人，探花八人，传胪五人，会元三人，解元十三人②。据统计，清代徽州本籍和寄籍状元多达十八人③。

据明北京歙县会馆捐册名单统计，明嘉靖以后，仅歙县一个县即出大学士一人，尚书一人，侍郎九人，寺卿五人，给事中四人，检讨编修二人，巡抚五人，巡按御史六人，廉史四人，知府三人，督学一人。这还不包括未列名的学士唐皋，都宪江东之，尚书殷正茂④。“其同时以进士官部曹及守令者约三十人，尚未及录”⑤。

① 歙县《方氏族谱》卷首《方氏族谱原序》，清康熙四十年刻本。

② 许承尧：《歙事闲谭》卷十一《清代歙京官及科第》，抄本。

③ 赵华富：《论明清徽州社会的繁荣》，《东南文化》1991年第2期。

④ 许承尧：《歙事闲谭》卷十《北京歙县会馆建置原始》，抄本。

⑤ 许承尧：《歙事闲谭》卷十一《科举故事一》，抄本。

据北京歙县会馆观光堂题名榜，清朝仅歙县一个县本籍和寄籍官京朝者，即有大学士四人，尚书七人，侍郎二十一人，都察院都御史七人，内阁学士十五人①。在京师各部曹和地方各级政府为官的歙县人，那就更多了。如，歙县溪南吴氏一个宗族，在地方当县太爷的就多达十二人②。

众所周知，唐宋之际中国社会经济重心从中原转移到南方。徽商作为一种社会经济现象和商业界一个帮派，就是在这个经济背景下产生、形成的。经过几个世纪的历史发展，到明代嘉靖、万历年间，随着商品经济的发展和资本主义生产关系萌芽的产生，徽商开始繁荣昌盛，进入黄金时代。明人谢肇淛说："富室之称雄者，江南则推新安，江北则推山右。新安大贾，鱼盐为业。藏镪有至百万者，其他二三十万，则中贾耳。"③万历《歙志》卷十记载："邑中之以盐策祭酒而甲天下者，初则有黄氏，后则有汪氏、吴氏。相递而起，皆由数十万，以汰百万者。"万历年间，歙县溪南巨商吴养春一次向明朝政府捐纳银三十万两，得到万历皇帝嘉奖，吴养春一家一日五人授"中书之爵"④。吴氏商业资本之雄厚，由此可想而知。到清代，徽商的商业资本有了更大的发展。民国《歙县志》卷一《风土》记载："两淮八总商，邑人恒占其四，各姓代兴。如，江村之江，丰溪、澄塘之吴，潭渡之黄，岑山之程，稠墅、潜口之汪，傅溪之徐，郑村之郑，唐模之许，雄村之曹，上丰之宋，棠樾之鲍，蓝田之叶，皆是也。"这些大盐商，"资本之充实者，以千万计。其次亦以数百万计"⑤。乾隆年间，江春曾任两淮总商，"每遇灾赈、河工、军需，百万之费，指顾立办"。因而得到乾隆皇帝的嘉奖⑥。

历史文献记载告诉我们，徽州籍仕宦和富商，从小都受朱熹思想的熏陶，他们"读朱子之书，服朱子之教，秉朱子之礼"，成长和生活在宗族之中，宗族观念极端浓厚，极端强烈。他们仕宦发财和经营致富，大都衣锦还乡，

---

① 许承尧：《歙事闲谭》卷十一《清代歙京官及科第》，抄本。

② 歙县《丰南志》卷五《选举志·仕宦》，抄本。

③ 谢肇淛：《五杂俎》卷四，中华书局1986年标点本。

④ 许承尧：《歙事闲谭》卷四《吴士奇〈征信录〉中之〈货殖传〉》，抄本。

⑤ 李澄：《淮鹾备要》卷七，清道光三年刊本。

⑥ 嘉庆《两淮盐法志》卷四十四《人物·才略》，清光绪十九年刊本。

荣宗耀祖，为宗族做种种“义行”。

徽州城乡相望、高大宽敞、营造精细、装饰精美的祠堂，主要是宗族子弟中的仕宦和富商出资兴建的。例如，清乾隆二年歙县城东门许氏宗族重建宗祠，大官僚许登瀛一人即“捐赀八千金”。这座祠堂，花了四年时间才落成①。棠樾鲍氏宗族大盐商鲍志道一人独资兴建“世孝祠”，其子鲍漱芳一人独资重建“敦本堂”，其弟鲍启运之子鲍有莱一人独资兴建“清懿堂”。从这三座祠堂规模之大、营造之精、装饰之美来看，每座耗银都以万两计②。据《歙新馆鲍氏著存堂宗谱》卷三《祠规序》记载，新馆鲍氏宗族自始迁祖传六世未建祠堂，“神无所依，族无所聚。时有若集公、概公、乐公、宋公、橐公、檀公、善烨公、善耀公八公，各以盐策致富，皆倜傥有志，相谋捐赀巨万，建立宗祠，并置祭田”。休宁竹林汪氏宗族所建宗祠，共耗银三万八千二百三十两零五钱四分，大商人汪丕一人捐银二万三千两，大商人汪缨一人捐银一万零九百二十两五钱四分③。仕宦和富商出资兴建祠堂事例和资料俯拾即是，举不胜举，数字大都以千、万两计。

徽州名宗右族大都占有大量土地，这是徽州封建土地所有制一个突出特点。历史文献记载告诉我们，徽州族田大多数是徽州本籍和寄籍仕宦和富商捐输的。现在，根据部分历史文献资料列表如下。

**仕宦和富商捐输族田百亩以上举例表**

| 序列 | 年代 | 地区 | 宗族 | 捐输人 | 名称 | 面积 | 资料来源 |
|---|---|---|---|---|---|---|---|
| 1 | 宋 | 休宁 | 陪郭程氏 | 程　信 | 义田 | 500 亩 | 弘治《徽州府志》卷七《人物志·勋贤》 |
| 2 | 宋 | 休宁 | 旌城汪氏 | 汪　泳 | 祭田、义田 | 100 亩 | 弘治《徽州府志》卷七《人物志·勋贤》 |
| 3 | 宋 | 婺源 | 茶院朱氏 | 朱　熹 | 祭田 | 100 亩 | 王懋竑《朱子年谱》卷之一上 |

① 《重修古歙东门许氏宗谱》卷八，清乾隆二年刻本。

② 歙县《棠樾鲍氏宣忠堂支谱》卷二十二《文翰·世孝祠记》，清嘉庆十年家刻本；鲍志道：《重建万四公支祠记》碑刻。

③ 休宁《竹林汪氏宗祠记》。

续表

| 序列 | 年代 | 地区 | 宗族 | 捐输人 | 名称 | 面积 | 资料来源 |
|---|---|---|---|---|---|---|---|
| 4 | 元 | 黟县 | 黄村黄氏 | 黄真元 | 祭田、义田 | 630余亩 | 嘉庆《黟县志》卷七《人物志·质行》 |
| 5 | 元 | 婺源 | 盘山程氏 | 程本中 | 学田 | 500亩 | 民国《重修婺源县志》卷三十七《义行》 |
| 6 | 明 | 歙县 | 呈坎罗氏 | 罗元孙 | 义田 | 100亩 | 民国《歙县志》卷九《人物志·义行》 |
| 7 | 明 | 歙县 | 岩镇佘氏 | 佘文义 | 义田 | 100亩 | 民国《歙县志》卷九《人物志·义行》 |
| 8 | 明 | 休宁 | 商山吴氏 | 吴继良 | 义田、学田 | 178亩 | 康熙《徽州府志》卷十五《人物志·尚义》 |
| 9 | 明 | 祁门 | 胡村胡氏 | 胡天禄<br>胡徵献 | 义田 | 330亩 | 康熙《徽州府志》卷十五《人物志·尚义》 |
| 10 | 明 | 婺源 |  | 汪焕祖 |  | 100亩 | 康熙《徽州府志》卷十五《人物志·尚义》 |
| 11 | 明 | 婺源 | 方村方氏 | 方仲诰 | 义田 | 100亩 | 民国《重修婺源县志》卷三十七《义行》 |
| 12 | 清 | 歙县 | 溪南吴氏 | 吴邦伟<br>吴邦佩 | 义田 | 1,000余亩 | 吴荫培《吴氏言行录》上 |
| 13 | 清 | 歙县 | 江村江氏 | 江承炳 | 祭田、义田 | 1,000余亩 | 江登云《橙阳散志》卷三《人物志·义行》 |
| 14 | 清 | 歙县 | 江村江氏 | 江承珍 | 族田 | 160亩 | 江登云《橙阳散志》卷三《人物志·义行》 |
| 15 | 清 | 歙县 | 江村江氏 | 江振鸿 | 祀田、义田 | 千数百亩 | 民国《歙县志》卷九《人物志·义行》 |
| 16 | 清 | 歙县 | 江村江氏 | 江裕瑸 | 义田 | 100亩 | 民国《歙县志》卷九《人物志·义行》 |
| 17 | 清 | 歙县 | 雄村曹氏 | 曹景宸 | 义田<br>右文田 | 500余亩 | 民国《歙县志》卷九《人物志·义行》 |
| 18 | 清 | 歙县 | 伏塘坑方氏 | 方德龙 | 义田 | 109亩 | 民国《歙县志》卷九《人物志·义行》 |
| 19 | 清 | 歙县 | 唐模许氏 | 许以晟等 | 义田 | 100余亩 | 民国《歙县志》卷九《人物志·义行》 |
| 20 | 清 | 歙县 | 松明山汪氏 | 汪人御 | 义田 | 500亩 | 民国《歙县志》卷九《人物志·义行》 |

续表

| 序列 | 年代 | 地区 | 宗族 | 捐输人 | 名称 | 面积 | 资料来源 |
|---|---|---|---|---|---|---|---|
| 21 | 清 | 歙县 |  | 鲍玉堂 | 义田 | 500 亩 | 民国《歙县志》卷九《人物志·义行》 |
| 22 | 清 | 歙县 | 唐模许氏 | 许以景 | 义田 | 数顷 | 民国《歙县志》卷九《人物志·义行》 |
| 23 | 清 | 歙县 | 大阜潘氏 | 潘景文 | 义田 | 100 亩 | 民国《歙县志》卷九《人物志·义行》 |
| 24 | 清 | 歙县 | 唐模许氏 | 许承基 | 义田 | 100 亩 | 民国《歙县志》卷九《人物志·义行》 |
| 25 | 清 | 歙县 | 棠樾鲍氏 | 鲍志道 | 祭田 | 150 亩 | 歙县《棠樾鲍氏宣忠堂支谱》卷十九《祀事》 |
| 26 | 清 | 歙县 | 棠樾鲍氏 | 鲍汪氏 | 义田 | 100 余亩 | 歙县《棠樾鲍氏宣忠堂支谱》卷十九《祀事》 |
| 27 | 清 | 歙县 | 棠樾鲍氏 | 鲍启运 | 义田 | 1,249 余亩 | 歙县《棠樾鲍氏宣忠堂支谱》卷十九《祀事》 |
| 28 | 清 | 歙县 | 潭渡黄氏 | 黄天寿 | 义田、祭田学田 | 150 亩 | 歙县《潭渡黄氏族谱》卷七《厚德》 |
| 29 | 清 | 休宁 | 竹林汪氏 | 汪　丕 | 祠田 | 300 余亩 | 休宁《竹林汪氏宗祠记》 |
| 30 | 清 | 祁门 | 旸源谢氏 | 谢明哲 | 义田、学田 | 140 亩 | 同治《祁门县志》卷三十《人物志·义行》 |
| 31 | 清 | 祁门 | 桴墅洪氏 | 洪世迎 | 义田 | 100 余亩 | 同治《祁门县志》卷三十《人物志·义行》 |
| 32 | 清 | 祁门 | 石坑张氏 | 张启勋 | 祭田、义田 | 数百十亩 | 同治《祁门县志》卷三十《人物志·义行》 |
| 33 | 清 | 婺源 | 江湾江氏 | 江源进 | 义田 | 100 余亩 | 民国《重修婺源县志》卷三十七《义行》 |
| 34 | 清 | 婺源 | 江湾江氏 | 江祚锡 | 祭田、义田 | 400 亩 | 民国《重修婺源县志》卷三十七《义行》 |
| 35 | 清 | 婺源 | 江湾江氏 | 江祚锡 | 祠田 | 数十亩 44 亩 | 民国《重修婺源县志》卷三十七《义行》 |
| 36 | 清 | 婺源 | 盘山程氏 | 程世杰 | 义田 | 300 余亩 | 民国《重修婺源县志》卷三十七《义行》 |
| 37 | 清 | 婺源 | 庆源詹氏 | 詹德章 | 祀田 | 百数十亩 | 民国《重修婺源县志》卷三十七《义行》 |
| 38 | 清 | 歙县 | 大阜潘氏 | 潘仲兰 | 义田 | 100 亩 | 民国《歙县志》卷九《人物志·义行》 |

上表所列三十八例捐输者是仕宦，还是富商，绝大多数身份是清楚的，只有少数身份不明。但是，我们认为，他们不是仕宦，即是富商。因为，徽州地主一般占有土地在一百亩左右，一般地主无能力向宗族捐输一百亩土地，至于捐输一百亩以上，甚至数百亩，最多达一千多亩，那更是不可能的。

上表所列徽州籍仕宦和富商向宗族捐输土地三十八例中，一人捐输五百亩者有五例，二人捐输一千亩者一例，一人捐输六百三十亩者一例，一人捐输一千余亩者一例，一人捐输一千数百亩以上者二例。据徽州土地买卖契约文书资料记载，清代乾隆年间徽州每亩土地价银约二十五两左右①。如果按这个地价计算，向宗族捐输一百亩土地，就等于白银二千五百两；捐输五百亩土地，就等于白银一万两千五百两；捐输一千亩土地，就等于白银二万五千两。歙县棠樾鲍氏宗族大盐商鲍启运，向宗族捐输义田一千二百四十九亩五分，就等于白银三万一千二百三十七两五钱。

唐宋以来，特别是明清时期，徽州"名臣辈出"，富商济济。这里所以能大建祠堂，大置族田，就是因为有宗族子弟中的仕宦和富商——特别是富商——的资助。

仕宦和富商的捐输资助是徽州宗族繁荣的第三个原因。

（原载《民俗研究》1993 年第 1 期）

① 《明清徽州社会经济资料丛编》第一集，中国社会科学出版社 1988 年版；第二集，中国社会科学出版社 1990 年版。

# 与客家始迁祖不同的徽州中原移民

## ——论徽州宗族的来源

闽、粤、赣的客家始迁祖是中原移民，徽州世家大族的始迁祖多数也是中原移民，但是，二者的社会成分、政治状况和文化发展有很大不同。研究这种差别，阐述徽州中原移民历史发展的特点，无论对徽学，还是对客家学，都具有一定意义和价值。

### 一、中原衣冠——徽州的中原移民

学术界对客家的由来，众说纷纭，莫衷一是。有的专家认为，客家渊源于东晋南北朝的“给客制度”及唐宋时期的“客户”；有的专家认为，客家是历史上曾当过佣客的中原南迁汉人的称呼。① 这两种观点都说明客家始迁祖的社会地位比较低下，他们受到的教育很少，或者根本没受到教育，是文化水平较低的普通劳动农民。与客家人的始迁祖不同，徽州的中原移民多数是“中原衣冠”，他们都受过良好教育，诗书传家，是文化水平较高的封建士大夫阶层。

中原衣冠迁徙徽州的原因是什么呢?

#### （一）到徽州避难

徽州地处皖南山区，与浙、赣毗邻。北部黄山山脉盘踞其间，南部有天

---

① 张开文:《客家与闽西关系概述》,《台湾源流》第19期《客家文化》;罗香林:《客家源流考》;刘佐泉:《客家历史与传统文化》。

目山、白际山和九龙山山脉。一府六县,“万山回环,郡称四塞”。[①] 这种“届万山中”、“山川峻奥”的自然地理环境,使徽州成为一个“无兵燹之虞”或“战争罕及之地”的“世外桃园”。[②] 歙县《方氏族谱》记载:“歙以山谷为州也,其险阻四塞,几类蜀之剑阁矣;而僻在一隅,用武者莫之顾,中世以来,兵燹鲜经矣。”[③]

由于徽州有这样一种自然地理特点,历史上每当中原战乱,许多官宦和士大夫即纷纷向这里迁徙避难。程尚宽《新安名族志》载,方纮原籍河南,为汉司马长史。西汉末,为避“王莽篡乱,避居江左,遂家……歙之东乡”。孙方储(日本东洋文库藏本作“子方储”),“举孝廉,授洛阳令,赠黟县侯”。后裔散居徽州各地。汪文和“望鲁之平阳……以破黄巾功为龙骧将军。建安二年,因中原大乱,南渡江。孙策表授会稽令,遂家于歙,是为新安汪氏始迁之祖”。俞纵,河北河间人,仕晋征西大将军。永嘉末,始迁新安。后裔“曰晃,仕至龙图侍郎,居歙草市;曰昌,唐广明后,由歙迁婺源长田。厥后,子孙散居郡邑”。鲍伸,山东青州人。仕晋由尚书户部“官拜护军中尉,镇守新安。永嘉末,青州大乱,子孙避兵江南。咸和间,曰弘,任新安郡守,因占籍郡城西门。继于郡西十五里牌营建别墅”。程元谭,河北广平人。“永嘉之乱,佐琅玡王都建业,为新安太守,有善政,民请留之,赐第于郡西之黄墩,遂世居焉”。黄积,江夏人,仕晋“为考功员外郎,从元帝渡江,任新安太守,卒葬郡西姚家墩。积生寻,庐于墓,遂家焉,改曰黄墩”。叶望,祖籍叶县。“建安二年,渡江家丹阳。又六传曰续,为晋行兵都统,是为徽之始迁祖也。”闵氏,祖籍山东。“汉末避乱,南迁浔鄱。”南朝梁大通初年,闵纮“举贤良,为歙邑令,由浔阳因家于歙”。谢氏,祖籍陈留,谢裒仕晋,从元帝“渡江而南”。谢安十三世孙杰,“仕隋为歙州教授,由会稽始家歙之中鹄乡。今姓其地曰谢村”。在历次中原大乱中,唐末迁往徽州的官宦和士大夫人数最多。程尚宽《新安名族志》共列姓氏 84 个(有的版本列姓氏 88 个)。

---

① 歙县《桂溪项氏族谱》卷一《旧谱序跋》,清嘉庆十六年木活字本。

② 休宁《戴氏族谱》,明崇祯五年家刻本;休宁《古林黄氏重修族谱》,明崇祯十六年刻本。

③ 歙县《方氏族谱》,清康熙四十年刻本。

据我们不完全的统计,在104个始迁祖的来源中(因同姓不同宗,一个姓氏之中往往有两个或数个始迁祖),有26人是因避黄巢起义的打击迁徙徽州的。罗愿说:"黄巢之乱,中原衣冠避地保于此(按:指歙县黄墩——引者),后或去或留,欲益向文雅。宋兴则名臣辈出。"①在26个避难者之中,有的是从中原径直迁到徽州,如查师诣、毕师远、张舟、齐亮、施矗、王璧、王翔、李祥、姚郇、刘依仁等;有的是先世从中原迁到江南,后裔再迁徽州,如吕从善、周钦、朱师古、陈禧、陈秀、康先、金博道等,追本溯源,他们的远祖也是中原人。

## (二) 向往徽州山水

史称,"新安大好山水,尚矣"。明代著名旅行家徐霞客认为:"登黄山天下无山,观止矣。"这里如诗如画的秀丽风光,吸引了大批向往与山水为伴的士大夫。据程尚宽《新安名族志》和徽州谱牒记载,从汉朝以来即有许多汉族士大夫慕徽州"大好山水",从各地迁徙到徽州。史载,西汉时期,舒骏曾任丹阳太守,其后裔舒许出任新安太守时,慕这里山川秀美,风景宜人,遂迁居于此。② 任昉,乐安博昌人。南北朝时,"以学问显,与沈约齐名,仕梁。天监中,出守新安。尝行春,爱富资山水之胜,遂家焉。后名其居曰:昉村昉溪"。③ 徐摛,东海郯人。南朝梁时,出任新安太守。"其从昆弟侍中绲来游此邦,流连山水,子孙遂为土断"。④ 祁门白塔蒋氏,先世居河南义兴。唐初,右屯卫兵曹参军蒋俨使高丽,路经"秦汉故道古黟武亭岭泉水窟,见山川佳丽,偕子曰远,贞观末卜居于此"。⑤ 姚源清,"其先新建人"。唐初,"以职业抵新安,道经绩溪,见其山水秀丽,携家居之,创一僧院,颜曰'新建',示不忘本也"。⑥ 休宁唐田孙氏,先世山东青州人。唐末,孙万登任金

① 罗愿:《新安志》卷一《风俗》,《宋元地方志丛书》本。
② 安徽《京兆舒氏统宗谱》,明成化九年刻本。
③ 程尚宽:《新安名族志》,明嘉靖三十年刻本。
④ 《新安徐氏宗谱》,清乾隆二年刻本。
⑤ 程尚宽:《新安名族志》,明嘉靖三十年刻本。
⑥ 程尚宽:《新安名族志》,明嘉靖三十年刻本。

吾上将军，从岭南道节度使康承训“平蛮”凯旋，“道经海宁，爰风土之胜，遂家黎阳乡之唐田，今坑口、草市、埜山、阳湖、溪东、梅林、栈山、浯田、高桥、黄村、汉口，皆出此派”。① 金部郎廖嵩同郑畋、朱革“讨黄巢乱，道经新安，见山水清奇，意有属焉。嵩性爱乌，尝养二乌，甚训出入，灵验人事。后辞职归隐，每潜祝乌，栖山为家，乃随乌至祁西，遂栖不去，因家焉。故名其地曰‘乌门’”。② 歙县棠坞洪氏，先世居淳安茶源。唐末，洪进义“游新安，见此山水秀而民居少，遂居焉”。③ 黟县欧村欧阳氏，先世世居长沙。宋代，欧阳文一“就试临安不第，经徽之黟邑榔木岭，乐其山水佳丽，遂卜居焉，因名欧村”。④

### （三）宦游徽州

史载，在徽州为官士大夫，携家迁居徽州的很多。这些士大夫迁徙徽州定居的原因不一：有的是看中徽州“万山回环，郡称四塞”，是一个“鲜兵燹之虞”的“世外桃园”，可以安身立命；有的是钟情徽州“大好山水”，烟云缭绕，青山叠翠，是一个令人销魂的“人间仙境”，可以与山水同乐；或者兼而有之。康熙《徽州府志》卷二《舆地·形胜》载，宦游徽州的士大夫，“有爱其山水幽奇，遂解印不返；亦有乐其高山万仞，爰弃家以家其间者焉”。程尚宽《新安名族志》中所列 84 个姓氏的始迁祖，宦游徽州“终身不返”、“以家其间者”，多达 36 人。如，歙县岩镇闵氏始迁祖闵纮、贵溪陆氏始迁祖陆修、谢村谢氏始迁祖谢杰、向杲吕氏始迁祖吕谓、上丰宋氏始迁祖宋平、黄家坞黄氏始迁祖黄珀；休宁倪干倪氏始迁祖倪玄鉴、博村范氏始迁祖范传正、陪郭叶氏始迁祖叶尚或；婺源官源洪氏始迁祖洪经纶、严田李氏始迁祖李德鸾、陈家巷陈氏始迁祖陈一清；祁门锦溪仰氏始迁祖仰敬；黟县城西余氏始迁祖余荣；绩溪龙川胡氏始迁祖胡焱、双古井葛氏始迁祖葛晋、八都孔氏始

① 程尚宽:《新安名族志》，明嘉靖三十年刻本。
② 程尚宽:《新安名族志》，明嘉靖三十年刻本。
③ 程尚宽:《新安名族志》，明嘉靖三十年刻本。
④ 程尚宽:《新安名族志》，明嘉靖三十年刻本。

迁祖孔端,等等。

人类文明时期的历史发展证明,两个或几个文明发展水平不同的民族共处一个空间,较高文明的民族同化较低文明的民族,是一个不可抗拒的普遍规律。秦汉时期,徽州的土著居民山越人刚跨进文明时期的门槛不久,或者还处在原始社会末期,而中原地区早已进入高度发展的封建文明。"中原衣冠"则是这种先进文明的代表。当大批"中原衣冠"进入徽州地区之后,山越人被逐渐同化就成为历史的必然。从汉代以来,大批"中原衣冠"涌入徽州地区的过程,同时,也就是徽州的土著居民山越人被同化的过程。"中原衣冠"是同化山越人的决定性因素。

## 二、徽州——中原衣冠的一统天下

闽、粤、赣客家人的始迁祖都是"永嘉南渡"以来从中原南迁的汉人。这些移民与当地土著居民和平共处,共同发展,形成一种"主"、"客"共处的社会和政治局面。与客家人的始迁祖不同,徽州的"中原衣冠"同化了土著居民山越人,他们由"客"变"主",成为这个地区唯一的主人。徽州地区成为他们的一统天下。

徽州是怎样成为"中原衣冠"一统天下的呢?

历史上,徽州地区最早的土著居民是山越人。何谓山越?王鸣盛说:"自周秦以来,南蛮总称百越,伏处深山,故名山越。"①胡三省称:"山越本亦越人,依阻山险,不纳王租,故曰山越。"②他们群居"深林远薮"之中,是"椎髻鸟语之人"。③"好为叛乱,难安易动。"④

秦始皇统一全国,建立中央集权专制主义国家。经过秦汉三个多世纪的统治,徽州地区还属于"深险之地",山越"犹未尽从"。⑤东汉以来,"山

① 王鸣盛:《十七史商榷》卷四二《三国志四·山越》,商务印书馆1959年重印本。

② 《资治通鉴》卷五六《汉纪》,胡三省注,中华书局标点本。

③ 《后汉书》卷三八《度尚传》,中华书局标点本。

④ 《三国志》卷六〇《贺全吕周锺离传》,中华书局标点本。

⑤ 《资治通鉴》卷六三《汉纪》,中华书局标点本。

民作乱”,“讨平山越”等记载,史不绝书。如,建宁二年(169 年)九月,“丹阳山越贼围太守陈夤,夤击破之”。① 建安五年(200 年),“分部诸将,镇抚山越,讨不从命”。② 建安八年(203 年),“西伐黄祖,破其舟军,惟城未克,而山寇复动”。③《三国志·孙贲传》载:“贲领豫州刺史,转丹阳都尉,行征虏将军,讨平山越。”同书《吕蒙传》载:“(邓)当为孙策将,数讨山越。”《三国志·陆逊传》记载:

> (孙)权以兄策女配逊,数访世务,逊建议曰:“方今英雄棋峙,豺狼窥望,克乱宁乱,非众不济。而山寇旧恶,依阻深地。夫腹心未平,难以图远,可大部伍,取其精锐。”权纳其策,以为帐下右部督。会丹阳贼师费栈受曹公(按:指曹操——引者)印绶,扇动山越,为作内应,权遣逊讨栈。栈支党多而往兵少,逊乃益施牙幢,分布鼓角,夜潜山谷间,鼓噪而前,应时破散。

陆逊认为,山越是孙吴政权的心腹大患。“腹心未平,难以图远”。《三国志·贺全吕周锺离传》评曰:“山越好为叛乱,难安易动,是以孙权不遑外御,卑词魏氏。凡此诸臣,皆克宁内难,绥静邦域者也。”

建安十三年(208 年),孙吴政权开展的一场镇压黟、歙山越的大战打响了。统率大军的将领是威武中郎将贺齐。吴军首战告捷,降服武强、叶乡、东阳、丰浦四乡。贺齐“表言以叶乡为始新县”。④ 但是,歙县的山越统帅金奇万户屯安勒山,毛甘万户屯乌聊山;黟县山越统帅陈仆、祖山等二万户盘踞林历山,顽强抵抗,拒不归降。史载,“林历山四面壁立,高数十丈,径路危狭,不容刀盾。”山越“临高下石,不可得攻”。吴“军住经日,将吏患之”。贺齐“身出周行,观视形便,阴募轻捷士,为作铁弋,密于隐险贼所不备处,以弋拓堑为缘道,夜令潜上,乃多悬布以援下人,得上数百人,四面流布,俱鸣鼓角,齐勒兵待之”。山越“夜闻鼓声四合,谓大军悉已得上,惊惧惑乱,

---

① 《后汉书》卷八《孝灵帝纪》,中华书局标点本。
② 《三国志》卷四七《吴主传》,中华书局标点本。
③ 《三国志》卷四七《吴主传》,中华书局标点本。
④ 《三国志》卷六〇《贺齐传》,中华书局标点本。

不知所为,守路备险者,皆走还依众。大军因是得上,大破仆等,其余皆降,凡斩首七千”。① 贺齐上表,分歙为新定、黎阳、休阳、歙县。孙吴政权遂以歙县、黟县、始新、新定、黎阳、休阳六县设新都郡,贺齐加偏将军,任太守,设府于始新。②

建安十三年(208 年)这场激战,以陈仆、祖山为首的山越被镇压下去了。《三国志·蒋钦传》载:“贺齐讨黟贼,钦督万兵,与齐并力,黟贼平定。”但是,山越并没有完全屈服于统治者的武力征服,他们仍顽强地进行反抗斗争,时起时伏,战斗时间长达数个世纪。《三国志·诸葛恪传》载,尚书仆射萨综曰:“山越恃阻,不宾历世,缓则首鼠,急则狼顾。”孙权称帝伊始,山越即起兵叛乱。吾粲“募合人众,拜昭义中郎将,与吕岱讨平山越”。因功“入为屯骑校尉、少府,迁太子太傅”。③ 赤乌年间(238—250 年),“建安、鄱阳、新都三郡山民作乱,出(锺离)牧为监军使者,讨平之。贼帅黄乱、常俱等出其部伍,以充兵役”。④ 太平二年(257 年),“鄱阳、新都民为乱,廷尉丁密、步骑校尉郑胄、将军锺离牧率兵讨之”。⑤ 谢览迁明威将军、新安太守。南齐天监九年(510 年)夏,“山贼吴承伯破宣城郡,余党散入新安,叛吏鲍叔等与合,攻没黟、歙诸县,进兵击览。览遣郡丞周兴嗣于锦沙立坞,拒战不敌,遂弃郡奔会稽。台军平山寇,览复还郡”。⑥《陈书》卷三《世祖纪》载:“山越深险,皆不宾附,世祖分命讨击,悉平之,威惠大振。”唐贞元年间(785—804 年),李肃为浙东观察使,“剧贼栗锽诱山越为乱,陷州县,肃引州兵破禽

① 《三国志》卷六〇《贺齐传》,中华书局标点本。

② 《三国志》卷六〇《贺齐传》,中华书局标点本。葛洪《抱朴子》记载:“昔吴遣贺将军讨山贼,贼中有善禁者,每当交战,官军刀剑不得拔,弓弩射矢皆还自向,辄致不利。贺将军长情有思,乃曰:‘吾闻金有刃者可禁,虫有毒者可禁,其无刃之物,无毒之虫,则不可禁。彼必是能禁吾兵者出,必不能禁无刃物矣。’乃多作劲木白棓,选有力精卒五千人为先登,尽捉棓。彼山越恃其有能禁者,乃不严备。于是官军以白棓击之,彼禁者果不复行,所击杀者万计。”

③ 《三国志》卷五七《吾粲传》,中华书局标点本。

④ 《三国志》卷六〇《锺离牧传》,中华书局标点本。

⑤ 《三国志》卷四八《三嗣主传》,中华书局标点本。

⑥ 罗愿:《新安志》卷九《谢览传》,《宋元地方志丛书》本。

之，自记平贼一篇上之，德宗嘉美”。①

从东汉开始至隋唐时期，大约经过了7个多世纪，山越才被彻底征服。9世纪以后，不但不见山越“叛乱”，而且连山越名称也从历史文献中消失了。在征服山越人的过程中，汉人统治者完全控制了徽州地方政权。罗愿《新安志·叙牧守》记载，从孙吴建郡至隋唐，共列牧守79人，其中有籍贯记载者63人。在这63个牧守之中，“中原衣冠”多达44人，占69.84%。长江中下游地区的士大夫19人，占30.16%。追本溯源，他们的远祖也大都是中原人。

孙吴建郡以来，历代统治者都十分重视徽州牧守的选授，多数牧守都是朝廷重臣。他们大都有较高的政治地位和较强的统治能力，所以能够成为同化山越人的重要因素和重要力量。罗愿《新安志·叙牧守》记载：“自建安中置郡，不轻选授。故梁高祖尝谓徐摛曰：‘新安大好山水，任昉诸人并经为之。卿为我卧治此郡。’而唐韩愈序送陆傪，亦以歙州为大州尊官，宰相荐闻，而天子选用，此不轻之验也。是以六朝置守，多一时名胜。而唐世宰相尝为此郡者盖七人，可不谓盛哉！”

众所周知，政权是改造社会的杠杆和决定力量。与历史上所有统治者的策略一样，汉人统治者对徽州土著居民也是实行两手政策：一方面对那些“作乱”、“不宾”的山越人，实行武力剿杀；另一方面对接受汉人士大夫统治的山越人，实行封建教化。《后汉书·李忠传》载，东汉时期丹阳太守李忠对山越人实行这种政策，收到很好效果，产生了重大作用。其文曰：“建武六年，（李忠）迁丹阳太守，是时海内新定，南方海滨江淮多拥兵据土。忠到郡，招怀降附，其不服者，悉诛之，旬月皆平。忠以丹阳越俗不好学，嫁娶礼仪衰于中国，乃为起学校，习礼容，春秋乡饮选用明经，郡中向慕之。垦田增多，三岁间流民占着者五万余口。十四年，三公奏课为天下第一。”山越“俗不好学”和“嫁娶礼仪衰于中国”的记载说明，东汉建武六年（30年）以前，徽州的土著居民还是一个十分落后的民族。李忠出任丹阳太守，在“招怀降附”、诛杀“不服者”之后，“起学校，习礼容，春秋乡饮选用明经”，促使山

① 《新唐书》卷一八三《裴休传》，中华书局标点本。

越人开始汉化。

与李忠一样，徽州历任牧守对山越人都采用两手政策，既使用武力征服，更重视封建教化。例如，南朝梁中大通三年（531 年），“出入两宫”、“宠遇日隆”的徐摛被任命为新安太守，“至郡，为政清静，教民礼义，劝课农桑，期月之中，风俗便改”。[①] 唐初，苏瓌出任歙州刺史，“下车而简其约束，期月而明其信誓，既去害郡之奸，遂宁挺险之俗”。[②] 由于统治者实行这种政策，因而促进了山越人逐渐被“中原衣冠”所同化。

## 三、一元的徽州文化——中原衣冠及其后裔的创造

闽、粤、赣客家人的始迁祖，在继承中原文化和吸收当地文化的基础上，他们及其后裔不但创造了自己的客家方言，而且形成了自己的风俗和文化。他们聚居的地方产生了一种二元或多元的文化格局。与客家人的始迁祖不同，徽州的“中原衣冠”在同化了当地的土著居民山越人之后，在继承中原文化和吸收山越文化的基础上，创造了一种统一的徽州文化。

众所周知，在汉武帝“罢黜百家，独尊儒术”之后，儒家学说即成为中国传统文化的代表和核心。董仲舒说：“《春秋》大一统者，天地之常经，古今之通谊也。今师异道，人异论，百家殊方，指意不同，是以上亡以持一统；法制数变，下不知所守。臣愚以为诸不在六艺之科孔子之术者，皆绝其道，勿使并进。邪辟之说灭息，然后统纪可一，而法度可明，民知所从矣。”[③]汉代以来，尊孔读经，经学传家，成为中原地区封建士大夫的传统和风尚；同时，也是封建士大夫仕宦簪缨的敲门砖和必经阶梯。当“中原衣冠”迁徙徽州时，他们也就将中原文化这种传统和风尚带到徽州。这是不言而喻的。

据徽州谱牒记载，崇尚儒术，经学传家，是徽州世家大族一个重要特征。

① 《梁书》卷三〇《徐摛传》，中华书局标点本。

② 《新唐书》卷一二五《苏瓌传》，中华书局标点本。

③ 《汉书》卷五六《董仲舒传》，中华书局标点本。

如,婺源考川明经胡氏宗族就是“经学传家”,“尤邃于《易》”。① 宋元时期,明经胡氏先后出了7位新安理学家,他们是胡伸、胡方平、胡斗元、胡次焱、胡一桂、胡炳文、胡默,世称“七哲名家”。② 宋、元、明、清四朝,婺源沱川余氏宗族有进士11人,著书立说的仕宦和封建士大夫多达90人。其中著书一部者20人,二部者28人,三部者15人,四部者8人,五部者5人,六部者7人,七部、九部、十部、十一部、十二部、十九部、三十部者,各1人,总计共撰著作318部。③ 元、明、清三代,绩溪龙井派宅坦明经胡氏宗族著书立说的仕宦和封建士大夫有25人,他们是:胡景、胡相、胡尔英、胡从圣、胡学礼、胡学诗、胡玻、胡升吉、胡泰阶、胡世润……④绩溪金紫胡氏宗族以“礼学传家”,清代胡匡衷、胡秉虔、胡秉翚,名噪一时,学术界誉称“礼学三胡”,又曰“绩溪三胡”。⑤ 在徽州像婺源考川明经胡氏、沱川余氏、绩溪龙井派宅坦明经胡氏、金紫胡氏这样以“经学传家”的世家大族,比比皆是,举不胜举。

朱熹生于福建尤溪,祖籍徽州婺源县。婺源是“文公阙里”。众所周知,朱熹思想近继二程,因此我们称宋代理学为程朱理学;远继孔孟,所以我们说程朱理学是儒学发展的新阶段。孔孟生于中原地区,儒家学说产生于中原。儒学是中原文化的灵魂和核心。朱子学的最远渊源为孔孟之道。所以,我们说徽州文化是中原文化的继续和发展。宋元时期,新安理学繁荣昌盛,人才辈出。人们称徽州为“东南邹鲁”。

徽州文化是一种宗族文化,没有徽州世家大族的发达,就不会有徽州文化的繁荣。胡晓在《新安名族志序》中说:“新安……山峭水厉,燹火弗惊,巨室名族,或晋唐封勋,或宦游宣化,览形胜而居者恒多也。其故家遗俗,流风善政,宛然具在。以言乎派,则如江淮河汉,汪汪千顷,会于海而不乱;以言乎宗,则如泰华之松,枝叶繁茂,归一本而无二;言乎世次,则尊卑有定,族

① 胡朝贺:《胡藤圃杂著·明经胡氏始祖七哲集传》,清末刻本。

② 胡朝贺:《胡藤圃杂著·明经胡氏始祖七哲集传》,清末刻本。

③ 参见际五元《婺源沱川历代人物录》,《徽学通讯》1990年第1期。

④ 参见胡成业《绩溪龙井宅坦古村明经胡氏书目及其它》,《徽学通讯》1990年第1期。

⑤ 新编《绩溪县志》卷三十二《人物·人物传记》,黄山书社1998年第1版,第872—874页。

居则闾阎辐辏,商贾则云合通津;言乎才德,则或信义征于乡间,或友爱达于中外,或恬退著述,或忠孝赫烈。至于州里之镇定,六州之保障,诸儒之大成,宗庙血食,千载不磨,又名族之杰出者。”①徽州文化是在宗族发达的基础之上繁荣起来的,各个文化领域几乎都带有宗族的烙印。

“新安各姓,聚族而居。”②村落建设“天人合一”,自然与人文和谐统一,因而形成徽州宗族优美的村落文化。③ 公元2000年,被联合国教科文组织列入世界自然和文化遗产目录的黟县西递村和宏村,就是数以千计的宗族村落文化的两个典型代表。村落之中,有宛如皇家宫殿的祠堂,美轮美奂的牌坊,粉墙黛瓦的民居,清幽景胜的园林,古风淳朴的风情,典雅华美的雕刻,造型玲珑的盆景,内容丰富的契约。在徽学中,这些文化门类称为:徽派建筑、徽派园林、徽州民俗、徽州三雕、徽派盆景、徽州契约文书。

徽州宗族非常重视教育。徽州人认为,兴办学校,读书识礼,不仅是“亢宗”、“亢族”的唯一途径,而且是修身、齐家、治国、平天下的头等大事。④ 宋元以来,徽州宗族兴办的学校星罗棋布,遍布城乡各地。史载,“自井邑田野,以至远山深谷,居民之处,莫不有学,有师,有书史之藏”。⑤ “十户之村,不废诵读。”⑥有人统计,宋、元、明、清四代,徽州共建书院124所(不含书屋)。这些书院大多数都是宗族和宗族子弟创办的。⑦

教育事业的发达,为宗族培养了大量人才,从而造成了徽州文化的崛起

① 程尚宽:《新安名族志》,明嘉靖三十年刻本。

② 赵吉士:《寄园寄所寄》卷一一《故老杂记》,清康熙刊本。

③ 参见许宗元《徽州景观文化研究》,《首届国际徽学学术讨论会文集》,黄山书社1996年版。

④ 汪道昆:《太函集》卷六七《明赠承德郎南京兵部车驾司署员外郎事主事汪公暨安人郑氏合葬墓碑》,明万历十九年金陵刻本;朱熹:《朱子文集》卷一五《送李伯谏序》,丛书集成本。

⑤ 道光《休宁县志》卷一《风俗》,清道光三年刊本。

⑥ 嘉靖《婺源县志》卷四《风俗》,明嘉靖十八年刻本。

⑦ 参见李琳琦《徽州书院略论》,《'98国际徽学学术讨论会论文集》,安徽大学出版社2000年版。

和繁荣昌盛。史载,著名的理学家有:朱松、朱熹、程大昌、王炎、谢琏、吴昶、祝穆、程若镛、胡方平、钱时、胡一桂、程直方、胡炳文、程复心、陈栎、汪炎昶、王偁、倪士毅、王埜翁、吴儆、汪莘、汪克宽、赵汸、朱升、郑玉等。① 名垂青史的医学家多达745人。其中闻名全国的名医有:张杲、鲍国仁、江瓘、汪机、方有执、吴澄、孙一奎、吴正伦、吴谦、程国彭、程曦、许豫和、程文囿等。② 朴学大师和著名朴学家有:江永、汪绂、戴震、金榜、程瑶田、洪榜、洪梧、汪龙、凌廷堪、胡匡衷、胡秉虔、胡秉翚、胡澍、俞正燮、汪莱、鲍廷博、鲍康、程恩泽、江有诰等。③ 著名画家有:程政、丁瓒、李永昌、程嘉燧、渐江、查士标、孙逸、汪之瑞、程邃、程正揆、戴本孝、吴山涛、汪家珍、郑旼、汪朴、何文煜、程鸣、黄镇、汪蓉、吴之麟、僧雪庄、莲溪、王玄度、黄吕、江注、黄錤、廪峰等。④ 此外,戏曲家、版画家、篆刻家、出版家、制墨家等,都出现一批著名人物。因而,在徽州文化史上形成新安理学、新安医学、徽派朴学、新安画派、徽州戏曲、徽派版画、徽派篆刻、徽州刻书、徽州文房四宝等众多门类。

(原载《安徽大学学报》(哲学社会科学版)2001年第6期,副标题为后加)

---

① 弘治《徽州府志》卷七《人物志·儒硕》,《天一阁藏明代方志选刊》,上海古籍书店1982年影印本。

② 参见王乐匋《谈新安医学》,《徽州学丛刊》创刊号;张玉才:《"新安医学"纵横谈》,《徽州学丛刊》第2期。

③ 参见支伟成《清代朴学大师列传》,岳麓书社1986年影印本。

④ 参见徐卫新、程映珍《黄山画人录》,黄山书社1991年版。

# 徽州文化之根在中原

## ——徽州宗族文化的来源

徽州文化崛起于宋代，明清时期繁荣昌盛。据历史文献记载，徽州文化之根在中原。①

徽州文化之根是什么呢？我们认为，徽州文化之根是中原的宗族文化。众所周知，继夏、商之后，周代集三代文化之大成，形成一种典型的宗族文化。周代建国在中原地区，周代文化是中原文化的继续和发展。秦汉以后，“封建之制废，大小宗之法不行”，然而中原的宗族制度不仅没有退出历史舞台，而且存在、延续了两千多年，成为中原社会的基础。在这个社会基础之上产生的文化，虽然内容极其丰富，但是，宗族文化始终是基础文化。

中原的宗族文化是怎样传播到徽州地区的呢？又是怎样在徽州地区发扬光大的呢？

### 一、中原衣冠往徽州的迁徙

徽州世家大族谱牒和程尚宽《新安名族志》记载，徽州共有八九十个著名的族姓。这些族姓的始祖绝大多数都是从中原地区迁入的中原衣冠。有的由中原直接迁人徽州；有的一迁江南，再迁徽州。他们迁徙徽州的重要原因有二，即避地与宦游。

众所周知，中原大地不仅是中华文化的摇篮，在古代和宋以前还是中国

① 中原有广义的中原和狭义的中原之分。广义的中原，或指黄河中下游，或指黄河流域；狭义的中原，指河南。本文所说的中原，是指黄河流域。

政治、经济、文化的中心。由于中原大地是古代和中世纪中国的政治舞台，历史上的农民战争、民族战争、统治阶级内部战争，大都发生在中原地区。每当中原大乱，一些中原衣冠就迁往江南避难。

中原衣冠为什么将徽州作为避难地呢？这与徽州的自然地理环境有关。史载，“万山回环，郡称四塞”的自然地理环境，使徽州地区成为一个“无兵燹之虞”和“战争罕及之地”①。每当中原大乱，一些中原衣冠即将徽州视为“世外桃源”，纷纷往那里迁徙。

历史文献记载，徽州方氏始迁祖方纮，世望河南，为汉司马长史。西汉末年，“避莽乱，之丹阳，为东乡鼻祖。纮公孙曰储公，封黟县侯，支分派衍，蔓延天下，江南盖半其苗裔矣”②。汪氏始迁祖汪文和，世望颍川、平阳。汉中平间，“破黄巾贼，为龙骧将军。建安二年丁丑，中原大乱，文和南渡江，孙策表授会稽令……黟、歙尝羁属会稽西部……文和遂家于歙”③。

唐末，为了逃避黄巢农民战争，许多中原衣冠渡江，以保身家性命。其中，有很多人避地徽州。如，河内人查师诣，“从九江匡山药炉源徙宣城”。乾符间，避巢乱，复徙歙之黄墩，“官至游击将军、折冲都尉”④。“三世曰文徽，历官工部尚书，迁休宁；弟文征，官至歙观察使，居婺源”⑤。偃师人毕师远，乾符四年（877 年）调歙州，官至中散大夫，“后因黄巢兵乱，遂居长陔”⑥。祁门康氏，先世居京兆，后迁会稽。唐末，康先“避乱居歙之黄墩，未几，复迁浮梁化鹏乡”。其子康新“始迁祁门武山乡尤昌里之康村”⑦。婺源武口王氏，先祖“世居太原”。唐代，王仲舒官江南西道观察使、洪州刺史。子王弘家于宣州莲舡塘。孙王翔“因避寇于歙之黄墩，再迁婺源武口，

① 歙县《桂溪项氏族谱》，项启钢纂修，清嘉庆十六年木活字本；休宁《戴氏族谱》，戴尧天纂修，明崇祯五年家刻本；休宁《古林黄氏重修族谱》，黄文明纂修，明崇祯十六年刻本。

② 《汉歙丹阳河南方氏衍庆统宗图谱》，（宋）方桂森纂修，明刻本。

③ 徽州《汪氏渊源录》，（元）汪松寿纂修，明正德十三年重修本。

④ 程尚宽：《新安名族志》，日本东洋文库藏明嘉靖三十年重修本。

⑤ 程尚宽：《新安名族志》，日本东洋文库藏明嘉靖三十年刻本。

⑥ 程尚宽：《新安名族志》，日本东洋文库藏明嘉靖三十年刻本。

⑦ 程尚宽：《新安名族志》，日本东洋文库藏明嘉靖三十年刻本。

号'云谷居士'"[①]。歙县岩镇吕氏,系太公望之后。广明元年(880年),吕从善"避巢乱,由金陵始迁歙之堨田"[②]。休宁小贺姚氏,"其先陕西人"。乾符间(874—879年),严州刺史姚郇"避黄巢乱,解官居此"[③]。婺源施村施氏,先世"世居兖之淄畲林。厥后,曰仇迁吴兴县"。唐末,通明殿朝请大夫施矗"避巢乱,迁歙黄墩,继迁浮梁榔木田"。宋绍兴十二年(1142年),十世孙施敏由浮梁榔木田徙居婺源施村。[④] 彭城人刘依仁,唐翰林学士承旨,"出守江南,因乱遂家休宁……后子孙散居县前及凤湖等处"[⑤]。陇西人李祥,唐宗室昭王季子,"避黄巢乱,始家于歙"[⑥]。休宁龙源赵氏,"其先陇西人"。唐中和间(881—884年),赵思"避乱",始迁龙源。[⑦] 休宁杭溪张氏,"先世派出汉留文成侯,居陈留"。后裔徙居杭州。唐末,张舟"避巢乱,迁歙黄墩"。张君宁复迁休宁杭溪。[⑧]

中原衣冠因在徽州为官而徙居徽州者,为数不少。他们为什么要背井离乡迁到徽州呢?康熙《徽州府志》卷二《舆地志·形胜》记载:"有爱其山水幽奇,遂解印终身不返;亦有乐其高山万仞,爰弃官以家其间者矣。"

历史文献记载,歙县棠樾鲍氏,"其先青州人"。晋太康间(280—289年),鲍伸"由尚书户部拜护军中尉,镇守新安"。永嘉间(307—312年),"青州大乱,子孙避兵江南"。咸和间(326—334年),鲍弘"任新安郡守,因占籍郡城西门,继于郡西十五牌营建别墅"。北宋中期,鲍荣"始筑书园于棠樾"[⑨]。曾孙鲍居美和鲍居安"遂自西门挈家居焉"[⑩]。歙县黄墩程氏,先世初"望安定",再"望广平"。汉末,程普"从孙氏定江东,破曹操,赐第于建

① 程尚宽:《新安名族志》,日本东洋文库藏明嘉靖三十年刻本。
② 程尚宽:《新安名族志》,日本东洋文库藏明嘉靖三十年刻本。
③ 程尚宽:《新安名族志》,日本东洋文库藏明嘉靖三十年刻本。
④ 程尚宽:《新安名族志》,日本东洋文库藏明嘉靖三十年刻本。
⑤ 程尚宽:《新安名族志》,日本东洋文库藏明嘉靖三十年刻本。
⑥ 程尚宽:《新安名族志》,日本东洋文库藏明嘉靖三十年刻本。
⑦ 程尚宽:《新安名族志》,日本东洋文库藏明嘉靖三十年刻本。
⑧ 程尚宽:《新安名族志》,日本东洋文库藏明嘉靖三十年刻本。
⑨ 程尚宽:《新安名族志》,日本东洋文库藏明嘉靖三十年刻本。
⑩ 歙县《棠樾鲍氏宣忠堂支谱》,鲍琮纂修,清嘉庆十年家刻本。

业，为都亭侯。普之后，曰元谭，当永嘉之乱，佐琅玡王都建业，为新安太守，有善政，民请留之，赐第于郡西之黄墩，遂世居焉"①。绩溪龙川胡氏，先世居"山东濮阳县板桥村"②。晋代，胡焱为散骑常侍，随晋元帝渡江。大兴元年(318年)，提兵镇守新安，"民赖以安，朝赐之田宅，因家于新安。初居华阳镇，后以龙川山水秀丽，遂卜筑川口周家马，名坑口"③。歙县谢村谢氏，先祖"望于陈留"。谢裒仕晋，永嘉之乱从元帝"渡江而南"。子谢安居会稽，"官至太保，赠太傅，谥文靖，更封庐陵郡公"。安十三世孙谢杰"仕隋，为歙州教授，由会稽始家歙之中鹄乡"，姓"其地曰谢村"。④ 歙县岩镇闵氏，先祖"居齐鲁间。汉末避乱，南迁浔鄱"。梁大通初，闵纮"举贤良，为歙邑令，由浔阳因家于歙"。唐元和间(806—820年)，闵玉"迁居岩镇"。⑤ 祁门锦溪仰氏，先祖"世家洛阳"，后"迁居庐陵之无为"。唐代，仰敬"为歙州教授，居歙之古溪"。宋咸平间(998—1003年)，仰恢为清江尉，由歙县古溪迁于祁门锦溪。⑥ 休宁博村范氏，先祖"居河内"。唐贞元十年(794年)，范传正中进士，"历官歙州刺史，转苏、湖二州，进宣歙观察使。元和末，拜光禄卿，不赴，隐居"休宁博村。⑦ 歙县向杲吕氏，"其先河东人"。唐代，吕谓"以殿中侍御史言事，贬歙州司马"。子吕温"娶歙向杲程梦文女，后举进士，累官尚书侍郎，谪刺衡州，卒于官"。元和年间，温子吕迁"奉母归宁，依母党程氏，遂居向杲"。⑧ 婺源东关陈家巷陈氏，"先世居颖(颍)川，出汉太丘公后"。晋建兴中，陈伯眕"渡江居曲阿"。唐广明中，陈琚"避乱南迁，分居饶之德兴"。南宋嘉熙间(1237—1240年)，陈一清任婺源幕，因家于东关集贤坊陈家巷。⑨ 绩溪八都市里孔氏，为孔子后裔。宋建炎间(1127—1130

---

① 程尚宽:《新安名族志》，日本东洋文库藏明嘉靖三十年刻本。
② 绩溪《龙川胡氏宗谱》，胡缉熙等纂修，民国十三年敬爱堂活字本。
③ 程尚宽:《新安名族志》，日本东洋文库藏明嘉靖三十年刻本。
④ 程尚宽:《新安名族志》，日本东洋文库藏明嘉靖三十年刻本。
⑤ 程尚宽:《新安名族志》，日本东洋文库藏明嘉靖三十年刻本。
⑥ 程尚宽:《新安名族志》，日本东洋文库藏明嘉靖三十年刻本。
⑦ 程尚宽:《新安名族志》，日本东洋文库藏明嘉靖三十年刻本。
⑧ 程尚宽:《新安名族志》，日本东洋文库藏明嘉靖三十年刻本。
⑨ 程尚宽:《新安名族志》，日本东洋文库藏明嘉靖三十年刻本。

年)，孔端朝“为黟县令，遂家歙之城南。传八世曰克焕，为学正，偕弟克炜、克新、克文，依产因迁”八都市里。① 婺源东门孙氏，“先(世)青州人”。宋代，孙文质“荐为池州副使，以征讨功授宣武节度使，来镇新安，摄州事，始家婺源东门，卒谥宣义公，敕葬塘村。生四子，并显于时”。② 祁门胥山饶氏，“其先平阳人”。饶斌“为渔阳太守，迁居大梁”。宋宣和中，饶弘毅“仕歙州文学，因侨居祁西，后复徙胥山，望为武陵郡”。③ 绩溪冯村冯氏，“其先青州人”。唐贞元中，冯繁“尹歙，卒于官”。子冯定“因家歙之吴辉”。厥后，冯延普“迁绩北白沙街”；冯显孙“以居濒官道，避元季兵寇经掠之扰，去西北二里许，负山居焉，因名冯村”。④

中原衣冠徙居徽州，引起徽州社会和徽州文化重大变化。宋人罗愿在《新安志》卷一《风俗》中说：“黄巢之乱，中原衣冠避地保于此(按：指歙县黄墩——引者)，后或去或留，俗益向文雅，宋兴则名臣辈出。”

中原衣冠徙居徽州，子孙繁衍，聚族而居，逐渐形成众多世家大族。胡晓在《新安名族志序》一文中说：“新安……山峭水厉，燹火弗惊，巨室名族，或晋唐封勋，或宦游宣化，览形胜而居者恒多也。其故家遗俗，流风善政，宛然具在。以言乎派，则如江淮河汉，汪汪千顷，会于海而不乱；以言乎宗，则如泰华之松，枝叶繁茂，归一本而无二；言乎世次，则尊卑有定，族居则闾阎辐辏，商贾则云合通津；言乎才德，则或信义征于乡闾，或友爱达于中外，或恬退著述，或忠孝赫烈。至于州里之镇定，六州之保障，诸儒之大成，宗庙血食，千载不磨，又名族之杰出者。”⑤

## 二、中原宗族文化在徽州的传播

徽州是一个典型的宗族社会。徽州世家大族不仅继承了中原的宗族文

① 程尚宽：《新安名族志》，日本东洋文库藏明嘉靖三十年刻本。
② 程尚宽：《新安名族志》，日本东洋文库藏明嘉靖三十年刻本。
③ 程尚宽：《新安名族志》，日本东洋文库藏明嘉靖三十年刻本。
④ 程尚宽：《新安名族志》，日本东洋文库藏明嘉靖三十年刻本。
⑤ 程尚宽：《新安名族志》，日本东洋文库藏明嘉靖三十年刻本。

化，而且还将其发扬光大，使其成为徽州的基础文化。中原的宗族文化在徽州的传播有哪些重要方面和重要内容呢?

## （一）宗法

宗子制是周代的重要制度。秦汉以后，中原宗族吸收了这种制度，将其发展、演变为嫡长制。据历史文献记载，徽州世家大族不仅继承了这一制度，而且对其极为重视。歙县《方氏族谱》卷七《家训》注曰："世家巨族，生息者蕃而情向既殊，迁徙者多而支派亦远，虽共本源而统体或不能以归一，虽有名分而事势或不能以相符。睦族君子究始祖自来之嫡长，而立为大宗子，以统通族之众，而通族之纪纲法度皆其所总理焉。则各族各支得统于小宗，而通族各族得统于大宗，群情合而庶事理，若众指之会于一臂，四体之合于一身。"休宁茗洲吴氏世家大族认为，宗子乃"谱系之骨干也"，"上奉祖考，下一宗族"。①

宗子制有一些弊病。如宗子或年老多病，或年幼无知，或智能低下，或道德败坏，等等。其中，无论有哪一项，即不能担当宗族领袖。于是，徽州世家大族普遍设族长（或曰宗长、宗正、家长）为宗子之副。休宁《茗洲吴氏家典》记载，"宗长为宗子之相"，他"虽无一命之尊，而有帅人之责"。

昭穆制是周代的重要制度。秦汉以后，中原宗族是这种制度的继承者。据历史文献记载，徽州世家大族不仅继承了这个制度，而且很重视昭穆之辨。《重修古歙东门许氏宗谱》卷八《规约》记载："祠中神主向论龛座，不序昭穆，殊为失次。考宗庙之礼，原所以序昭穆。是子孙入祠座次，且悉照祖宗昭穆为序，而祖宗座位昭穆先乱，何以示子孙乎？今议：龛座中列为始祖，并所奉不祧之主座次。余悉以世次，分左昭右穆，相循而坐，此正名根本，千古不移之论也。"

## （二）家庙

家庙制度是周代的重要制度。秦汉以后，中原宗族将这一制度发展、演

① 休宁《茗洲吴氏家典》，吴翟编辑，清光绪十八年翻刻雍正十三年刻本。

变为祠堂之制。徽州世家大族不仅继承了这种制度,而且非常重视祠堂建设。程一枝在《程典·本宗列传》中说:“观于郡国诸大家,曷尝不以宗祠为重哉!”他认为,“举宗大事,莫最于祠,无祠则无宗,无宗则无祖,是尚得为大家乎哉?”

周代家庙分为庙与寝。郑玄曰:“凡庙,前曰庙,后曰寝。”①孔颖达说:“庙是接神之处,其处尊,故在前;寝,衣冠所藏之处,对庙而卑,故在后。”②徽州世家大族祠堂继承中原宗族祠堂之制,都是前为享堂,后为寝室。享堂是祭祖殿堂,寝室是供奉祖先神主的地方。

《礼记·王制》曰:“诸侯五庙,二昭二穆,与大祖之庙而五。”中原宗族祠堂龛室之规是周代诸侯家庙之规制的发展与演变。据历史文献记载,徽州世家大族继承了这种祠堂龛室之规。婺源《清华胡氏族谱》记载,元泰定元年(1324年),清华胡氏宗族支丁胡升“即先人别塾(墅)改为家庙,一堂五室,中奉始祖散骑常侍,左右二昭二穆;为门三间,藏祭品于东,藏家谱于西,饰以苍黝,皆制也”。明嘉靖十五年(1536年),因《大礼议》改革民间家庙规制,徽州世家大族大建宗祠。这些祠堂龛室之规制,除了始祖及始祖以下五世考妣神主以外,“百世不迁”的神主虽然又增加了荣膺封赠神主、输金急公神主,但是,一般祖先仍然是“高、曾、祖、考,四世设主”,“五世则迁”。③

### (三) 祭祀

祭祖是周代宗族的头等大事。《礼记》论祭祀有《祭法》、《祭义》、《祭统》三章。《祭统》曰:“凡祭有四时,春祭曰礿,夏祭曰禘,秋祭曰尝,冬祭曰烝。”

中原宗族祭祖的礼仪是周代祭祖礼仪的发展和演变。徽州世家大族继承了中原宗族祭祖的礼仪。朱熹《家礼·祭礼》四时祭规定:时祭用仲月,

① 《礼记·月令》注疏,中国书店《四书五经》影印本。
② 《礼记·月令》注疏,中国书店《四书五经》影印本。
③ 歙县《桂溪项氏族谱》,项启钠纂修,清嘉庆十六年木活字本。

前旬卜日。前期三日斋戒,前一日设位、陈器、省牲、涤器、具馔。祭日,厥明夙兴,设蔬、果、酒、馔;质明,奉主就位。祭祀礼仪如下:

1. 参神;2. 降神;3. 进馔;4. 初献;5. 亚献;6. 终献;7. 侑食;8. 阖门;9. 启门;10. 受胙;11. 辞神;12. 纳主;13. 彻;14. 馂。

明清时期,徽州世家大族一般只举行春、冬二祭。清咸丰、同治以后,"踵事增华'三献'也,而六行之"①。

徽州世家大族很重视祭祖活动。休宁《茗洲吴氏家典》卷二《祭田议》曰:"治人之道,莫急于礼;礼有五经,莫重于祭。"歙县《潭渡孝里黄氏族谱·潭渡黄氏享妣专祠记》记载:"报本之礼,祠祀为大,为之寝庙以安之立之,祐主以依之陈之,笾豆以奉之佐之,钟鼓以飨之。登降拜跪,罔敢不虔;春雨秋霜,无有或怠。一世营之,百世守之,可云报也。"

徽州世家大族祭祖,普遍实行"少牢馈食之礼",以猪、羊为主。此外,还有菜肴、蔬果。例如,黟县南屏叶氏宗族清明祠祭有祭盆16个,冬祭有36个。清明祭品有:鱼翅、金针、海参、香菇、大爪、粉丝、肚皮、鲜笋、干鸡、红枣、腌鱼、干糕、蹄包、荸荠、肉元、甘蔗等。② 歙县东门许氏宗族春、冬二祭,每次祭祀"计用豚胙五十余口,约二千余斤,鸡百只,鱼百尾,枣栗时果百斤,蜡烛百斤,焚帛百端,香楮、蔬肴、美醢之类不及悉纪"。③

## (四)谱牒

周代小史一个重要职责,是"奠世系,辨昭穆",掌管贵族世系。魏晋南北朝隋唐时期,中原世家大族非常重视谱牒的纂修。据历史文献记载,徽州世家大族不仅继承了中原宗族修谱的传统,而且将纂修谱牒列为宗族最重要的大事和工作。《歙西溪南吴氏世谱》记载:"家之有谱,犹国之有史也。国而非史,则君臣之贤否,礼乐之污隆,刑政之臧否,兵机之得失,运祚之兴衰,统绪之绝续,无由以纪;家而非谱,则得姓之源流,枝派之分别,昭穆之次

---

① 民国《歙县志》卷一《风土》,民国二十六年刊本。

② 黟县《南屏叶叙秩堂值年规则(附奎光)》,民国十五年木活字本。

③ 《重修古歙城东许氏世谱》,许光勋纂修,明崇祯七年家刻本。

序，生卒之岁月，嫁娶之姓氏，出处之显晦，无由以见，国何以治，而家何以齐哉？”程一枝《程典》卷十二《本宗列传》下曰：“谱者，家之大典，姓氏之统于是乎出，宗祖之绩于是乎章，子姓之绪于是乎传，宗法于是乎立，礼义于是乎兴，胡可缓也。”

晋代以来，徽州世家大族的祖先即有“三世不修谱，便为小人”之戒。①这个观点被朱熹倡导之后，便成为徽州世家大族的金科玉律。许多名宗望族每隔一段时间即修一次谱牒。有的宗族甚至“谆谆修族谱、修茔志，近则三年五年，远则三五十年，以其本固而末不摇”也②。

徽州世家大族非常重视谱牒的保管。他们不仅将领谱者的名字、编号刊于谱牒，而且大都规定，冬至祭祖前一日，领谱者必须将谱牒交祠堂检查。如果发现毁坏或遗失，即以不孝论处。谱牒除名，革黜族籍。

宋元以来，徽州成为谱牒最发达的地区之一。据我们调查，唐以前（包括唐代）的中国谱牒几乎散佚殆尽。宋元谱牒现存只有25部。在这25部宋元谱牒之中，有徽州世家大族谱牒15部，占总数的60%。《北京图书馆古籍善本目录》记载，该馆馆藏善本谱牒427部，其中徽州世家大族谱牒多达一半以上。

### （五）族规

周代即有许多族规规条，散见于各种文献之中。中原宗族的族规是周代族规的延续和发展。徽州世家大族继承了这种家风，他们非常重视族规的制定。徽州《汪氏统宗正脉·汪氏族规》记载：“越国（按：汪华——引者）之裔，椒实蕃衍允矣，新安之巨室也。然梧槚之林，不能无樲棘矣。君子惧其族之将圮也，思有以维持安全之，于是作为家规，以垂范于厥宗。”歙县《方氏族谱》卷七《家训》注，对制定族规的必要、作用和重大意义作了精辟论述。其文曰：

百家之族，情以人殊，虽不能悉为淳良，然其自弃者可劝，自暴者可

① 歙县《槐塘程氏宗谱》，程嗣功纂修，明万历十四年家刻本。

② 《歙西溪南吴氏世谱》，吴元满纂修，明末清初抄本。

惩也。睦族君子于其善之所当勉，与不善之所当戒者，编为宗约。歆之以作德之休，使跃然而知趋；示之以作伪之拙，使竦然而知避。条分目析，衡平鉴明，而俾有聪听者，罔不信从。如此而尤有自外于条约者，则齐之以刑，制之以法，虽欲不为善，不可得矣。

徽州世家大族很重视族规的宣传。绩溪《华阳邵氏宗谱·新增祠规》记载："祠规者，所以整齐一族之法也。然徒法不能以自行，宜仿王孟箕《宗约仪节》，每季定期由斯文、族长督率子弟赴祠，择读书少年善讲解者一人，将祠规宣讲一遍，并讲解训俗遗规一二条。"黟县《环山余氏宗谱·余氏家规》规定："每岁正旦，拜谒祖考。团拜已毕，男左女右分班。站立已定，击鼓九声，令善言子弟，面上正言，朗诵训戒……腊祭至饮福时，亦行此礼。其有无故不出者，家长（按：族长——引者）议罚。"

徽州世家大族很重视族规的执行。休宁《商山吴氏宗法规条》记载："祠规虽立，无人管摄，乃虚文也。须会族众，公同推举制行端方立心平直者四人——四房内每房推选一人——为宗正、副，经理一族之事。遇有正事议论，首家邀请宗正、副裁酌。如有大故难处之事，会同概族品官、举监生员、各房房长，虚心明审，以警人心，以肃宗法。"黟县《环山余氏宗谱·余氏家规》规定："家规议立家长（按：即族长——引者）一人，以昭穆名分有德者为之；家佐（按：家长的副手——引者）三人，以齿德众所推者为之；监视三人，以刚明公正者为之；每年掌事十人，二十以上五十以下子弟轮流为之。凡行家规事宜，家长主之，家佐辅之，监视裁决之，掌事奉行之。其余家众，毋得各执己见，拗众纷更者倍罚。"

## 结束语

徽州的宗族文化虽然来自中原，但是，它与中原的宗族文化有很大不同。据历史文献记载，徽州世家大族子弟不"业儒"则"从贾"，或"先儒后贾"，或"先贾后儒"，或"亦儒亦贾"。歙人汪道昆说："新都三贾一儒，要之文献国也。夫贾为厚利，儒为名高。夫人毕事儒不效，则弛儒而张贾。既侧身飨其利矣，及为子孙计，宁弛贾而张儒。一弛一张，迭相为用，不万钟则千驷,犹之转毂相巡,岂其单厚计然乎哉！择术审矣。"①徽州的宗族文化最引人注目的是:重教崇文的传统和从商业贾的风尚。②

(原载《河洛文化与汉民族散论》,河南人民出版社 2006 年版,副标题为后加)

---

① 汪道昆:《太函集》卷五二《海阳处士金仲翁配戴氏合葬墓志铭》,明万历十九年金陵刻本。

② 参见赵华富《徽州宗族研究》,安徽大学出版社 2004 年版,第 425—529 页。

# 再论徽州文化之根在中原

## ——徽州宗族经学的来源

在第五届河洛文化国际研讨会上，我提交大会讨论的论文是《徽州文化之根在中原》。文章阐述的是俗文化，或曰大众文化。因为，中国自古以来是一个宗族社会，所以，所谓俗文化就是宗族文化。《再论徽州文化之根在中原》要论述的是雅文化，或曰精英文化。因为，自汉武帝"罢黜百家，独尊儒术"以来，儒学成为中华文化的主流，所以，所谓雅文化就是儒家文化。而儒家文化的主体是经学，因此，雅文化也可以说就是经学。

众所周知，中原大地是经学的摇篮，经学在中原发扬光大。本文要阐述的是，中原的经学是怎样传入徽州的，中原经学在徽州的传播和徽州经学的发展。

### 一、中原衣冠入主徽州

据历史文献记载，徽州地区最早的土著居民是山越人。秦汉时期，他们刚跨进文明时期的门槛，或者还处在原始社会末期。《后汉书·李忠传》载："俗不好学，嫁娶礼仪，衰于中国。"他们群居"深林远薮"，"椎髻鸟语"。①

从汉代以来，中原衣冠陆续迁徙徽州。据徽州世家大族谱牒和《新安名族志》记载，明代徽州著名的族姓有80多个，其中绝大多数名族的始迁祖（或曰始祖）都是来自中原地区。有的是直接迁入，有的是再迁，有的是

① 《后汉书》卷三十八《度尚传》，中华书局标点本。

三迁、四迁。

中原衣冠为什么要入主徽州呢？重要原因是看中徽州的自然地理环境。一、“万山回环，郡称四塞”的自然地理环境，使徽州地区成为一个“无兵燹之虞”①和“战争罕及之地”②。每当“天下大乱”时，中原衣冠就将徽州视为“世外桃源”，理想的避难所和徙居地。二、峰峦叠翠、烟云缭绕的大好山水，使徽州地区成为一个人间仙境。所以，一些中原衣冠宦游徽州，“有爱其山水幽奇，遂解印终身不返；亦有乐其高山万仞，爰弃官以家其间者矣”。③

中原衣冠迁徙徽州的具体原因是什么呢？一、逃避战乱；二、出仕宦游；三、喜爱山水；四、隐居幽处。现在，据程尚宽《新安名族志》记载，按迁入年代举例列表如下。④

**中原衣冠入主徽州表（举例）**

| 序号 | 年代 | 徙居地 | 姓名 | 祖籍或原籍 | 迁徙原因 |
|---|---|---|---|---|---|
| 1 | 汉代 | 歙县东乡 | 方　纮 | 河南 | 避王莽篡乱 |
| 2 | 汉代 | 歙县 | 汪文和 | 平汨 | 避中原之乱 |
| 3 | 晋代 | 新安 | 俞　纵 | 河间 | 避永嘉之乱 |
| 4 | 晋代 | 歙县西门 | 鲍　弘 | 青州 | 在新安为官 |
| 5 | 晋代 | 歙县黄墩 | 程元谭 | 广平 | 在新安为官 |
| 6 | 晋代 | 歙县潜川 | 詹　敬 | 南阳 | 在新安为官 |
| 7 | 晋代 | 绩溪龙川 | 胡　焱 | 青州 | 在新安为官 |
| 8 | 晋代 | 黟县横冈 | 胡　育 | 青州 | 在新安为官 |
| 9 | 晋代 | 新安 | 叶　续 | 南阳 | 在新安为官 |
| 10 | 南北朝 | 歙县昉村 | 任　昉 | 博昌 | 在新安为官 |

① 休宁《戴氏族谱·序休宁戴氏族谱》，明崇祯五年家刻本。

② 休宁《古林黄氏重修族谱·古林黄氏重修族谱序》，明崇祯十六年刻本。

③ 康熙《徽州府志》卷二《形胜》，清康熙三十八年万青阁刊本。

④ 程尚宽：《新安名族志》，日本东洋文库藏明嘉靖三十年刻本，并参考其他版本。

续表

| 序号 | 年代 | 徙居地 | 姓名 | 祖籍或原籍 | 迁徙原因 |
|---|---|---|---|---|---|
| 11 | 隋代 | 歙县谢村 | 谢　杰 | 陈留 | 在歙州为官 |
| 12 | 唐代 | 歙县黄墩 | 查师诣 | 河内 | 避黄巢起义 |
| 13 | 唐代 | 歙县长陔 | 毕师远 | 偃师 | 避黄巢起义 |
| 14 | 唐代 | 休宁 | 刘依林 | 彭城 | 避黄巢起义 |
| 15 | 唐代 | 休宁宣仁巷 | 曹尚贤 | 青州 | 避黄巢起义 |
| 16 | 唐代 | 歙县黄墩 | 康　先 | 京兆 | 避黄巢起义 |
| 17 | 唐代 | 婺源武口 | 王　翔 | 太原 | 避黄巢起义 |
| 18 | 唐代 | 祁门苦竹港 | 王　璧 | 琅玡 | 避黄巢起义 |
| 19 | 唐代 | 休宁龙源 | 赵　思 | 陇西 | 避黄巢起义 |
| 20 | 唐代 | 休宁小贺 | 姚　鄘 | 陕西 | 避黄巢起义 |
| 21 | 唐代 | 祁门白塔 | 蒋　俨 | 义兴 | 喜徽州山水 |
| 22 | 唐代 | 歙县 | 李　祥 | 陇西 | 避黄巢起义 |
| 23 | 唐代 | 休宁唐田 | 孙万登 | 青州 | 喜徽州山水 |
| 24 | 唐代 | 休宁博村 | 范传正 | 邓州 | 在宣歙为官 |
| 25 | 唐代 | 歙县黄墩 | 江　祯 | 兰陵 | 避黄巢起义 |
| 26 | 唐代 | 婺县官源 | 洪经伦 | 敦煌 | 在歙州为官 |
| 27 | 唐代 | 歙县竭田 | 吕从善 | 河东 | 避黄巢起义 |
| 28 | 唐代 | 婺源考水 | 胡昌翼 | 陇西 | 避朱温篡乱 |

中原文化是中华民族传统文化的核心。在古代和中世纪，在多元的中华文化丛林之中，中原文化是一种最先进、最优秀的文化。所以在中原衣冠入主徽州的过程之中，中原文化在徽州迅速、广泛传播，徽州土著的山越文化逐渐被中原文化所同化。唐代末期，不仅山越文化完全消失，就连山越人也被中原衣冠全部同化。徽州地区成为中原衣冠的一统天下。所以，罗愿在《新安志》卷一《风俗》中说："黄巢之乱，中原衣冠避地保于此（按：指歙县黄墩——引者），后或去或留，俗益向文雅，宋兴则名臣辈出。"

## 二、经学在徽州的传播

中原衣冠大都是“经学传家”。他们入主徽州以后，仍然保持这个传统。婺源考水(又曰考川)明经胡氏宗族是一个突出的典型代表。据胡朝贺《始祖明经公传》记载，婺源考川明经胡氏宗族始祖胡昌翼本是唐昭宗之子，出生之时，大唐帝国正处朱温篡权。昭宗与何皇后将幼儿弃于民间，被宦游陕西的婺源考水人胡三(又名胡清)带回家乡，义养为子，遂从胡姓，取大得覆翼之义，名曰昌翼。后唐同光三年(公元925年)，以明经登第。昌翼“倡明经学，为世儒宗，尤邃于《易》”。著《周易传注》三卷，《周易解微》三卷，《易传摘疑》一卷，人称“明经翁”。后裔以经学传家，署其族曰“明经胡氏”。① 宋元时期，明经胡氏宗族先后出了7位经学名家——胡伸，号环谷；胡方平，号玉斋；胡斗元，号勉斋；胡次焱，号梅岩；胡一桂，号双湖；胡炳文，号云峰；胡默，号石邱，世称“七哲名家”。②

徽州世家大族——中原衣冠后裔——认为，为了亢宗亢族，必须重教崇文。所以，他们纷纷大办教育，出现“十户之村，不废诵读”的社会现象。③除了星罗棋布的私塾、书屋以外，书院开始迅速发展。据历史文献记载，宋代徽州共计创办书院19所(有书院之实，而无书院之名者不计)。这些书院是：

1. 桂枝书院　北宋景德四年(公元1007年)，绩溪胡忠建，“以教乡族子弟，群一族之英，兴一族儒学之昌”，地处宅坦胡氏宗祠右。④

2. 龙川书院　北宋天禧年间(公元1017—1021年)，张舜臣建，地处婺源龙川。元代胡炳文等著述于此。⑤

3. 秀山书院　北宋崇宁年间(公元1102—1106年)，休宁汪若楫建，地

① 胡朝贺:《胡藤圃杂著·明经胡氏始祖七哲集传》，清末刻本。

② 胡朝贺:《胡藤圃杂著·明经胡氏始祖七哲集传》，清末刻本。

③ 嘉靖《婺源县志·风俗》，明嘉靖十八年刻本。

④ 绩溪《明经胡氏龙井派宗谱》卷一，民国十年木活字本。

⑤ 民国《重修婺源县志》卷七《宫室》，民国十四年刊本。

处藏溪南山之阳。①

4. 乐山书院　北宋政和年间(公元1111—1117年),绩溪许润建,“讲道其中”,“名声甚著”,地处沉山。②

5. 西山书院　南宋绍兴年间(公元1131—1162年),休宁程大昌建,“以淑学者”,地处会里。③

6. 柳溪书院　原处休宁县城西门外柳溪,元末汪洗自柳溪迁邑南汊川。明代,汪尚和“讲学于此”。④

7. 槐溪书院　南宋淳熙年间(公元1174—1189年),绩溪戴季仁建,地处县东。后毁,裔孙戴祥重建。汪元锡记。⑤

8. 紫阳书院　南宋淳祐五年(公元1245年),州守韩补建,理宗赐额曰“紫阳书院”,地处郡治南门外。后多次迁徙。明弘治十四年(公元1501年),知府彭泽重修。⑥

9. 心远书院　祀婺源乡贤俞皋。永乐间(公元1403—1424年),诏祀“明经著述者”,地处龙井。⑦

10. 秘阁书院　宋歙县直秘阁汪叔詹、汪若海建,地处二十三都西溪。⑧

11. 万山书院　宋婺源程傅宸建,地处九都金竺。⑨

12. 山屋书院　婺源许月卿藏书处,地处许村。⑩

13. 东麓书院　宋靖康元年(公元1126年),绩溪城西胡氏宗族支丁胡

① 弘治《徽州府志》卷五《学校》,《天一阁藏明代方志选刊》,上海古籍书店1982年影印本。

② 康熙《徽州府志》卷十五《隐逸》,清康熙三十八年万青阁刊本。

③ 弘治《徽州府志》卷五《学校》,《天一阁藏明代方志选刊》,上海古籍书店1982年影印本。

④ 弘治《徽州府志》卷五《学校》,《天一阁藏明代方志选刊》,上海古籍书店1982年影印本。

⑤ 嘉庆《绩溪县志》卷五《乡学》,清嘉庆十五年刊本。

⑥ 弘治《徽州府志》卷五《学校》,《天一阁藏明代方志选刊》,上海古籍书店1982年影印本。

⑦ 民国《重修婺源县志》卷七《宫室》,民国十四年刊本。

⑧ 康熙《徽州府志》卷七《学校》,清康熙三十八年万青阁刊本。

⑨ 民国《重修婺源县志》卷六《学校》,民国十四年刊本。

⑩ 民国《重修婺源县志》卷七《宫室》,民国十四年刊本。

舜陟建。①

14. 翠岩书院　南宋,休宁五城黄氏宗族七世子弟黄发,“举明经不就,筑翠岩书院”。地处五城。②

15. 翰林书院　宋代,休宁方塘汪氏宗族子弟汪龙孙为“宋学士,尝建翰林书院于方塘中村”。③

16. 横绿书院　宋代,休宁方塘汪氏宗族子弟汪洽为“省元,尝建横绿书院,学者云集”。地处方塘。④

17. 剑潭书院　宋代,休宁剑潭程氏宗族子弟程师长“业儒,建剑潭书院,有《剑潭赋》”。⑤

18. 西畴书院　南宋末年歙县鲍寿孙建,元曹泾、方回讲学其中。地处棠樾。清嘉庆八年(公元1803年),鲍漱芳重建。⑥

19. 易安书院　宋末,歙县呈坎后罗氏宗族建,地处呈坎村。⑦

除了紫阳书院为官办以外,其他18所皆为徽州世家大族及其子弟创立。宋代,徽州是全国书院最发达的地区之一。由于教育和文化的繁荣,后来徽州被人们称为“东南邹鲁”。

书院之中,老师以讲授经学为主,学生以学习经学为主。徽州经学主要是通过书院逐渐传播的。

## 三、宋代徽州经学的发展和繁荣

众所周知,朱熹是二程洛学的继承人,又是宋代理学的集大成者。他继承了二程洛学,创立了朱子学,史称“程朱理学”。理学是经学发展新的里

① 胡成业:《绩溪书院考略》,《’98国际徽学学术讨论会论文集》,安徽大学出版社2000年版。

② 程尚宽:《新安名志》前集,日本东洋文库藏明嘉靖三十年刻本。

③ 程尚宽:《新安名志》前集,日本东洋文库藏明嘉靖三十年刻本。

④ 程尚宽:《新安名志》前集,日本东洋文库藏明嘉靖三十年刻本。

⑤ 程尚宽:《新安名志》前集,日本东洋文库藏明嘉靖三十年刻本。

⑥ 道光《徽州府志》卷三《学校》,清道光七年刊本。

⑦ 歙县呈坎后罗氏《传家命脉图·宗祊再造引言》,抄本。

程碑。

朱熹是徽州婺源茶院朱氏九世孙。婺源是“文公阙里”。因此,朱熹理学对徽州的影响特别大,特别深。赵汸在《商山书院学田记》中说:

> 自井邑田野,以至远山深谷,居民之处,莫不有学,有师,有书史之藏。其学所本,则一以郡先师朱子为归。凡六经传注,诸子百家之书,非经朱子论定者,父兄不以为教,子弟不以为学也。是以朱子之学虽行天下,而讲之熟,说之详,守之固,则惟新安之士为然。①

李应乾在《茗洲吴氏家典》序中说:

> 我新安为朱子桑梓之邦,则宜读朱子之书,服朱子之教,秉朱子之礼,以邹鲁之风自待,而以邹鲁之风传之子若孙也。②

因此,朱子学在徽州得到迅速发展,并且形成了一个学派——新安理学。除了朱熹以外,著名的新安理学家有程大昌、吴儆、汪莘、程若庸、胡方平、胡一桂、胡炳文、陈栎、倪士毅、汪克宽、赵汸、潘荣、朱升、郑玉等人。③他们都是朱子学的传人和正宗。

程大昌,字泰之,休宁会里程氏宗族子弟。其人“慷慨笃学,于古今事靡不考究,论著追配古作”。④ 著有:《易原》、《易老通言》、《尚书谱》、《演繁录》、《考古编》、《禹贡论》等15种。汪莘,字叔耕,休宁西门汪氏宗族子弟。“读《易》自广,凡韬钤诸书,靡不究习……朱子深重之”。⑤ 著有《方壶诗余》、《方壶词》、《方壶存稿》、《归愚集》等著作。程若庸,字达原,休宁汊口程氏宗族子弟。“从饶双峰、沈毅斋游,得闻朱子之学”。其人先后任湖州安定书院、抚州临汝书院、建州武夷书院山长。“累主师席,及门之士最盛”。元代著名理学家吴澄、程钜夫、范启、金若洙、吴锡畴,“皆其高弟”。⑥著有:《太极图注》、《洪范图说》、《理性字训》、《近思录注》等。胡方平,字

① 转引道光《休宁县志》卷一《风俗》,清道光三年刊本。
② 吴翟:《茗洲吴氏家典》,清雍正十三年刻本。
③ 赵吉士:《寄园寄所寄》卷十一《新安理学》,清康熙刊本。
④ 赵吉士:《寄园寄所寄》卷十一《新安理学》,清康熙刊本。
⑤ 赵吉士:《寄园寄所寄》卷十一《新安理学》,清康熙刊本。
⑥ 赵吉士:《寄园寄所寄》卷十一《新安理学》,清康熙刊本。

师鲁，婺源考川明经胡氏后裔，梅田胡氏宗族子弟。其人为朱熹三传弟子。"研精《易》旨，沉潜反复二十余年"。[①] 著有：《外易》、《易学启蒙通释》、《易余闲记》等书。

宋代徽州经学的繁荣主要表现在哪里呢？一个是人才济济，另一个是著述充栋。

从徽州一府六县地方志来看，除了著名经学家以外，最引人注目的是经学有相当根底者人数之众。据道光《徽州府志·选举志》和新编原徽州府六县县志记载，宋代歙县科举中式进士138人，休宁155人，婺源334人，祁门94人，黟县93人，绩溪46人，总计860人。

因徽州世家大族恪守中原衣冠经学传家的历史文化传统，因而科第蝉联者比比皆是。例如，婺源严田李氏宗族子弟中式进士共22人。他们是李德鸾、李严、李行成、李则参、李大端、李楫、李柟、李尚、李升之、李登、李步豹、李嘉猷、李玘、李震宗、李泰来、李时、李念祖、李碧山、李桃、李雷雨、李应奎、李沅。其中，绍熙五年甲寅榜中式李大端和李楫2人；嘉定四年辛未榜中式李尚和李升之2人；嘉定七年甲戌榜中式李登和李步豹2人；绍定二年己丑榜中式李玘和李震宗2人；宝祐四年丙辰榜中试李桃、李雷雨、李应奎、李沅4人。[②] 歙县草市俞氏宗族中式进士9人。他们是：俞献可、俞献卿、俞希甫、俞希元、俞希孟、俞叔良、俞希旦、俞师锡、俞正图等。其中，俞献可及其子孙一门5人，俞献卿及其子孙一门4人。[③] 婺源横槎黄氏宗族子弟中式进士9人。他们是：黄巽、黄元庆、黄遵、黄彦直、黄时伸、黄澈、黄时亨、黄湘、黄居敬。[④] 婺源考川明经胡氏宗族出现"父子四进士"，中云王氏宗族出现"三代四进士"。[⑤] 徽州汪氏宗族统宗联合（有的学者称"宗族联盟"）共计中式进士127人。其中歙县14人，休宁20人，婺源48人，祁门10人，

① 赵吉士：《寄园寄所寄》卷十一《新安理学》，清康熙刊本。
② 道光《徽州府志·选举志》，清道光七年刊本。
③ 道光《徽州府志·选举志》，清道光七年刊本。
④ 道光《徽州府志·选举志》，清道光七年刊本。
⑤ 新编《婺源县志》第五十六章《教育》，档案出版社1993年版。

黟县21人,绩溪14人。①

据历史文献记载,宋代共举行过118届科举考试,录取进士约42,000人,其中徽州一府六县进士多达860人,占全国进士总数的2.04%。

除了少数武进士以外,绝大多数进士都是十年寒窗,金榜题名。苦读经书数年、十数年,甚至数十年,取得进士出身者,虽不能人人都称为经学家,但绝大多数都对经学有相当扎实的基础和知识。

许多"老儒宿彦,自童蒙读书,老死未尝暂释,著述充栋"②。著书立说者众多,著作浩如烟海。所以,林瀚在弘治《徽州府志》序之中开宗明义曰:"徽素为文献之邦。"明天顺年间(公元1457—1464年),徽州知府孙遇在《新安文粹序》一文中,对徽州的人才之盛和文献之多,作了言简意赅的精辟阐述。其文曰:

> 古称新安大好山水,故山水之秀钟,而为人多能文章,若休阳苏大景元所选可见矣。景元以郡人所著诗文,起唐宋及国朝,披沙拣金,去十百而取一二,名曰《新安文粹》,盖以侈是邦人物之盛,然非夸美,皆实录也。予由地官属四知新安,几十六年,土风民习,颇知其详。政务之暇,观民风,出郊垌,循行阡陌,虽穷乡僻壤,亦闻读书声……尝观六经子史,其间注释发明奥旨者,自周、程、张子以下,新安人物过半……文献之传,显于唐,盛于宋;迨文公朱夫子出,阐明圣学,折衷群言,而斯郡文风遂大显于天下。自是而后,有潜心经学者,大率宗朱子而羽翼之。如陈定宇《四书发明》、胡云峰《四书通》、倪士毅《四书辑释》、程复心《四书章图》、汪克宽《春秋纂疏》、鲍云龙《天原发微》、胡一桂《周易纂疏》、郑师山《春秋阙疑》、朱枫林《六经旁注》、赵东山《春秋属辞》……其他名公巨卿及遁山林、栖草野,雄文大作,音韵铿訇,足以追配古作者尤多。③

① 道光《徽州府志·选举志》,清道光七年刊本。

② 赵吉士:《寄园寄所寄》卷十一《新安理学》,清康熙刊本。

③ 弘治《徽州府志》卷十一《文翰》一,《天一阁藏明代方志选刊》,上海古籍书店1982年影印本。

## 结 束 语

从三代至唐宋,中原大地一直是中华民族的经济、政治、文化中心。中原文化不仅影响全国,而且还播及世界许多国家和地区。无论徽州的俗文化,还是徽州的雅文化,其根都在中原。历史文献记载证明,徽州文化是中原文化在向四周辐射过程之中,产生的一枝最瑰丽的花朵。徽州的世家大族——中原衣冠的后裔——所创造的徽州文化,最引人注目的是:一、内容极其丰富;二、成就异常辉煌;三、现象独具一格;四、影响长江中下游广大地区。① 它不仅引起国人的极大关注,而且受到全人类的喜爱。

(原载《徽学》2006 年第 1 期,副标题为后加)

① 赵华富:《徽州文化的崛起和繁荣昌盛》,《长江文化论集》,湖北教育出版社 1995 年版。

# 关于徽州宗族制度的三个问题

唐宋以来，徽州的宗族非常发达，十分典型。因此，引起国内外学术界极大兴趣和极大关注。近半个世纪，发表了许多徽州宗族制度的论著，成绩斐然。但是，学术界对此持有不同看法和需要进一步探讨的问题，还有不少。因此，特撰此文，谈谈自己对三个有关问题的看法，敬请专家指正。

## 一、关于祠堂神主“百世不迁”和“五世则迁”的问题

宋元时期，徽州宗族即“家构祠宇，岁时俎豆”①。宗族子弟或于住宅立祠堂，或在祖墓设墓祠，“妥先灵，隆享祀”。明清时期，特别是明代中期以后，伴随着明王朝对民间祭祖礼仪限制的放宽和徽州宗族商业的繁荣，徽州宗族开展了一个大建宗族祠堂的热潮，许多规模恢弘、美轮美奂的宗族祠堂拔地而起，出现一个“厅祠林立”的社会现象。

与全国一样，徽州祠堂中神主的递迁问题——“百世不迁”和“五世则迁”——是一个尚待解决的问题。

宋元时期，徽州祠堂的规制是怎样的呢？史载，宋元时期庙制未立②。但是，新安朱熹的《家礼》对全国特别是徽州，影响很大。徽州人认为，《家礼》“炳如日星”，是宗族的经典。他们“遵行《家礼》，率以为常”，一切行动，“非敢于《家礼》有所损益也”③。我们认为，朱熹《家礼》中关于祠堂的

---

① 嘉靖《徽州府志》卷二《风俗》，明嘉靖四十五年刻本。

② 参见常建华《宗族志》，上海人民出版社 1998 年版，第 82—86 页。

③ 休宁《茗洲吴氏家典》，清雍正十三年刻本。

规定,基本上可以代表宋元时期徽州祠堂的规制。

朱熹在《家礼·祠堂》中记载:"君子将营宫室,先立祠堂于正寝之东,为四龛以奉先世神主。"注曰:"祠堂之内,以近北一架为四龛,每龛内置一桌。大宗及继高祖之小宗,则高祖居西,曾祖次之,祖次之,父次之。继曾祖之小宗,则不敢祭高祖,而虚其西龛一。继祖之小宗,则不敢祭曾祖,而虚其西龛二。继祢之小宗,则不敢祭祖,而虚其西龛三。若大宗世数未满,则亦虚其西龛,如小宗之制。"朱熹制定的祠堂规制不是明清时期的宗祠和支祠,而是一种"家祠"。这种祠堂建在住宅正寝之东,内有四龛。龛中供奉先世神主有四:高、曾、祖、考,即五服之内的"四亲"。

家祠中的"改题递迁礼"是怎样规定的呢?《家礼·丧礼·大祥》有关告迁于祠堂的记载:"以酒果如朔日之仪。无亲尽之祖,则祝版而云云,使其主祭告讫,改题神主如加赠之仪,递迁而西,虚东一龛,以俟新主。若有亲尽之祖,而其别子也则祝版云云,告毕而迁于墓所,不埋。其支子也,而族人有亲未尽者,则祝版云云,告毕迁于最长之房,使主其祭。其余改题递迁如前。若亲皆已尽,则祝版云云,告毕埋于两阶之间。其余改题递迁如前。"《家礼·通礼·祠堂》记载:"改题递迁礼,见丧礼大祥章。大宗之家始祖亲尽,则藏其主于墓所。而大宗犹主其墓田,以奉其墓祭,岁率宗人一祭之,百世不改。其第二世以下祖亲尽,及小宗之家高祖亲尽,则迁其主而埋之。其墓田则诸位迭掌,而岁率其子孙一祭之,亦百世不改也。"

为什么要将祧主迁往墓所呢?朱熹释曰:"天子、诸侯有太庙夹室,祧主藏于其中。今士人家无此,祧主无可置处,不得已只埋于墓所。"①杨复曰:"世次迭迁,昭穆继序,其事至重。《家礼》但以酒果告迁于祠堂,恐礼太轻。当于吉祭前一夕,以荐告还至毕,乃题神主;厥明合祭毕,奉祧主埋于墓所,奉迁主、新主各归于庙。"②

据历史文献记载,宋元时期,墓祠盛行。徽州有的宗族即在祖墓建有墓祠,如,婺源凤亭里汪氏墓祠、婺源回岭汪氏墓祠、婺源汪介然墓祠、新安吴

① 朱熹:《家礼》,上海古籍出版社《四库全书》影印本。

② 朱熹:《家礼》,上海古籍出版社《四库全书》影印本。

氏墓祠、歙县呈坎后罗氏杨干墓祠等①。门人问朱熹:“今士庶亦有始基之祖,只祭四代,四代以上则可不祭否?”先生曰:“若是始基之祖,想亦只存得墓祭。”杨复说:“始祖亲尽则藏其主于墓所,然则墓所必有祠堂,以奉墓祭。”②

通过以上论述,我们得出的结论是:宋元时期,家祠中无论始祖神主,还是先祖神主,都是亲尽即迁。其区别是:始祖神主迁于墓祠,继续祭享,先祖神主埋于祠堂两阶之间或墓所。

明代中期,中国祠堂规制和民间祭祖制度发生了重大变化。嘉靖十五年(1536 年),礼部尚书夏言在上《献末议请明诏以推恩臣民用全典礼疏》中说:“臣仰惟九庙告成,祀典明备,皇上尊祖敬宗之心,奉先孝恩之实,可谓曲尽,而上下二千年百王所不克行之典,我皇上一旦举而行之……惟是本朝功臣配享,在太祖、太宗庙各有其人,自仁宗以下五庙皆无,似为缺典。至于臣民不得祭其始祖、先祖,而庙制亦未有定则,天下之为孝子慈孙者,尚有未尽申之情。臣忝礼官,躬逢圣人在天子之位,又属当庙成,谨三议,渎尘圣览,倘蒙采择,伏乞播之诏书,施行天下万世,不胜幸甚。”夏言的“三议”包括:一、“请定功臣配享议”;二、“乞诏天下臣民冬至日得祀始祖议”;三、“请诏天下臣工立家庙议”③。史书记载,“上是之”、“上从之”,说明奏疏被嘉靖皇帝肯定。明朝政府允许品官之家立家庙,祀始祖、先祖,对庶人虽然也允许祭始祖、先祖,然而仍然是“祭于寝”④。但是,既然允许品官之家立家庙,庶民效法品官之家建庙联宗祭祖,就成为入乡随俗了⑤。史载,“明世宗采大学士夏言议,许民间皆得联宗立庙,于是宗祠遍天下”⑥。

据载,嘉靖十五年(1536 年)以后,徽州宗族掀起建造宗族祠堂的热潮,

---

① 参见常建华《宗族志》第二章《祖先祭祀与家庙、祠堂 · 元代墓祠祭祖事例简表》,上海人民出版社 1998 年版,第 126—129 页。

② 朱熹:《家礼》,上海古籍出版社《四库全书》影印本。

③ 夏言:《桂洲夏文愍公奏议》卷二一,上海古籍出版社《四库全书》影印本。

④ 《续文献通考》卷一一五《宗庙考 · 大臣家庙》。

⑤ 参见常建华《宗族志》,上海人民出版社 1998 年版,第 101 页。

⑥ 冼宝干:《佛山忠义乡志》卷九《氏族》,转引自叶显恩《明清徽州农村社会与佃仆制》,安徽人民出版社 1983 年版,第 162 页。

许多祠堂拔地而起,出现"厅祠林立"的现象①。那么,明清时期,徽州宗族祠堂供奉神主的规制是怎样的呢?歙县桂溪项氏宗祠《供奉神主龛室规》记载:

寝室之制,龛坐三间,中为正寝,左右为昭穆室,供奉规则,具列于后:

始祖以下五世考妣,聿开巨族,泽利后人,其神主敬宜供奉正中,永远不迁。

荣膺封赠神主,文武仕宦神主,甲第科贡神主,仁贤盛德神主,忠孝节义神主,各门门祖神主,爵德兼隆,光前裕后,并宜祔享中龛左右,永远不祧。

输金急公神主,建修祠墓神主,裹粮效力神主,捐辑谱乘神主,凡百金以上有功祠祖者,于昭穆室特为酬功位,供奉祔祭,永远不祧。

各祖考妣神主,捐职考职未邀封典神主,例捐贡监文武庠生神主,并安昭穆室,五世则迁②。

这就是明清时期徽州宗祠神主"百世不迁"和"五世则迁"的规定。这个规定表明,明清时期徽州宗祠神主递迁,不仅与周代宗庙神主递迁有很大不同,而且与宋元时期家祠神主的递迁相较也有重大变化。其区别和变化的一个重要表现是:明清时期,除了始祖神主百世不迁以外,始祖以下五世考妣神主、爵德兼隆神主、有功祠祖神主,也永远不祧。

据我们了解,中国疆域辽阔,全国各地宗祠龛室之规千差万别。但是,明清时期宗祠始祖神主供奉中龛正中,"永远不迁",全国各地是一样的。

明清时期,徽州宗祠龛室的"五世则迁"是怎样规定的呢?据文献记载和实地调查,明清时期徽州人父母亡故,子孙即为先人立"主"(又曰"神主"、"栗主"、"木主"、"灵位"、"神位"、"牌位"等)。最初,供奉于家中厅堂,然后依宗祠规定的"进主日",送往宗祠,俗称"进主",或曰"入主"。大

① 参见赵华富《徽州宗族祠堂的几个问题》,《'95 国际徽学学术讨论会论文集》,安徽大学出版社 1997 年版。

② 歙县《桂溪项氏族谱》卷二二《祠祀》,清嘉庆十六年木活字本。

多数宗祠为了统一规格,整齐美观,神主都由宗祠统一制作。亡故人的子孙上报宗祠,统一填写。几乎所有的宗祠都规定,支丁到宗祠入主,必须按规定缴纳“入主钱”。大多数宗祠入主都是一年一次,大都定在冬祭之前一日。根据族规家法规定,除了因特殊原因被剥夺了进入宗祠权利者以外,宗族所有成员机会均等,人人神主都有供奉宗祠,享受子孙后代祭祀的权利。这是神圣不可侵犯的。

那么哪些人的神主不准进宗祠呢?绩溪县城西周氏宗祠《祠规》规定:殇亡及室女,均不许进主;派丁男妇有忤逆乱伦及犯奸为匪经官者,并卖妻女与人为妾者,即行革出,均不许入祠;同姓不宗及义子外姻入继者,均不许入祠。① 徽州宗族关于不准进入宗祠的神主之规定,大同小异。绩溪城西周氏宗祠《祠规》的有关规定,具有代表性和典型性。

一个宗祠之中供奉众多祖先神主,而且代数很多。少者四五代,多者八九代,甚至更多。怎样实行“五世则迁”的规定呢?据调查,按宗祠的规定,除了“百世不迁”的神主以外,其他祖先神主在宗祠只供奉四代(儿子、孙子、曾孙、玄孙),玄孙死绝即亲尽,至玄孙之子出了“五服”,神主即从宗祠龛室中迁走,或埋下墓地,或置于祠堂寝室高阁。

这样,宗祠之中供奉的祖先神主虽然代数很多,但是,就宗族每个玄孙个人来讲,他们的先人全部都是高、曾、祖、考四代设主;对宗祠龛室中普通祖先神主来说,每一个神主都恪守“五世则迁”或曰亲尽则迁的规定和原则。朱熹在《家礼》中说:“第二世祖以下亲尽,及小宗之家高祖亲尽,则迁其主而埋之。”明清时期,徽州宗祠龛室之规的“五世则迁”虽与《家礼》有所不同,但基本精神是一致的。

## 二、关于徽州宗族祭祖的种类问题

徽州宗族祭祖的种类很多,有春祭、中元、秋祭、冬祭、烧年、祖先诞辰、祖先忌日等。从祭祀时令来看,主要有春祭、秋祭和冬祭:从祭祀场所来分,

---

① 《绩溪城西周氏宗谱》卷首《祠祀》,清光绪三十一年木活字本。

有祠祭、墓祭和家祭。

民国《歙县志·风土》记载:“祭先以春秋二仲,亦有举于至日者。”《歙风俗礼教考》曰:“祭礼,尽遵文公《家礼》,各乡小异大同。家祠祭先,则以春秋二仲,有举于至日者,则僭矣。”①朱熹在《家礼》中说:“某家旧时时祭外,有冬至、立春、季秋三祭,后以冬至、立春二祭似僭,觉得不安,遂已之,季秋依旧祭祢。”又曰:“始祖之祭似禘(冬至),先祖之祭似祫(立春)。”但是,据徽州谱牒记载,绝大多数宗族实行“春秋二祭”和冬祭。例如,《新安程氏阖族条规》规定:“春秋祭期,定于二仲月十五日黎明。”歙县东门许氏宗族《许氏家规》春秋祭祀条记载:“人本乎祖,而祭于春秋,所以报本返始以伸孝思焉尔。”②泽富王氏宗族《宗规》规定:“立春、冬至,遵依《家礼》祭祖,永不可失。”③婺源武口王氏宗族《宗规》规定:“立春、冬至,遵依《家礼》祭祖,不可失。”④歙县棠樾鲍氏宗族《祀事·值年规例》规定,除了春秋二祭、中元、烧年以外,“冬祭订以冬至日举行,司祀先期付银交管年者,定买猪羊,置办祭品”⑤。绩溪县龙井明经胡氏宗族《明经胡氏龙井派祠规》脩祭事条规定:“凡春分、冬至二祭,前期三日,祠首共入祠肃办祭事,值事仆二人洒扫祠宇,拭几席,涤祭器。”⑥休宁《茗洲吴氏家典·家规》规定:“冬至专祭始迁祖荣七公考妣,不别奉配,以隆特享”;“立春之祭,其正享、配享皆效仿《郑氏家规》,审慎斟酌而后定。”据我们调查,民国时期徽州绝大多数宗族主要祭祖活动只有两次,即春祭和冬祭。宣统二年(1910年)修的绩溪《华阳邵氏宗谱·家规》祀典条记载:“祭不欲数,数则烦,烦则不敬。祭不欲疏,疏则怠,怠则忘先世。……吾宗元旦拜天而拜祖,清明祭墓,中元祭于宗室,复设馔祭王舅公于前堂,相传旧矣。至于冬至祭先,乃古今之通义也。此礼若缺,孝子慈孙之心安乎?”宣统三年(1911年)修的绩溪《上川明经胡

① 许承尧:《歙事闲谭》第十八册,抄本。

② 《重修古歙城东许氏世谱》卷七,明崇祯七年家刻本。

③ 歙县《泽富王氏宗谱》,明隆庆、万历间刻本。

④ 《新安武口王氏统宗世谱》,清雍正四年刻本。

⑤ 歙县《棠樾鲍氏宣忠堂支谱》卷一七,清嘉庆十年家刻本。

⑥ 绩溪《明经胡氏龙井派宗谱》卷首,民国十年木活字本。

氏宗谱·新定祠规二十四条》崇祭祀条规定:“凡祭祀,春以春分日举行,冬以冬至日举行,高、曾、祖、考用牲,旁亲用庶馐,一切仪节,谨遵朱子《家礼》。”由此可见,清朝末期这些宗族仍以春祭和冬祭作为主要祭祖礼仪。

徽州宗族祭祖,无论春祭、中元、秋祭、冬祭、烧年,还是祖先诞辰、祖先忌日,都在祠堂举行,所以这些祭祀又都称为祠祭。赵吉士在《寄园寄所寄·故老杂记》中记载:“新安各姓,聚族而居,绝无一杂姓搀入者。其风最为近古。出入齿让,姓各有宗祠统之。岁时伏腊,千丁皆集。祭用文公《家礼》,彬彬合度。”《新安黄氏大宗谱·溪西叙伦堂记》记载:“今夫家必有庙,庙必有主,禋祀蒸尝,时必有祭。”歙县潭渡黄氏宗族《潭渡黄氏享妣专祠记略》说:“报本之礼,祠祀为大。为之寝庙以安之立之,祏主以依之陈之,笾豆以奉之佐之,钟鼓以飨之。登降拜跪,罔敢不虔;春雨秋霜,无有或怠。一世营之,百世守之,可云报矣。”[①]绩溪县华阳邵氏宗族《家规》宗祠条载:“《家礼》云:君子将营宫室,宗庙为先。盖宗祠之建,所以妥先灵而萃族涣……若不建不修,则冠、婚、丧、祭之礼无自而行,同派连枝之属无地以会。”[②]歙县东门许氏宗族《许氏家规》曰:“宗祠之建,本为妥先灵而奉祭祀,因以合族之所也。”[③]《泽富王氏宗谱·宗规》说:“祠堂之设,所以报本重礼也。每岁正旦,集少长以叙团拜之礼。立春、冬至,遵依《家礼》祭祖,永不可失。”

清明节,徽州宗族都在祖先墓地举行祭祀,是为墓祭(俗称“标祀”、“标挂”、“挂钱”、“挂纸”、“增封”等)。《歙风俗礼教考》记载:“墓祭最重,曰挂钱,亦曰挂纸,举于清明,标识增封也。族祖则合族祭之,支祖则本支祭之,下及单丁小户,罔有不上墓者。故自汉、晋、唐、宋迄今,诸大族世代绵长,而祖墓历历咸在,无或迷失,执此故也。”[④]歙县东门许氏宗族《许氏家规》记载:“古之墓祭非礼也,后世举而不废者,祖宗体魄所在,欲子孙识其处,盖

---

① 歙县《潭渡黄氏族谱》卷六《祠祀》,清雍正九年刻本。

② 绩溪《华阳邵氏宗谱》卷一八,清宣统二年木活字本。

③ 《重修古歙城东许氏世谱》卷七,明崇祯七年家刻本。

④ 许承尧:《歙事闲谭》第十八册,抄本。

亦所系之重也。”①《新安武口王氏统宗世谱·宗规》曰:“茔田之置,崇墓祭也。在各枝子孙轮流岁收其租,每届清明节五日内,务备祭物,举各房长少,遍历先垅拜扫致奠。”与许氏宗族看法不同,《歙西岩镇百忍程氏本宗信谱》卷十一《族约篇》认为:“墓祭,古礼也。观孟子墦间之祭,可见矣。本族每届□□,□族老少悉诣朱吴村始祖茔前拜扫,依文公《家□(礼)》□祭,协诸礼而协矣。”万历二十年(1592年)清明,徽州黄氏各派至歙县黄墩祖墓,“肇兴祀典。于是,缙绅文学五十余人,仆从车舆骈阗一市,祭奠礼仪森备,炫煌睹听,观者云集”②。

徽州宗族认为,“祠宇宗祖神灵所依,墓冢宗祖体魄所藏。子孙思宗祖不可见,见所依所藏之处,即如见宗祖也。祠祭、墓祭皆属展亲大礼,必加敬谨”③。

除了祠祭、墓祭之外,徽州宗族还有家祭。朱熹在《家礼》中说:“君子将营宫室,先立祠堂于正寝之东,为四龛以奉先世神主。”这种建于住宅正寝之东,供奉高、曾、祖、考四亲神主的祠堂,是一种家祠。在这里举行的祭祖活动,实际上是家祭。宋元时期,徽州绝大多数宗族没有建宗祠,建有宗祠的是个别现象④,因此,宗族子弟不是祭于家祠,即是“祭于寝”。这种“祭于寝”的祭祖活动也是家祭,这是毫无疑义的。

明代中期宗祠建立以后,联宗祭祖成为主要祭祖形式。宗祠内供奉的神主,有始祖、先祖,有高、曾、祖、考。始祖合族祭之,先祖合族或本支祭之,高、曾、祖、考则兄弟、堂兄弟、再从兄弟、三从兄弟祭之。从祭祖对象和参祭支丁来看,高、曾、祖、考祭祀虽然都在祠堂和墓地举行,但是也可称为家祭。

在徽州历史文献中,宗祠又曰家祠(或曰家庙),宗谱又曰家谱(或曰族谱、家乘),宗规又曰家规(或曰族规)。因此,我们必须特别指出的是:文献中所谓的“家祭”,有的是指合族之祭,有的是指一支(或曰一房、一派、一

① 《重修古歙城东许氏世谱》卷七,明崇祯七年家刻本。

② 歙县《潭渡孝里黄氏族谱》卷五《祖墓》,清雍正九年刻本。

③ 《休宁宣仁王氏族谱·宗规》,明万历三十八年家刻本。

④ 参见赵华富《徽州宗族祠堂的几个问题》,《'95国际徽学学术讨论会论文集》,安徽大学出版社1997年版,第346—352页。

门、一隅)之祭,有的是指家祭。

徽州宗族为了保证祭祖礼仪的举行,大都成立各种相应的祭祀组织。他们称这种组织为"会"。如始祖会、敦本祀会、清明会、冬至会、冬祭会、昌公会、叶兆公会、叶冬至会、懋公会、亿公会、黄公会、鼎公会、运公会、忠公会、五三公会,等等①。这些"会"有的是春祭组织,有的是冬祭组织,有的是祠祭组织,有的是墓祭组织;有的祀会既包括春祭、冬祭,或又包括祠祭、墓祭。宗族支丁组织祀会,捐款置田,收取租谷,以保"祀之久远"。黟县西递胡藤圃在《扫墓祀会议》一文中说:"吾徽聚族而居,凡古始祖,皆有宗祠。自始祖而下,世系载之家谱;其分支者又多有支祠。祠必有祠会,即未建祠者,亦集赀立祠会。赀多者岁有谷麦租入,粜之得其价;赀少者权其子母,皆以供岁时祭祀之用。"②为了证明祀会不是"会祭",下引两个实例。

例一,婺源《董氏宗谱·竹林琳公清明序》:

> ……虽冬至、团拜(按:二者均为祀会组织——引者)早已各立。而清明佳节,凡支下各祖俱立祀田数亩,以为省墓之资。届期,少长咸集邱垄,爱慕之心常与祖宗神灵相接于白云松楸间;旋而颁胙燕馂,彬彬礼让,仪典极隆。独公(按:指董琳—引者)反无专祀,揆之于礼,甚觉有歉。兹余叔雝喈忽兴水木之思,克尽仁孝之意,欲为公创立清明,谋之伯叔兄弟辈。幸我祖有灵,众志如一,欣然捐赀,以成此举,共计五十九名,编作七挈,并议立章程,永远咸遵此例。递年于清明前十一日,各人整肃衣冠,入祠恭行祭礼,而后共登坟拜扫,以展孝思。庚子岁,已将输银价买藻睦方汉霜户仪字一千三百二十九、三十、三十一、三十二号桑林墩旱田三亩五分零九毛(毫)五系(丝)正(整),付与公正人收租管理。倘从兹矢公矢慎,协力维持,将所余赀而拓充之,亦犹木之发荣滋长,水之流奔不竭,夫孰非培本濬源之所在乎?

这纸《竹林琳公清明序》记载的是,婺源县游山董氏宗族竹林派支丁为祖先董琳成立的清明祠祭和清明墓祭组织。

① 参见章有义《明清徽州土地关系研究》,中国社会科学出版社1984年版,第326页。

② 胡朝贺:《胡藤圃杂著》,清末刻本。

例二，婺源《董氏宗谱·竹林玉保公崇礼冬祭序》：

自琳、佩二公分派以来，我竹林以琳公为鼻祖，等而下之，至玉保公凡十世。以享以祀，春秋匪懈，诸祖有之。独玉保公无专祀享，奉先之谓何？况支下丁逾二百，尤有无可阙如者。幸堂叔祖本晶、本光、本明及房叔荣润、房兄昌求等，矢慎矢公，任劳任怨，特于光绪戊寅岁，挺身领袖，而询谋支下，又复佥同。爰独创立冬祭，名曰"崇礼"，共百二十五名，每名捐租一兜，如是者六年，至今人力协和，卒置产业若干。虽曰聿兴祀事，报本追远之常，而后来子孙得于冬至前一日，骏奔在庙，荐时食以展孝思，非数人之力不及此……

这纸《竹林玉保公崇礼冬至序》记载的是，婺源县游山董氏宗族竹林派支丁为祖先董玉保成立的冬至祠祭——冬祭——祀会组织。

乾隆五十六年(1791年)，黟县西递明经胡氏宗祠本始堂落成，组织"敦本祀会"组织。现立西递村入口处的"敦本祀会"石刻记载，万兆公等37位配享神主，每个主输银20两，共计740两；置田40号，共计16.72667亩，"合立祀会"。这个祀会是为本始堂所有祭祀而设，包括春祭、秋祭、冬祭、墓祭等。

## 三、关于徽州女祠建造的目的和神主的供奉问题

明清时期，徽州地区"厅祠林立"，城乡相望。个别宗族不仅建有宗祠、支祠、家祠，而且还建造女祠。据文献记载和实地调查，歙县呈坎前罗氏宗族、潭渡黄氏宗族、棠樾鲍氏宗族、休宁黄村黄氏宗族都建有女祠。歙县《潭渡黄氏族谱·新建享妣专祠记略》记载，清康熙年间，潭渡黄氏宗族"庀材鸠工"，建造享妣专祠，"为堂五楹，前有三门，后有寝室与祠门。而堂之崇三丈五尺，其深二十七丈，其广六丈四尺。前后称是，坚致完好。凡祠之所应有者，亦无不备。阅载而后成，计白金之费三万两"。嘉庆年间，棠樾鲍氏宗族盐商巨子鲍启运之子鲍有莱独资建造"清懿堂"女祠。这座女祠规模之大、营造之精、材料之良、装饰之美，许多方面比鲍氏宗族的敦本堂(俗称男祠)有过之而无不及。

徽州有的宗族为什么要建造女祠呢？歙县呈坎前罗氏宗族《罗氏家谱·宗仪八条》妥神灵条，对这个宗族建造女祠的原因和目的作了说明。其文曰：

至于女主，当峻其防。盖言不逾闺，祭不受胙，男女素著远别之文。生则异室，主则同堂，幽冥宜有不安之魄。当专立一室，分妥诸灵。登贞烈者于左方，藏封诰者于右室，则祭仪斯尽，教本能敦矣。

由此可见，歙县呈坎前罗氏宗族于罗氏世祠、贞靖罗东舒先生祠、一善祠、贞一祠的右方别建女祠，为的是男女"生则异室"，死后如果"主则同堂，幽冥宜有不安之魄"，所以"当专立一室，分妥诸灵"。"登贞烈者于左方，藏封诰者于右室"，说明女祠不是专为供奉"贞烈妇女"而设。

歙县《潭渡黄氏族谱·新建享妣专祠记略》，对黄氏宗族建造女祠的原因和目的，也有非常深刻的论述。其文曰：

吾乡僻在深山之中，为丈夫者，或游学于他乡，或服贾于远地，尝违其家数年、数十年之久，家之黾勉维持，惟母氏是赖。凡子之一身，由婴及壮，抚养教诲，从师受室，以母而兼父道者多有之，母氏之恩何如其重耶！正幼恃母慈，长承母训，以有今日。

又曰：

窃见吾乡设立宗祠，敬祀其先，统之以鼻祖，于报本追远之意可云得矣；然多祀祖，而不及妣。烝尝时祭，子孙入庙，顾瞻座位，母氏之主咸阙如，于私心每有未安者。

宗祠之内，只供奉祖考神主，"而不及妣"。这对"由婴及壮，抚养教诲，从师受室，以母而兼父道者"的女祖先太不公平；对"幼恃母慈，长承母训"的子弟们来说，烝尝时祭，进入宗祠，"顾瞻座位，母氏之主咸阙如"，自然"于私心每有未安者"。为了弥补这个重大缺憾，潭渡黄氏宗族"庀材鸠工"，建造这座规模巨大的黄氏享妣专祠，为女性祖先"妥先灵，隆享祀"。它不是专为供奉"贞节妇女"神主而设，是毫无疑义的。

清嘉庆年间，歙县棠樾鲍氏宗族盐商巨子鲍志道、鲍漱芳父子出巨资重修四万公支祠（又名敦本堂，俗称男祠）。此祠只"奉男主"，不"祔女主"。大盐商鲍启运为了女性祖先之灵有所依所妥，遗命其子鲍有莱建造清懿堂女祠,专“奉女主”,以“隆享祀”。这座祠不是“烈女祠”。在有关历史文献,特别是道光《徽州府志·人物志·鲍启运传》的记载当中,没有说这座女祠是专为供奉“贞节妇女”神主而设。

徽州宗族的族规家法大都规定,除了因特殊原因被剥夺了进入祠堂的权利者以外,一般妇女的神主都可以进祠堂。这是祠堂的规制。歙县桂溪项氏宗祠《供奉神主龛室规》记载:“寝室之制,龛座三间,中为正寝,左右为昭穆室。”“始祖以下五世考妣,聿开巨族,泽利后人,其神主敬宜供奉正中,永远不迁”。“各祖考妣神主……并安昭穆室,五世则迁”①。休宁《茗洲吴氏家典》中有“冬至祭始祖图”,左为“始祖考牌位”,右为“始祖妣牌位”;又有“立春祭先祖图”,左为“先祖考牌位”,右为“先祖妣牌位”。绩溪《上川明经胡氏宗谱·新定祠规二十四条》序昭穆条规定:

一、凡高、曾、祖、考,皆以嫡配。其继娶者,无论有子无子,皆配入祠。若嫡无子,而妾有子,其妾亦附入祠。若嫡有子,而其妾之子贤,亦准其母附入祠,须倍牌资。若妾无子,暨有子而夭殇者,不准入祠。

一、凡旁亲二室,若伯叔曾祖,若伯叔曾祖母;若伯叔祖,若伯叔祖母;若伯叔,若伯叔母;若兄弟,若兄弟之妻;若子侄,若子侄之妻之成人无后者,男统于东,女统于西,以行辈为序,四世而迁。其年十五以下未成人者,不准入祠。

朱熹《家礼》规定,一般妇女的神主均可进祠堂。该书卷一《通礼·祠堂》记载:“旁亲之无后者,以其班祔。”其注曰:“伯叔祖父母祔于高祖;伯叔父母祔于曾祖;妻若兄弟、若兄弟之妻祔于祖;子侄祔于父,皆西向,主椟并如正位。”又载:“正至朔望则参。”其注曰:“主人盥、帨、升,启椟,奉诸考神主置于椟前;主妇盥、帨、升,奉诸妣神主置于考东;次出祔主亦如之。”又载:“有事则告。”其注曰:“凡言祝版者……于皇高祖考、皇高祖妣,自称孝元孙;于皇曾祖考、皇曾祖妣,自称孝曾孙;于皇祖考、皇祖妣,自称孝孙;于皇考、皇妣,自称孝子。”该书卷五《祭礼·初祖》记载:“降神参神。”其注曰:“主人盥、升,奉脂盘诣堂中炉前,跪告曰:‘孝孙某,今以冬至,有事于皇始

① 歙县《桂溪项氏族谱》卷二二《祠祀》,清嘉庆十六年木活字本。

祖考、皇始祖妣，敢请尊灵，降居神位，恭伸奠献。’”《祭礼·先祖》载：“前一日设位陈器。”其注曰：“设祖考神位于堂中之西，祖妣神位于堂中之东。”《祭礼·忌日》载：“作主。”其注曰：“府君、夫人共为一椟……椟用黑漆，且容一主，夫妇俱入祠堂。”

徽州宗族女祠不是专为“贞节妇女”而建。除了因特殊原因被剥夺了进入祠堂的权利者以外，一般妇女的神主均能进祠堂，体现了徽州祠堂规制和《家礼》的原则和精神。

（原载《安徽史学》2003年第2期）

# 徽州世家大族促进宗族和谐和发展的措施

朱熹(1130—1200年)生于福建尤溪县,祖籍徽州婺源松岩里。因为婺源是"朱子阙里",所以徽州人对朱熹特别崇拜。赵汸在《东山存稿·商山书院学田记》中说:

自井邑田野,以至于远山深谷,居民之处,莫不有学,有师,有书史之藏。其学所本,则一以郡先师子朱子为归。凡六经传注,诸子百氏之书,非经朱子论定者,父兄不以为教,子弟不以为学也。是以朱子之学虽行天下,而讲之熟,说之详,守之固,则惟新安之士为然。故四方谓"东南邹鲁"。①

据历史文献记载,徽州的世家大族都以朱子学为宗。《新安黄氏会通宗谱·集成会通谱叙》记载:

盖人伦不明,宗法废弛,民俗颓弊甚矣。幸而皇宋诞膺景运,五星聚奎。于是吾郡朱夫子者出,阐六经之幽奥,开万古之群蒙,复祖三代之制,酌古准今,著为《家礼》,以扶植世教。其所以正名分,别尊卑,敬宗睦族之道,亲亲长长之义,灿然具载。而欧、苏二子亦尝作为家谱,以统族属。由是海内之士,闻其风而兴起焉者,莫不家有祠,以祀其先祖,族有谱,以别其尊卑。②

以朱子学为宗的徽州世家大族,为了促进宗族和谐和宗族发展,在许多方面采取了重要措施。

---

① 赵汸:《东山存稿》,上海古籍出版社《四库全书》影印本。

② 《新安黄氏会通谱》,明弘治十四年(1501年)家刻本。

## 一、敦伦孝悌

徽州世家大族认为，敦伦孝悌是建立和谐家庭的根本。为了促进宗族和谐和宗族发展，必须倡导敦伦孝悌。歙县东门许氏宗族《许氏家规》居家孝弟条记载："孝也者，善事父母之谓也。弟也者，善事兄长之谓也……吾族之人，率其日用之常，其谁不为孝悌。苟拘于气禀，染于污俗，灭天理而伤人伦，亦不免于不孝不悌也。但其始于小过，渐流于恶，不可不开其自新之路。今后于不孝不悌者，众执于祠，切责之，痛治之，庶几惩已往之愆，图将来之善。昔为盗跖，而今亦可为尧舜之徒矣。"①

歙县金山洪氏宗族认为："孝为百行之先，孝悌乃为仁之本。故人能立身行道，显亲扬名，此固孝之大者；即不然，服劳奉养，昏定晨省，以无忝所生，亦不失为人子。"②黟县环山余氏宗族规定："父母有教，则当敬受，佩之勿忘；父母若有命，则当欢承，行之勿怠。父母有疾，则朝夕侍侧，躬进汤药，毋得妄委他人。父母有过，则和悦以谏；倘若不从，愈当无失爱敬，以期感悟，毋得遽恃己是，忿恨以扬亲过。其衣服饮食随办，不贵过分，务必使父母之养有厚于己。侍侧毋得戆词厉色。凡事毋得径情直行。父母年老，或无兄弟，毋得弃亲远游。违者，量事轻重议罚。妇事舅姑，孙事祖父母，其礼一也，亦要一体遵守。"③歙县《潭渡孝里黄氏家训》认为："奉亲当尽心奉养，其四季衣衾，均须制备，三时饮馔，务要洁精。设家贫不能供办，即菽水尚可承欢，戏彩亦堪博笑。但必竭力尽心，不可吝财惜物。又当思年老之人，其目多苦于昏，不能远视；其耳多苦于背，不能远听；其两手既苦于强硬，不能自为抑搔疴痒，又苦于怯弱，不能自为携提器物；抑且齿落不能饮啖，足软不能步履；易饥、易饱、怕热、怕寒。为人子者，固当时时在旁扶持，刻刻在侧服侍。然恐家务不能拨置，有难以分身之时，必当预拨婢妾或命男女，常川在

---

① 《重修古歙城东许氏世谱》卷七，明崇祯七年(1634 年)家刻本。

② 歙县《金山洪氏宗谱》卷一，清同治十二年(1873 年)刻本。

③ 黟县《环山余氏宗谱》卷一《余氏家规》，民国六年(1917 年)木活字本。

亲之左右，专司代劳服役之事。”①绩溪东关冯氏宗族《冯氏祖训十条》孝父母条说：“父母之德同于昊天罔极，故立爱必自父母始；然必先能敬，而后能爱……凡事父母者，饮食必异，进奉必谨，器具必洁，视膳必亲，寝兴必俟候；出入必禀告，声必柔，气必下，颜色必和，一切奉命维谨……父母稍不悦，即引为己罪，长跪谢过。”②

徽州世家大族对不孝顺父母者，采取了严厉的制裁措施。绩溪上庄明经胡氏宗族《新定祠规二十四条》规定：“凡派下子孙，有不孝于其父母、祖父母者，革出，毋许入祠。”③绩溪《明经胡氏龙井派祠规》规定：“父母之恩，欲报罔极，乃有博弈，纵饮好货，私妻夙夜，既忝所生，朝夕不顾亲养；甚且妇姑不悦，反唇相稽，此等逆子悍妇，一经投纸入祠，即行黜革。”④绩溪仁里程氏宗族《家规·父母》共有 20 条规定。其中之一曰：“凡族有不孝者，告诸族长。族长当申明《家规》，而委曲诲导之；再犯则扑之；三犯告诸官，而罪之，永屏族外。”⑤绩溪东关冯氏宗族《冯氏家法》的第 1 条就是：“子得罪父母，初须从宽杖责，仍令长跪服罪，再犯逐革。妇得罪舅姑者，同。”⑥

徽州世家大族非常重视对敦伦孝悌者的表彰：第一，“殁给配享”；第二，“族谱列传”；第三，“公呈请旌”。

## 二、增进亲情

徽州世家大族认为，增进宗族成员之间的亲情，对促进宗族和谐和宗族发展是至关重要的。歙县《方氏族谱》卷七《家训》注记载：

> 一家之人，高曾祖考，子孙玄庶，门分户别，众而为族。族至千百，称为故旧。然必喜庆相贺，忧戚相吊，疾病相问，患难相扶，乃为之族。

① 歙县《潭渡孝里黄氏族谱》卷四，清雍正九年（1731 年）刻本。
② 《绩溪东关冯氏家谱》卷首上，清光绪二十三年（1897 年）活字本。
③ 绩溪《上川明经胡氏宗谱》下卷中，清宣统三年（1911 年）木活字本。
④ 绩溪《明经胡氏龙井派宗谱》卷首，民国十年（1921 年）木活字本。
⑤ 《绩溪仁里程继序堂专续世系谱》卷首上，清光绪三十三年（1907 年）刻本。
⑥ 《绩溪东关冯氏家谱》卷首上，清光绪 二十三年（1897 年）活字本。

苟昭穆紊而名分失序，亲疏隔而情爱不通，方圆相合而判然不相联属，秦越相视而邈然不相关系，则路人而已矣，何族之有？①

徽州世家大族为了增进宗族成员之间的亲情，普遍实行族人定期相会和相互关爱制度。绩溪《华阳邵氏宗谱》卷十八《家规》记载：

程子曰：族人须相与为礼，使骨肉之情常相通。骨肉自疏者，只为面不相见，情不相通耳。故古人有分岁除夕之会，有冠、婚、丧、祭之会，有四时燕乐之会。凡以浃洽情好联属疏远于饮食燕享之中，而寓敦睦之谊，非苟然也。②

第一，实行元旦团拜，这是徽州世家大族普遍实行的一种联系亲情的制度。《重修古歙城东许氏世谱》卷七《许氏家规》记载："元旦拜谒家庙，故人络绎而来。鼓声三通为率，礼生唱礼，序立祠前，四拜礼毕，行之。居昭者相与对拜，乃列于上。穆以下则从而拜之，行之。居穆者相与对拜，乃列于上。又昭穆以下则从而拜之，以次递拜而毕，以次列坐而饮，饮而有节，揖而俱退。凡此皆以叙昭穆、秩名分、重本慎始之道也。"③据我们调查，元旦团拜男女老幼均可参加。拜毕，饮"利市酒"，分"合和饼"，或曰"元旦饼"。通过这一活动，增进了宗族成员之间的亲情。

第二，实行四时合食。这也是徽州世家大族普遍实行的一种联系亲情的制度。《绩溪金紫胡氏家谱·亶然堂重订规谱序》记载："共大宗者，岁一合食；共高祖者，再；共曾祖者，三。凡合食必于宗祠，期在忌日、生辰、斋祭之后，俾敦宗睦族，知自厚于人道，而贫富贵贱无至于相耀，夫乃恍然知其本支勃兴有所自来矣。"金紫胡氏宗族子弟胡匡宪说："吾高祖民畏公生曾祖振铭公一人，而振铭公生吾祖兄弟六人，今人所立亶然堂者振铭公支派，而即民畏公支派也。自清明、腊祭外，尚有忌日、生辰，凡八次虔祭，祭毕合食。盖逾于共高祖者再，共曾祖者三焉……（支丁）未见彼我相形、优绌相去至于甚悬绝者，以故群聚宴会以及酬酢往来间，逾百年如一日，合一百六十人

① 歙县《方氏族谱》，清康熙四十年（1701年）刻本。

② 绩溪《华阳邵氏宗谱》，清宣统二年（1910年）木活字本。

③ 《重修古歙城东许氏世谱》卷七，明崇祯七年（1634年）家刻本。

之心如一人之心。虽其中间有勃谿于一时者，不旋踵而烟消云散，各以藏怒宿怨为羞。由是而思先人购建亶然堂，所以萃涣合离诒孙燕子者，岂不深且远哉！"①程一枝《程典》卷十九《宗法志》第三记载："岁为燕饮之会，以洽族人，其时以春秋祀日，其物以时祀之余。"②《重修古歙城东许氏世谱》卷七《许氏宗祠重置祭田记》曰："许之先尝建有宗祠，以奉其先世主，岁时会祀，元旦、腊社会食。故虽亲尽服竭，而敦睦之道赖是不废，以迄于今。"③为睦族和增进宗族子弟之间的族谊，在祠堂举行的合食活动，使支丁蒙上一层温情脉脉的血缘亲族关系的面纱，富者与贫者，贵者与贱者，恩者与仇者，强者与弱者，剥削者与被剥削者，统治者与被统治者，欢聚一堂，同饮共餐，共同享受祖宗的德泽，对缓和宗族内部矛盾，加强宗族团结，巩固宗族组织，起了很大作用。

除了元旦团拜、四时合食以外，喜庆相贺、忧戚相吊、疾病相问、贫富相济也是增进宗族成员之间亲情的重要活动。

## 三、救灾济贫

众所周知，个体小农经济十分脆弱，经不起天灾人祸。为了促进宗族和谐和宗族发展，徽州许多世家大族很重视救灾济贫。

歙县《方氏族谱》卷七《家训》注说："无故之灾，不虞之变，生于意外者，虽忠厚之族不能保其必无。惟内无宗族之扶持，外无亲戚之救援，则孤立寡助，而难始沐矣。睦族君子必协之以力，济之以财，则力协而势强，财足而事济，难于是乎不难解矣。"④

歙县东门许氏宗族《许氏家规》救灾恤患条规定："人固以安静为福，而灾危患难亦时有之，如水火、盗贼、疾病、死丧。凡意外不测之事，此人情之

① 《绩溪金紫胡氏家谱·亶然堂重订规谱序》，清嘉庆二十四年(1819年)刻本。

② 程一枝：《程典》，明万历二十六年(1598年)家刻本。

③ 《重修古歙城东许氏世谱》卷七，明崇祯七年(1634年)家刻本。

④ 歙县《方氏族谱》，清康熙四十年(1701年)刻本。

所不忍,而推恩效力,固有不容已者。其在乡党邻里,有相周之义焉,有相助相扶持之义焉,况于族人,本同一气者乎？今后,凡遇灾患,或所遭之不偶也,固宜不恤财、不恤力以图之,怜悯、救援、扶持、培植,以示敦睦之义。此非有所强而迫也,行之存乎人耳。"①

绩溪华阳邵氏宗族《家规》恤族条记载:"族由一本而分,彼贫即吾贫,苟托祖宗之荫而富贵,正宜推祖宗之心以覆庇之,使无所失,此仁人君子之用心也。若自矜富贵,坐视族人贫困,听其鬻妻质子而为人仆妾,以耻先人,是奚翅贫贱羞哉？即富贵亦与有责也。"②

《休宁宣仁王氏族谱·宗规》宗族当睦条记载:"衣食窘急,生计无聊,虽或自招,数亦蹇产,则周之。量己量彼,可为则为,不必责其报,不必求人知也……为义田、义仓、义学、义冢,教养同族,使生死无失所,皆豪杰所当为者。"③休宁《商山吴氏宗法规条》规定:"族中家事殷富者,固自己勤力所致,实祖宗积德而发。若能施仁仗义,扶贤助能,解纷息争,周贫给匮,不为怙妮之态,而且光大之志,不为一身之谋,而有举族之虑,此皆上念祖宗笃厚之意,下体宗族一本之思,诚尊祖敬宗之辈、孝子慈孙之流也。宗正、副无(勿)没善泯行,须扬表而旌异之,以示劝。"④

绩溪东关冯氏宗族《冯氏祖训十条》睦宗族条记载,睦族之道共有8条。其中有3条为救灾济贫:(1)"患难必救",(2)"困穷必周",(3)"婚娶无力者必助之赀"。⑤

## 四、抚孤恤寡

徽州世家大族认为,促进宗族和谐和宗族发展,必须倡导抚孤恤寡。绩溪华阳邵氏宗族《新增祠规》规定:"鳏、寡、孤、独,王政所先。韩公《原道

① 《重修古歙城东许氏世谱》卷七,明崇祯七年(1634年)家刻本。

② 绩溪《华阳邵氏宗谱》卷一八,清宣统二年(1910年)木活字本。

③ 《休宁宣仁王氏族谱》,明万历三十八年(1610年)家刻本。

④ 休宁《商山吴氏宗法规条》,明抄本。

⑤ 《绩溪东关冯氏家谱》卷首上,清光绪二十三年(1897年)活字本。

篇》亦切言之。况在一族，闻见既确，尤为可悯。本宗如遇此等穷人，贫无立锥，万难存活，而人品正派者，宜集众公议，设法抚恤；或议筹公款，生息备用，以仰体祖宗一脉，而笃亲亲之意。"①歙县《潭渡孝里黄氏家训》规定："族人乃一本所生，彼辱则吾辱，当委曲庇覆，勿使失所，切不可视为途人，以忝吾祖。其鳏、寡、孤、独及老幼无能者，尤当量力周急。苟有一材一艺，与可以造就之子弟，则培植推荐之，务俾成立。"②歙县东门许氏宗族《许氏家规》抚孤恤寡条规定："父之于子，而见其成人；妇之于夫，而及尔偕老，是处人伦之幸，道之常也。不幸而值其变，固有无父而孤，无夫而寡者焉。此穷民无告，王政之所必先焉者……今后凡遇孤儿寡妇，恩以抚之，厚以恤之，扶持培植，保全爱护，期于树立，罔俾失所；为之婚嫁，为之表彰，伯叔懿亲不得而辞其责也。"③休宁宣仁王氏宗族《宗规》记载，睦族"有四务"，其一曰"恤孤寡"。文曰："鳏、寡、孤、独，王政所先，况吾同族，得于耳闻目击者乎？"对这些族人必须恤之。"贫者恤之善言，富者恤之金帛，皆作德也"。④绩溪东关冯氏宗族《冯氏祖训十条·睦宗族》说，睦族之道有8条，其中之一，是"鳏寡必矜。"⑤

徽州世家大族倡导的抚孤恤寡，产生了很大社会效果。许多富商大贾，视踊跃捐输、抚孤恤寡，为人生一种高尚德行和极大光荣。歙县棠樾鲍氏宗族大盐商鲍启运置"体源户"义田，赡给鲍氏宗族鳏、寡、孤、独，是一个典型。据《棠樾鲍氏宣忠堂支谱》卷十九《义田·敦本户田记》记载："启运……服贾四方，薄积所赢，因本先君之意……置体源户田五百四十亩，专以赡给族间'四穷'（按：即鳏、寡、孤、独——引者），归诸宗祠，而告之有司，用垂久远。嗣恐经费不充，续增田一百六十余亩足之。自此，吾族中有不幸茕独者，可无虑于饔飧矣。"⑥

① 绩溪《华阳邵氏宗谱》卷首，清宣统二年（1910年）木活字本。
② 歙县《潭渡孝里黄氏族谱》卷四，清雍正九年（1731年）刻本。
③ 《重修古歙城东许氏世谱》卷七，明崇祯七年（1634年）家刻本。
④ 《休宁宣仁王氏族谱》，明万历三十八年（1610年）家刻本。
⑤ 《绩溪东关冯氏家谱》卷首上，清光绪二十三年（1897年）活字本。
⑥ 歙县《棠樾鲍氏宣忠堂支谱》，清嘉庆十年（1805年）家刻本。

笔者在棠樾作调查时发现，棠樾鲍氏后裔还保存一体源户——鲍铭恕妇罗氏——领粮“经折”。这个领粮经折编号为第245号。折内书：

凡合规食谷者，皆须遵守条规，不得品行不端，盗卖盗砍祖产，干犯长上，聚赌打降，酗酒讹诈，恃强欺弱。鳏独尤不得恃老诈命。妇女须遵守清规，门庭严肃，不得打街骂巷，恃寡逞刁。孤幼须谨受尊长约束，入塾者入塾，习业者习业，不得在街市闲散破口骂人。废疾亦须安分，不得倚病讹诈。每人能守此规，于食谷之日，须凭本家房长及同居族邻公举联环互保着押。设有犯规，公议：本人察其轻重，停止；保人不能约察申明，公酌议罚。此照。

本人　铭恕妇罗氏（押）
房长　尚　勇　　（押）
族邻　颂　周　　（押）

奉宪，不得私相抵押，如违停止，逞究。

铭恕小娘，乳名永宁，右谷给至丁卯年，长子淮会二十四岁止。长子淮会甲辰年生，谷给至庚申年，十七岁止。次子淮昶壬子年生，谷给至戊辰年，十七岁止。

每月共给谷九斗

咸丰六年二月　立

咸丰六年二月初一日　　谷发讫
咸丰六年三月初一日　　谷发讫
咸丰六年四月至十二月　　谷发讫①

## 五、提倡节俭

明中期以来，随着徽商的发展和繁荣，徽州世家大族子弟奢侈之风愈演愈烈。徽州世家大族认为，为了促进宗族和谐和宗族发展，必须提倡节俭。绩溪《华阳邵氏宗谱》卷十八《家规》节俭条记载：“财者难聚而易散也，故一

① 赵华富：《歙县棠樾鲍氏宗族个案报告》，《江淮论坛》1993年第2期。

朝而可以散数世之储。苟服饰而工丽都,燕会而极鲜浓,物力无由取给,乃倾囊倒廪,以希观美,而不知有穷之积,难应无穷之费也。若赌博宿娼,其倾家尤为易焉。吾宗子弟当崇俭。"①歙县金山洪氏宗族《家训》尚勤俭条说:"古言勤能致丰,俭能养德。盖业专于勤,荒于怠,穷奢极欲,则家声坠焉。今为族人劝,毋怠荒游,毋好骄奢。凡属四民,俱宜孜孜汲汲,惟恒产是务,此敦本崇实之良谋也,无忽。"②绩溪东关冯氏宗族《冯氏祖训十条》务勤俭条说:"衣食,一切当戒奢华,崇朴实……大凡居家之道,勤则不患无财用了,俭则不患无财积了。勤俭二字,真传家之宝也。"③

徽州世家大族很重视理财之道。《新安武口王氏统宗世谱·王氏家范十条》节财用条记载:"理财之道,入之无数,不如出之有节。苟能节用,则所入虽少,亦自不至空乏。尝见世之好华靡而不质实者,鲜有不坏事。故光武以帝王之家,而犹戒公主勿用翠羽。子弟辈须知渐不可长,凡土木之事,不得已而后作;服饰之类,只宜以布为美;妇人首饰,不必华丽。能如此,则是守富之道。"④

## 六、管教游闲

徽州世家大族认为,支丁游手好闲,是家庭衰败和宗族之风不正的表现,必须严加管教。

绩溪华阳邵氏宗族认为:"中人之性,得教则习于善,失教则流于恶。为父兄者各宜督之,使归于仁厚。各习一业,切不可听其游手好闲,烟赌酗酒,以入不肖之途。"⑤黟县环山余氏宗族《余氏家规》禁游侠条规定:"祖宗家法,于本家子弟,非课以读书,即责之务农……至于商贾技艺,随材治业,则资生不患无策。近世闲游子弟,假称豪侠,或于衙门内外,街头巷口,遇事

① 绩溪《华阳邵氏宗谱》,清宣统二年(1910年)木活字本。

② 歙县《金山洪氏宗谱》卷一,清同治十二年(1873年)刻本。

③ 《绩溪东关冯氏家谱》卷首上,清光绪二十三年(1897年)活字本。

④ 《新安武口王氏统宗世谱》,清雍正四年(1726年)刻本。

⑤ 绩溪《华阳邵氏宗谱》卷首《新增祠规》,清宣统二年(1910年)木活字本。

生风,以讥谈拳勇为酒食之谋……构祸滋衅,损坏家声,莫此为甚。我族子弟,如有前项行为,家长、家督即宜呼来面斥,痛惩其非。如刚狠不驯,众共鸣公重处,以防效尤。"①《歙西岩镇百忍程氏本宗信谱》卷十一《族约篇》记载:"上之读书为士,下之力田为农,至于为工为商,守分安生,何所不可?乃有不务生业、游手好闲、赌博骗财、诱人为非者,真盛世之敝民,乡族之巨蠹也。"②休宁《商山吴氏宗法规条》规定:"族中或有一等棍徒,名为轿杠,引诱各家骄纵败子,酗酒、习优、宿娼、赌博,不顾俯仰,必致倾家破产丧身而后已。此等恶俗,尤为可恨。宗正、副约会族长,呈官惩治。"《新安程氏阖族条规》规定:"今之游荡戏侮者,殆又甚焉。职业不修,放辟邪侈,使酒骂座,生事里闾,聚党构徒,摊场赌博,诱人子弟,荡人身家。若此之流沉溺,既必至渐随于卑污,甘冒辱人贱行而不辞矣,宜痛惩之,使其迁善。"③

徽州有的世家大族要求子弟,行为庄重,禁绝一切蛊心惑志之事。歙县《潭渡孝里黄氏家训》规定:宗族子弟"不得谑浪败度,背手跷足,勾肩搭背,以陷入轻儇;不得信口歌唱,率意胡行,以致流为游手游食之人……其棋枰、双陆、词曲、虫鸟之类,皆足以蛊心惑志,废事败家,一切皆当弃绝,不得收畜;至于俗乐戏术,诲淫长奢,不可令子弟观听肆习。有类此者,神而明之,均应痛戒也"④。

## 七、反对争讼

中国有句俗语——"一辈官司,十辈仇"。对簿公堂不仅劳民伤财,甚至会造成倾家荡产,而且伤害人的感情,严重者会造成几代人的仇恨。所以,徽州世家大族普遍反对擅兴词讼。《新安武口王氏统宗世谱·王氏家

① 黟县《环山余氏宗谱》卷一,民国六年(1917年)木活字本。
② 《歙西岩镇百忍程氏本宗信谱》,明万历刻本。
③ 《新安程氏阖族条规》,清抄本。
④ 歙县《潭渡孝里黄氏族谱》卷四,清雍正九年(1731年)刻本。

范十条》戒争讼条说:“好争,非君子之道。争之不已,则必至讼,讼岂盛德事哉!讼者之辞,皆无实之辞,甚足以坏人心术,且至费财破家,何益之有?凡事只宜忍让,不必好争。纵有外侮,亦宜静以制动,公道既明,自然可寝。若以非理讼人,尤为不可。”①《休宁宣仁王氏族谱·宗规》争讼当止条曰:“太平百姓,完赋役,无争讼,便是唐虞世界。一等无知子弟,喜讼妄行,不知讼事有害无利,若支费,若奔走,造机变,又苦损心术。且毋论官府廉明何如,入城市便被歇家撮弄,入衙门便受胥皂呵叱,伺候几朝夕,方得面官。理直犹可,理曲到底受亏,遭笞杖,遭罪罚,甚至破家、忘身、辱亲,冤冤相报,害及后人。曾见会打官司人家,有长进子孙么?”②《重修古歙城东许氏世谱》卷七《许氏家规》擅兴词讼条说:“讼也者,鸣己之不平,而亦人情之所不得已者也。可已不已,谓之好讼。反复诘告,谓之健讼。故讼卦无吉,又曰终讼,凶戒之也。凡我族人事之有不平,情或出于不得已,请众于祠,备述颠末,自骂詈斗殴,以至财产账目,族长正、副剖析是非,曲为处分,各得其平,退无后言,无箠楚之苦,无犯罪之罚,夫复何故而擅兴词讼乎?其在异姓,亦须忍让,甚不得已,乃始经公,亦必闻于众,而后出词,庶免擅兴之罪。”③绩溪《华阳邵氏宗谱》卷十八《家规》谨讼条记载:“受人欺侮,情固难容。然必须投告亲族,评论曲直,宽以自解,乡间调处为妙。若逞意恃强,听信讼师,则上马难下,箭不由弓,破家荡产,悔恨无及。惟父母之仇、祖坟被害、奸淫大变,不死不休。其余皆可以情恕理遣。”④歙县《泽富王氏宗谱·宗规》说:“族人倘因财产、口过互争之非,务从族长、贤明者众议释判,勿得擅便经公呈丑,不惟二家廉耻有亏,尤且失于大义。贤者鉴改,乡党称之。”⑤

① 《新安武口王氏统宗世谱》,清雍四年(1726年)刻本。

② 《休宁宣仁王氏族谱》,明万历三十八年(1610年)家刻本。

③ 《重修古歙城东许氏世谱》,明崇祯七年(1634年)家刻本。

④ 绩溪《华阳邵氏宗谱》,清宣统二年(1910年)木活字本。

⑤ 歙县《泽富王氏宗谱》,明隆庆六年(1572年)王景象刻本。

## 八、禁止迷信

徽州世家大族认为，为了促进宗族和谐和宗族发展，必须禁止迷信。反对迷信，是朱子的教导，必须遵行。

婺源武口王氏宗族认为："佛老之说，最惑人心，人死岂有轮回之理？夫子谓，知生之理，则知死之理；尽事人之道，则能尽事鬼之道，斯言尽之矣。修斋供佛，何益于事？或者欲以为表孝子心，则又愚之甚者。能尽葬埋之理，而衣衾棺椁之类并从加厚，择吉地而以封以树，便是孝子之心。若以修斋供佛而为孝，则一切小人皆能为之矣。必以是而为脱离地狱，则又以父母为有罪之人矣，安得谓之孝？后有贤者，不可不知。"①休宁茗洲吴氏宗族《家规》规定：一、"子孙不得修造异端祠宇，装塑土木形象"；二、"不得惑于邪说，溺于淫祀，以徼福于鬼神"；三、"三姑六婆，概不许入门。其有妇女妄听邪说引入室内者，罪其家长"；四、"遇疾病当请良医调治，不得令僧道设建坛场，祈禳秘祝。其有不遵约束者，众叱之，仍削除本年祭胙一次"。② 休宁宣仁王氏宗族《宗规》邪巫当禁条规定："禁止师巫邪术，律有明条。盖鬼道盛人道衰，理之一定者。故□国将兴听于人，将亡听于神，况百姓之家乎？今后族中一□僧道诸辈，勿令至门；凡超荐、诵经、披剃等俗，并皆禁绝，违者祠中行罚。惟禳火祈年一事，关系大众，姑徇人情行之。至于妇女识见庸下，更喜媚神徼福，其惑于邪巫也，尤甚于男子；且风俗日偷，僧道之外，又有斋婆、卖婆、尼姑、跳神、卜妇、女相、女戏等项，穿门入户，人不知禁，以致哄诱费财，甚有犯奸盗者，为害不小。各家家督，须皆预防，如严守望，家数察其动静，杜其往来，庶免后患，此亦是齐家吃紧一事。"③休宁《商山吴氏宗法规条》规定："族中妇女无知，专信巫妇，妄言祸福，扇惑人心，假以祈祷，哄

① 《新安武口王氏统宗世谱・王氏家范十条》，清雍正四年(1726年)刻本。

② 休宁《茗洲吴氏家典》，清光绪十八年(1892年)吴厚夫翻刻清雍正十三年(1735年)紫阳书院刻本。

③ 《休宁宣仁王氏族谱》，明万历三十八年(1610年)家刻本。

骗财物，深为可恶。今后倘有此等，各宗正、副查报，宗正即追巫妇所骗财物，仍重罚本妇夫男，俱各入祠公用。”①

## 九、打击赌博

徽州世家大族认为，聚众赌博，不仅能使人倾家荡产，而且还会造成宗族衰败，故必须严厉打击。

歙县金山洪氏宗族《家训》禁赌博条规定：“赌博一事，更关风化。素封子弟，忘其祖、父创业之艰，挥金如土，狼藉者饵诱，呼红喝绿，一掷千金，迷不知悟，及至倾家荡产，无聊底止，方知怨恨，殊不思不能谨于始，事后悔前非，其能济乎？犯此者，众共击之。”②歙县东门许氏宗族《许氏家规》游戏赌博条记载：“构徒聚党，登场赌博，坏人子弟，而亦有坏其心术，破毁家产，荡析门户；若此之流，沉溺既久，迷而弗悟，宜痛戒治，使其改行从善，不亦可乎？”③绩溪东关冯氏宗族《冯氏祖训十条》务勤俭条说：“凡嫖赌嬉戏及一切不端等事，一入迷途，无不身败名裂，倾家荡产。切戒！切戒！”东关冯氏宗族《冯氏家法》共11条，其中之一就是：“开赌、宿娼、酗酒，重责。”④

有的世家大族对赌博深恶痛绝，制定了严厉的打击措施。休宁茗洲吴氏宗族《家规》规定：“子孙赌博无赖及一应违于礼法之事，其家长训诲之；诲之不悛，则痛箠之；又不悛，则陈于官而放绝之；仍告于祠堂，于祭祀除其胙，于宗谱削其名；能改者复之。”⑤婺源游山董氏宗族严禁赌博规定：“聚赌成群，不分昼夜，坑族子弟，多陷其阱，为患酿祸，非细故也。族人佥议，捐赀请示申禁。各家父教其子，兄诫其弟，无得偶犯……凛遵恪守，各安本业。”敢行聚赌者和窝赌者，即行重罚，并绑缚万年台立柱示众，“决不轻恕”；“或

---

① 休宁《商山吴氏宗法规条》，明抄本。

② 歙县《金山洪氏宗谱》卷一，清同治十二年（1873年）刻本。

③ 《重修古歙城东许氏世谱》卷七，明崇祯七年（1634年）家刻本。

④ 《绩溪东关冯氏家谱》卷首上，清光绪二十三年（1897年）活字本。

⑤ 休宁《茗洲吴氏家典》，清光绪十八年（1892年）吴厚夫翻刻清雍正十三年（1735年）紫阳书院刻本。

犯赌无力罚出者,叫街抽辱”。捉获聚赌、窝赌者,即行重赏。① 黟县南屏叶氏宗族《祖训家风》禁邪僻条记载:“族中邪僻之禁至详,而所尤严者赌博。赌博之禁,业经百余年,间有犯者,宗祠内板责三十,士庶老弱,概不少贷。许有志子弟访获,祠内给奖励银二十两。恐年久禁弛,于乾隆十四年加禁,乾隆四十三年加禁,嘉庆十四年又加禁。历今恪守无违,后嗣各宜自凛。”②

## 十、防范盗窃

徽州世家大族认为,促进宗族和谐和宗族发展,必须防范盗贼。绩溪《明经胡氏龙井派祠规》贼匪条规定:“天地之间,物各有主。乃有不轨之徒,临财起意;纳履瓜田,见利生心;整冠李下,鼠窃狗偷。此等匪人,宜加惩戒。如盗瓜菜、稻草、麦秆之属,罚银五钱;五谷、薪木、塘鱼之属,罚银三两,入公堂演戏示禁。其穿窬夜窃者,捉获有据,即行黜革。”③《休宁宣仁王氏族谱·宗规》守望当严条记载:“上司设立保甲,只为地方。而百姓辈乃复欺瞒官府,虚应故事,究致防盗无术,束手待寇,小则窃,大则强;及至告官,得不偿失,即能获盗,牵累无时,抛废本业,是百姓之自为计疏也。吾族虽散居,然多者千烟,少者百室,又少者数十户;兼有乡邻同井,相友相助,须依奉上司条约,严谨施行。平居互讥出入,有事递为应援,或合或分,随便邀截。若约中有义男不遵防范踪迹可疑者,即时察之。若果有实迹可据,即鸣诸宗祠,会呈送官。若其人自知所犯难掩畏罪自尽者,本主具备实情,一纸(?)投祠,约各房长证明,即为画知存照。倘有内外棍徒诈索,即以此照经官究治。盖思患预防,不可不虑,奢靡之乡,尤所当虑也。”④

崇祯年间,一个名曰詹三阳的人财物被盗,怀疑是胡氏宗族支丁胡五元、胡连生二人所为,县衙派捕快捉拿。在被押解的路上,二人贿赂公差脱逃。宗族得知,准备捉拿二人送官,二人连夜逃跑。宗族议决:二人“家口

① 婺源《董氏宗谱·禁赌小引》,民国二十二年(1933年)木活字本。

② 《黟县南屏叶氏族谱》卷一,清嘉庆十七年(1812年)木活字本。

③ 绩溪《明经胡氏龙井派宗谱》卷首,民国十年(1921年)木活字本。

④ 《休宁宣仁王氏族谱》,明万历三十八年(1610年)家刻本。

遵祖旧规赶逐出村,庶免败坏门风,枉法连累”。此外,“有见者并知信者,即报众捕捉送理……如有知信见者不报,亦赶逐出村,不许在族坏法”。①打击面除了胡五元和胡连生二人,还株连及二人的家属和知情人。明末祁门文堂陈氏宗族规定,族中若有盗贼或素行不端者,令其“即时自尽,免玷宗声”②。绩溪《华阳邵氏宗谱·十不书》之七曰“狗行”。其文曰:“交结匪类,趱入邪路,为盗作贼者,谓之狗行,削而不书。”③绩溪东关冯氏宗族《冯氏家法》共11条,其中之一就是“驱骗、偷窃、窝盗,重责”④。据我们调查,为了防范盗贼,有些村落还设有“过街亭”,夜晚置人打更。休宁月潭、黟县南屏等村落,巷口有大门。夜晚,巷门关闭,盗贼难入。

## 十一、尊敬耆老

徽州世家大族认为,促进宗族和谐和宗族发展,必须尊敬耆老。在历史上,徽州宗族是以昭穆世次排辈分,但是,尊敬耆老也是一种普遍社会风尚。绩溪《明经胡氏龙井派祠规》敬耆老条规定:“年之贵乎,天下久矣。朝廷尚有敬老之礼,乡里可无尚齿之风?今酌立定制,年登七十者,春冬二季,颁其寿胙;八十以上,渐次加倍,其贰详载规例谱。且筋力就衰,举动艰苦,入祠拜祖,初祭时四拜,跪毕退坐西塾,值事仆奉茶水以安之,敬耆老也。”⑤《休宁宣仁王氏族谱·宗规》宗族当睦条记载:“尝谓睦族之要有三,曰尊尊、曰老老、曰贤贤。名分属尊行者,尊也,则恭顺退逊,不敢触犯。分属虽卑,而齿迈众,老也,则扶持保护,事以高年之礼。有德行可采,贤也。贤者乃本宗桢干,则亲炙景仰,每事效法,忘分忘年以敬之。此之谓三要。”⑥绩溪东关

① 中国社会科学院历史研究所编:《徽州千年契约文书》宋元明编《崇祯十一年胡义和堂本族人等立文书》,花山出版社1991年版。

② 《祁门文堂乡约家法》,明隆庆六年(1532年)刻本。

③ 绩溪《华阳邵氏宗谱》卷一八,清宣统二年(1910年)木活字本。

④ 《绩溪东关冯氏家谱》卷首上,清光绪二十三年(1897年)活字本。

⑤ 绩溪《明经胡氏龙井派宗谱》卷首,民国十年(1921年)木活字本。

⑥ 《休宁宣仁王氏族谱》,明万历三十八年(1610年)家刻本。

冯氏宗族《冯氏祖训十条·睦宗族》载，睦族之道有8条，第一条就是“敬老慈幼”①。徽州宗族普遍对老者事“高年之礼”。

徽州世家大族有许多关于尊敬耆老的规定。例如，新年元旦宗族普遍在祠堂举行谒祖、团拜礼。拜毕，发“合和饼”，或曰“元旦饼”。徽州宗族族规家法都有这样规定：成年支丁发1双，年届60岁的发2双，年届70岁的发3双，年届80岁的发4双，依此递增。祠堂祭祖与祖墓祭祖散胙都有类似规定。如，绩溪城西周氏宗族《办祭颁胙例》规定：与祭支丁，15岁至59岁给包胙1对，猪肉半斤；60岁至69岁给包胙2对，外散福；70岁至79岁给包胙3对，猪羊胙1斤，外散福（不与祭者亦给）；80岁至89岁送包胙4对，猪羊胙2斤，外散福；90岁至99岁送包胙5对，猪羊胙4斤，外散福；百岁老人鼓乐送包胙20对，猪羊胙各8斤，散福棹盒1席。② 名门右族祖墓较远的，族规家法大都规定：清明标祀，年过60岁以上老年子弟，乘轿前往，经费由祠堂支付。③

## 十二、勤奋创业

徽州世家大族认为，促进宗族和谐和宗族发展，必须士农工商，勤奋创业。绩溪东关冯氏宗族《冯氏祖训十条》务勤俭条说：“凡居家，男女大小，黎明即起治事。洒扫庭除，并宜整洁。男子士农工商，各有所业。尤宜专习一行，切不可游手好闲。”④歙县东门许氏宗族《许氏家规》各治生业条记载：“生业者，民所赖以常生之业也。《书》之所谓‘厚生’，文正之所谓‘治生’，其事非一，而所以居其业者有四。固贵乎专，尤贵乎精，惟专而精，生道植矣。士而读，期于有成；农而耕，期于有秋；工执艺，期于必售；商通货财，期于多获。此四民之业，各宜治之，以生者也。上而赋于公，退而恤其

① 《绩溪东关冯氏家谱》卷首上，清光绪二十三年（1897年）活字本。

② 《绩溪城西周氏宗谱》卷首《祠规》，清光绪三十一年（1905年）敬爱堂活字本。

③ 黟县《南屏叶叙秩堂值年规则（附奎光）·叙秩值年章程》，民国十五年（1926年）木活字本。

④ 《绩溪东关冯氏家谱》卷首上，清光绪二十三年（1897年）活字本。

私,夫是之谓良民。出乎四民之外而荡以嬉者,非良民也,宜加戒谕。其或为梁上君子,族长正、副访而治之,抵而法。"①

休宁宣仁王氏宗族《宗规》职业当勤条记载:"士农工商,所业虽别,是皆本职,惰则职隳,勤则职修。父母妻子仰给于内,姻里九族观望于外,系非轻也。"②绩溪县华阳邵氏宗族《家规》勤业条认为:"业精于勤,荒于嬉。耕读男子职也,移于游谈而男作荒矣;纺纴女子职也,移于艳冶而妇作荒矣。此则十人耕之,不能食一人;十女绩之,不能衣一人,而家何由裕?吾宗男女当务勤。"③《新安武口王氏统宗世谱·王氏家范十条》勤生业条记载:"天下之事,莫不以勤而兴,以怠而废……子弟辈志在国家者,固当奋志向上,自强而不息。其不能者,或于四民之事,各治一艺,鸡鸣而起,孜孜为善,励陶侃运瓮(甓)之志,作祖狄(按:祖逖之讹——引者)起舞之勇,必求其事之成,艺之精,然后可。"④

## 十三、彰善瘅恶

徽州世家大族认为,促进宗族和谐和宗族发展,必须彰善瘅恶。有些世家大族不仅将彰善瘅恶写进族规家法,而且还设彰善瘅恶匾。歙县东门许氏宗族《许氏家规》彰善瘅恶条规定:"立彰善、瘅恶二匾于祠,善可书也,从而书诸彰善之匾;恶可书也,从而书诸瘅恶之匾。屡善则屡书,而善者知所劝;屡恶则屡书,而恶者知所惩。使其惩恶而为善,则亦同归于善,是亦与人为善之意也。树德务滋,与众旌之;积恶不悛,与众弃之,人何不改恶趋善哉!"⑤有的宗族还设劝惩簿。黟县环山余氏宗族《余氏家规》记载:"立劝惩簿四扇,监视掌之。族内有孝子顺孙、义夫节妇及有隐德异行者,列为一等;务本力穑、勤俭于家,为第二等;能迁善改过不得罪乡党宗族者,为第三

① 《重修古歙城东许氏世谱》卷七,明崇祯七年(1634年)家刻本。
② 《休宁宣仁王氏族谱》,明万历三十八年(1610年)家刻本。
③ 绩溪《华阳邵氏宗谱》卷一八,清宣统二年(1910年)木活字本。
④ 《新安武口王氏统宗世谱》,清雍正四年(1726年)刻本。
⑤ 《重修古歙东门许氏宗谱》卷八,清乾隆二年(1737年)刻本。

等。每月朔,告庙毕,即书之《善录》。族有违规扑罚者,随事轻重,每月朔,告庙毕,即书之《记过簿》。其有勇于服善而能改,复书《劝善录》,以美之。三录不悛者,倍罚;三年会考,如终不悛而倍罚。不服者则削之,不许入祠堂,仍榜其名于通衢。"①

什么是善呢?歙县泽富王氏宗族《宗规》认为,所谓善就是:"恤寡怜贫而周急,救灾拯难而资扶,居家孝悌而温和,处事仁慈而宽恕,凡济人利物之事皆是也。"②什么是彰善呢?绩溪《明经胡氏龙井派祠规·彰善四条》说,就是表彰忠臣、孝子、节妇、义夫及其事迹。③ 绩溪华阳邵氏宗族《家规》彰善条规定:"三代以还,全人罕觏,苟有一行一节之美,如孝子顺孙、义夫节妇,或务学而荣宗,或分财而惠众,是皆祖宗之肖子,乡党之望人,族之人宜加敬礼,贫乏则周恤之,患难则扶持之,异日修谱则立传以表扬之。"④

什么是恶呢?歙县泽富王氏宗族《宗规》认为,所谓恶就是:"欺孤虐寡,恃富吞贫,阴毒善良,巧施奸伪,侮弄是非,恃己势以自强,剥人赀以自富,反道败德之事皆是也。"⑤什么是瘅恶呢?绩溪《明经胡氏龙井派祠规·瘅恶四条》说,就是憎恨忤逆、奸淫、贼匪、凶暴。⑥ 绩溪华阳邵氏宗族《家规》瘅恶条规定:"人之行检,虽恐惧修省,且未易致声称,况席祖、父之庇,惟思般乐怠傲,上不足以光前,下不足以裕后。此无赖之徒,有识羞之。又有一等玩王法而不顾,奸盗诈伪,行同禽兽,小则徒黥,大则处死,此尤为辱先人而玷家声也。名列于谱者,省之。"⑦

歙县泽富王氏宗族告诫族人曰:"爱子孙者,遗之以善;不爱子孙者,遗之以恶,慎之勿纵。"⑧

---

① 黟县《环山余氏宗谱》卷一,民国六年(1917年)木活字本。
② 歙县《泽富王氏宗谱》,明隆庆六年(1572年)王景象刻本。
③ 绩溪《明经胡氏龙井派宗谱》卷首,民国十年(1921年)木活字本。
④ 绩溪《华阳邵氏宗谱》卷一八,清宣统二年(1910年)木活字本。
⑤ 歙县《泽富王氏宗谱》,明隆庆六年(1572年)王景象刻本。
⑥ 绩溪《明经胡氏龙井派宗谱》卷首,民国十年(1921年)木活字本。
⑦ 绩溪《华阳邵氏宗谱》卷一八,清宣统二年(1910年)木活字本。
⑧ 歙县《泽富王氏宗谱》,明隆庆六年(1572年)王景象刻本。

## 十四、发展教育

徽州世家大族认为，促进宗族和谐和宗族发展，必须发展教育，提高宗族子弟的文化素质。他们实行了发展教育许多措施。

### （一）重视启蒙教育

《休宁宣仁王氏族谱·宗规》蒙养当豫条规定："闺门之内，古人有胎教，又有能言之教；父兄又有小学之教，大学之教，是以子弟易于成材……吾族中各父兄，须知子弟之□教，又须知教法之当正，又须知养正之当豫。六岁便□□□，学字学书；随其资质渐长，有知觉便择端悫师友，将养蒙□孝顺故事，日加训迪，使其德性和顺；他日不必定要为儒者，为缙绅，就是为农、为工、为商，亦不失为醇谨君子。"①歙县东门许氏宗族《许氏家规》养正于蒙条记载："蒙以养正，圣功也。夫养于童蒙之时，而作圣之功基焉，是岂细故也哉？始养之道，莫要于塾师。今之塾师难焉哉！工以役之，而非以师道尊之也。其扑作教刑，师道之所不免也。而父母之姑息者，岂惟尤之，又从而詈之。夫是则法废，而教有所不行矣。以此养蒙，而冀蒙之得其养哉？蒙之失养，本实先拨，又可望他日之有成哉？吾宗童蒙颇多，而设馆非一，随地有馆，以迎塾师，幸毋陷前之弊。隆师傅之礼，惩姑息之爱，教导之预，则蒙得其养，虽无作圣之望，庶几其为成人，毋忝厥祖，不亦幸哉！"②

### （二）加强成人教育

"业精于勤，荒于嬉。"徽州世家大族普遍要求学子认真读书，"期于有成"。歙县《金山洪氏宗谱·家训》贵读书条记载："古人□□□入小学，十三入大学，使就外傅，诵诗读书，乃所以成其□□。如德成，而言可为百世

① 《休宁宣仁王氏族谱》，明万历三十八年（1610年）家刻本。
② 《重修古歙城东许氏世谱》卷七，明崇祯七年（1634年）家刻本。

师，行可为天下法，此读书之最上品也；其次，莫如成名，以显其亲，而泽及宗族；否则，博览古今，彬彬儒雅，犹不失大风范，所谓要好儿孙在读书者此耳，有志者勖诸。"①绩溪东关冯氏宗族《冯氏祖训十条》兴文教说："子孙才，族将大。族中果有可期造就之子弟，其父兄即须课之读书。倘彼家甚贫，便须加意妥筹培植。昔郑左丞设里塾，以教族中子弟，极为良法。"②宋元以来，徽州教育质量较高，与对学子严格要求有关。民国时期，黟县还有"三钱买板，二钱买书"的谚语。

### （三）突出道德教育

歙县《潭渡孝里黄氏家训》规定："子孙为学，须以孝悌礼义为本，毋偏习词章，此实守家第一要事，不可不慎。入泮后，不得出入公门，武断乡曲，鱼肉细民，并侵损各祠墓公产。违者，鸣鼓共攻。"③《休宁宣仁王氏族谱·宗规》蒙养当豫条记载："今俗教子弟者何如？上者教之作文，取科第功名止矣！功名之上，道德未教也；次者教之杂字柬笺，以便商贾书计；下者教之状词活套，以为他日刁猾之地。是虽教之，实害之矣。"④徽州世家大族教育的基本方针是"理学第一，文章次之"⑤。

### （四）资助贫困学子

徽州世家大族普遍资助贫困学子——特别是资助聪明俊伟有培养前途的学子——膏火。歙县东门许氏宗族《许氏家规》振作士类条规定："凡遇族人子弟肄习举业，其聪明俊伟而迫于贫者，厚加作兴。始于五服之亲，以至族人之殷富者。其诸月给灯油、笔札之类，量力而助之，委曲以处之，族人斯文又从而诱掖奖劝之，庶其人之有成，亦且有光于祖也。"⑥休宁《商山吴

① 歙县《金山洪氏宗谱》卷一，清同治十二年（1873年）刻本。

② 《绩溪东关冯氏家谱》卷首上，清光绪二十三年（1897年）活字本。

③ 歙县《潭渡孝里黄氏族谱》卷四，清雍正九年（1731年）刻本。

④ 《休宁宣仁王氏族谱》，明万历三十八年（1610年）家刻本。

⑤ 许承尧：《歙事闲谭》卷六《为黄山寄远方游客书》，黄山书社2001年版。

⑥ 《重修古歙城东许氏世谱》卷七，明崇祯七年（1634年）家刻本。

氏宗法规条》规定:“凡在学,家事贫乏,有志向上,勤苦读书,每岁祠中量给纸笔、灯油之费。”①歙县《方氏族谱》卷七《家训》“教其贤俊”注曰:“人才之盛,宗族之光。惟无可教之子弟,则虽勉强诲养,无所用也。苟有贤俊子弟,乃由祖宗积德所生,增光门户,正在于彼。虽或生于窘迫之家,而衣食不给,不能自立,在我亦当委曲处分,资其诵读,他日有成,则吾之祖宗因之益显矣。”②

### (五)奖励书生举子

《汪氏黎阳家范·给助条款》规定:

一、子孙有志读书,岁给灯油银一两。

一、贫而有志业儒者,岁给薪水银二两。

一、入泮援例入监者,给贺仪银一两。

一、科举应试者,给卷资银一两。

一、明经赴京廷试者,给旗匾银二两。

一、登科者,给旗匾银五两;登第者,给旗匾银十两。③

绩溪《明经胡氏龙井派祠规》规定:“凡攻举子业者,岁四仲月,请齐集会馆会课,祠内支持供给……其学成名立者,赏入泮贺银一两,补廪贺银一两,出贡贺银五两。”参加科举学子,宗族资助旅费,省试“各名给元银二两”;会试“每人给盘费十两”。“登科贺银五十两,仍为建竖旗匾,甲第以上加倍。”绩溪宅坦明经胡氏宗族号召:“为父兄者,幸有可造子弟,毋令轻易废弃。盖四民之中,士居其首,读书立身,胜于他务也。”④

## 十五、和睦邻里

徽州世家大族认为,和睦邻里对宗族和谐和宗族发展至关重要。所以,

① 休宁《商山吴氏宗法规条》,明抄本。

② 歙县《方氏族谱》,清康熙四十年(1701年)刻本。

③ 黎阳《汪氏渊源录》,清抄本。

④ 绩溪《明经胡氏龙井派宗谱》卷首,民国十年(1921年)木活字本。

他们很重视和睦邻里。黟县环山余氏宗族《余氏家规》规定："邻里乡党，贵尚和睦，不可恃挟尚气，以启衅端。如或事尚辩疑，务宜揆之以理，曲果在己，即便谢过；如果彼曲，亦当以理谕之。彼或强肆不服，事在得已，亦当容忍；其不得已，听判于官，毋得辄逞血气，怒詈斗殴，以伤和气。违者议罚。"①休宁宣仁王氏宗族《宗规》姻里当厚条记载："姻者族之亲，里者族之邻，远则情义相关，近则出户相见。宇宙茫茫，幸而聚集，亦是良缘。况童蒙时，或同里塾，或共嬉游，比之路人迥别。凡事皆当从厚，通有无、恤患难，一切皆以诚心和气遇之；即人负我，我必不可负人，久之人且感而化矣。若恃强凌弱，倚众暴寡，靠富欺贫；捏故占人田地、风水，侵山林疆界；放债行利，违例过三分息，滚骗敛怨，皆薄恶凶习……尤急戒之。"②

宗族械斗是一种不良社会风气。徽州虽号称礼仪之邦，但宗族械斗也时有发生。因此，黟县环山余氏宗族的《余氏家规》规定："迩来盛族大姓，恃强相尚，少因睚眦之忿，遂各集众斗打，兴讼求胜，风俗恶薄，莫此为甚，而殒命灭门，多由此也。族众务宜痛惩，毋相仿效，以保身家。其有子弟三五成群、讥此赛彼、甘靡荡造端生事者，族众不许干预外，仍各重罚，以警其余。其有轻听肤诉望风鼓众者，一例重罚。"③

怎样才能实现邻里和睦呢？歙县《方氏族谱》卷七《家训》注说："忿怨争斗之事见于宗族，则不睦之端始于此矣。要在推诚布公，反复晓告，陈利害之效，申河海之义，感触其亲爱之情，消释其积蓄之怒，庶几和气生而族谊修矣。"④

## 十六、封山育林

徽州处万山中，峰峦叠嶂，崇山峻岭和丘陵地带占整个地区总面积

① 黟县《环山余氏宗谱》卷一，民国六年（1917年）木活字本。

② 《休宁宣仁王氏族谱》，明万历三十八年（1610年）家刻本。

③ 黟县《环山余氏宗谱》卷一，民国六年（1917年）木活字本。

④ 歙县《方氏族谱》，清康熙四十年（1701年）刻本。

90%。山林既是重要的自然资源,同时,又与自然生态和村落环境有关。

徽州世家大族认为,促进宗族和谐和宗族发展,必须封山育林。我们在徽州进行宗族调查时发现,大多数宗族都有关于保护林木的成文法规或不成文规定,而且这种规定都异常严厉。有些宗族还发布保护林木的公告,并将其镌刻在石碑上。请看祁门滩下村禁山碑(此碑现在祁门滩下村中):

官有正条,各宜遵守;民有私约,各依规矩。公同勒石永禁。

一、禁公私祖坟并住宅来龙下庇水口所蓄树木,或遇风雪折倒,归众,毋许私搬;并挮桠杪、割草,以及砍斫柴薪、挖桩等情。违者,罚戏一台。

一、禁河洲上至九郎坞下至龙船滩两岸蓄养树木,毋许砍斫开挖。恐有洪水推搅树木,毋得私折私搬,概行入众,以为桥木。如违鸣公理治。

一、禁公私兴养松杉、杂木、苗竹,以及春笋、五谷、菜蔬,并收桐子、采摘茶子一切等项。家外人等,概行禁止,毋许入山,以防弊窦偷窃。如违,罚戏一台。倘有徇情,查出照样处罚。(报信者,给钱壹佰文)

一、禁茶叶递年准摘两季,以六月初一日为率,不得过期。倘故违偷窃,定行罚钱壹仟文演戏,断不徇情。

以上规条,望家外人等触目警心,务宜自重,勿视众材,勿贪微利,则风俗遗于后矣。近因人心不一,习俗浇漓,见食唾涎,欲贪亡(按:疑亡字为之字之讹——引者)腹。如此恃强混行,不知伊于胡底,是以各条勒石。切嘱!切嘱!

大清道光十八年仲秋月

合社公立

据调查,歙县呈坎前罗氏宗族、呈坎后罗氏宗族,黟县西递明经胡氏宗族、南屏叶氏宗族,绩溪龙川胡氏宗族等都规定:不经宗族同意和批准,任何人不准砍伐宗族山林一树一木;无论何人,乱砍乱伐一棵树木,处以用纸箔祭树,直至将砍伐树墩(或曰砍伐的树木)烧化的惩罚。呈坎前罗氏宗族、后罗氏宗族不成文的族规家法还规定:乱砍乱伐宗族风水林木,除了处以用纸箔祭树,将砍伐树墩(或曰砍伐的树木)烧化的惩罚以外,犯者还要绕山一周燃放鞭炮，并请道士设醮诵经；同时，犯者还得设宴招待道士、族长和管山人员，并支付道士和管山人工资。

## 结 束 语

徽州世家大族的谱牒在讲到宗族和谐时，不乏“尊尊亲亲、雍雍睦睦”这类辞藻。这是文学描述，不是历史实录。我们认为，任何国家、任何时代的社会历史现象，都是相对的，都具有两面性。由于徽州世家大族实行敦伦孝悌、增进亲情、救灾济贫、抚孤恤寡、提倡节俭、管教游闲、反对争讼、禁止迷信、打击赌博、防范盗窃、尊敬耆老、勤奋创业、彰善瘅恶、发展教育、和睦邻里、封山育林等措施，徽州宗族家庭成员之间、人与社会之间、人与自然之间的矛盾缓解了，促进了宗族的和谐和宗族的发展；但是家庭不和、贫富悬殊、奢侈浪费、游手好闲、对簿公堂、烧香拜佛、聚众赌博、偷鸡摸狗、邻里纠纷、破坏山林等现象依然存在。

徽州世家大族虽然是封建时代以父系血缘关系为纽带的社会人群共同体，已经成为一种社会历史现象。但是，他们采取的促进宗族和谐和宗族发展的一些措施，产生了一定社会历史作用。有些措施不但具有一定社会历史价值，而且还或多或少具有一定借鉴作用。

（原载《合肥学院学报》（社会科学版）2005 年第 4 期）

# 明代中期徽州宗族统治的强化

有的学者认为，明以前徽州封建宗族统治比较强固，宗法制度比较典型；明中期以后，由于商品经济的繁荣和资本主义生产关系的萌芽，宗族统治趋于削弱，宗法制度出现松弛。陈柯云在《明清徽州的修谱建祠活动》一文中，提出不同的看法。她认为，明清修谱活动的活跃，促进和维护了"宗族制"；祠堂的大量修建，是"宗族势力发展壮大"。

我们认为，这个问题还有进一步研究的必要。所以，写了这篇文章。不当之处，请方家指正。

## 一、明代徽州宗族统治强化的社会背景

徽州宗族源远流长，唐宋以来，徽州就是一个宗族制度十分发达、非常典型的地区。嘉靖《徽州府志》卷二《风俗》记载："家多故旧，自唐宋来，数百年世系，比比皆是。重宗谊，讲世好，上下六亲之施，无不秩然有序。所在村落，家构祠宇，岁时俎豆。"康熙《祁门县志》卷一《风俗》同样记载："旧家多世系，唐宋来不紊乱，宗谊甚笃。家有祠，岁时嘉会焉。"光绪《婺源县志》也记载："乡落皆聚族而居，多世族，世系数十代，尊卑长幼犹秩秩然，罔取僭忒。尤重先茔，自唐宋以来，邱墓松楸，世守勿懈，盖自新安而外所未有也。"

明中期，徽州宗族制度和宗族统治遭到了严重冲击和严峻挑战。

众所周知，明代中期中国社会商品经济有了很大的发展，不仅手工业如丝织业、棉织业、冶铁业、制铜业、造瓷业、制纸业、印刷业等商品生产和商品交换空前繁荣，而且有些农产品如粮食、棉花、蚕茧、蔗糖、烟叶等也部分地

卷入了商品市场。个别经济发达的地区,少数富裕的农户开始从自给自足的自然经济逐渐向蚕茧、棉花、烟叶等专业生产农户转化。在长江三角洲和东南沿海商品经济比较发达的地区,稀疏地出现了资本主义生产关系的萌芽。

明中期商品经济的繁荣和资本主义生产关系的萌芽,对徽州社会产生了重大影响。据历史文献记载,弘治、正德以来,徽州人"弃儒服贾"、"弃农经商"的愈来愈多。王世贞说:"新安僻居山溪中,土地小狭,民人众,世不中兵革,故其齿日益繁;地瘠薄,不给于耕,故其俗纤俭习事。大抵徽俗,人十三在邑,十七在天下,其所蓄聚则十一在内,十九在外。"①汪道昆说:"吾乡业贾者什家而七,赢者什家而三。"②金声说:"歙、休两邑,民皆无田,而业贾遍于天下。"③归有光说:"今新安多大族,而其地在山谷之间,无平原旷野可为耕田。故虽士大夫之家,皆以畜贾游于四方。猗顿之盐,乌倮之畜,竹木之饶,珠玑、犀象、玳瑁、果布之珍,下至卖浆、贩脂之业,天下都会所在,连屋列肆,乘坚策肥,被绮縠,拥赵女,鸣琴跕屣,多新安之人也。"④

大批人"弃儒服贾"、"弃农从商",引起徽州社会发生了重大变化。对商人群体的迅猛发展和壮大所引起的社会变化和社会现象,万历《歙志·风土》用前后对比的手法,做了深刻的概括和生动的描述。作者说:弘治时期,"家给人足,居则有室,佃则有田,薪则有山,艺则有圃;催科不扰,盗贼不生,婚媾依时,闾阎安堵;妇人纺织,男子桑蓬,藏获服劳,比邻敦睦。"这是一个自给自足的典型小农社会。嘉靖、万历年间,这个社会发生了重大变化。其文曰:

> 寻至正德末、嘉靖初,则稍异矣。出贾既多,土田不重;操资交捷,起落不常;能者方成,拙者乃毁;东家已富,西家自贫;高下失均,锱铢共竞;互相凌夺,各自张皇。于是诈伪萌矣,讦争起矣,芬华染矣,靡汰臻

---

① 王世贞:《弇州山人四部稿》卷六一《赠程君五十叙》,明万历五年王氏世经堂刻本。
② 汪道昆:《太函集》卷一六《兖山汪长公六十寿序》,明万历十九年金陵刊本。
③ 金声:《金太史集》卷四《与歙令君书》,《乾坤正气集》本。
④ 归有光:《震川先生集》卷一三《白庵程翁八十寿序》,四部丛刊初编本。

矣……

迨至嘉靖末、隆庆间，则尤异矣。末富居多，本富尽少；富者愈富，贫者愈贫；起者独雄，落者辟易；资爰有属，产自无恒；贸易纷纭，诛求刻核；奸豪变乱，巨滑侵牟。于是诈伪有鬼蜮矣，讦争有戈矛矣，芬华有波流矣，靡汰有丘壑矣……

迄今三十余年，则敻异矣。富者百人而一，贫者十人而九；贫者既不能敌富，少者反可以制多；金令司天，钱神卓地；贪婪罔极，骨肉相残；受享于身，不堪暴殄；因人作报，靡有落毛。于是鬼蜮则匿影矣，戈矛则连兵矣，波流则襄陵矣，丘壑则陆海矣……

这是商品经济繁荣和资本主义生产关系萌芽的具体表现和必然结果。

对明代中期徽州社会的变化，万历年间一些长老有一个概括。他们称说："成、弘以前，民间椎少文，甘恬退，重土著，勤穑事，敦愿让，崇节俭；而今则家弦户诵，夤缘进取，流寓五方，轻本重末，舞文珥笔，乘坚刺肥（按：一般作"乘坚策肥"——引者），世变江河莫测底止。"①

明中期徽州社会这一重大变化，对宗族制度是一个严重冲击，对宗族统治是一个严峻挑战。因为，宗族制度是以自给自足的自然经济为基础，宗族统治是建立在田园牧歌式的小农社会之上。宗族制度和宗族统治的巩固，所需要的社会条件是："圣谕遵"、"孝弟兴"；"名分正"、"邻里睦"；"闺门肃"、"蒙养正"；"四业勤"、"赋役供"；"争讼无"、"节俭崇"；"游闲禁"、"四礼行"；"孤寡恤"、"斗殴平"……②与此相反，商品经济的繁荣和资本主义生产关系的萌芽所引发的"风俗浇漓"，人与人之间"或狎于亵昵，或狃于阿承"；"或以富贵骄，或以智力抗，或以顽泼欺凌"；甚至"恃强凌弱，倚众暴寡，靠富欺贫"。工者"作淫巧，售敝伪器什"；商者"纨袴冶游，酒色荡费"。在宗族统治者看来，这是"礼崩乐坏"的前奏。③ 同样，"狼戾妒忌，恃强欺

① 万历《歙志·歙志序》，明万历三十七年刻本。

② 《休宁宣仁王氏族谱·宗规》，明万历三十八年家刻本；《重修古歙城东许氏世谱·许氏家规》，明崇祯七年家刻本。

③ 《休宁宣仁王氏族谱·宗规》，明万历三十八年家刻本。

弱”,“恃富欺贫,恃尊凌卑”;“欺孤虐寡,恃富吞贫,阴毒善良,巧施奸伪,侮弄是非,恃己势以自强,剥人赀以自富,反道败德”,特别是“金令司天,钱神卓地,贪婪罔极,骨肉相残”等现象,是“天下大乱”的前夕。①

明代中期,商品经济的繁荣和资本主义生产关系的萌芽所引发的徽州社会的重大变化,对徽州宗族统治者来讲,是“山雨欲来风满楼”。形势逼人,问题严峻。他们“惧其族之将圮也,思有以维持安全之”,采取了一系列重大举措——兴建宗族祠堂,编纂谱牒家乘,设置祭田义田,制定族规家法,从而增强封建宗法观念,加强宗族组织管理,建立宗族保障制度,强化宗族统治工具,以便使宗族制度得到巩固,宗族统治得到强化。

## 二、兴建宗族祠堂

明朝中期,徽州宗族统治者为了巩固宗族制度,强化宗族统治,采取的第一个重大措施是兴建宗族祠堂。

徽州祠堂源远流长,早在唐代就大量出现。但是,那时都是“家祠”,而不是宗族祠堂,即所谓“家构祠宇”,“家有祠”。宋代,朱熹在《家礼》卷一《通礼·祠堂》中说:“君子将营宫室,先立祠堂于正寝之东,为四龛以奉先世神主。”这里说的祠堂,也是“家祠”,而不是宗族祠堂。明成化十一年(1475年),国子监祭酒周洪谟上疏说:“今臣庶祠堂之制,悉本《家礼》,高、曾、祖、考,四代设主,俱自西而东。考之神道向左,古无其说……宜令一品至九品止立一庙……神主则高祖居左,曾祖居右,祖居次左,考居次右,于礼为当。”②这种“悉本《家礼》”的“祠堂之制”,仍然是“家祠”,而不是宗族祠堂。

嘉靖十五年(1536年),礼部尚书夏言上《令臣民得祭始祖立家庙疏》,才打破了传统的民间祭祖制度,改变了“祠堂之制”。他在这个奏疏中说:

---

① 歙县《泽富王氏宗谱·宗规》,明隆庆六年王景象刻本;万历《歙志·风土》,明万历三十七年刻本。

② 《明宪宗实录》卷一三七。

臣民不得祭其始祖、先祖，而庙制亦未有定制，天下之为孝子慈孙者，尚有未尽申之情……乞诏天下臣民冬至日得祭始祖……乞诏天下臣工建立家庙。①

据冼宝干《佛山忠义乡志》卷九《氏族》记载：“明世宗采大学士夏言议，许民间皆得联宗立庙。于是宗祠遍天下，吾佛诸祠亦多建自此时，敬宗收族于是焉。”②

历史文献记载，明中期徽州出现了大兴土木建造宗族祠堂的热潮。许多规模恢弘、营造精细、装饰华美的早期徽派祠堂建筑，大都是在这个时间兴建的。据我们掌握的资料，明代徽州建造的40座宗族祠堂，除绩溪县盘川王氏宗祠和婺源县凤砂汪氏宗祠建造具体年代不明以外，其他38座，嘉靖十五年(1536年)以前建的有8座，嘉靖十五以后建的共30座。现将这30座宗族祠堂列表如下。

**表1　明中后期徽州宗族建造祠堂举例表**

| 序号 | 年代 | 名称 | 宗族 | 地点 | 资料来源 |
|---|---|---|---|---|---|
| 1 | 嘉靖二十一年(1542年) | 张氏宗祠 | 绍村张氏宗族 | 歙县绍村 | 《歙县文物志·古建筑·祠宇》 |
| 2 | 嘉靖二十一年(1542年)始建 | 贞靖罗东舒先生祠 | 呈坎前罗氏宗族 | 歙县呈坎 | 罗应鹤《祖东舒翁祠堂记》石刻 |
| 3 | 嘉靖二十一年(1542年) | 横槎黄氏祠堂? | 横槎黄氏宗族 | 婺源县横槎 | 《新安黄氏大宗谱》 |
| 4 | 嘉靖二十四年(1545年)以前 | 程氏宗祠? | 善和程氏宗族 | 祁门县善和里 | 程昌、程钫《窦山公家议·祠祀议》 |
| 5 | 嘉靖二十四年(1545年)以前 | 仁山程氏支祠? | 善和程氏宗族 | 祁门县善和县 | 程昌、程钫《窦山公家议·祠祀议》 |
| 6 | 嘉靖年间(1522—1566年) | 万四公支祠 | 棠樾鲍氏宗族 | 歙县棠樾 | 歙县《棠樾鲍氏宣忠堂支谱》 |
| 7 | 嘉靖年间(1522—1566年) | 吴氏宗祠? | 吴田吴氏宗族 | 休宁县吴田 | 汪道昆《太函集》 |

① 夏言：《桂洲文集》卷一一，上海古籍出版社《四库全书》影印本。

② 转引自叶显恩《明清徽州农村社会与佃仆制》，安徽人民出版社1983年版。

续表

| 序号 | 年 代 | 名 称 | 宗 族 | 地 点 | 资料来源 |
| --- | --- | --- | --- | --- | --- |
| 8 | 嘉靖年间(1522—1566年) | 汪氏宗祠? | 稠墅汪氏宗族 | 歙县稠墅 | 《汪氏祠规序》 |
| 9 | 嘉靖年间(1522—1566年) | 著存堂 | 新馆鲍氏宗族 | 歙县新馆 | 《歙新馆鲍氏著存堂宗谱·祠规序》 |
| 10 | 嘉靖年间(1522—1566年) | 周氏宗祠 | 城西周氏宗族 | 绩溪县城 | 《绩溪城西周氏宗谱·重建祠堂记》 |
| 11 | 嘉靖年间(1522—1566年) | 蒋氏宗祠 | 白塔蒋氏宗族 | 祁门县白塔 | 程尚宽《新安名族志》后卷 |
| 12 | 明中期 | 詹氏宗祠 | 庆源詹氏宗族 | 婺源县庆源 | 程尚宽《新安名族志》前卷 |
| 13 | 明中期 | 叶氏宗祠 | 南街叶氏宗族 | 休宁县城 | 程尚宽《新安名族志》后卷 |
| 14 | 明中期 | 许氏宗祠 | 涧洲许氏宗族 | 绩溪县涧洲 | 程尚宽《新安名族志》后卷 |
| 15 | 明中期 | 孙氏宗祠 | 古筑孙氏宗族 | 黟县古筑 | 程尚宽《新安名族志》后卷 |
| 16 | 万历十三年(1585年) | 潘氏宗祠 | 大阜潘氏宗族 | 歙县大阜 | 《歙县文物志·古建筑·祠宇》 |
| 17 | 万历三十三年(1605年)始建 | 项氏宗祠 | 桂溪项氏宗族 | 歙县小溪 | 歙县《桂溪项氏族谱》 |
| 18 | 万历三十五年(1607年) | 肇禋堂 | 西门查氏宗族? | 休宁县西门? | 《休宁查氏肇禋堂祠事便览》 |
| 19 | 万历四十三年(1615年) | 郑氏宗祠 | 郑村郑氏宗族 | 歙县郑村 | 《歙县文物志·古建筑·祠宇》 |
| 20 | 嘉万年间(1522—1619年) | 敦本祠 | 西溪南吴氏宗族 | 歙县西溪南 | 歙县《丰南志·舆地志·祠宇》 |
| 21 | 嘉万年间(1522—1619年) | 四门祠 | 西溪南吴氏宗族 | 歙县西溪南 | 歙县《丰南志·舆地志·祠宇》 |
| 22 | 万历年间(1573—1619年) | 舒余庆堂 | 屏山舒氏宗族 | 黟县屏山 | 新编《黟县志·文物志·古建筑》 |
| 23 | 万历年间(1573—1619年) | 叙伦堂 | 石潭吴氏宗族 | 歙县石潭 | 《歙县文物志·古建筑·祠宇》 |
| 24 | 万历年间(1573—1619年) | 程氏宗祠 | 临溪程氏宗族 | 歙县临溪 | 李维桢《大泌山房集》 |

续表

| 序号 | 年 代 | 名 称 | 宗 族 | 地 点 | 资料来源 |
|---|---|---|---|---|---|
| 25 | 万历年间(1573—1619年) | 吴氏大宗祠 | 西溪南吴氏宗族 | 歙县西溪南 | 《歙西溪南吴氏世谱》 |
| 26 | 万历年间(1573—1619年) | 明经胡氏宗祠? | 上川明经胡氏宗族 | 绩溪县上庄 | 绩溪《上川明经胡氏宗谱·拾遗》 |
| 27 | 天启六年(1626年) | 朱氏宗祠 | 月潭朱氏宗族 | 休宁县月潭 | 《新安月潭朱氏族谱·重修宗祠记》 |
| 28 | 崇祯元年(1628年) | 思睦祠 | 西溪南吴氏宗族 | 歙县西溪南 | 歙县《丰南志·舆地志·祠宇》 |
| 29 | 崇祯年间(1628—1644年) | 敬爱堂 | 西递明经胡氏宗族 | 黟县西递 | 黟县《明经胡氏存仁堂支谱》 |
| 30 | 崇祯以前 | 许氏宗祠 | 城东许氏宗族 | 歙县城东门 | 《重修古歙城东许氏世谱》 |

徽州宗族建造祠堂的宗旨是什么呢?《歙西溪南吴氏世谱》记载:"创建宗祠,上以奉祀祖宗,报本追远;下以联属亲疏,惇叙礼让。"《古歙昉溪许邦伯门修建祠记汇存》曰:"族之有祠,所以序昭穆,辨长幼,上报本始,下合子姓者也。"

宗族祠堂的兴建,对宗族制度的巩固和宗族统治的强化起了重大作用。

祠堂就是家庙。这里是"栖祖宗之神"的地方,是供奉祖先神主的场所。神主虽不是菩萨神像,但它堂而皇之地高居神龛之中,给人一种神圣感、神秘感和恐怖感,因而就增进了宗族子弟的祖先崇拜观念。

按宗祠规制,寝室一般都设三个神龛。中龛正中供奉始祖神主,左右两边按昭穆世次供奉始祖以下五代祖先神主和有功有德祖先神主,这些神主"永世不迁"。左右昭穆室供奉其他祖先神主,这些神主"五世则迁",也就说,这些祖先的玄孙死绝,即将神主从神龛中迁出。神主这种排列规制,增进了宗族子弟的"人本乎祖,昉于一人之身,而渐而为千百人之身,而渐而为亿万人之身"的"木本水源"意识,增强了宗族子弟昭穆世次、尊卑长幼等宗法观念。

祠堂是祭祖的场所。建造祠堂,就是为了"妥先灵而隆享祀"。徽州宗族祭祖活动,有春祭、中元、秋祭、冬祭、烧年、祖年诞辰和祖先忌日等,但大都是实行春秋二祭或春冬二祭。祠堂祭祖,是"展亲大礼",非常隆重。许多名宗右族,都行"少牢馈食礼"。郑玄说:"羊、豕曰'少牢',诸侯之卿大夫祭宗庙之牲。"①徽州地区俗称"猪羊祭"。祭祀开始,首先鸣放礼炮,击鼓撞钟,以形成庄严、隆重、肃穆的气氛。行祭时,香烟缭绕,钟鼓齐鸣,庄严肃穆,至敬至诚。祠堂祭祖是进行尊祖、敬宗、睦族和实行宗法教育最重要的形式。

祠堂祭祖之后,徽州名宗右族都在祠堂"散胙"、"散福"、"合食"(又曰"会食"、"堂食"、"燕饮之会"等)。支丁们不分富者与贫者、贵者与贱者、强者与弱者、智者与愚者、恩者与仇者、剥削者与被剥削者、统治者与被统治者,大家欢聚一堂,共饮共餐。《古歙城东许氏世谱》记载:"许之先尝建有宗祠,以奉其先世主,岁时会祀,元旦、腊社会食。故虽亲尽服竭,而敦睦之道赖是不废,以迄于今。"程一枝《程典》记载,休宁泰塘程氏宗族"岁为燕饮之会,以洽族人,其时以春秋祀日,其物以时祀之余"。通过祠堂合食活动,调和了富者与贫者、贵者与贱者、强者与弱者、智者与愚者、恩者与仇者、剥削者与被剥削者、统治者与被统治者之间的矛盾,使支丁之间本已存在的温情脉脉的血缘宗族关系的面纱,更加深厚,更加浓郁,形成一种尊尊亲亲,雍雍睦睦的关系,从而增强了宗族团结,巩固了宗族制度和宗族统治。

祠堂是宗族集会、活动、议事的场所,是宗族的办事处。徽州大多数宗族都规定,支丁降生要到祠堂的《支丁名册》上登记;年届15岁要在祠堂举行冠礼;娶亲婚嫁要在祠堂举行婚礼;入泮中式要在祠堂举行贺礼;逝世归天要在祠堂举行丧祭,等等。四时月令,要在祠堂举行元旦团拜、元宵庆灯、春祈秋报、迎神赛会,等等。宗族重大工程建设、重大活动、重大事务等,以族长为核心的房长、乡绅都在祠堂议决,发布通告。通过这些活动,潜移默化地增强了族众的集体观念和宗法观念,巩固了宗族制度,强化了宗族统治。

祠堂是宗族执法的场所,是宗族的"法庭"。明中期,徽州宗族族众触犯族规家法,族长即将其唤至或执至祠堂惩处。《新安程氏阖族条规》规定:孝悌为人伦之本,"不孝不弟者,众执于祠,切责之,痛惩之"。《古歙城

① 《仪礼·少牢馈食礼》,十三经注疏本。

东许氏世谱》卷七《许氏家规》小过鞭扑条规定:"父兄之于子弟小有过者,而弗施鞭扑,隐忍含容,以至渐流于恶,是贼之也;凡因小过情有可宥者,而欲尽抵于法,亦非所以爱之也。莫若执之于祠,祖宗临之,族长正、副斥其过而正之,箠楚以加之,庶其能改,而不为官府之累,其明刑弼教之行于家者乎?"通过祠堂执法,因而强化了宗族制度和宗族统治。

## 三、纂修谱牒家乘

明朝中期,徽州宗族统治者为了巩固宗族制度,加强宗族统治,采取的第二个重大措施是纂修谱牒家乘。

重视纂修谱牒家乘,是徽州宗族一个传统。徽州人认为,"族之有谱,犹国之有史。史以纪一代之始终,谱以叙一姓之源流,其体一也。始终备而是非存焉,源流具而亲疏别焉,其用同也。是故国无史则千载之下无公论,族无谱则百世之后无定伦。无公论而公理之在于人心者,犹不可泯也;无定伦则礼教不兴,人心日醨,而风俗日偷,其弊有不可胜言者矣。甚哉,谱之不可以不作也"。①《歙西溪南吴氏世谱》记载:"祖功宗德必有谱而后传之不朽,支分派别必考谱而后析之不乱,其所以存既往者有赖也。同宗相居,合食相聚,观谱而知某为某服之亲,某为无服之亲,长幼秩然,起爱敬之心,以消其忿争之隙,其所以淑当时者有赖也。是自而子孙以世相传,知其祖之立门户若是其难,延世祚者若是其远,则不敢不励行以坠其先业,其所以及后世者有赖也,谱其可以不重乎?"祁门《陈氏大成宗谱》记载:"可堂吴氏曰:'宗法废而后谱作,谱作而后族尊,族尊则一族之人始有所统,孝敬之心油然而生,不至相视如途人。谱有关世教也,大矣。'"

徽州宗族族谱源远流长。婺源《溪源程氏势公支谱·新安溪源程氏续谱序》记载:"续谱者谁?程之七十八翁大老项也。翁之前,有元东埜先生'林宗谱';林宗之前,有宋都官'祁谱';祁之前,有唐国子祭酒'淘谱';淘之前,有汉崔琳所称'程氏谱';琳之所称即司徒之所以自陈其阀阅而再封

① 婺源《溪源程氏势公支谱·上溪源里门续谱旧序》,据明嘉靖本影抄。

广平者也。然则'程氏谱'已渊源于七十世之前矣,厥维旧哉!"歙县《明经胡氏甲派方塘宗谱·明经胡氏宗谱续修序》说:"吾族谱系,自明经公而下,始为《庆源图谱》,初于献之公,详修于梅岩公,耄学公,元发公,又有周本、应本修续之者,代不乏人。"绩溪《龙川尚书公派胡氏支谱·许国先生序》(抄本)曰:"胡氏家乘之修,昉于太师魏国公思谦公,修之于晋;郡宪仕仪公修之于陈;枢使子荣公修之于唐;提干念五公修之于宋,继又大学士允年公亦修之于宋;教授竹州公考之于元……"《休宁曹氏统宗世谱》卷一《曹氏家谱旧序》记载:"夫始曹氏自南唐时而居休宁,屯田郎中谱于嘉祐,内舍谱于崇宁,主簿谱于绍兴,归耕谱于绍熙辛亥,至至元甲午弘斋先生又谱焉。"

徽州宗族族谱历史,尚矣。但是,明中期出现了一个纂修族谱的热潮,修谱之风开始大盛。崇祯年间,吴玮在《歙西溪南吴氏世谱·先茔志后序》中说:"前人谆谆修族谱、修茔志,近则三年五年,远则三五十年,以其本固而末不摇"也。祁门《陈氏大成宗谱·陈氏胜会所在图》记载:"暨我国朝(按:即明朝——引者),谱谍之兴,纷满天下。"

北京图书馆古籍善本部收藏徽州善本族谱共200多部,是收藏徽州善本族谱最多的一个单位。① 这200多部族谱当中,宋元时期和明前期(洪武至弘治年间,1368—1505年)的族谱占10%;明中期(正德至万历,1506—1619年)的族谱占50%;明后期(泰昌至崇祯,1620—1644年)的族谱占10%;清代前期(顺治至嘉庆,1644—1820年)的族谱占10%,明修具体年代不明占20%。北京图书馆收藏的徽州善本族谱虽然只是徽州善本族谱的一部分,但仅这一部分也清楚地说明,从明代中期徽州宗族纂修族谱开始进入一个新的繁荣时期。

明中期徽州族谱的卷帙大增。我们见到的宋元时期和明前期的徽州族谱,多数只有一册,卷帙也很少,卷数最多的是程敏政纂修的《新安程氏统宗世谱》,二十卷,谱辨一卷,附录一卷,二册,明成化十八年家刻本;册数最多的是黄禄、程天相纂修的《新安黄氏会通谱》,十六卷,文献录二卷,外集三卷,六册,弘治十四年家刻本。但明中期的徽州族谱无论卷数,还是册数,

---

① 《北京图书馆古籍善本书目·谱牒类》。

都大大增加了。例如,程一枝《程典》,三十二卷,六册,万历家刻本;程嗣功歙县《槐塘程氏宗谱》,二十卷,首一卷,十二册,万历家刻本;黄积瑜《新安左田黄氏正宗谱》,派系二十卷,文献十九卷,十二册,嘉靖自刻本;李晖、李春荣徽州《三田李氏宗谱》,十三卷,十八册,万历家刻本;汪湘徽州《汪氏统宗谱》,一百七十二卷,存一百零八卷,二十四册,万历家刻本,等等。①

嘉靖三十年(1551年),程尚宽等人根据《新安大族志》和徽州名宗右族族谱编纂了《新安名族志》这一重要文献。除柯、邓、谭、严四姓内容阙如以外,志书对80个姓氏的肇迁始祖、支分派别、昭穆世次以及各个姓氏中忠孝、节义和勋业、文章有关世教者,作了叙述,此外,还对71个姓氏的赐姓授氏作了追述(据日本东洋文库藏本)。《新安名族志》的编纂,是明中期徽州宗族纂修族谱繁荣发达的结果和集中表现。

明代,徽州宗族纂修族谱的宗旨是什么呢?

据历史文献记载,纂修族谱是为了奠世系、序昭穆,这是亘古不变的宗旨。但是,由于历史的发展和社会背景不同,每个时代又有每个时代不同的纂修族谱的目的。魏晋南北朝时期,是世族门阀社会,国家以"九品中正"制选拔官员。这时编纂族谱的目的,是为世族门阀联姻和国家选拔官员提供依据。隋唐时期,世族门阀衰落,官僚地主(或曰"非身份性地主"、"庶族地主")登上历史舞台。宋元时期,官僚地主纂修族谱宗旨是:尊祖、敬宗、睦族(收族)。虽然,其中含有加强封建统治的成分,但不占主导地位。从明代开始,特别是明中期以来,徽州宗族纂修族谱的宗旨有了很大的变化——宣传封建纲常,加强封建统治,成为纂修族谱的重要目的。许多族谱连篇累牍地大讲孝、悌、忠、信、礼、义、廉、耻之道。一位徽州府官员为歙县方塘明经胡氏宗族族谱写的《明经胡氏谱序》说:"孝弟之行兴于家,而一乡化之;孝弟之行兴于国,而天下化之。夫小而一家,大而一国,由家以及乡,由乡以及国,由国以及天下,而其本则在乎身也。身能体乎孝弟之实,然后能行乎其家。盖有诸中者,必形诸外,此亦自然之效矣。然所以为孝弟者,岂独在于亲亲长长而已哉?盖家之有谱,所以纪世系,考宗派,使人知尊祖、

① 《北京图书馆古籍善本书目·谱牒类》。

敬宗之义,而欲尽孝弟之道者,诚不可以不知所重也……今年蒙恩来佐大郡……首以孝、弟、忠、信、礼、义、廉、耻八字教民,使之家喻户晓,则其于孝弟之行,可谓体之于身,而行之于家,以及乎民矣。由是推之,其治国平天下之道莫于基于此也。”①

针对明中期徽州的社会风气,程光显在《新安名族志序》一文中强调,必须大兴“仁让之风”。他认为,“合分殊而示一本之义,广亲亲也;亲亲则爱自我立,而仁昭矣。揭其人而考其当世之实,广贤贤也;贤贤则敬自我立,而让行矣。亲亲贤贤,孰无是心哉?”“仁让之风”兴,“殆不止于新安,机动而化自神,沛然溢于四海,而天下平矣”。②

明中期,徽州宗族统治者掀起的纂修谱牒家乘的热潮,其根本目的就是企图通过封建纲常的宣传和推行,形成一种尊尊亲亲、雍雍睦睦的社会风气,以巩固宗族制度,强化宗族统治。

## 四、设置祭田义田

明中期,徽州宗族统治者为了巩固宗族制度,加强宗族统治,采取的第三个重大措施是设置祭田和义田。

朱熹在《家礼》中规定:“初立祠堂,则计见田,每龛取其二十之一,以为祭田。亲尽则以为墓田。后凡正位祔者,皆仿此。宗子主之,以给祭用。上世初未置田,则合墓下子孙之田,计数而割之。皆立约闻官,不得典卖。”徽州人对朱熹异常崇拜,都奉朱熹的话为经典,遵行不悖。他们认为,“祠而弗祀,与无同;祀而无田,与无祀同”。③《古歙城东许氏世谱》卷七《许氏家规》记载:“祭之有田,业可久也。传曰:‘无田不祭’,盖谓此耳。吾宗祭社、祭墓、祭于春秋,俱有田矣。”

前面已经讲过,《家礼》所说的祠堂不是宗族祠堂,而是“家祠”。同样,

① 歙县《明经胡氏甲派方塘宗谱》,清康熙六十年刻本。

② 程尚宽:《新安名族志》,明嘉靖三十年刻本。

③ 《重修古歙城东许氏世谱》卷七《朴庵翁祭田记》,明崇祯七年家刻本。

《家礼》中所说祭田也不是宗族祠堂的祭田,而是"家祠"的祭田。

那么徽州宗族祭田大量增加于什么时候呢?根据我们掌握的资料,宋元时期,徽州宗族祭田的记载还很少。明代,特别是明中期,徽州宗族祭田才开始大量增多起来。现在,将宋、元、明徽州宗族祭田情况列表如下。

**表2 宋、元、明徽州宗族祭田举例表**

| 序号 | 年代 | 地区 | 宗族 | 捐输人 | 面积 | 资料来源 |
|---|---|---|---|---|---|---|
| 1 | 宋 | 休宁 | 旌城汪氏 | 汪　泳 | 100亩 | 弘治《徽州府志》卷七《人物志》 |
| 2 | 元 | 婺源 | 茶院朱氏 | 朱伯亮等 | 4亩余 | 《婺源茶院朱氏家谱·文翰录》 |
| 3 | 元 | 黟县 | 黄村黄氏 | 黄真元 | 630亩 | 嘉庆《黟县志》卷七《人物志》 |
| 4 | 明 | 歙县 | 东门许氏 | | 300亩 | 《重修古歙城东许氏世谱》卷一 |
| 5 | 明 | 歙县 | 东门许氏 | 许朴庵 | 12亩 | 《重修古歙城东许氏世谱》卷七 |
| 6 | 明 | 歙县 | 东门许氏 | 许　禾 | 10亩 | 《重修古歙城东许氏世谱》卷七 |
| 7 | 明 | 歙县 | 托山程氏 | 程世业 | 30亩 | 歙县《托山程氏家谱》卷二一《祠田》 |
| 8 | 明 | 婺源 | 桃溪潘氏 | | 25亩 | 《婺源桃溪潘氏族谱》卷一二 |
| 9 | 明 | 婺源 | 桃溪潘氏 | 潘　琪 | 10亩 | 《婺源桃溪潘氏族谱》卷一二 |
| 10 | 明 | | 谢氏宗族 | | 44亩 | 徽州《明嘉靖合同标书》 |
| 11 | 明 | 祁门 | 胡村胡氏 | 胡天禄、胡征献 | 330亩 | 康熙《徽州府志》卷一五《人物志》 |
| 12 | 明 | 歙县 | | 程懋绩 | 30亩 | 民国《歙县志》卷九《人物志》 |
| 13 | 明 | 歙县 | 江村江氏 | 江若清 | | 民国《歙县志》卷九《人物志》 |
| 14 | 明 | 歙县 | 溪南吴氏 | 吴迪哲 | | 民国《歙县志》卷九《人物志》 |
| 15 | 明 | 祁门 | 善和程氏 | 程新春等 | 320亩 | 周绍泉、赵亚光《窦山公家议校注》 |
| 16 | 明 | 婺源 | 汪氏宗族 | 汪焕祖 | 100亩 | 康熙《徽州府志》卷一五《人物志》 |
| 17 | 明 | 歙县 | 佘氏宗族 | 佘文义 | 120亩 | 康熙《徽州府志》卷一五《人物志》 |
| 18 | 明 | 祁门 | 马氏宗族 | 马　禄 | | 同治《祁门县志》卷三〇《人物志》 |
| 19 | 明 | 休宁 | 程氏宗族 | | 10亩 | 《新安休宁古城程氏宗谱》 |
| 20 | 明 | 休宁 | 范氏宗族 | | 22.38亩 | 《休宁范氏族谱》 |

注:旌城汪氏、黄村黄氏、东门许氏、胡村胡氏内含义田;善和程氏内含义田、学田、军业田;婺源汪氏、歙县佘氏为族田,其中含有祭田。

表2所列20宗宗族祭田,宋元时期只有3宗,明代多达17宗。我们掌握的徽州宗族祭田资料,是很有限的。但是,从前后两个数字的对比当中,我们可以看到,明代——特别是明中期——徽州宗族祭田有了很大的发展。

宋元时期,徽州宗族义田就出现了。《新安月潭朱氏族谱》卷二十二下《任衡朱公义田记》记载:

自宋范文正公创立义田,规模具备。明荆川唐氏以为得立宗之遗意。厥后,希风往哲,接踵代兴。至我朝,世家大族有能遵行者,经大府题达,例得旌奖。其为风俗人心计,至深长也。

徽州人认为,"睦族敦宗,乡间是尚;恤茕赈乏,仁义其滋。里中义田之举,所以嘉惠通族之鳏、寡、孤、独、废疾者,至优至渥,诚善事也"。① 歙县《棠樾鲍氏宣忠堂支谱》卷一九《鲍氏义田记》曰:

周礼大司徒教民以六行,而任恤居其二。又于州党之中,示以相周相救之法,凡以矜贫乏通有无也。我朝(按:指清朝——引者)圣圣相承,勤求疾苦。今有司朔望宣讲《圣谕广训》,敦敦启牖,诚欲使各亲其亲,家给人足,而后民生以厚,风俗以淳。方今海内涵濡救泽,从风慕义之士,指不胜屈。

宋元时期,虽然徽州宗族义田已经出现了,但是,那时只有个别宗族拥有。徽州宗族义田是在明代——特别是明代中期——逐渐发展起来的。现在,根据我们掌握的资料,列表如下。

**表3 宋、元、明徽州宗族义田举例表**

| 序号 | 年代 | 地区 | 宗族 | 捐输人 | 面积(亩) | 资料来源 |
|---|---|---|---|---|---|---|
| 1 | 宋 | 休宁 | 旌城汪氏 | 汪 泳 | 100 | 弘治《徽州府志》卷七《人物志》 |
| 2 | 宋 | 休宁 | 陪郭程氏 | 程 信 | 500 | 弘治《徽州府志》卷七《人物志》 |
| 3 | 宋 | 休宁 | 金氏宗族 | | 90 | 《新安休宁文昌金氏世谱》 |

① 歙县《桂溪项氏族谱》卷首《凡例》,清嘉庆十六年木活字本。

续表

| 序号 | 年代 | 地区 | 宗族 | 捐输人 | 面积（亩） | 资料来源 |
|---|---|---|---|---|---|---|
| 4 | 宋 | 祁门 | 汪氏宗族 | 汪　浚 | | 同治《祁门县志》卷三〇《人物志》 |
| 5 | 元 | 黟县 | 黄村黄氏 | 黄真元 | 630 | 嘉庆《黟县志》卷七《人物志》 |
| 6 | 明 | 歙县 | 东门许氏 | 许　禾 | 70 | 《重修古歙城东许氏世谱》卷七《许氏义田宅记》 |
| 7 | 明 | 歙县 | 潭渡黄氏 | 黄立文 | 100 | 歙县《潭渡黄氏族谱》卷七 |
| 8 | 明 | 祁门 | 胡村胡氏 | 胡天禄、胡征献 | 330 | 康熙《徽州府志》卷一五《人物志》 |
| 9 | 明 | 休宁 | | 吴继良 | 178 | 康熙《徽州府志》卷一五《人物志》 |
| 10 | 明 | 祁门 | 善和程氏 | 程新春等 | 320 | 周绍泉、赵亚光《窦山公家议校注》 |
| 11 | 明 | 婺源 | 汪氏宗族 | 汪焕祖 | 100 | 康熙《徽州府志》卷一五《人物志》 |
| 12 | 明 | 歙县 | 呈坎前罗氏 | 罗元孙 | 100 | 康熙《徽州府志》卷一五《人物志》 |
| 13 | 明 | 歙县 | 东关程氏 | 程　钧 | | 民国《歙县志》卷九《人物志》 |
| 14 | 明 | 歙县 | 溪南吴氏 | 吴光升 | | 李维桢《大泌山房集·吴季公程孺人家传》 |
| 15 | 明 | 歙县 | 岩镇佘氏 | 佘文义 | 100 | 民国《歙县志》卷九《人物志》 |
| 16 | 明 | 歙县 | 东关李氏 | 李天祥 | | 民国《歙县志》卷九《人物志》 |
| 17 | 明 | 歙县 | 方氏宗族 | 方尚本 | 数十亩 | 民国《歙县志》卷九《人物志》 |
| 18 | 明 | 婺源 | 方村方氏 | 方仲诰 | 100 | 民国《重修婺源县志》 |

注：旌城汪氏、黄村黄氏、东门许氏、胡村胡氏含祭田；休宁吴氏含学田；善和程氏含祭田、学田、军业田。

表3所列18宗宗族义田，宋元时期只占5宗，明代多达13宗。我们掌握的徽州宗族义田资料，虽然是很有限的，但是，从这个数字对比中，我们可以得到如下结论：宋元时期，徽州宗族义田还处在萌芽状态，只有极少数宗族占有；明代，特别是明中期，徽州宗族义田才有了长足的发展。

徽州宗族祭田和义田的增长与徽商的发展是分不开的。据历史文献记载，明中期徽商进入黄金时代。谢肇淛说："富室之称雄者，江南则推新安，江北则推山右。新安大贾，鱼盐为业，藏镪有至百万者，其他二三十万，则中贾耳。”①万历《歙志》卷十记载:“邑中之以盐策祭酒而甲天下者,初则有黄氏,后则有汪氏、吴氏,相递而起,皆由数十万,以汰百万者。”徽商生于朱熹桑梓之邦,从小“读朱子之书,服朱子之教,秉朱子之礼”,受朱熹思想熏陶。② 他们生活和成长在宗族组织之中,宗族观念极端浓厚,宗法思想极其强烈,一旦经商致富,大都衣锦还乡,光宗耀祖,为宗族做种种“义举”,捐输巨款,购置祭田和义田,是“义举”之一。这样,徽州宗族的祭田和义田,就逐渐增多起来。

设置祭田和义田,对巩固徽州宗族制度,强化宗族统治,起了重大作用。历史记载告诉我们,由于祭田的设置,保证和加强了祭祖活动的进行和运作。休宁《江村洪氏家谱》卷十四《宗祠祀田记》记载:

> 宗祀之所赖以久远者,惟田。礼曰:惟士无田,则亦不祭。田固蒸尝之所自出也。吾家宗祠既建,钟鼓既具,则春秋禋祀,所恃以备羊豕、洁粢盛、立百年不敝之贮者,非田不可……后世子孙,即有公用急需,勿得妄动祀田;如弃田,是绝祖宗血食也。

所以,徽州宗族都非常重视祭田的管理,有些名宗右族还将经理祭田写进族规家法之中。歙县《方氏宗谱》记载:“祭田系祖宗坟墓孝享世业,旧谱未载,以故后人不立,辄私卖易,遂至废祭。祭废既久,则并墓而遗亡之。子孙漫无□□,或被人侵占,或被人平治,其害岂浅小哉?今编谱,于祭田□名、租数,必详书焉。令人不得湮没之,亦孝子贤孙之首务也。”歙县城东许氏宗族、泽富王氏宗族、潭渡黄氏宗族……的族规家法都有经理祭田的规定。

义田之设,对巩固宗族制度,强化宗族统治,具有重大意义。众所周知,自给自足的小农经济是非常脆弱的,一遇天灾人祸,就陷入困境,破产流亡。鳏、寡、孤、独,饥寒交迫,不言而喻。宗族义田的设置,或多或少缓解了这些穷困户的生活困难。这是救灾恤患、扶孤恤寡和收族的一条重要措施。歙县棠樾鲍氏宗族大盐商鲍启运购田 1,200 多亩,设“体源户”和“敦本户”义

① 谢肇淛:《五杂俎》卷四,中华书局 1959 年标点本。

② 休宁《茗洲吴氏家典》,清雍正十三年刻本。

田，周济族中贫困。这虽是清嘉庆年间之事，但它有力地说明了徽州宗族设置义田的重要作用。歙县《棠樾鲍氏宣忠堂支谱》卷十九《义田·敦本户田记》记载：

启运少承训于先君，以谓一本之戚，皆所宜敦，而其间孤寡及贫无食者，尤为可念。他日苟能自给，庶有以顾恤焉。启运谨识之不敢忘。迨长，服贾四方，薄积所赢，因本先君之意，先其急者，置“体源户”田五百四十亩，专以赡给族间“四穷”（按：即鳏、寡、孤、独——引者），归诸宗祠，而告之有司，用垂久远。嗣恐经费不充，续增田一百六十余亩足之。自此，吾族中有不幸茕独者，可无虑于饔飧矣。第吾邑地硗，族丁繁盛，其间贫乏者，每届青黄不接之际，众口嗷嗷。一本关怀，疚心遗训，亟又置“敦本户”田五百余亩。所收租息，以“体源”、“敦本”两户应纳钱粮、营米作为价值，逢春粜与族人，每谷一升，取钱不过四五文，已足完粮，而贫族不无有裨朝夕……所有“敦本户”田，并续增“体源户”田，悉归宗祠。

我们在棠樾村进行宗族调查时，见到一户鲍氏后裔保存的一本“体源户”——鲍铭恕妇罗氏——领粮“经折”。折上有清咸丰六年（1856年）领粮记录。罗氏及其二子每月给谷九斗。折曰：

咸丰六年二月初一日　　谷发讫

咸丰六年三月初一日　　谷发讫

咸丰六年四月至十二月　　谷发讫①

## 五、制定族规家法

明中期，徽州宗族统治者为了巩固宗族制度，强化宗族统治，采取的第四个重大措施是制定族规家法。

徽州宗族族规家法起源于什么时代，现在还说不清楚。在我们见到的宋元时期徽州族谱当中，还没有族规家法的记载。

---

① 参见赵华富《歙县棠樾鲍氏宗族个案报告》，《江淮论坛》1993年第2期。

明代中期以后,徽州宗族族规家法开始大量出现。这些族规家法大都收编在族谱之中,如歙县东门许氏宗族《许氏家规》,泽富王氏宗族《宗规》,休宁县宣仁王氏宗族《宗规》等等;有的还单独付梓,如《新安程氏阖族条规》、《商山吴氏宗法规条》等等。

明代,徽州宗族族规家法大都是根据明太祖朱元璋的《圣谕》精神制定的。明朝建国伊始,朱元璋为了巩固基层统治,颁布了《圣谕》六条。其文曰:"孝顺父母,尊敬长上,和睦乡里,教训子孙,各安生理,毋作非为。"这六句话就成为徽州宗族制定族规家法的纲领和指导思想。徽州宗族统治者认为,族规家法是"圣谕的注脚"。①

明代,徽州宗族族规家法的内容很丰富。歙县东门许氏宗族《许氏家规》计33条,休宁县宣仁王氏宗族《宗规》计15条,歙县泽富王氏宗族《宗规》计28条,《潭渡孝里黄氏家训》计23条……综合起来,最重要、最基本的内容就是明太祖圣谕中的那六句话。

### (一)孝顺父母

徽州人认为,"孝为百行之先,孝弟乃为仁之本。故人能立身行道,显亲扬名,此固孝之大者;即不然,服劳奉养,昏定晨省,以无忝所生,亦不失为人子"。② 明代徽州宗族族规家法中,大都有"孝顺父母"的规定。歙县东门许氏宗族《许氏家规》居家孝弟条说:"孝也者,善事父母之谓也。弟也者,善事兄长之谓也。是盖不学而知,不虑而能,自一念之善充之,则可以至于尧舜……吾族之人,率其日用之常,其谁不为孝悌。苟拘于气禀,染于污俗,灭天理而伤人伦,亦不免于不孝不悌也……今后于不孝不悌者,众执于祠,切责之,痛治之,庶几惩已往之愆,图将来之善,昔为盗跖,而今亦可为尧舜之徒矣。其或久而不悛,恶不可贷者,众鸣于公,以正典刑。"③

---

① 《休宁宣仁王氏族谱·宗规》,明万历三十八年家刻本。
② 歙县《金山洪氏宗谱》卷一《家训》,清同治十二年刻本。
③ 《重修古歙城东许氏世谱》卷七,明崇祯七年家刻本。

### （二）尊敬长上

巩固宗族制度，强化宗族统治，尊敬长上至关重要。《潭渡孝里黄氏家训》孝敬条规定：(1)“子孙须恂恂孝友，实有孝行。里门家风，见兄长，坐必起，行必以序，应对必以名，毋以尔我。诸妇并同。”(2)“子侄虽年至耄耋，凡侍伯父，俱当隅坐，随行不得背礼贻讥。”(3)“卑幼不得抵抗尊长，其有出言不逊，制行悖戾者，会众诲之；诲之不悛，则惩之。”(4)“子孙受长上呵责，不论是非，但当俯首默受，毋得分理。”①

族众必须尊崇族长，听族长的话，服从族长的领导。歙县东门许氏宗族《许氏家规》尊崇族长条规定：“一族之人有长者焉，分莫逾而年莫加，年弥高则德弥卲，合族尊敬而推崇之，有事必禀命焉，此亦立法之遗意也……族长总率一族，恩义相维，无所不用其情者。凡我族人知所敬信，庶令推行而人莫之敢犯也。其有抗违故犯者，执而笞之。”②

### （三）和睦乡里

针对明中期的社会风气，徽州宗族统治者提出，对内要“睦族”，对外要“睦邻”。歙县东门许氏宗族《许氏家规》敦义睦族条规定：“族之人，其初一人也，一气流传至于云，仍有不可穷也，是可无敦睦之义乎？其必喜相庆，戚相吊，岁时问遗，伏腊宴会，排难解纷，周急爱护”；严禁“强欺弱，众暴寡，富吞贫，悖尊凌卑，以少犯长，眇示（“藐视”——乾隆本）族人而仇雠之”。③

《许氏家规》交邻处友条规定：“居必有邻，人必须友以成，是二者保家淑身之道也。交邻以和（睦），（交友）以信义（据乾隆本补）。所谓患难相恤，疾病相扶持，皆和睦之积也，抑亦有相周之义焉。所谓德业相劝，过失相规，皆信义之推也，抑亦有通财之义焉。吾之贫也，将有望于人；吾之非贫

① 歙县《潭渡孝里黄氏族谱》卷四，清雍正九年刻本。

② 《重修古歙城东许氏世谱》卷七，明崇祯七年家刻本。

③ 《重修古歙城东许氏世谱》卷七，明崇祯七年家刻本。

也,得不施之于人乎?”①

### (四)教训子孙

为了改变社会风气,巩固宗族制度,强化宗族统治,必须加强宗族子弟的教育,并且要从幼儿教育抓起。许多宗族族规家法对此都作了规定。休宁宣仁王氏宗族《宗规》蒙养当豫条记载:“闺门之内,古人有胎教,又有能言之教;父兄又有小学之教,大学之教,是以子弟易于成材……吾族中各父兄,须知子弟之□教,又须知教法之当正,又须知养正之当豫。六岁便□□□,学字学书,随其资质渐长,有知觉便择端悫师友,将养蒙□孝顺故事,日加训迪,使其德性和顺。他日不必定要为儒者,为缙绅,就是为农、为工、为商,亦不失为醇谨君子。”②歙县东门许氏宗族《许氏家规》养正于蒙条规定:“始养之道,莫要于塾师……吾宗童蒙颇多,而设馆非一,随地有馆,以迎塾师……隆师傅之礼,惩姑息之爱。教导之严,则蒙得其养。虽无作圣之望,庶几其为成人,毋忝厥祖,不亦幸哉!”③

### (五)各安生理

为了厘正社会风尚,巩固宗族制度,强化宗族统治,必须各治生业,树立敬业精神。休宁宣仁王氏宗族《宗规》职业当勤条记载:“士农工商,所业虽别,是皆本职,惰则职隳,勤则职修。父母妻子仰给于内,姻里九族观望于外,系非轻也。”④歙县东门许氏宗族《许氏家规》各治生业条规定:“生业者,民所赖以常生之业也。《书》之所谓‘厚生’,文正之所谓‘治生’,其事非一,而所以居其业者有四。固贵乎专,尤贵乎精,惟专而精,生道植矣。士而读,期于有成;农而耕,期于有秋;工执艺,期于必售;商通货财,期于多获。此四民之业,各宜治之,以生者也……出乎四民之外而荡以嬉者,非良民也,

① 《重修古歙城东许氏世谱》卷七,明崇祯七年家刻本。
② 《休宁宣仁王氏族谱》,明万历三十八年家刻本。
③ 《重修古歙城东许氏世谱》卷七,明崇祯七年家刻本。
④ 《休宁宣仁王氏族谱》,明万历三十八年家刻本。

宜加戒谕。其或为梁上君子,族长正、副访而治之,抵而法。"①

## (六)毋作非为

针对明中期的社会状况,徽州宗族族规家法中制定了许多禁令。其中较重要的有:(1)不准擅兴词讼。歙县东门许氏宗族《许氏家规》擅兴词讼条规定:"讼也者,鸣己之不平,而亦人情之所不得已者也。可已不已,谓之好讼;反覆讦告,谓之健讼……凡我族人,事之有不平,情或出于不得已,请众于祠……族长正、副剖析是非,曲为处分……夫复何故而擅兴词讼乎?其在异姓,亦须忍让,甚不得已,乃始经公,亦必闻于众,而后出词,庶免擅兴之罪。"②(2)不准斗殴相争。歙县东门许氏宗族《许氏家规》斗殴相争条规定:"君子无所争,言其恭逊,不与人争。争固不可,而况斗殴以争乎?……今后族人相殴,犹得原情而裁之也。与人斗殴者,薄治之也。无故殴人者,痛治之也。其不率者,率众攻之,经公治之,戒一惩百,其此之谓乎?"③(3)禁止游戏赌博。歙县东门许氏宗族《许氏家规》游戏赌博条规定:"今之游荡戏侮者……职业不修,放僻邪耻,迎神赛会,游灯索钱,生事地方,诈骗酒食……至有为黎园子弟,男作女装,务以悦人,大伤体面;构徒聚党,登场赌博,坏人子弟,而亦有坏其心术,破毁家产,荡析门户。若此之流,沉溺既久,迷而弗悟,宜痛戒治,使其改行从善。"④(4)禁止师巫邪术。休宁宣仁王氏宗族《宗规》邪巫当禁条规定:"禁止师巫邪术,律有明条……今后族中一□僧道诸辈,勿令至门,凡超荐、诵经、披剃等俗,并皆禁绝……至于妇女识见庸下,更喜媚神徼福,其惑于邪巫也,尤甚于男子;且风俗日偷,僧道之外,又有斋婆、卖婆、尼姑、跳神、卜妇、女相,女戏等项,穿门入户,人不知禁,以致哄诱费财,甚有犯奸盗者,为害不小。各家家督,须皆预防,如严守望,家数察其动静,杜其往来,庶免后患,此亦是齐家吃紧一事。"⑤

---

① 《重修古歙城东许氏世谱》卷七,明崇祯七年家刻本。
② 《重修古歙城东许氏世谱》卷七,明崇祯七年家刻本。
③ 《重修古歙城东许氏世谱》卷七,明崇祯七年家刻本。
④ 《重修古歙城东许氏世谱》卷七,明崇祯七年家刻本。
⑤ 《休宁宣仁王氏族谱》,明万历三十八年家刻本。

明代徽州宗族族规家法的基本思想和基本内容是封建纲常。明中期族规家法的制定、宣传和执行，极大地巩固了宗法制度，强化了宗族统治。

## 结束语

明中期，由于商品经济的繁荣和资本主义生产关系的萌芽，引起徽州社会发生重大变化。这个变化对徽州宗族制度是一个严重冲击，对徽州宗族统治是一个严峻挑战。为了巩固宗族制度，强化宗族统治，徽州宗族统治者采取了一系列重大举措——兴建宗族祠堂、纂修谱牒家乘、设置祭田义田、制定族规家法。由于实行这些举措，因而巩固了宗族制度，强化了宗族统治。在清代，这些重要的宗族活动，得到了继承和发展，因而保持了徽州宗族的繁荣。

（原载《'98 国际徽学学术讨论会论文集》，
安徽大学出版社 2000 年版）

# 论徽州宗族祠堂

## 一、徽州宗族祠堂的兴起

明朝成化十一年(1475 年),国子监祭酒周洪谟上疏曰:“今臣庶祠堂之制,悉本《家礼》,高、曾、祖、考,四代设主,俱自西而东。考之神道向左,古无其说……宜令一品至九品止立一庙……神主则高祖居左,曾祖居右,祖居次左,考居次右,于礼为当。”①可见直到明代中期,“臣庶祠堂之制”仍是“家祠”,而不是宗族祠堂。周洪谟认为,家庙中“高、曾、祖、考,四代设主,俱自西而东”,不符合古代礼法;神主位置“高祖居左,曾祖居右,祖居次左,考居次右,于礼为当”。嘉靖十五年(1536 年),礼部尚书夏言上《令臣民得祭始祖立家庙疏》,才突破了朱熹在《家礼》中制定的祠堂规制。他说:“臣民不得祭其始祖、先祖,而庙制亦未有定制,天下之为孝子慈孙者,尚有未尽申之情……乞诏天下臣民冬至日得祭始祖……乞诏天下臣工立家庙。”②夏言的奏疏是中国古代“臣庶祠堂之制”一次重大变革。冼宝干《佛山忠义乡志》卷九《氏族》记载:“明世宗采大学士夏言议,许民间皆得联宗立庙。于是宗祠遍天下,吾佛诸祠亦多建自此时,敬宗收族于是焉。”③

徽州宗族祠堂兴起于何时?据历史文献记载,徽州祠堂源远流长,早在唐宋时期就大量出现。但是,那时徽州的祠堂大都是“家祠”。朱熹的《家礼·祠堂》和周洪谟的奏疏可以充分地证明这一点。徽州宗族祠堂最早出

---

① 《明宪宗实录》卷一三七。

② 夏言:《桂洲文集》卷一一,上海古籍出版社《四库全书》影印本。

③ 转引自叶显恩《明清徽州农村社会与佃仆制》,安徽人民出版社 1983 年版。

现于何时，这个问题现在尚无定论。《新安黄氏大宗谱》卷二《古林黄氏宗祠碑记》记载，早在宋朝，休宁县古林黄氏宗族就曾修建一座黄氏宗祠。婺源《清华胡氏族谱》卷之六《家庙记》记载，元朝泰定元年（1324 年），婺源县清华胡氏宗族子弟胡升，“即先人别塾（墅）改为家庙，一堂五室，中奉始祖散骑常侍，左右二昭二穆；为门三间，藏祭品于东，藏家谱于西，饰以苍黝，皆制也”。但是，这都是个别社会现象，并未形成社会风气。

《新安黄氏大宗谱》卷二记载，明嘉靖年间兵部右侍郎、歙县棠樾鲍氏宗族子弟鲍象贤说：“若夫缘尊祖之心，起从宜之礼，隆报本之仁，倡归厚之义，则近世宗祠之立亦有取焉。”我们认为，这是研究徽州宗族祠堂兴起时间的一条极为重要的资料。鲍象贤所说的“近世”即明朝。据历史文献记载，明朝中期徽州宗族兴起大兴土木、建造祠堂的热潮。许多宗族祠堂就是在这个时期兴建的。现将徽州宗族早期建筑的祠堂列表如下。

**宋、元、明徽州宗族祠堂表**

| 序号 | 年 代 | 名 称 | 宗 族 | 地 址 | 资料来源 |
|---|---|---|---|---|---|
| 1 | 宋代 | 古林黄氏宗祠 | 古林黄氏宗族 | 休宁县古林 | 《新安黄氏大宗谱·古林黄氏宗祠碑记》 |
| 2 | 元至大年间（1308—1311 年） | 明经祠 | 考川明经胡氏宗族 | 婺源县考川 | 黟县《明经胡氏存仁堂支谱·本始堂图附记》 |
| 3 | 元泰定元年（1324 年） | 清华胡氏家庙？ | 清华胡氏宗族 | 婺源县清华 | 婺源《清华胡氏族谱·家庙记》 |
| 4 | 明成化年间（1465—1487 年） | 叙秩堂 | 南屏叶氏宗族 | 黟县南屏村 | 《黟县南屏叶氏族谱·祠堂》 |
| 5 | 弘治二年（1489 年）以前 | 思诚堂 | 潭渡黄氏宗族 | 歙县潭渡村 | 歙县《潭渡黄氏族谱·思诚堂记》 |
| 6 | 弘治十一年（1498 年） | 罗氏家庙 | 呈坎前罗氏宗族 | 歙县呈坎村 | 歙县呈坎罗氏《宗系支谱·罗氏祠堂记》抄本 |
| 7 | 弘治十一年（1498 年） | 罗氏文献家庙 | 呈坎后罗氏宗族 | 歙县呈坎村 | 歙县呈坎罗氏《传家命脉图》字画 |

续表

| 序号 | 年　代 | 名　称 | 宗　族 | 地　址 | 资料来源 |
|---|---|---|---|---|---|
| 8 | 弘治年间(1488—1505年) | 奎光堂 | 南屏叶氏宗族 | 黟县南屏村 | 《黟县南屏叶氏族谱·祠堂》 |
| 9 | 正德(1506—1521年)以前 | 龙川胡氏宗祠 | 龙川胡氏宗族 | 绩溪县大坑口 | 绩溪龙川《明封承德郎户部主事澹庵胡公墓志铭》碑刻 |
| 10 | 正德十四年(1519年) | 惇叙祠 | 西溪南吴氏宗族 | 歙县西溪南村 | 歙县《丰南志·舆地志·祠宇》 |
| 11 | 正德年间(1506—1521年) | 许氏宗祠 | 东门许氏宗族 | 歙县城东门 | 《重修古歙东门许氏宗谱·宗祠条规议》 |
| 12 | 嘉靖二十一年(1542年) | 张氏宗祠 | 绍村张氏宗族 | 歙县绍村 | 《歙县文物志·古建筑·祠宇》 |
| 13 | 嘉靖二十一年(1542年)始建 | 贞靖罗东舒先生祠 | 呈坎前罗氏宗族 | 歙县呈坎村 | 罗应鹤《祖东舒翁祠堂记》碑刻 |
| 14 | 嘉靖二十一年(1542年) | 横槎黄氏祠堂? | 横槎黄氏宗族 | 婺源县横槎 | 《新安黄氏大宗谱·横槎祠堂记》 |
| 15 | 嘉靖二十四年(1545年)以前 | 程氏宗祠? | 善和程氏宗族 | 祁门县善和里 | 周绍泉、赵亚光《窦山公家议校注·祠祀议》 |
| 16 | 嘉靖二十四年(1545年)以前 | 仁山程氏支祠? | 善和程氏宗族 | 祁门县善和里 | 周绍泉、赵亚光《窦山公家议校注·祠祀议》 |
| 17 | 嘉靖年间(1522—1566年) | 万四公支祠 | 棠樾鲍氏宗族 | 歙县棠樾村 | 歙县《棠樾鲍氏宣忠堂支谱·重建万四公支祠记》 |
| 18 | 嘉靖年间(1522—1566年) | 吴氏宗祠? | 吴田吴氏宗族 | 休宁县吴田 | 汪道昆《太函集·吴田义庄吴公墓志铭》 |
| 19 | 嘉靖年间(1522—1566年) | 汪氏宗祠? | 稠墅汪氏宗族 | 歙县稠墅村 | 《汪氏祠规序》 |
| 20 | 嘉靖年间(1522—1566年) | 著存堂 | 新馆鲍氏宗族 | 歙县新馆 | 《歙新馆鲍氏著存堂宗谱·祠规序》 |

续表

| 序号 | 年代 | 名称 | 宗族 | 地址 | 资料来源 |
|---|---|---|---|---|---|
| 21 | 嘉靖年间(1522—1566年) | 周氏宗祠 | 城西周氏宗族 | 绩溪县城内 | 《绩溪城西周氏宗谱·重建祠堂记》 |
| 22 | 万历十三年(1585年) | 潘氏宗祠 | 大阜潘氏宗族 | 歙县大阜 | 《歙县文物志·古建筑·祠宇》 |
| 23 | 万历三十五年(1607年) | 肇禋堂 | 西门查氏宗族? | 休宁县西门? | 《休宁查氏肇禋堂祠事便览》 |
| 24 | 万历三十三年(1605年)始建 | 项氏宗祠 | 桂溪项氏宗族 | 歙县小溪 | 歙县《桂溪项氏族谱·祠祀·建祠原始》 |
| 25 | 万历四十三年(1615年) | 郑氏宗祠 | 郑村郑氏宗族 | 歙县郑村 | 《歙县文物志·古建筑·祠宇》 |
| 26 | 万历年间(1573—1619年) | 舒余庆堂 | 屏山舒氏宗族 | 黟县屏山村 | 新编《黟县志·文物志·古建筑》 |
| 27 | 万历年间(1573—1619年) | 叙伦堂 | 石潭吴氏宗族 | 歙县石潭村 | 《歙县文物志·古建筑·祠宇》 |
| 28 | 万历年间(1573—1619年) | 程氏宗祠 | 临溪程氏宗族 | 歙县临溪村 | 李维祯《大泌山房集·临溪程氏宗祠记》 |
| 29 | 万历年间(1573—1619年) | 吴氏大宗祠 | 西溪南吴氏宗族 | 歙县西溪南 | 《歙西溪南吴氏世谱·续刻溪南吴氏世谱叙》 |
| 30 | 万历年间(1573—1619年) | 明经胡氏宗祠? | 上川明经胡氏宗族 | 绩溪县上庄 | 绩溪《上川明经胡氏宗谱·拾遗》 |
| 31 | 嘉靖、万历年间(1522—1619年) | 敦本祠 | 西溪南吴氏宗族 | 歙县西溪南 | 歙县《丰南志·舆地志·祠宇》 |
| 32 | 嘉靖、万历年间(1522—1619年) | 四门祠 | 西溪南吴氏宗族 | 歙县西溪南 | 歙县《丰南志·舆地志·祠宇》 |
| 33 | 天启六年(1626年) | 朱氏宗祠? | 月潭朱氏宗族 | 休宁县月潭 | 《新安月潭朱氏族谱·重修宗祠记》 |
| 34 | 崇祯元年(1628年) | 思睦祠 | 西溪南吴氏宗族 | 歙县西溪南 | 歙县《丰南志·舆地志·祠宇》 |

续表

| 序号 | 年代 | 名称 | 宗族 | 地址 | 资料来源 |
|---|---|---|---|---|---|
| 35 | 崇祯年间(1628—1644年) | 敬爱堂 | 西递明经胡氏宗族 | 黟县西递 | 黟县《明经胡氏存仁堂支谱》 |
| 36 | 明朝(1368—1644年) | 盘川王氏宗祠 | 盘川王氏宗族 | 绩溪县盘川 | 绩溪《盘川王氏宗谱·祠堂记》 |

上表共列宗族祠堂三十六座,其中宋建一座,元建二座,明成化年间建一座,弘治年间建四座,正德年间建三座,嘉靖年间建十座,万历年间建九座,嘉靖、万历间建二座,天启年间建一座,崇祯年间建二座,明建年号不详一座。由此可见,徽州大建宗族祠堂之风,兴起于明代嘉靖、万历年间。历史文献——特别是徽州族谱——记载证明,徽州宗族大兴土木,建造祠堂热潮的兴起,与明嘉靖十五年(1536年)夏言上《令臣民得祭始祖立家庙疏》,进行"臣庶祠堂之制"改革的时间与步骤基本上是吻合的。

## 二、徽州宗族祠堂的建造

历史文献记载和社会调查资料证明,徽州一些名宗右族大都有众多祠堂。今天,黟县南屏村叶氏、李氏、程氏三个宗族还保存下来八座祠堂,其中宗祠二座,支祠三座,家祠三座,成为徽州著名的南屏明清祠堂建筑群①。徽州宗族祠堂大都规模宏大,巍峨壮观。民国《歙县志》卷一《舆地志·风土》记载:"邑俗旧重宗法,聚族而居,每村一姓或数姓;姓各有祠,支分派别,复为支祠,堂皇闳丽,与居室相间。"休宁《竹林汪氏宗祠记》记载,新安"聚族而居,数千百年,春露秋霜,明禋不替。村落间,祠宇相望,规模宏敞"。明代崇祯年间(1628—1644年)重建的休宁县古林黄氏宗族祠堂,有正堂五间,两庑五间,回廊五间,仪门五间,前仪门五间,后寝楼五间,前门楼

① 参见赵华富《黟县南屏叶氏宗族调查研究报告》,《徽州社会科学》1994年第2期。

三间，公厨一所。这座规模宏大的祠堂，共占地四亩八分有零①。据我们实地调查，歙县呈坎后罗氏宗族的“罗氏文献家庙”，是一座三进七开间规模宏伟的徽派祠堂建筑。这座祠堂纵深135米，宽21.3米，占地总面积达2,875.5平方米。在第一进和第二进、第二进和第三进之间，各有一个近50米长的大院。这种建筑布局，给人一种异常开阔壮观和恢弘气派的视觉。建于明嘉靖、万历年间的前罗氏宗族的“贞靖罗东舒先生祠”，是一座四进大规模建筑，前有高大的棂星门和仪门，第三进为享堂。“堂上度以筵。堂高四筵，广八筵，深六筵”。其颜曰：“彝伦攸叙。”享堂和庭院可容二三千人跪拜。未亲闻目睹者，简直不能想象。第四进是寝室，名曰“宝纶阁”。通面阔29米，进深10米，九楹，外加置阁梯二楹，共十一开间。寝基高1.33米，寝高7.5米，阁高4.7米，总计高13.52米，高大雄伟，令人惊叹。除了主体建筑以外，贞靖罗东舒先生祠右边还有一个女祠，左边建有一所厨房。全部建筑，“缭以周垣，为一百七十六堵”，占地五亩。气势恢弘，巍巍壮观。黟县南屏叶氏宗族的“奎光堂”，是一座三进五开间典型徽派祠堂建筑。祠堂四周砌高耸砖墙，仪门、享堂、寝室梁架用八十六根硕大木柱和石柱支撑，巍峨壮观，规模宏大，占地面积达1,000多平方米。

徽州宗族祠堂，大都营造精细，装饰精美，古朴典雅，具有很高的艺术价值。歙县潜口汪氏宗祠、郑村郑氏宗祠、棠樾鲍氏敦本堂和清懿堂、北岸吴氏宗祠、大阜潘氏宗祠、叶村洪氏祠堂、石潭村吴氏叙伦堂、绍村张氏宗祠、韶坑徐氏宗祠、呈坎前罗氏贞靖罗东舒先生祠；休宁县溪头村王氏祠堂、东临溪乡程氏宗祠；黟县南屏叶氏叙秩堂和奎光堂、屏山舒氏舒余庆堂；绩溪县城关周氏宗祠等的营造和装饰，有力地证明了这一点。著名的绩溪县龙川胡氏宗祠，被中外建筑学家和艺术家誉为“木雕艺术博物馆”。这是一座明清三进七开间豪华徽派祠堂建筑，国务院重点文物保护单位。整个祠堂不仅梁面、梁托、梁钩、雀替上有各式各样的精湛雕刻，而且门窗、隔扇、板壁几乎通体都有镂空花雕和平板花雕。雕刻设计精美，刀工细腻，技术精湛，特别是那些荷花平板花雕，千姿百态，生意盎然，巧夺天工。人们进入龙川

① 休宁《古林黄氏重修族谱》卷一《祠宇祀产》，明崇祯十六年刻本。

胡氏宗祠，宛如走进一座庞大的艺术宫殿。

徽州宗族祠堂大都建筑造价极高，耗费的人力、物力和财力十分巨大。如歙县昉溪许邦伯门修建祠堂，“阅时七载，用款逾万缗，工费浩大，卒底于成”①。桂溪项氏宗族修建宗祠，宗族子弟集资银七千零四十二两六钱二分三厘。从清代康熙十八年（1679 年）到乾隆十九年（1754 年），七十五年中维修、扩建四次，耗银达九千八百余两，其中康熙四十二年（1703 年）一次维修费即耗银六千余两②。康熙年间（1662—1722 年），潭渡黄氏宗族建享妣专祠，“庀材鸠工，为堂五楹，前有三门，后有寝室与祠门。而堂之崇三丈五尺，其深二十七丈，其广六丈四尺。前后称是，坚致完好。凡祠之所应有者，亦无不备。阅载而后成，计白金之费三万两”③。休宁县竹林汪氏宗族修建宗祠，从乾隆二十六年（1761 年）开工至三十二年（1767 年）告竣，历时六载，共六十七大项开支，其中大厅木料支银二千五百七十六两五钱二分，木司工账支银三千八百零五两七钱，石司工账支银三千一百零九两……使用石灰十八万七千三百二十斤，总计耗银三万八千二百三十两零五分四厘④。绩溪县城西周氏宗族重建宗祠，规划既定，“于是诹日迁主，测影正位，前当孔道，后凿山丛，左购庐，右易地，以广厥基。伐石于浙，䊼木于宣。任畚挶者呼邪，讦者运，鼍者施，垩帚者日指以千计，凡岁八稔而祠成……是役也，经始于乾隆三十四年四月朔日，落成于四十一年十月，计银一万六千八百两有奇”⑤。

## 三、徽州宗族祠堂兴起的背景和社会作用

明代嘉靖、万历年间，徽州宗族大兴土木，建造祠堂，与当时的社会环境是分不开的。

---

① 《古歙昉溪许邦伯门修建祠记汇存，重建邦伯门敦本堂祠记》，民国二十二年铅印本。
② 歙县《桂溪项氏族谱》卷二二《祠记》，清嘉庆十六年木活字本。
③ 歙县《潭渡黄氏族谱》卷六《祠祀·新建享妣专祠记略》，清雍正九年刻本。
④ 休宁《竹林汪氏宗祠记》。
⑤ 《绩溪城西周氏宗谱》卷之首《重建宗祠记》，清光绪三十一年木活字本。

众所周知，明代中期以后，中国社会商品经济有了很大的发展。不仅手工业——如丝织、棉织、冶铁、冶铜、造纸、印刷、木材、造船、酿酒、制茶等——出现了空前繁荣的局面，而且传统的自给自足的小农经济也部分地卷入商品经济的大潮，生产发达的地区出现了为市场生产棉花、烟叶、蚕茧、甘蔗、粮食的专业农户。随着商品经济的发展，长江三角洲地区产生了资本主义生产关系的萌芽，这不能不影响徽州地区。万历《歙志·风土》记载：

> 寻至正德末、嘉靖初，则稍异矣。出贾既多，土田不重；操资交捷，起落不常；能者方成，拙者乃毁；东家已富，西家自贫；高下失均，锱铢共竞；互相凌夺，各自张皇。于是诈伪萌矣，讦争起矣，芬华染矣，靡汰臻矣……
>
> 迨至嘉靖末、隆庆间，则尤异矣。末富居多，本富尽少；富者愈富，贫者愈贫；起者独雄，落者辟易；资爰有属，产自无恒；贸易纷纭，诛求刻核；奸豪变乱，巨滑侵牟。于是诈伪有鬼蜮矣，讦争有戈矛矣，芬华有波流矣，靡汰有丘壑矣……
>
> 迄今三十余年，则敻异矣。富者百人而一，贫者十人而九；贫者既不能敌富，少者反可以制多；金令司天，钱神卓地；贪婪罔极，骨肉相残；受享于身，不堪暴殄；因人作报，靡有落毛。于是鬼蜮则匿影矣，戈矛则连兵矣，波流则襄陵矣，丘壑则陆海矣……

由于徽州社会是一个典型的宗族社会，徽州人都生活在以血缘关系为纽带的社会人群共同体之中。所以，徽州社会的变化实际就是宗族的变化。

商品经济的繁荣和资本主义生产关系萌芽的产生对徽州宗族的冲击，是摆在宗族统治者面前一个严峻问题。为了巩固宗法制度和宗法群体，徽州宗族统治者必须采取有力措施，加强宗族统治。大兴土木，建造祠堂，就是诸多措施当中一个极为重要的措施。《歙西溪南吴氏世谱·续刻溪南吴氏世谱叙》记载："创建宗祠，上以奉祀祖宗，报本追远；下以联属亲疏，惇叙礼让，其晟典也。"歙县《金山洪氏宗谱》卷二《世祠引》说："祠之时义大矣哉！人本乎祖，昉于一人之身，而渐而为千百人之身，而渐而为亿万人之身，求其合族众而咸知尊祖，尊祖而敬宗，敬宗而睦族，非祠曷由臻此。"一言以蔽之，大兴土木，建造祠堂，就是为了"尊祖，敬宗，睦族。"

徽州宗族历史文献记载告诉我们,宗族祠堂的兴建对宗族统治的巩固起了重大作用。

### (一) 强化了宗法思想和宗族观念

历史上徽州人的宗法思想和宗族观念特别强烈,这已成为人们共识。大兴土木,建造宗族祠堂是加强这一社会现象的重要原因。因为宗族祠堂是宗法思想和宗族观念的主要象征和集中体现,建造宗族祠堂就是为了宣传、贯彻和弘扬宗法思想和宗族观念。按宗祠寝室之制,中龛正中供奉始祖神主,左右供奉始祖以下五代祖先和有功德祖先神主,其他祖先神主供奉左右神龛或左右昭穆室。中龛神主"永世不迁",左右神龛或左右昭穆室神主"五世则迁"。神主这种排列规制增强了族众的祖先崇拜观念,加深了"人本乎祖,昉于一人之身,而渐而为千百人之身,而渐而为亿万人之身"的"木本水源"意识。按祠堂之制和古代传统礼法,寝室神龛中祖先神主,均按左昭右穆世次规制排列,祭祖时陪祭支丁全部按昭穆世次站队排列。祖先神主和祭祖支丁这种排列规制,加深了一切必须依辈分行事的意识。有些名门望族采古代宗法制之遗意,"究始祖自来之嫡长,而立为大宗子,以统通族之众"①。宗子"上奉祖考,下一宗族",是祠堂祭祖大典的主祭者②。黟县《环山余氏宗谱》卷一《余氏家规》记载:"宗子主祭,礼之常也。设若宗子年幼,恐弗堪事,则惟祝文书其名,存其位,乃择五十以上、行谊无过、精力强健、礼仪闲习者一人辅之,又令二人分祭。"宗子祠堂主祭,增强了族众的嫡长观念,加深了族众的嫡长意识。

### (二) 缓和了宗族内部矛盾,加强了宗族团结

祠堂是供奉和祭祀祖先的神庙,又是宗族成员集会和集体活动的场所。在祠堂祭祖和祠堂集会中,全体支丁都以祖宗子孙身份参加活动,按叔侄、兄弟关系结为一体。正如《托山程氏宗祠记》所说,"子孙千亿,其初兄弟

---

① 歙县《方氏族谱》卷七《家训》,清康熙四十年刻本。

② 休宁《茗洲吴氏家典·家规》,清雍正十三年刻本。

也，又其初一人也。犹水之千溪万壑而源同，木之千枝万干而根同”①。这就模糊和冲淡了宗族成员之间的阶级对立。特别是为睦族和增进宗族子弟之间的族谊在祠堂举行的“散胙”、“散福”和“合食”（又曰“会食”、“堂食”、“燕饮之会”）活动，使支丁蒙上一层温情脉脉的血缘亲族关系的面纱，富者与贫者，贵者与贱者，恩者与仇者，强者与弱者，剥削者与被剥削者，统治者与被统治者，欢聚一堂，同饮共餐，共同享受祖宗的德泽，对缓和宗族内部矛盾，加强宗族团结，起了很大作用。《绩溪金紫胡氏家谱·亶然堂重订规谱序》记载：“共大宗者，岁一合食；共高祖者，再；共曾祖者，三。凡合食必于宗祠，期在忌日、生辰、斋祭之后，俾敦宗睦族，知自厚于人道，而贫富贵贱无自于相耀，夫乃恍然知其本支勃兴有所自来矣。”程一枝《程典》十九《宗法志》第三记载：“岁为燕饮之会，以洽族人，其时以春秋祀日，其物以时祀之余。”《重修古歙城东许氏世谱》卷七《许氏宗祠重置祭田记》曰：“许之先尝建有宗祠，以奉其先世主，岁时会祀，元旦、腊社会食。故虽亲尽服竭，而敦睦之道赖是不废，以迄于今。”

### （三）强化了宗族管理，维护了宗族组织

宗族祠堂兴起后，宗族有了办公场所。每遇宗族有重大建设工程、重大活动和重要事务，以族长为核心的房长、乡绅统治者都在祠堂议决。祠堂就是宗族的议事厅。特别是宗族祠堂建立后，宗族支丁全都组织于祠堂之中，不仅宗族活动在祠堂举行，而祠堂本身就成了宗族组织。支丁降生，要在祠堂《支丁名册》上登记；年龄到十五岁，要在祠堂举行冠礼；娶亲成家，要在祠堂举行婚礼；入泮中式，要在祠堂举行贺礼；逝世归天，要在祠堂举行丧祭和死亡登记，等等。组织在祠堂中的全部支丁，都是同一个始祖或支祖的后裔，不仅异姓、螟蛉子绝对不能加入，即使是同姓异宗的人也不能入祠。按宗族族规家法规定，触犯族规家法的支丁，最高和最严的惩处是“革出祠堂”。历史上，徽州人视族籍如同生命。革出祠堂，即是革出族籍。而革出祠堂和革出族籍是人生最大耻辱。宗族统治者按昭穆世次将全体支丁组织

① 歙县《托山程氏家谱》卷二—《托山程氏宗祠记》，明崇祯九年刻本。

于宗法体系之中。当宗族与宗族之间发生矛盾和斗争时,宗族支丁大都能团结一致,共同对外。这从一个侧面,反映了宗族群体和宗族组织的内聚力。

### (四)巩固了宗族统治和宗族制度

族规家法是宗族统治者统治广大族众、巩固宗族制度的重要工具。宗族祠堂兴起后,祠堂成为族规家法的宣传厅。宗族统治者通过族规家法的宣传,借以巩固宗族统治和宗族制度。宣传族规家法有两种方式:第一,定期在祠堂宣讲。绩溪《华阳邵氏宗谱·新增祠规》记载:"祠规者,所以整齐一族之法也。然徒法不能以自行,宜仿王孟箕《宗约仪节》,每季定期由斯文、族长督率子弟赴祠,择读书少年善讲解者一人,将祠规宣讲一遍,并讲解训俗遗规一二条。"黟县《环山余氏宗谱》卷一《余氏家规》规定:"每岁正旦,拜谒祖考。团拜已毕,男左女右分班,站立已定,击鼓九声,令善言子弟面上正言,朗诵训戒。"第二,缮列粉牌,悬挂祠堂。绩溪《华阳邵氏宗谱·新增祠规》曰:"公议重订祠规,以期通族亲睦,勉为盛世良民,作祖宗之令子。顾立规难,行规尤难,一或有不肖者任意阻挠,以行其私,则祠规破坏,百弊丛生,通族之人莫不并受其害。爰集族众,将祠规公同核定,缮列粉牌,悬挂祠内,俾有遵循,用垂久远。"黄山市徽州区呈坎村贞靖罗东舒先生祠至今还完整保存有《新祠八则》粉牌八块①。因此,祠堂就是宗族法庭。《休宁范氏族谱》记载,族众触犯族规家法,即执至祠堂,"听族长、房长率子弟以家法从事"。《新安程氏阖族条规》规定:"不孝不弟者,众执于祠,切责之,痛惩之。"徽州宗族祠堂内,大都悬挂大竹板,对独犯族规家法的族众,轻者教育、训斥,重者杖责。笞而不改,革出祠堂,或送官惩治。

明朝中期以后,徽州宗族仍然异常繁荣,宗族制度仍然十分典型。赵吉士在《寄园寄所寄》卷十一《故老杂记》中说:"新安各姓,聚族而居,绝无一杂姓搀入者,其风最为近古。出入齿让,姓各有宗祠统之。岁时伏腊,一姓

① 1993年,笔者见到这八块"粉牌"保持原样,存放在贞靖罗东舒先生祠;1994年,笔者又见到这八块"粉牌",已重新油漆一新,但失去文物价值。

村中，千丁皆集。祭用文公《家礼》，彬彬合度。父老尝谓，新安有数种风俗胜于他邑：千年之家，不动一抔；千丁之族，未常散处；千载之谱系，丝毫不紊；主仆之严，数十世不改，而宵小不敢肆焉。”

（原载《安徽大学学报》（哲学社会科学版）1996 年第 2 期）

# 徽州宗族祠堂的几个问题

徽州大小宗族几乎没有一个没有祠堂,许多名宗右族往往有几个甚至几十个祠堂。祠堂连云,远近相望,是徽州的一个重要社会和文化现象。从历史学和社会学的角度,用历史文献记载和社会调查相结合的方法,对徽州宗族祠堂的一些问题进行探讨,是学术研究的一个重要课题。

## 一、徽州宗族祠堂兴起的时代

《礼记·王制》记载的庙制:"天子七庙,三昭三穆,与大祖之庙而七。诸侯五庙,二昭二穆,与大祖之庙而五。大夫三庙,一昭一穆,与大祖之庙而三。士一庙。庶人祭于寝。"

据历史文献记载,"庶人无庙,祭于其寝",这种民间祭祖礼制持续了很长时间。朱熹《家礼》卷一《通礼·祠堂》记载:"君子将营宫室,先立祠堂于正寝之东,为四龛,以奉先世神主。"朱熹说的祠堂还属于"家祠",而不是宗族祠堂。这种祠堂都建在"正寝之东"。

明朝前期,"臣庶祠堂之制",仍然悉本朱熹《家礼》。成化十一年(1475年),国子监祭酒周洪谟上疏曰:

> 今臣庶祠堂之制,悉本《家礼》,高、曾、祖、考,四代设主,俱自西而东。考之神道向左,古无其说……宜令一品至九品止立一庙……神主则高祖居左,曾祖居右;祖居次左,考居次右,于礼为当。①

周洪谟在这篇奏疏中所提出的问题是:祠堂寝室中,"高、曾、祖、考,四代设

① 《明宪宗实录》卷一三七。

主，俱自西而东”，不符合古代礼制。他认为，神主排列位置，“高祖居左，曾祖居右；祖居次左，考居次右，于礼为当”。

嘉靖十五年（1536年），礼部尚书夏言上《令臣民得祭始祖立家庙疏》，打破了《礼记·王制》记载的古代家庙礼制和朱熹制定的祠堂规制。他在这篇奏疏中说：

> 臣民不得祭其始祖先祖，而庙制亦未有定制，天下之为孝子慈孙者，尚有未尽申之情……乞诏天下臣民冬至日得祭始祖……乞诏天下臣工建立家庙。①

夏言的奏疏是中国古代民间祭祖礼制一次重大变革。冼宝干《佛山忠义乡志》卷九《氏族》记载：“明世宗采大学士夏言议，许民间皆得联宗立庙。于是宗祠遍天下，吾佛诸祠亦多建自此时，敬宗收族于是焉。”②

徽州宗族祠堂兴起于何时呢？据历史文献记载，徽州祠堂源远流长，早在唐宋时期就大量出现。但是，那时徽州的祠堂大都是“家祠”，而不是宗族祠堂。徽州宗族祠堂最早出现于何时，现在还很难说。《新安黄氏大宗谱》卷二《古林黄氏宗祠碑记》记载，早在宋代休宁县古林黄氏宗族就曾兴建了一座黄氏宗祠。婺源《清华胡氏族谱》卷六《家庙记》记载，元朝泰定元年（1324年），婺源县清华胡氏宗族支丁胡升，“即先人别塾（墅）改为家庙，一堂五室，中奉始祖散骑常侍，左右二昭二穆；为门三间，藏祭品于东，藏家谱于西，饰以苍黝，皆制也”。但是，这都是个别社会现象，并未形成社会风气。

《新安黄氏大宗谱》卷二记载，明嘉靖年间，歙县棠樾鲍氏宗族子弟、兵部右侍郎鲍象贤说：“若夫缘尊祖之心，起从宜之礼，隆报本之仁，倡归厚之义，则近世宗祠之立亦有取焉。”我们认为，这是研究徽州宗族祠堂兴起于何时极为重要的一条历史资料。鲍象贤所说的“近世”，就是当代，换句话说，就是明朝。据历史文献，特别是徽州族谱记载，明嘉靖十五年夏言提出变革民间祭祖礼制以后，徽州宗族兴起大兴土木、建造祠堂的热潮，许多规

---

① 夏言：《桂洲文集》卷一一，上海古籍出版社《四库全书》影印本。

② 转引自叶显恩：《明清徽州农村社会与佃仆制》，安徽人民出版社1983年版。

模宏伟的宗族祠堂,就是在这个时期拔地而起的。

现在,根据我们掌握的历史资料,将徽州宗族早期兴建的祠堂列表如下。

| 序号 | 年 代 | 名 称 | 宗 族 | 地 址 | 资料来源 |
|---|---|---|---|---|---|
| 1 | 宋代 | 古林黄氏宗祠 | 古林黄氏宗族 | 休宁县古林 | 《新安黄氏大宗谱·古林黄氏宗祠碑记》 |
| 2 | 元至大年间(1308—1311年) | 明经祠 | 考川明经胡氏宗族 | 婺源县考川 | 黟县《明经胡氏存仁堂支谱·本始堂图附记》 |
| 3 | 元泰定元年(1324年) | 清华胡氏家庙? | 清华胡氏宗族 | 婺源县清华 | 婺源《清华胡氏族谱·家庙记》 |
| 4 | 元朝(1260—1368年) | 詹氏宗祠 | 桂岩詹氏宗族 | 婺源县桂岩 | 程尚宽:《新安名族志》前卷 |
| 5 | 明成化年间(1465—1487年) | 叙秩堂 | 南屏叶氏宗族 | 黟县南屏村 | 《黟县南屏叶氏族谱·祠堂》 |
| 6 | 弘治二年(1489年)以前 | 思诚堂 | 潭渡黄氏宗族 | 歙县潭渡村 | 歙县《潭渡黄氏族谱·思诚堂记》 |
| 7 | 弘治十一年(1498年) | 罗氏家庙 | 呈坎前罗氏宗族 | 歙县呈坎村 | 歙县罗氏《宗系支谱·罗氏祠堂记》,抄本 |
| 8 | 弘治十一年(1498年) | 罗氏文献家庙 | 呈坎后罗氏宗族 | 歙县呈坎村 | 歙县罗氏《传家命脉图》字画 |
| 9 | 弘治年间(1488—1505年) | 奎光堂 | 南屏叶氏宗族 | 黟县南屏村 | 《黟县南屏叶氏族谱·祠堂》 |
| 10 | 正德(1506—1521年)以前 | 龙川胡氏宗祠 | 龙川胡氏宗族 | 绩溪县大坑口 | 《明封承德郎户部主事澹庵胡公墓志铭》碑刻 |
| 11 | 正德十四年(1519年) | 惇叙祠 | 西溪南吴氏宗族 | 歙县西溪南村 | 吴吉祜《丰南志·舆地志·祠宇》 |
| 12 | 正德年间(1506—1521年) | 许氏宗祠 | 东门许氏宗族 | 歙县城东门 | 《重修古歙东门许氏宗谱·宗祠条规议》 |
| 13 | 嘉靖二十一年(1542年) | 张氏宗祠 | 绍村张氏宗族 | 歙县绍村 | 《歙县文物志·古建筑·祠宇》 |

续表

| 序号 | 年 代 | 名 称 | 宗 族 | 地 址 | 资料来源 |
|---|---|---|---|---|---|
| 14 | 嘉靖二十一年(1542年)始建 | 贞靖罗东舒先生祠 | 呈坎前罗氏宗族 | 歙县呈坎村 | 罗应鹤《祖东舒翁祠堂记》碑刻 |
| 15 | 嘉靖二十一年(1542年) | 横槎黄氏祠堂? | 横槎黄氏宗族 | 婺源县横槎 | 《新安黄氏大宗谱·横槎祠堂记》 |
| 16 | 嘉靖二十四年(1545年)以前 | 程氏宗祠? | 善和程氏宗族 | 祁门县善和里 | 周绍泉、赵亚光《窦山公家议校注·祠祀议》 |
| 17 | 嘉靖二十四年(1545年)以前 | 仁山程氏支祠? | 善和程氏宗族 | 祁门县善和里 | 周绍泉、赵亚光《窦山公家议校注·祠祀议》 |
| 18 | 嘉靖年间(1522—1566年) | 万四公支祠 | 棠樾鲍氏宗族 | 歙县棠樾村 | 歙县《棠樾鲍氏宣忠堂支谱·重建万四公支祠记》 |
| 19 | 嘉靖年间(1522—1566年) | 吴氏宗祠? | 吴田吴氏宗族 | 休宁县吴田 | 汪道昆《太函集·吴田义庄吴公墓志铭》 |
| 20 | 嘉靖年间(1522—1566年) | 汪氏宗祠? | 稠墅汪氏宗族 | 歙县稠墅村 | 《汪氏祠规序》 |
| 21 | 嘉靖年间(1522—1566年) | 著存堂 | 新馆鲍氏宗族 | 歙县新馆 | 《歙新馆鲍氏著存堂宗谱·祠规序》 |
| 22 | 嘉靖年间(1522—1566年) | 周氏宗祠 | 城西周氏宗族 | 绩溪县城内 | 《绩溪城西周氏宗谱·重建祠堂记》 |
| 23 | 嘉靖年间(1522—1566年) | 蒋氏祠堂 | 白塔蒋氏宗族 | 祁门县白塔 | 程尚宽《新安名族志》后卷 |
| 24 | 明朝中期(1436—1581年) | 詹氏宗祠 | 庆源詹氏宗族 | 婺源县庆源 | 程尚宽《新安名族志》前卷 |
| 25 | 明朝中期(1436—1581年) | 叶氏宗祠 | 南街叶氏宗族 | 休宁县城南街 | 程尚宽《新安名族志》后卷 |

续表

| 序号 | 年 代 | 名 称 | 宗 族 | 地 址 | 资料来源 |
|---|---|---|---|---|---|
| 26 | 明朝中期(1436—1581年) | 许氏宗祠 | 涧洲许氏宗族 | 绩溪县涧洲 | 程尚宽《新安名族志》后卷 |
| 27 | 明朝中期(1436—1581年) | 孙氏宗祠 | 古筑孙氏宗族 | 黟县古筑 | 程尚宽《新安名族志》后卷 |
| 28 | 万历十三年(1585年) | 潘氏宗祠 | 大阜潘氏宗族 | 歙县大阜 | 《歙县文物志·古建筑·祠宇》 |
| 29 | 万历三十三年(1605年)始建 | 项氏宗祠 | 桂溪项氏宗族 | 歙县小溪 | 歙县《桂溪项氏族谱·祠祀·建祠原始》 |
| 30 | 万历三十五年(1607年) | 肇禋堂 | 西门查氏宗族? | 休宁县西门? | 《休宁查氏肇禋堂祠事便览》 |
| 31 | 万历四十三年(1615年) | 郑氏宗祠 | 郑村郑氏宗族 | 歙县郑村 | 《歙县文物志·古建筑·祠宇》 |
| 32 | 万历年间(1573—1619年) | 舒余庆堂 | 屏山舒氏宗族 | 黟县屏山村 | 新编《黟县志·文物志·古建筑》 |
| 33 | 万历年间(1573—1619年) | 叙伦堂 | 石潭吴氏宗族 | 歙县石潭村 | 《歙县文物志·古建筑·祠宇》 |
| 34 | 万历年间(1573—1619年) | 程氏宗祠 | 临溪程氏宗族 | 歙县临溪村 | 李维祯《大泌山房集·临溪程氏宗祠记》 |
| 35 | 万历年间(1573—1619年) | 吴氏大宗祠 | 西溪南吴氏宗族 | 歙县西溪南 | 《歙西溪南吴氏世谱·续刻溪南吴氏世谱叙》 |
| 36 | 万历年间(1573—1619年) | 明经胡氏宗祠? | 上川明经胡氏宗族 | 绩溪县上庄 | 绩溪《上川明经胡氏宗谱·拾遗》 |
| 37 | 嘉靖、万历年间(1522—1619年) | 敦本祠 | 西溪南吴氏宗族 | 歙县西溪南 | 吴吉祜《丰南志·舆地志·祠宇》 |
| 38 | 嘉靖、万历年间(1522—1619年) | 四门祠 | 西溪南吴氏宗族 | 歙县西溪南 | 吴吉祜《丰南志·舆地志·祠宇》 |

续表

| 序号 | 年代 | 名称 | 宗族 | 地址 | 资料来源 |
| --- | --- | --- | --- | --- | --- |
| 39 | 天启六年(1626年) | 朱氏宗祠? | 月潭朱氏宗族 | 休宁县月潭 | 《新安月潭朱氏族谱·重修宗祠记》 |
| 40 | 崇祯元年(1628年) | 思睦祠 | 西溪南吴氏宗族 | 歙县西溪南 | 吴吉祜《丰南志·舆地志·祠宇》 |
| 41 | 崇祯年间(1628—1644年) | 敬爱堂 | 西递明经胡氏宗族 | 黟县西递村 | 黟县《明经胡氏存仁堂支谱》 |
| 42 | 明朝(1368—1644年) | 盘川王氏宗祠 | 盘川王氏宗族 | 绩溪县盘川 | 绩溪《盘川王氏宗谱·祠堂记》 |
| 43 | 明朝(1368—1644年) | 汪氏宗祠 | 凤砂汪氏宗族 | 婺源县凤砂 | 程尚宽《新安名族志》前卷 |

上表共列宗族祠堂43座,其中宋建1座;元至大年间建1座,泰定年间建1座,元建年号不明1座;明成化年间建1座,弘治年间建4座,正德年间建3座,嘉靖年间建11座,明中期建4座,万历年间建9座,嘉靖、万历年间建2座,天启年间建1座,崇祯年间建2座,明建年号不详2座。由此可见,徽州宗族祠堂兴起于明代嘉靖、万历年间。陈柯云说:“徽州普遍性地建祠,应是在明中期以后。”①我们认为,这个看法是正确的。历史文献记载,徽州宗族大兴土木,建造祠堂热潮的兴起,与嘉靖十五年夏言上《令臣民得祭始祖立家庙疏》进行民间祭祖礼制的改革,时间和步子基本一致。

## 二、徽州宗族祠堂的规制

徽州宗族祠堂规制是古代宗庙规制的演变和发展。古代宗庙分为寝和庙两部分。《诗·小雅·巧言》曰:“奕奕寝庙,君子作之。”《礼记·月令》记载:“寝庙毕备。”郑玄注曰:“凡庙,前曰庙,后曰寝。”孔颖达疏说:“庙是接神之处,其处尊,故在前;寝,衣冠所藏之处,对庙而卑,故在后。”

① 陈柯云:《明清徽州的修谱建祠活动》,《徽州社会科学》1993年第4期

根据徽州族谱记载和社会调查资料，徽州宗族祠堂绝大多数都是三进。第一进称“仪门”，或曰“大门”、“门厅”、“过厅”等；第二进称“享堂”，或曰“大堂”、“正堂”、“大厅”、“正厅”等；第三进称“寝室”，或曰“寝”、“室”、“正寝”等。享堂是进行祭祖活动和举行祭祀礼仪的地方，是由古代的“庙”发展、演变而来的。寝室是供奉祖先神主的地方，是从古代的“寝”发展、演变而来的。歙县《潭渡黄氏族谱》卷六《祠祀·新建享妣专祠记略》记载，这座女祠“为堂五楹，前有三门，后有寝室与祠门”。由此可见，歙县潭渡黄氏宗族享妣专祠前曰“门”，中曰“堂”，后称“寝室”。吴吉祜《丰南志·溪南吴氏祠堂记》记载，溪南吴氏祠堂“前堂后寝，缭以周垣，俎豆裳衣，各得其所”。可以看到，这座祠堂的规制也是前为享堂，后为寝室。名闻中外的歙县呈坎贞靖罗东舒先生祠，是一座规模宏大的典型四进徽派祠堂建筑。前面是棂星门和仪门。据罗应鹤《祖东舒翁祠堂记》记载：“中建‘堂’，其颜为‘彝伦攸叙’，出云间董太师手笔。堂上度以筵。堂高四筵，广八筵，深进六筵。”享堂后是寝室。罗应鹤说，嘉靖二十一年(1542 年)，“伐山刊木，得善材数千章，匠人营之，陶人甓之，后寝几成，遇事中辍，因循垂七十年”。万历四十五年(1617 年)又继续兴建。“寝因前人草创，益之以阁，用藏历代恩纶”，因名“宝纶阁”。“中奉翁及祖妣(按：罗东舒夫妇神主——引者)，左右按礼分曹，东西为夹室，东崇有功，西报有德，祔祠之主序列焉”①。

徽州祠堂的寝室规制，资料极为丰富。歙县桂溪项氏宗祠《供奉神主龛室规》曰：

寝室之制，龛座三间，中为正寝，左右为昭穆室，供奉规则，具列于后：

始祖以下五世考妣，聿开巨族，泽利后人，其神主敬宜供奉正中，永远不迁。

荣膺封赠神主，文武仕宦神主，甲第科贡神主，仁贤盛德神主，忠孝节义神主，各门门祖神主，爵德兼隆，光前裕后，并宜祔享中龛左右，永远不祧。

---

① 罗应鹤：《祖东舒翁祠堂记》碑刻，置歙县呈坎贞靖罗东舒先生祠。

输金急公神主，建修祠墓神主，裹粮效力神主，捐辑谱乘神主，凡百金以上有功祠祖者，于昭穆室特为酬功位，供奉祔祭，永远不祧。

各祖考妣神主，捐职考职未邀封典神主，例捐贡监文武庠生神主，并安昭穆室，五世则迁。①

桂溪项氏宗祠的“寝室之制”具有代表性和典型性。《婺源桃溪潘氏族谱》卷十九《祠堂从祀先祖议辩》记载：“寝室中奉始祖神主固也，而各派亲尽所祧之先祖，虽曰难以遍举，然其中有齿德重于一时，学行闻于乡曲，亦有登科第膺封典入仕籍者，是皆足以启我后人，既祧于家，无所于祀，独不可循其世次，列居寝室，而为始祖从祀者乎？”《歙新馆鲍氏著存堂宗谱》卷二《赴新馆省祠墓记》曰：“旧规配飨一典，仅以捐资者得与，而忠、孝、节、义缺然未讲，非所以励风俗也……于是……新设三龛于楼，升始祖于中龛，以敦贞公一辈，棠、集八公一辈祔之，又以忠、孝、节、义各主祔之。其左右两龛，则凡有齿爵及捐配者与焉。”《新安程氏阖族条规·祠规条目》规定：“中室奉元谭公、灵洗公、文季公及迁虹梁始祖、各分支祖，其登科甲与出贡者，附此室；忠臣孝子及有大功于合族者，亦附此室；能输百金入祠者，亦附此室。余主照常昭穆序坐。”

祠堂寝室中神主排列规制，主要目的是为了明彝伦，序昭穆，正名分，辨尊卑。《重修古歙东门许氏宗谱》卷八《规约·书宗祠条规后》记载：

考宗庙之礼，原所以序昭穆……龛座中列为始祖，并所奉不祧之主座次；余悉以世次，分左昭右穆，相循而坐，此正名根本，千古不易之论也。

徽州宗族祠堂寝室中供奉的祖先神主，一般都以尊卑为依据分为两大类：一类属于尊者，包括始祖、创建宗族时数代祖先和有功有德祖先神主。这些神主“永远不迁”，“永远不祧”，也就是说，永远供奉于寝室神龛之中，永远享受后代子孙的祭祀和血食。一类属于卑者，即一般没有什么功德祖先的神主。这些神主，“五世则迁”，也就是说，玄孙死绝，高祖的神主即迁走。古人认为，五服以内为亲，超过五服以外为亲尽。一般无功德祖先的神

① 歙县《桂溪项氏族谱》卷二二《祠祀》，清嘉庆十六年木活字本。

主,亲尽以后再继续供奉于神龛之中已无意义。

亲尽以后的祖先神主迁到什么地方去呢?朱熹《家礼》中"改题递迁礼"曰:

改题递迁礼,见《丧礼》大祥章。大宗之家,始祖亲尽,则藏其主于墓所。而大宗犹主其墓田,以奉其墓祭,岁率宗人一祭之,百世不改。其第二世以下祖亲尽及小宗之家高祖亲尽,则迁其主而埋之,其墓田则诸位迭掌,而岁率其子孙一祭之,亦百世不改也。

朱熹说:"天子、诸侯有太庙夹室,祧主藏于其中。今士人家无此,祧主无可置处,不得已只埋于墓所。"①杨复曰:"世次迭迁,昭穆继序,其事至重。《家礼》但以酒果告迁于祠堂,恐礼太轻。当于吉祭前一夕,以荐告还至毕,乃题神主。厥明合祭毕,奉祧主埋于墓所,奉迁主、新主各归于庙。"②

徽州人对朱熹非常崇拜,把朱熹的话视为经典,奉行不悖。《新安黄氏会通宗谱·集成会通谱叙》记载:

盖人伦不明,宗法废弛,民俗颓弊甚矣。幸而皇宋诞膺景运,五星聚奎。于是吾郡朱夫子者出,阐六经之幽奥,开万古之群蒙,复祖三代之制,酌古准今,著为《家礼》,以扶植世教;其所以正名分,别尊卑,敬宗睦族之道,亲亲长长之义,灿然具载。而欧、苏二子亦尝作为家谱,以统族属。由是海内之士,闻其风而兴起焉者,莫不家有祠,以祀其先祖;族有谱,以别其尊卑。

由此可以看出,徽州人视朱熹《家礼》为一部划时代的伟大著作,"炳如日星",是宗族行动的指南,"若衣服饮食,不可一日离焉耳"③。休宁《茗洲吴氏家典》作者要求他们的宗族成员,"遵行《家礼》,率以为常";按《家礼》办事,不越雷池一步,即所谓"非敢于《家礼》有所损益也"。歙县泽富王氏宗族《宗规》规定:冠、婚、丧、祭"并遵文公《家礼》"④。笔者阅读过的数百种

① 朱熹:《家礼》,上海古籍出版社《四库全书》影印本。

② 朱熹:《家礼》,上海古籍出版社《四库全书》影印本。

③ 休宁《茗洲吴氏家典》,清雍正十三年刻本。

④ 歙县《泽富王氏宗谱·宗规》,明隆庆、万历间刻本。

徽州谱牒中,类似“谨遵朱子《家礼》”①、“悉遵朱子《家礼》”②,俯拾即是,不胜枚举。

所以,徽州绝大多数宗族都把从祠堂寝室中迁出的祖先神主“埋于墓所”。据笔者调查,如歙县棠樾鲍氏宗族、休宁茗洲吴氏宗族、黟县西递明经胡氏宗族亲尽祖先神主,都如此处置③。

## 三、徽州宗族祠堂的祭祖礼仪

《新安黄氏大宗谱》卷二《溪西叙伦堂记》曰:“今夫家必有庙,庙必有主,禴祀蒸尝,时必有祭。”徽州宗族祠堂祭祖活动有春祭、中元、秋祭、冬祭、祖先诞辰、祖先忌日等。依据冬至祭始祖,立春祭先祖,秋仲祭祢的古代传统祭祖礼制,徽州宗族祠堂最普遍、最隆重的祠堂祭祖活动是春、秋二祭和冬祭。正如民国《歙县志》卷一《舆地志·风土》所说:“祭先以春秋二仲,亦有举于至日者。”

祠堂祭祖的首要目的是:“报本返始,以伸孝思。”④歙县《潭渡黄氏族谱》卷六《潭渡黄氏享妣专祠记》记载:“报本之礼,祠祀为大,为之寝庙以安之立之,祏主以依之陈之,笾豆以奉之佐之,钟鼓以飨之。登降拜跪,罔敢不虔;春雨秋霜,无有或怠。一世营之,百世守之,可云报也。”

祠堂祭祖另一个目的是为了收族、治人,巩固封建统治。休宁《茗洲吴氏家典》卷二《祭田议》记载:“治人之道,莫急于礼;礼有五经,莫重于祭。祭也者,非自外至者也,自中出生于心也,心怵而奉之以礼。是故先王萃合人心,总摄众志,既立之庙,又定之祭。”

祠堂祭祖贵在一个“诚”字。歙县《潭渡黄氏族谱》卷四《家训》记载:“歙为名邑,民多故家,所在设祠宇以祀其先,是可以观尊祖之孝,本心之诚

① 绩溪《上川明经胡氏宗谱》下卷,清宣统三年木活字本。

② 歙县《潭渡黄氏族谱》卷六,清雍正九年刻本。

③ 休宁《茗洲吴氏家典》卷二《庶母另列一龛议》:“庶母之入庙者,皆登庶母之座,终其子之身,即奉主埋墓侧。”

④ 《重修古歙东门许氏宗谱》卷八《许氏家规》,清乾隆二年刻本。

矣。”休宁《茗洲吴氏家典》曰:“祭祀务在孝敬,以尽报本之诚。”歙县东门许氏宗族《许氏家规》记载:“人本乎祖而祭于春秋,所以报本返始以伸孝思焉。于此不用其诚,恶乎用其诚?”①

祠堂祭祖是宗族最隆重的大典,参加祭祖活动的支丁,必须衣冠整肃,壮严肃穆。绩溪城西周氏宗族《祠规》规定:

一、祭祖重典,理宜虔肃,与祭子孙,俱走旁门,毋许向中门中阶直趋而进,亦毋许喧哗。违者罚跪。

一、衣冠不备,不敢以祭。宗子、主祭及分献老人,各宜衣冠齐整。阖族斯文穿公服,整冠带。与祭子孙亦宜各整衣冠,毋得脱帽跣足。违者罚跪。

一、与祭子孙临祭时,俱在堂下,随宗子后,分昭穆跪拜,毋得搀前及拥挤上堂。祭毕散票,亦依尊卑鱼贯而出,不许搀越。违者令头首随时记名,概不给胙。②

歙县潭渡黄氏宗族《祀约》规定:“子孙入祠,列祖在上,岂容亵玩,务须恭敬慎重,整肃衣冠,不得嬉笑嫚语。”③棠樾、蜀源、岩镇鲍氏宗族《棠樾西畴书院祭礼》规定:“助祭人等,俱要青衣整肃,冠履鲜明,亵衣素服,不许与祭。”又规定:“当祭,乃祖考陟降之时,各派子孙俱要肃恭致敬,不许喧哗忿争,不许讪言嬉笑。助祭人等违者,罚银三分;执事人等违者,罚银五分,送祠公用。”④休宁《茗洲吴氏家典·家规》规定:“祭祀务在孝敬,以尽报本之诚。其或行礼不恭,离席自便,与夫跛倚、欠伸、哕噫、嚏咳,一切失容之事,立司过督之。”《休宁范氏族谱·谱祠祀仪》规定:“临祭尤当严谨,不得附耳私语,回头四顾,搔痒伸腰,耸肩呵欠。拜时,必俟声尽方起。拜后,勿遽拂尘抖衣。违者罚。”

宗祠祭祖,一般都是宗子或族长主祭。黟县环山余氏宗族《家礼仪节》

① 《重修古歙东门许氏宗谱》卷八《许氏家规》,清乾隆二年刻本。

② 《绩溪城西周氏宗谱》卷之首《祠规》,清光绪三十一年木活字本。

③ 歙县《潭渡黄氏族谱》卷六,清雍正九年刻本。

④ 《重编歙邑棠樾鲍氏三族宗谱》卷一八三,清乾隆二十五年一本堂刻本。

规定:“宗子主祭,礼之常也。设若宗子年幼,恐弗堪事,则惟祝文书其名,存其位,乃择五十以上、行谊无过、精力强健、礼仪闲习者一人辅之,又令二人分祭。”①休宁《商山吴氏宗法规条》规定:“祭祖日,取元宵、冬至二节,主祭三人。于礼当以宗子主祭,倘宗子幼稚及有过、礼貌不扬者,则以族长主之。虽在族长行列,而童幼不成立,德行有亏及庶孽,皆不可以主祭祀,当以肩次年尊者代之。然祭之任,诚为至重,必须衣冠整肃,致敬尽礼,以对祖宗之灵。”据我们调查,民国时期,歙县棠樾鲍氏宗族、唐模许氏宗族、西溪南吴氏宗族、呈坎前罗氏宗族、呈坎后罗氏宗族;休宁古林黄氏宗族、月潭朱氏宗族;黟县西递明经胡氏宗族、南屏叶氏宗族;祁门县渚口、伊坑、滩下、花城里倪氏宗族;绩溪龙川胡氏宗族等,都是族长主祭。

祭祀之前,许多名宗右族都要举行祭祀礼仪预演。《新安程氏阖族条规·祠规条目》规定:“春秋祭期,定于二仲月十五日黎明。先一日,诣祠演礼。主祭者是夜斋戒宿坛,同礼生省牲、献毛血。”歙县东门许氏宗族《宗祠祀典条录》记载:“祠内春秋致祭,各有定则,礼生四十二人。演礼毕,各受胙肉二斤。”②

祭祀之日,一些名宗右族大都鸣号(或鸣锣,或鸣鼓)三遍,通知支丁,齐集祠堂。过时不到,议罚。据我们调查,黟县西递明经胡氏宗族族规家法规定:祭祀祖先,是宗族大事,在家支丁必须参加。祭日,沿街鸣锣三遍,通知支丁。如果第三遍锣响还迟迟不至,族长或房长就要对其训斥。③ 歙县棠樾、蜀源、岩镇鲍氏宗族《棠樾西畴书院祭礼》规定:“祭之日五鼓,执事依图陈设,聚鼓乐。昧爽,鼓初严,同至祠所;鼓再严,各具服;鼓三严,各供其事。三鼓已毕,助祭后至者,免入班,不许领胙;执事人等后至者,另议罚。”④

徽州宗族族规家法普遍规定,祠堂祭祖大典,凡是能参加的成年支丁,

---

① 黟县《环山余氏宗谱》卷一《余氏家规》,民国六年木活字本。

② 《重修古歙城东许氏世谱》卷一,明崇祯七年家刻本。

③ 赵华富:《民国时期黟县西递明经胡氏宗族调查报告》,《安徽大学学报》(哲学社会科学版)1995 年第 4 期。

④ 《重编歙邑棠樾鲍氏三族宗谱》卷一八三,清乾隆二十五年一本堂刻本。

必须一律参加。歙县新馆鲍氏宗族《祠规》规定："祠祭日，凡派下子孙在家者，俱要齐集；如无故不到者，罚银三分。六十以上者，不论。管祭者稽查。"①绩溪上庄明经胡氏宗族《新定祠规二十四条·崇祭祀》规定："凡祭祀，春以春分日举行，冬以冬至日举行……有无故不到及怠慢失仪者，罚。"又规定："凡派下子孙，有不祀其祖考者，革出，毋许入祠。"②一些名宗右族，支丁繁衍，少者以百计，多者以千数。祭祖时，有的享堂往往容纳不下众多支丁，这是造成徽州宗族祠堂愈来愈大的重要原因之一。

参加祠堂祭祖活动的支丁都按昭穆世次和年齿排列。歙县《棠樾鲍氏宣忠堂支谱》卷十七《祠祀·值年规例》记载："陪祭支丁，各依世次为班，不许紊乱。"黟县《环山余氏宗谱》卷一《家礼仪节》记载："传曰：宗庙之礼，所以序昭穆。故分有尊卑，主有定位。凡祭日，除正献、陪祭、执事者各有定位外，余皆以昭穆之行分先后，以各行之年齿分左右，不得参越紊次。"

祭祀礼仪进行时，香烟缭绕，钟鼓齐鸣，庄严肃穆。据调查，一些名宗右族行祭开始，大都鸣放鞭炮；同时，击鼓撞钟，以形成庄严、隆重、肃穆的气氛。许多名宗右族都有粗、细乐队两班。粗乐以唢呐为主，此外就是鼓、锣、钹等乐器；细乐以胡琴为主，此外还有笙、箫、管、笛等乐器。乐队大都设在祠堂第一进——仪门两侧。

祠堂祭祖设"礼生"，有的宗族设数人，有的宗族设数十人。依据担任的具体职务，分为"通赞"（又曰"鸣赞"）、"引赞"（又曰"引礼"）、"司祝"、"司帛"、"司樽"、"司爵"、"司馔"、"司盥"、"司过"（又曰"纠过"、"纠仪"）等。通赞类似今天的司仪和主持人，负责全部祭祀程序的指挥，全体与祭人员（包括主祭人）均听其号令。引赞、司祝、司帛、司樽、司爵、司馔、司盥各司其职。司过负责对违礼支丁进行监视和纠举。据我们调查，司馔大都由儿童担任，负责捧送祭品，称"进馔儿童"。

徽州宗族祠堂祭祖都遵朱熹《家礼》，行"三献礼"。民国《歙县志·风土》记载："祭礼，俗守文公《家礼》，在昔小异大同。咸（丰）、同（治）以后，

① 《歙新馆鲍氏著存堂宗谱》卷三，清光绪元年著存堂活字本。
② 绩溪《上川明经胡氏宗谱》下卷，清宣统三年木活字本。

踵事增华'三献'也,而六行之。日不足,继以烛跛(跋)倚临,祭视为固,然未免数则烦,烦则不敬矣。"徽州族谱记载和社会调查资料证明,民国《歙县志》这个记载与历史实际完全一致。歙县《泽富王氏宗谱·宗规》规定:"祠堂之设,所以报本重礼也……立春、冬至,遵依《家礼》祭祖。"休宁《茗洲吴氏家典·家规》规定:"祭礼,并遵文公《家礼》。"绩溪《上川明经胡氏宗谱·新定祠规二十四条》规定:"凡祭祀,春以春分日举行,冬以冬至日举行,高、曾、祖、考用牲,旁亲用庶馐,一切仪节,谨遵朱子《家礼》。"据我们调查,民国时期,歙县棠樾鲍氏宗族、唐模许氏宗族、西溪南吴氏宗族、呈坎前罗氏宗族、呈坎后罗氏宗族;休宁古林黄氏宗族、月潭朱氏宗族;黟县西递明经胡氏宗族、南屏叶氏宗族;祁门渚口、伊坑、滩下、花城里倪氏宗族;绩溪龙川胡氏宗族等,祠堂祭祖都行"三献礼"——初献、亚献、终献。歙县《棠樾鲍氏宣忠堂支谱》、《歙新馆鲍氏著存堂宗谱》等历史文献,载有"三献礼"的过程、动作和情节,这里不详细介绍。繁文缛节,异常严重,每次祭祀时间长达数小时,所以,"日不足,继以烛跛(跋)倚临"。因体力不支,许多年老体弱支丁大都坚持不下来,或者不能参加。

对不能参加祭祖活动的老年支丁,有的宗族作了特别规定。例如,歙县棠樾、蜀源、岩镇鲍氏宗族《棠樾西畴书院祭礼》规定:"年高不能拜伏者,立于西序监礼。"①后来,棠樾鲍氏宗族将这条规定改为:"年七十老人不能行礼者,准祭后补拜。"②

徽州宗族很重视未冠(年15岁以下为未冠)支丁的宗法教育,许多宗族都对不参加祠堂祭祖活动的未冠支丁作了相应规定。歙县棠樾、蜀源、岩镇鲍氏宗族《棠樾西畴书院祭礼》规定:"年幼未冠者,立于西阶观礼。"③后来,棠樾鲍氏宗族将这个规定改为:"未冠八岁以上,即命与祭,俾自幼习知礼节。"④《潭渡孝里黄氏家训》规定:"子弟五岁以上,每谒祖、讲书及忌辰

① 《重编歙邑棠樾鲍氏三族宗谱》卷一八三,清乾隆二十五年一本堂刻本。
② 歙县《棠樾鲍氏宣忠堂支谱》卷一七《祀事·值年规例》,清嘉庆十年家刻本。
③ 《重编歙邑棠樾鲍氏三族宗谱》卷一八三,清乾隆二十五年一本堂刻本。
④ 歙县《棠樾鲍氏宣忠堂支谱》卷一七《祀事·值年规例》,清嘉庆十年家刻本。

祭祀，务令在旁观看学习，使之见惯。”①

徽州宗族祠堂祭祖的祭品都行“少牢馈食之礼”。郑玄曰：“羊、豕曰‘少牢’，诸侯之卿大夫祭宗庙之牲。”②徽州地区俗称“猪羊祭”。此外，还有许多祭盆或祭碗，内盛各种各样的菜肴和水果。根据“凡事死之礼，当厚于奉生者”的准则，许多名宗右族祠堂祭祖的祭品都非常丰盛。据黟县《南屏叶叙秩堂值年规则（附奎光）》记载，黟县南屏叶氏宗族清明祠祭有祭盆十六个，夏祭、中元、冬祭各有祭盆三十六个。清明祠祭祭盆内祭品有：鱼翅、金针、海参、香菇、大爪、粉丝、肚皮、鲜笋、干鸡、红枣、腌鱼、干糕、蹄包、荸荠、肉元、甘蔗等。歙县东门许氏宗族春秋二祭，每次祭祀，“计用豚胙五十余口，约二千余斤，鸡百只，鱼百尾，枣栗时果百斤，蜡烛百斤，焚帛百端，香楮、蔬肴、美醢之类不及悉纪”③。

祠堂祭祖毕，即散胙（或曰“颁胙”）和散福（或曰“饮福”）。所谓散胙和散福，即是参加祭祖的支丁在祠堂分领祭肉，参加祭祖的部分支丁在祠堂合食祭品。《新安程氏阖族条规·祠规条目》规定：“散胙以五人共一席，每席八色，每色二格，每格计猪肉十二两，鸡半只，鱼半斤，丑（牛）肉十二两，虾鳖半斤，猪肚半斤，肉丸半斤，煎腐时菜。每人双料酒一乎（壶）。不许乱席喧哗，违者众共攻之。”《绩溪城西周氏宗族》卷之首《办祭颁胙例》规定：“散福定例：每祭日午时，宗子与老人及与祭斯文齐集宗祠，依昭穆序坐，四人一席，每席剔骨烂猪肉半斤，烂羊肉半斤（去头尾），煎鱼四两，熟鸡四两，酒包半斤，时菜豆腐一锅，酒八壶。”

由于每个宗族经济状况和祠堂收入不同，散胙数量有多有少。但是，几乎徽州所有宗族都遵循这样两个原则：一、优待高龄支丁；二、奖励有功名子弟。绩溪县城西周氏宗族《办祭颁胙例》规定：与祭支丁，十五岁至五十九岁给包胙一对，猪肉半斤；六十岁给包胙二对，外散福；七十岁给包胙三对，猪羊胙一斤，外散福（不与祭者亦给）；八十岁者送包胙四对，猪羊胙二斤，

① 歙县《潭渡黄氏族谱》卷四，清雍正九年刻本。

② 《仪礼·少牢馈食礼》，十三经注疏本。

③ 《重修古歙城东许氏世谱》卷一，明崇祯七年家刻本。

外散福；九十岁者送包胙五对，猪羊胙共四斤，外散福；百岁老人鼓乐送包胙二十对，猪羊胙各八斤，散福棹盒一席。又规定：童生给包胙一对，猪羊胙一斤，外散福；生员与监生给包胙三对，猪羊胙二斤，外散福；例贡生给包胙四对，廪生给包胙四对，猪羊胙三斤，外散福；恩拔副岁贡给包胙五对（出仕者照出身倍给），猪羊胙四斤，外散福；举人给包胙七对，猪羊胙八斤，外散福；进士给包胙十四对，猪羊胙十六斤，外散福；鼎甲及翰林送包胙二十八对，鼓乐送猪羊胙各二十四斤。出仕州县以上送包胙十二对，猪羊胙十二斤，科甲出身者外照本身加胙；出仕府道以上送包胙二十四对，猪羊胙二十四斤，科甲出身者外照本身加胙；三品以上毋论出身，通用鼓乐送猪羊全副（各一头）……①

## 四、徽州宗族祠堂的"法庭"功能

徽州宗族祠堂是宣传族规家法的重要场所。

众所周知，族规家法是宗族统治的重要工具。徽州各个宗族统治者都非常重视族规家法的宣传。为了使族众知法、守法，按族规家法办事，许多宗族都定期在祠堂宣讲族规家法。有的定在元旦，有的定在春、秋二祭，有的定在月朔。黟县环山余氏宗族《余氏家规》规定："每岁正旦，拜谒祖考。团拜已毕，男左女右分班，站立已定，击鼓九声，令善言子弟面上正言，朗诵训戒。"②绩溪华阳邵氏宗族《新增祠规》记载："祠规者，所以整齐一族之法也。然徒法不能以自行，宜仿王孟箕《宗约仪节》，每季定期由斯文、族长督率子弟赴祠，择读书少年善讲解者一人，将祠规宣讲一遍，并讲解训俗遗规一二条。"③程一枝《程典·宗法志》记载，休宁泰塘程氏宗族春祭和冬祭毕，宗正面北立，余以齿东西相向。宗正亢声读祖训曰："凡为吾祖之后，曰：敬父兄，慈子弟，和族里，睦亲旧，善交游，时祭祀，力树艺，勤生殖，攻文

① 《绩溪城西周氏宗谱》卷之首，清光绪三十一年木活字本。

② 黟县《环山余氏宗谱》卷一，民国六年木活字本。

③ 绩溪《华阳邵氏宗谱》卷首，清宣统二年木活字本。

学，畏法令，守礼义；毋悖天伦也，毋犯国法也，毋虐孤弱也，毋胥讼也，毋胥欺也，毋斗争也，毋为奸慝以贼身也，毋作恶逆以辱先也。有一于此者，生不齿于族，没不入于祠。”众拱而应曰：“敢不祗承长者之训！”复戒之曰：“慎思哉！勿坠先祖之祀。”咸应曰：“诺。”乃揖而出。

为了使族众时刻警惕，不违犯族规家法，有些宗族还将族规家法“缮列粉牌，悬挂祠内”。绩溪《华阳邵氏宗谱》卷首《新增祠规》记载：

> 公议重订祠规，以期通族亲睦，勉为盛世良民，作祖宗之令子。顾立规难，行规尤难，一或有不肖者任意阻挠，以行其私，则祠规破坏，百弊丛生，通族之人莫不并受其害。爰集族众，将祠规公同核定，缮列粉牌，悬挂祠内，俾有遵循，用垂久远。

今天，黄山市徽州区呈坎乡呈坎村贞靖罗东舒先生祠内，还完整地保存有《新祠八则》八块粉牌①。

有的宗族，一方面在祠堂定期宣讲族规家法，另一方面月月在祠堂总结工作，彰善惩恶，有赏有罚。例如，黟县环山余氏宗族《余氏家规》规定：

> 每月朔日，家长会众谒庙，将前月内行过事迹，或善或恶，或赏或罚，详具祝版，告于祖庙，庶人心有所警醒。②

徽州宗族祠堂是惩治不肖子弟的场所，是宗族“法庭”。族众触犯了族规家法，族长即将犯者唤至祠堂或执至祠堂，“听族长、房长率子弟以家法从事”③。据我们调查，历史上，徽州宗族祠堂内大都悬挂大竹板，对触犯族规家法的族众，轻者教育、训斥，重者杖责。《重修古歙东门许氏宗谱》卷八《许氏家规》小过鞭扑条规定：“凡因小过情有可宥者，而欲尽抵于法，亦非所以爱之也。莫若执于祠，祖宗临之，族长正、副斥其过而正之，箠楚以加之，庶其能改，而不为官府之累，其明刑弼教之行于家者乎？”封建时代，孝悌乃人伦之本。《新安程氏阖族条规》规定：“不孝不弟者，众执于祠，切责

---

① 1993年，笔者在呈坎村进行宗族调查，见到这八块粉牌保持原样，存放在贞靖罗东舒先生祠；1994年，笔者又去呈坎村进行宗族调查，见八块粉牌油漆一新，失去文物价值。真遗憾。

② 黟县《环山余氏宗谱》卷一，民国六年木活字本。

③ 《休宁范氏族谱》，明万历二十八年刻本。

之，痛惩之。”

据我们调查，对严重触犯族规家法的支丁，不仅要执至祠堂，当众笞杖，而且还要革出祠堂，开除族籍。在历史上，革出祠堂，开除族籍，被视为人生最大耻辱，无立于世矣。例如，黟县南屏叶氏宗族族规家法规定，有不孝支丁，族长、房长和乡绅即开祠堂大门，将犯者唤至祠堂，轻者教育、训斥，重者杖责惩处；杖责不改，即书白纸字条，横贴祠堂门外，《支丁名册》除名，革除族籍。[①] 黟县西递明经胡氏宗族对不孝顺父母和不尊敬长上的宗族成员，轻者“唤至祠堂教育、训斥”；重者执至祠堂，洞开大门，当众笞杖；“恶逆显著”、“弃毁祠墓”、“鬻卖宗谱”者，“开除祠堂，族谱除名”[②]。

近几年，我们对徽州一些宗族进行社会历史调查，搜集到许多宗族统治者在祠堂惩治族众的资料。例如，歙县棠樾鲍氏宗族一个妇女与情人私通、私奔，后来又返归棠樾。族长即将其传到祠堂，下令捆绑于祠堂柱子上，时间长达一整天，以示惩处[③]。呈坎前罗氏宗族有一不肖支丁虐待老母，经门长长期教育仍不悔改，族长即在祠堂召开六门门长、乡绅会议，令司年将犯者执至祠堂，当众重笞二十大板。这个宗族有一不肖支丁，听说龙山庙东平大帝神像是“金胆”、“银喉”，财迷心窍，毁像窃取。案发，族长即在祠堂召开六门门长、乡绅会议，将犯者捉到祠堂重笞，族谱除名，革出祠堂。另一不肖支丁，勾结土匪，抢劫一个宗族子弟的财产。族长即在祠堂召开宗族成员大会，不但将犯者革出祠堂，取销族籍，而且还对犯者处以肉刑。黟县南屏叶氏宗族有一个值年的不肖支丁，以职务之便盗卖叙秩堂古字画，事发案犯逃亡。祠堂派人追缉，在上海捕获，就地送司法机关惩处。同时，将该支丁全部动产搬到叙秩堂门前广场焚毁，以示惩罚。这个宗族有一不肖支丁，盗窃一户老妪锡筅，被老妪发现。犯者怕事泄受惩，纵火焚屋，企图消灭罪证，不料将老妪烧死。案发，叶氏宗族将该支丁抓到祠堂，族长当众宣告其罪

---

① 赵华富：《黟县南屏叶氏宗族调查报告》，《’95 安徽大学学术活动月论文选粹》，安徽大学出版社 1996 年版。

② 赵华富：《民国时期黟县西递明经胡氏宗族调查报告》，《安徽大学学报》（哲学社会科学版）1995 年第 4 期。

③ 赵华富：《歙县棠樾鲍氏宗族个案报告》，《江淮论坛》1993 年第 2 期。

行,《支丁名册》除名,革除族籍,然后送县衙治罪,并宣布其生死都不准进南屏村①。

徽州宗族祠堂执法,都立足于一个"教"字,惩治与教育相结合是徽州宗族祠堂执法一个重要特点。黟县环山余氏宗族《余氏家规》记载:"家规之设,专主于教,宜无事于法,然不能不借法以行教。"为了贯彻以教育为主导、惩治与教育相结合的方针,环山余氏宗族于祠堂设立"劝惩簿四扇,监事掌之。族内有孝子顺孙、义夫节妇、及有隐德异行者,列为一等;务本力穑、勤俭于家,为第二等;能迁善改过、不得罪乡党宗族者,为第三等。每月朔,告庙毕,即书之《善录》。族有违规扑罚者,随事轻重,每月朔,告庙毕,即书之《记过簿》;其有勇于服善而能改,复书《劝善录》,以美之;三录不悛者,倍罚。三年会考,如终不悛而倍罚。不服者,则削之,不许入祠堂,仍榜其名于通衢"②。

## 结 束 语

祠堂是徽州宗族的象征,是宗族举行祭祖礼仪和进行各种活动的场所。因此,宗族祠堂研究就成为宗族研究领域中一个十分复杂和非常重要的研究课题。近几年一些徽州学论著,涉及这个课题的论述,问题很多。本文用历史文献资料和社会调查资料相结合的研究方法,阐述了徽州宗族祠堂兴起的时代、徽州宗族祠堂的规制、徽州宗族祠堂的祭祖礼仪、徽州宗族祠堂的"法庭"功能等问题。由于文集篇幅所限,还有许多问题未能涉及,拟另撰文论述。

(原载《'95 国际徽学学术讨论会论文集》,
安徽大学出版社 1997 年版)

① 赵华富:《黟县南屏叶氏宗族调查报告》,《'95 安徽大学学术活动月论文选粹》,安徽大学出版社 1996 年版。

② 黟县《环山余氏宗谱》卷一,民国六年木活字本。

# 徽州宗族祠堂三论

明清时期,徽州地区由于宗族特别发达,出现“厅祠林立”的社会现象。当年建造的一大批美轮美奂的祠堂,今天成了重要的旅游景点和名闻遐迩的人文景观。所以,徽州宗族祠堂研究不仅具有一定学术价值,而且还有一定现实意义。

徽州“祠堂之制”非常复杂,包括的内容和问题很多。笔者在《论徽州宗族祠堂》、《徽州宗族祠堂的几个问题》发表之后,又撰写了这篇论文。不当之处,敬请指正。

## 一、关于徽州祠堂的朝向问题

有人在谈到徽州女祠时说:“徽州女祠一色坐南朝北或坐东朝西,与宗祠、男祠坐北朝南或坐西朝东相对,取男乾女坤、阴阳相悖之意。”①

我认为,这种看法是没有事实根据的。近几年,笔者为了完成“徽州宗族调查与研究”这一课题,每年都在徽州农村住一二个月。八年期间,先后跑遍原徽州一府六县——歙县、休宁、祁门、黟县、绩溪、婺源,到过数十个村镇,调查现存、毁灭的祠堂数以百计。我们见到的徽州女祠,不是“一色坐南朝北或坐东朝西”;同样,我们调查过的徽州宗祠、男祠,也不都是“坐北朝南或坐西朝东”,与女祠“相对”,“取男乾女坤、阴阳相悖之意”。

在文献记载和宗族调查中,我们见到的徽州宗族女祠有:歙县潭渡黄氏宗族“黄氏享妣专祠”、棠樾鲍氏宗族“清懿堂”、呈坎前罗氏宗族“女祠”、

---

① 毕民智:《徽州女祠初考》,《安徽大学学报》(哲学社会科学版)1996 年第 2 期。

休宁县黄村黄氏宗族“女祠”、祁门县渚口倪氏宗族“庶母祠”等。在这些女祠当中,规模宏大的有:潭渡黄氏的“黄氏享妣专祠”、棠樾鲍氏的“清懿堂”、黄村黄氏的“女祠”。歙县《潭渡黄氏族谱》卷六《祠祀·新建享妣专祠记略》记载,清康熙年间(1662—1722年),潭渡黄氏宗族“庀材鸠工”,建造“享妣专祠”,“为堂五楹,前有三门,后有寝室与祠门。而堂之崇三丈五尺,其深二十七丈,其广六丈四尺。前后称是,坚致完好。凡祠之所应有者,亦无不备。阅载而后成,计白金之费三万两”。这是一座建筑规模异常恢弘的女祠,祠堂用料之良、营造之精、装饰之美,从“白金之费三万两”,即可想而知。嘉庆年间(1796—1820年),棠樾盐商巨子鲍启运之子鲍有莱建造的清懿堂,今天还屹立在棠樾村,成为一大闻名人文景观。祠宇构架宏大,可与男祠颉颃;装饰精美典雅,与男祠相比,有过之而无不及。

据我们了解,歙县呈坎前罗氏宗族有二座女祠坐东朝西,罗氏世祠和贞靖罗东舒先生祠坐西朝东,男女祠正好相反;棠樾鲍氏宗族女祠——清懿堂——坐南朝北,男祠——敦本堂,又曰“万四公支祠”——坐北朝南,两祠完全相对。

根据这两个实例,能不能得出徽州女祠“一色坐南朝北或坐东朝西”的结论呢?事实告诉我们,不能。据我们调查,休宁县黄村黄氏宗族女祠与男祠并列一处,男祠居右(南),女祠居左(北),两祠俱坐西朝东;祁门县渚口倪氏宗族“庶母祠”与规模宏大、装饰精美的贞一堂(倪氏宗族支祠)近在咫尺,两祠俱坐北朝南。事实证明,认为徽州女祠“一色坐南朝北或坐东朝西”的说法,是错误的。

根据棠樾鲍氏宗族男祠——敦本堂——坐北朝南,呈坎前罗氏宗族的贞靖罗东舒先生祠坐西朝东,能不能得出徽州宗祠、男祠都是“坐北朝南或坐西朝东”的结论呢?事实告诉我们,也不能。据我们调查,绩溪县浒里方氏宗祠、休宁县月潭朱氏宗祠既不是坐北朝南,也不是坐西朝东,两祠俱坐东朝西,与歙县呈坎前罗氏宗族有二座女祠属同一朝向;黟县西递明经胡氏宗族的敬爱堂虽坐北朝南,但追慕堂、烨公祠都坐南朝北,歙县杞梓里王氏祠堂、齐武方氏祠堂也都是坐南朝北,与歙县棠樾鲍氏宗族的女祠——清懿堂——属同一朝向;祁门县花城里倪氏宗族的雍睦堂,既不坐北朝南,也不坐西朝东,而是坐东朝西。婺源县游山董氏宗族有宗祠一座,支祠二十二座。其中坐北朝南的只有三座,它们是贞训堂、贞和堂、双节堂;坐西朝东的只有三座,它们是永思堂、保和堂、光裕堂。其余十七座当中,坐东朝西的二座,它们是崇义堂、志礼公祠;坐南朝北的多达十五座,它们是嘉会堂(董氏宗祠,又曰"董氏总祠")、著存堂、荫槐堂、继思堂、树德堂、叙伦堂、听彝堂、庆远堂、种德堂、勤诒堂、叙庆堂、敦义堂、崇德堂、怀德堂、光烈堂。

事实证明,徽州宗族祠堂(包括宗祠、支祠、男祠、女祠等)的朝向绝大数与男阳女阴、男乾女坤、男尊女卑无关。如果因为男为"阳"、为"乾","尊而处上",所以宗祠、男祠都"坐北朝南或坐西朝东",那么,绩溪县浒里方氏宗祠、休宁县月潭朱氏宗祠、婺源县游山董氏宗族的崇义堂、志礼公祠都坐东朝西,我们怎样解释呢?歙县杞梓里王氏祠堂、齐武方氏祠堂,黟县西递明经胡氏宗族的追慕堂、烀公祠,婺源县游山董氏宗族的嘉会堂、著存堂、荫槐堂、继思堂、树德堂、叙伦堂、听彝堂、庆远堂、种德堂、勤诒堂、叙庆堂、敦义堂、崇德堂、怀德堂、光烈堂,俱坐南朝北,我们又如何解释呢?同样,如果因为女为"阴"、为"坤","卑而处下",所以女祠"一色坐南朝北或坐东朝西",那么,休宁县黄村黄氏宗族的女祠坐西朝东,祁门县渚口倪氏宗族的庶母祠坐北朝南,我们又怎样解释呢?

我们认为,徽州宗族祠堂的朝向虽然与中国传统文化不无关系,但是,最重要的是受祠堂所在村落的朝向、布局、地势、环境和在村落中所处的位置所制约。歙县郑村和棠樾村村落都坐北朝南,郑村郑氏宗祠和棠樾村鲍氏敦本堂、世孝祠、文会祠、宣忠堂又都坐落在街北侧,所以这些祠堂必然都坐北朝南。呈坎村西面是山,潨水由北向南穿村而过,罗氏家庙(又曰"罗氏世祠",即呈坎前罗氏宗族宗祠)、罗氏文献家庙(呈坎后罗氏宗族宗祠)、贞靖罗东舒先生祠都地处潨水西岸,为了依山傍水,所以三座祠堂都取坐西朝东。休宁县月潭村南为天马山,村北是率水,朱氏宗祠坐落在月潭村东郊,为了与村落遥相呼应,所以坐东朝西。绩溪县浒里村后——村东——是高插云端的龙须山,村前——村西——为登源河,方氏宗祠坐落在村中街东侧,为了依山傍水,所以取坐东朝西。黟县西递明经胡氏宗族的追慕堂和烀公祠都坐落在村中心街(东西走向)南侧,所以必须取坐南朝北,这是不言而喻的。祁门县花城里村东和村西均为山岭，溪水自南向北穿村而过，倪氏宗族的雍睦堂地处溪水东岸，为了依山傍水，所以取坐东朝西。

这里应该指出，朱熹在《家礼》卷一《通礼·祠堂》中说："凡屋之制，不问何向背，但以前为南，后为北，左为东，右为西。"如按这种说法，徽州宗族祠堂——包括宗祠、支祠、男祠、女祠等——不论何种朝向，统统是坐北朝南了。

## 二、关于徽州女祠问题

明清时期，在徽州这个"厅祠林立"的社会中，有的宗族专门兴建了女祠。这一社会现象的出现，是妇女社会地位的提高，还是封建宗法制度的强化呢？是男女平等意识的萌芽，还是封建礼教对妇女压迫和束缚形式的改变呢？学术界对这个问题存在着完全相反的回答。有人认为，"女祠的出现和发展有其社会历史根源，是社会文明进步的必然结果"；"这一历史活化石记载了中国妇女抗争与觉醒的早期珍贵资料"①。与此相反，有人则认为，"徽州女祠的建筑不仅不能说明徽州妇女地位的提高，相反它正说明了徽州以忠、孝、节、义为中心的封建伦理观念对妇女的束缚和压迫"的严重，是"封建伦理杀害妇女的见证"。②

我们认为，这两种观点都值得商榷。

为了弄清楚这个问题，得从女祠兴建的动因和目的说起。据歙县《潭渡黄氏族谱》记载，清康熙年间（1662—1722年），歙县潭渡黄氏宗族兴建女祠。该谱《新建享妣专祠记略》说："吾乡僻在深山之中，为丈夫者，或游学于他乡，或服贾于远地，尝违其家数年、数十年之久，家之黾勉维持，惟母氏是赖。凡子之一身，由婴及壮，抚养教诲，从师受室，以母而兼父道者多有之，母氏之恩何如其深重耶！正幼恃母慈，长承母训，以有今日。"

但是，"窃见吾乡设立宗祠，敬祀其先，统之以鼻祖，于报本追远之意可

① 毕民智：《徽州女祠初考》，《安徽大学学报》（哲学社会科学版）1996年第2期。

② 崔思棣：《徽州封建宗法考察与思考》，在首届国际徽学学术讨论会上发言稿。

云得矣,然多祀祖,而不及妣。蒸尝时祭,子孙入庙,顾瞻座位,母氏之主咸阙如,于私心每有未安者"。为了弥补这个缺憾,潭渡黄氏宗族"庀材鸠工",建造了"潭渡黄氏享妣专祠"。其宗旨是:

> 报本之礼,祠祀为大。为之寝庙以安之立之,祏主以依之陈之,笾豆以奉之佐之,钟鼓以飨之。登降拜跪,罔敢不虔;春雨秋霜,无有或怠。一世营之,百世守之,可云报矣。①

一言以蔽之,建造女祠是为了"报本",报慈母养育教诲之恩。

能不能说,女祠的兴建是妇女社会地位的提高,男女平等意识的萌芽呀?或者是"封建伦理观念对妇女的束缚和压迫"的加重呢?我们认为,不能这样说。因为,徽州宗族祠堂只"奉男主"、不"祔女主"是极个别现象,不具有社会普遍性。笔者见到的徽州族谱几乎都直接、间接表明,徽州宗族祠堂既供奉男祖先神主,又供奉女祖先神主。歙县《桂溪项氏族谱》卷二十二《祠祀·供奉神主龛室规》记载:

> 寝室之制,龛座三间,中为正寝,左右为昭穆室,供奉规则,具列于后:
>
> 始祖以下五世考妣,聿开巨族,泽利后人,其神主敬宜供奉正中,永远不迁。
>
> ……
>
> 各祖考妣神主,捐职考职未邀封典神主,例捐贡监文武庠生神主,并安昭穆室,五世则迁。

休宁《茗洲吴氏家典》是徽州学研究者熟悉的一部重要历史文献。此书"冬至祭始祖图",左为"始祖考牌位",右为"始祖妣牌位"(按:神主又曰"主"、"木主"、"栗主"、"牌位");"立春祭先祖图",左为"先祖考牌位",右为"先祖妣牌位。"绩溪城西周氏宗祠《祠规》中关于不准进入祠堂的神主的规定,也说明这个宗族的祠堂,既供奉男祖先神主又奉供女祖先神主。《祠规》规定:一、殇亡及室女,均不许进主;二、派丁男妇有忤逆乱伦及犯奸为匪经官者,并卖妻女与人为妾者,即行革出,生死不许入祠;三、同姓不宗及义子外

---

① 歙县《潭渡黄氏族谱》卷六《祠祀·新建享妣专祠记略》,清雍正九年刻本。

姻入继者,均不许入祠①。这个宗族的《祠规》表明,除了这三条规定以外的男、妇神主,均可进入周氏宗族宗祠。《歙新馆鲍氏著存堂宗谱》卷二《江太孺人传》记载,新馆鲍氏宗祠著存堂也是同时供奉男女祖先神主。据这个传记载,支丁鲍立昂早殇,未婚妻汪氏年幼,誓不改嫁。因父母相逼,自缢殉夫。新馆鲍氏宗族议定:考《祠规》,未娶而殇者神主不得入宗祠。但是,"今其聘汪氏以贞烈著,女既心为立昂妻,即不得以殇论。为此,合族公议,为立昂、汪氏立嗣,得并入祠配享。盖合族以贞烈为重,不以常格拘者"。

徽州许多宗族族规家法中关于庶母神主"不可祔祠堂"的规定,也间接地说明了这些宗族的祠堂不但供奉男祖先的神主,同时也供奉女祖先的神主。休宁《茗洲吴氏家典》记载:"庶母不可入祠堂,若嫡母无子而庶母之子主宗祀,亦当祔嫡母之侧。"这个规定说明了两点:一、嫡母神主与男祖先的神主一样,共同供奉在祠堂里;二、庶母神主在一定条件下也可入祠堂,只是必须"祔嫡母之侧"。

据朱熹的《家礼》记载,祠堂内既供奉男祖先神主,又供奉女祖先神主。该书《通礼·祠堂》载:"旁亲之无后者,以其班祔。"注曰:"伯叔祖父母,祔于高祖;伯叔父母,祔于曾祖;妻若兄弟、若兄弟之妻,祔于祖;子侄祔于父,皆西向,主椟并如正位。"又载:"正至朔望则参。"注曰:"主人盥、帨、升,启椟,奉诸考神主置于椟前;主妇盥、帨、升,奉诸妣神主置于考东;次出祔主亦如之。"又载:"有事则告。"注曰:"凡言祝版者……于皇高祖考、皇高祖妣,自称孝元孙;于皇曾祖考、皇曾祖妣,自称孝曾孙;于皇祖考、皇祖妣,自称孝孙;于皇考、皇妣,自称孝子。"《祭礼·初祖》载:"降神参神。"注曰:"主人盥,升,奉脂盘诣堂中炉前,跪告曰:'孝孙某,今以冬至,有事于皇始祖考、皇始祖妣,敢请尊灵,降居神位,恭伸奠献。'"《祭礼·先祖》载:"前一日设位陈器。"注曰:"设祖考神位于堂中之西,祖妣神位于堂中之东。"《祭礼·忌日》载:"作主。"注曰:"府君、夫人共为一椟……椟用黑漆,且容一主,夫妇俱入祠堂。"

徽州人对朱熹异常崇拜,将《家礼》奉为宗族圣典,"炳如日星"。徽州

① 《绩溪城西周氏宗谱》卷首《祠规》,清光绪三十一年木活字本。

宗族的族谱和族规家法之中，几乎都有“恪遵《家礼》”、“须依文公《家礼》”、“遵依《家礼》”、“并遵文公《家礼》”、“遵行《家礼》”、“悉遵朱子《家礼》”、“谨遵朱子《家礼》”等规定。徽州人“遵行《家礼》率以为常”，“非敢于《家礼》有所损益也”①。绝大多数宗族祠堂既供奉男祖先神主，又供奉女祖先神主，是忠实地执行《家礼》的一个具体表现。

既然绝大多数宗族祠堂都是男女祖先共“享祀”，那么，极个别不“祔女主”祠堂的宗族兴建女祠，专门供奉女祖先神主的举动，就没有什么多大意义了。它既不表明“社会文明进步”和“妇女抗争与觉醒”，也不说明“封建伦理观念对妇女的束缚和压迫”的加重。

## 三、关于庶母神主入祠和庶母祠问题

封建礼法非常重视辨嫡庶，正名分。程子曰：“庶母不可祔祠堂，其子当祀私室。”这个规定，被徽州人视为天经地义。

但是，这个教条产生了许多矛盾和问题。众所周知，在封建时代，有权、有钱的人，不仅能娶妻，并且能纳妾；因此有权、有钱的家庭，常常有庶母。这就产生了一个问题，即庶母之子虽然有权、有钱，但其生母的神主“不可祔祠堂”，只能祀于“私室”，成为“野鬼”。每当蒸尝时祭，他们入祠祭祖，顾瞻神龛，其母神主阙如，心里产生不安，实乃必然。特别是当嫡母无子，由庶母之子“主宗祀”时，见到龛座上没有生母神主，心中更不平衡，实乃人之常情。

为了解决这些矛盾和问题，徽州有的宗族统治者采取了三条措施，并将其写进族规家法之中。一、庶母之子取得功名者，向祠堂缴纳一定“入主费”，其母神主可以进祠堂。《歙新馆鲍氏著存堂宗谱》卷三《祠规序》解释说，庶母神主不准入祠堂，是“重嫡也”；因子贵可以进祠堂，是“重爵也”。二、庶母之子经商致富者，向祠堂缴纳高额“入主费”，其母神主可以进祠堂。歙县新馆鲍氏宗族宗祠——著存堂——祠规规定：庶母神主入主费

① 休宁《茗洲吴氏家典·家典凡例》，清雍正十三年刻本。

“任其量力行之”。每主有的输银二十八两，有的高达五百两①。三、嫡母无子，由庶母之子“主宗祀”，主宗祀者之母神主可以进祠堂②。

众所周知，在封建时代，母以子贵。庶母之子成为命官勋臣或富商大贾，其母神主即可入祠堂，实质上就是社会和宗族重权、重钱。

徽州宗族族规家法规定，虽然庶母神主具备一定条件可以入祠堂，但是不能与嫡母神主置于同等地位。休宁《茗洲吴氏家典》卷二引施诚斋的话曰：“《家礼》：‘庶母不可入祠堂，若嫡母无子而庶母之子主宗祀，亦当祔嫡母之侧。’何其严也！”据我们调查，祁门渚口倪氏宗族祠规规定，命官勋臣和富商大贾支丁的庶母之神主，只要向祠堂捐输一些祭田或银两，即可以进入祠堂。但是，这些神主都供奉在神龛下部和边沿牌位座上，以示嫡庶有别。

据历史文献记载，徽州名宗右族命官勋臣和富商大贾很多，因此，造成宗族子弟的庶母众多和庶母神主进入祠堂者也“甚多”的现象③。休宁茗洲吴氏宗族认为，这是一种“僭越”，“终于礼不合”。为了解决这个问题，贯彻既“重嫡”又重政治地位和既“重嫡”又重经济实力的原则，这个宗族在《庶母另列一龛议》中决定，在祠堂寝室中，单独“另置一龛，以奉庶母之主”④。这一措施，也是为了别嫡庶，正名分。

虽然庶母神主具备一定条件可以入祠堂，但是这类神主在祠堂中供奉的时间很短。歙县桂溪项氏宗祠《供奉神主龛室规》规定：

荣膺封赠神主，文武仕宦神主，甲第科贡神主，仁贤盛德神主，忠孝节义神主，各门门祖神主，爵德兼隆，光前裕后，并宜祔享中龛左右，永远不祧。

输金急公神主，建修祠墓神主，襄粮效力神主，捐辑谱乘神主，凡百金以上有功祠祖者，于昭穆室特为酬功位，供奉祔祭，永远不祧。

各祖考妣神主，捐职考职未邀封典神主，例捐贡监文武庠生神主，

① 《歙新馆鲍氏著存堂宗谱》，清光绪元年著存堂活字本。

② 休宁《茗洲吴氏家典》卷二《庶母另列一龛议》，清雍正十三年刻本。

③ 休宁《茗洲吴氏家典》卷二《庶母另列一龛议》，清雍正十三年刻本。

④ 休宁《茗洲吴氏家典》卷二《庶母另列一龛议》，清雍正十三年刻本。

并安昭穆室，五世则迁①。

庶母神主不仅不能享有“爵德兼隆”、“有功祠祖”者“永远不祧”的殊荣，而且连一般男女“五世则迁”——即玄孙死绝以后，神主即从神龛中迁走——的待遇也不能享有。休宁《茗洲吴氏家典》卷二《庶母另列一龛议》规定，庶母神主供奉祠堂，“终其子之身，即奉主埋墓侧”。也就是说，庶母神主在祠堂里供奉的时间只有一代，当其生子死绝，就得将神主从祠堂内迁出，埋到其墓地。

祁门渚口倪氏宗族的庶母祠，是徽州地区仅见的独特女祠。

据《祁门倪氏族谱》和倪氏宗族贞一堂碑刻记载，宣统二年(1910年)元宵第二天，倪氏宗族支祠——贞一堂——“祝融为厉，突兆焚如”，“柱折梁倾，玉石俱碎”，“付之一炬”，一片焦土，“目之者鲜不谓无复旧观之一日矣”。当“族众惊恐之余，束手无策”之时，族人富商大贾倪尚荣独倡言曰：“此天予我去旧更新之象。吾族虽贫，而子姓繁衍，众志可以成城，出资出力，各尽乃心。仆虽衰年，不得不捐金以为之倡。”他“首捐巨赀，议复重建，合众翕然从之”。族人倪化麟、倪兆熊、倪望漳等“力任其劳，庀材鸠工，经之营之”。当“两阅寒暑，大局甫成”之时，倪尚荣不幸“作古”。但其侧室金、王二氏，“善承夫志”，“以纺织资，独担任两廊、石池”工程，“竟乃夫未偿之愿”，“光复旧物，家庙依然”②。

金、王二氏的义举，受到倪氏宗族族众的高度赞扬。现在，倪化麟和倪兆熊撰写的两块颂扬纪念碑，还镶嵌在贞一堂天池左右。其一曰：

> 卓卓女士，一族之光；相夫创业，德显名扬；恩如春露，节比秋霜；能知大义，不惜倾囊；仪型女界，仰彼高冈；涛涛池水，用作甘棠；百兽率舞，气象光昌；兹逢告竣，百世馨香；嶙嶙峭立，泪泪飘飏；女士之风，共此天长。

据今天倪氏宗族老年支丁说，二氏死后，宗族议定：虽然金、王二氏对宗

① 歙县《桂溪项氏族谱》卷二二《祠祀》，清嘉庆十六年木活字本。

② 《祁门倪氏族谱·清授直奉大夫五品衔例贡生倪公秀亭行状》，民国十四年(1925年)活字本。

族立了大功，然而，根据“庶母不可祔祠堂”的礼法，其神主仍不能进贞一堂。怎么办呢？二氏慷慨解囊，兴建祠堂，实乃大孝，绝不能让她们做野鬼。于是专门兴建庶母祠，奉祀金、王二氏神主。

但是，民国元年倪望隆撰《清授直奉大夫五品衔例贡生倪公秀亭行状》记载：“我倪氏向无庶母祠，公倡议建筑，遂观厥成。”①。根据这个行状记载，早在金、王二氏在世时，庶母祠已经建成。倪望隆系清末民初人，当过渚口倪氏宗族族长。他不但亲闻目睹庶母祠的建造过程，而且很可能还亲自参与和主持过庶母祠的建筑工程。倪望隆的说法是可靠的，是信史。

倪秀亭（讳尚荣）为什么倡议建造庶母祠呢？不言而喻，是为了解决倪氏宗族庶母神主入祠难的问题，使庶母有一个“妥灵魂”，“行享祀”的场所。当然，也不排除其有为自己侧室的后事做准备的想法和打算。

在中国历史上，为节妇烈女歌功颂德、树碑立传的事例数不胜数，文献浩如烟海。这是封建统治者的“国策”。倪氏宗族对金、王二氏的颂扬和庶母祠的修建，并没有改变庶母的社会地位。

（原载《安徽大学学报》（哲学社会科学版）1998年第4期）

① 《祁门倪氏族谱》，民国十四年（1925年）活字本。

# 徽州宗族族规家法

唐宋以来，特别是明清时期，徽州宗族异常繁荣①。一些名门右族不仅大建祠堂，大修族谱，大置族田，大搞宗族活动，而且有的宗族还有成文的族规家法。这些族规家法大都收编在族谱当中，有少数宗族还将族规家法单独付梓保存和应用。徽州宗族族规家法资料非常丰富，它是研究中国封建经济、社会、制度、家庭、宗族、风俗、伦理、道德、思想……极为珍贵的资料。

徽州宗族族规家法不仅在历史上起过重大作用，而且直到今天还有一定社会影响。

新中国成立以来，人们对族规家法基本上都是一笔抹杀，完全否定。我们认为，这种观点是值得商榷的。本文对笔者抄录的近百部徽州宗族族规家法作了一个简要的分析，提出不同看法。不当之处，请指正。

## 一、徽州宗族族规家法的制定、执行和特点

### （一）徽州族规家法的制定

徽州宗族历史资料告诉我们，以族长为核心的房长、乡绅（族内乡绅，下同）是族规家法的制定者。歙县《潭渡黄氏族谱》卷六《祠祀·附公议规条》记载："公议宗祠规条计三十二则，乃八堂尊长暨文会诸公于康熙甲午仲春下浣七日议定，自当永远遵守。倘司年违议不行，必集众公罚，不得徇情。"同书卷六《祠祀·附康熙己亥公立德庵府君祠规》记载："德庵府君祠规计二十三则，系五门门长、文会于康熙五十八年二月十三日在祠中列祖之

① 参见赵华富《论徽州宗族繁荣的原因》，《民俗研究》1993 年第 1 期。

前公同议定，支丁子姓务须永远遵守，如有紊乱祠规，变坏成例，及玩忽怠惰不遵者，俱以不孝论，慎之勉之。”

宗族是一种以父系血缘关系为纽带的社会人群共同体。以族长为核心的房长、乡绅制定族规家法，归根结底就是为了巩固宗族的统治，维护宗族这个社会人群共同体。新安《汪氏统宗正脉·汪氏族规》记载：

越国（按：指汪华——引者）之裔，椒实蕃衍允矣，新安之巨室也。然梧槚之林，不能无棫棘矣。君子惧其族之将圮也，思有以维持安全之，于是作为家规，以垂范于厥宗。

《汪氏族规》的制定者对制定族规家法的目的作了深刻论述：“君子惧其族之将圮也，思有以维持安全之，于是作为家规，以垂范于厥宗。”

歙县《方氏家谱》卷七《家训·注》对宗族统治者为什么要制定族规家法作了更具体地阐述：

百家之族，情以人殊，虽不能悉为淳良，然其自弃者可劝，自暴者可惩也。睦族君子于其善之所当勉，与不善之所当戒者，编为宗约。歆之以作德之休，使跃然而知趋；示之以作伪之拙，使竦然而知避。条分目析，衡平鉴明，而俾有聪听者，罔不信从。如此而尤有自外于条约者，则齐之以刑，纠之以法，虽欲不为善，不可得矣。

方氏宗族统治者认为，“族属盛而无谱系，则伦分不明；谱系分而无家训，则人心不肃，是固家之贤士大夫责也”。于是，他们“举先世所传遗训，采其风俗通行永当鉴诫者，隐括成篇，令子孙世世守之，庶几约束行而家道正，心志一而善人多矣”①。

## （二）徽州族规家法的执行

以族长为核心的房长、乡绅是族规家法的执行者。休宁《商山吴氏宗法规条》记载：“祠规虽立，无人管摄，乃虚文也。须会族众，公同推举制行端方立心平直者四人——四支内每房推选一人——为宗正、副，总理一族之事。遇有正事议论，首家邀请宗正、副裁酌。如有大故难处之事，会同概族

① 歙县《方氏族谱》卷七《家训》，清康熙四十年刻本。

品官、举监生员、各房尊长,虚心明审,以警人心,以肃宗法。”黟县《环山余氏宗谱》卷一《余氏家规》规定:“家规议立家长(按:亦即族长,下同——引者)一人,以昭穆名分有德者为之;家佐(按:亦即族佐,下同——引者)三人,以齿德众所推者为之;监视三人,以刚明公正者为之;每年掌事十人,二十以上五十以下子弟轮流为之。凡行家规事宜,家长主之,家佐辅之,监视裁决之,掌事奉行之,其余家众,毋得各执己见,拗众纷更者倍罚。”

祠堂是执行族规家法的场所,是民间“法庭”。族众触犯了族规家法,族长即将其唤至或执至祠堂,“听族长、房长率子弟以家法从事”①。历史上,徽州宗族祠堂内,大都悬挂竹板,对触犯族规家法的族众,轻则教育、训斥,重则杖责。《重修古歙东门许氏宗谱》卷八《许氏家规》小过鞭扑条记载:“凡因小过,情有可宥者,而欲尽抵于法,亦非所以爱之也。莫若执之于祠,祖宗临之,族长正、副斥其过而正之,箠楚以加之,庶其能改,而不为官府之累,其明刑弼教之行于家者乎?”《新安程氏阖族条规》规定:“不孝不弟者,众执于祠,切责之,痛惩之。”据我们调查,对触犯族规家法较重的族众,不仅笞杖,而且还要革除族籍。例如,黟县南屏叶氏宗族“有不孝支丁,族长、房长和乡绅即开祠堂大门,将犯者唤至祠堂,轻者教育、训斥,重者杖责惩处;杖责不改,即书白纸字条,横贴祠堂门外,《支丁名册》除名,革除族籍”②。黟县西递明经胡氏宗族,“对不孝顺父母和不尊敬长上的宗族成员,轻者唤至祠堂教育、训斥;罪行较重者,洞开祠堂大门,当众笞杖”。对“‘恶逆显著’、‘弃毁祠墓’、‘鬻卖宗谱’者,开除祠堂,族谱除名”③。近几年,我们对新中国成立前徽州一些宗族进行历史调查,搜集到许多以族长为核心的房长、乡绅在祠堂惩治族众的资料。例如,歙县棠樾鲍氏宗族“子弟有不孝顺父母和不尊敬长上者,族长即将犯者唤至宗祠处置……一个妇女‘偷汉子’,并与情夫私奔,后来返回棠樾,族长将这个妇女传到祠堂,下令将其

---

① 《休宁范氏族谱·谱祠宗规》,明万历二十八年家刻本。

② 赵华富:《黟县南屏叶氏宗族调查研究报告》,《徽州社会科学》1994 年第 2 期。

③ 赵华富:《民国时期黟县西递明经胡氏宗族调查报告》,《安徽大学学报》(哲学社会科学版)1995 年第 4 期。

捆绑于祠堂柱子上整整一天"①。黟县南屏叶氏宗族"一个支丁盗窃一户老妪锡筦,被老妪发现,怕事泄受惩,纵火焚屋,将老妪烧死。案发,叶氏宗族将该支丁抓到祠堂,族长当众宣告其罪行,《支丁名册》勾销名字,革除族籍,然后送县衙治罪。"②

为了使族众遵守族规家法,徽州许多宗族将族规家法"缮列粉牌,悬挂祠内",以使族众时时警惕,按族规家法行事。绩溪《华阳邵氏宗谱》卷首《新增祠规》记载:

公议重订祠规,以期通族亲睦,勉为盛世良民,作祖宗之令子。顾立规难,行规尤难,一或有不肖者任意阻挠,以行其私,则祠规破坏,百弊丛生,通族之人莫不并受其害。爰集族众,将祠规公同核定,缮列粉牌,悬挂祠内,俾有遵循,用垂久远。

据我们调查,有"江南第一大祠堂"之称的黄山市徽州区呈坎贞靖罗东舒先生祠(俗称"宝纶阁"),今天还完整地保存着上书《新祠八则》的8块粉牌③。

为了使族众人人知"法",人人守"法",按族规家法行事,徽州许多宗族采取定期宣讲族规家法,进行普"法"教育。绩溪《华阳邵氏宗谱》卷首《新增祠规》记载:

祠规者,所以整齐一族之法也。然徒法不能以自行,宜仿王孟箕《宗约仪节》,每季定期由斯文、族长督率子弟赴祠,择读书少年善讲解者一人,将祠规宣讲一遍,并讲解训俗遗规一二条。

黟县《环山余氏宗谱》卷一《余氏家规》规定:

每岁正旦,拜谒祖考。团拜已毕,男左女右分班。站立已定,击鼓九声,令善言子弟,面上正言,朗诵训戒……腊祭,至饮福时,亦行此礼。其有无故不出者,家长议罚。

在历史上,徽州宗族非常重视族规家法的执行,把贯彻执行族规家法视

---

① 赵华富:《歙县棠樾鲍氏宗族个案报告》,《江淮论坛》1993年第2期。

② 赵华富:《黟县南屏叶氏宗族调查研究报告》,《徽州社会科学》1994年第2期。

③ 据我们调查,当地文物管理部门将"粉牌"重新油漆描绘,失去文物价值。

为宗族头等大事和根本。歙县《潭渡孝里黄氏族谱·录刊隐南公谱凡例》记载:"祖训家规,诒谋深远,为子孙者,所当百世遵守。"歙县《金山洪氏宗谱》卷一《金山洪氏宗谱序》记载:"欲合通族之谊,则家规不可不严,家礼不可不讲。"《黟县南屏叶氏族谱》卷一《祖训家风》记载:"祖宗详立家训,美善多端,阖族奉行,阅世二十,历年数百,罔敢懈怠。"有的宗族还择一德高望重老人,"维持家规,相继不乏"。徽州人认为,"故其族益盛"①

### (三)徽州族规家法的特点

民间法规与封建伦理道德相结合,是徽州族规家法第一个特点。

徽州族规家法是一种民间法规,它是宗族成员行动的规范,对宗族成员的行为起约束作用。族众触犯了这种族规家法,就要受到宗族的惩处。概括起来,这些民间法规的重要内容包括:关于宗族子弟与国家的关系、与乡里的关系、与外戚的关系、与奴仆的关系等规定;关于宗族中父子关系、兄弟关系、夫妻关系、亲疏关系、上下尊卑长幼关系、继嗣关系等规定;关于祠堂与祠祭、祖墓与墓祭、族产、教育等规定;关于忠孝节义、冠婚丧祭等规定;关于元旦团拜、元宵活动、迎神赛会等规定;关于勤俭节约、扶孤济贫、救灾恤患等规定;关于禁止斗殴、赌博、迷信、闲游、奸淫、盗窃和反对健讼等规定。

在徽州族规家法中,封建伦理道德占有极大篇幅,每一部族规家法几乎都有封建纲常的大量说教。《明经胡氏龙井派祠规》开宗明义四条就是:"训忠","训孝","表节","重义"②。《新安武口王氏统宗世谱·庭训八则》:一曰"孝",二曰"悌",三曰"忠",四曰"信",五曰"礼",六曰"义",七曰"廉",八曰"耻"。上庄明经胡氏宗族《新定祠规二十四条》当中,关于父子关系、夫妻关系、嫡庶关系、继嗣关系等封建伦理道德的规定,共有11条③。环山余氏宗族《余氏家规》共43条,其中关于父子关系、兄弟关系、夫

---

① 《祁门善和程氏仁山门支修宗谱》卷之三《明故处士程公孔隆先生墓表》,清康熙二十一年刻本。

② 绩溪《明经胡氏龙井派宗谱》卷首,民国十年木活字本。

③ 绩溪《上川明经胡氏宗谱》下卷之中,清宣统三年木活字本。

妻关系、嫡庶关系、妯娌关系等封建伦理道德的规定，占了11条①。这些名曰“正彝伦”的族规家法，实际上就是封建伦理道德法规化，成为人们必须遵守的行动规范，违犯了就要受到宗族的惩治。

以教育为主导，教育与惩治相结合，是徽州族规家法第二个特点。

徽州宗族执行族规家法，都立足于一个“教”字，教育与惩治相结合。黟县环山余氏宗族《余氏家规》记载：“家规之设，专主于教，宜无事于法，然不能不借法以行教。”②《重修古歙东门许氏宗谱》卷八《许氏家规》小过鞭扑条记载：“古人扑作教刑，又云蒲鞭示辱，盖以过之小，而鞭扑行焉，辱之也，教之也；非有伤残于肌肤，使之惩创，以自新也。”为了贯彻以教育为主导、教育与惩治相结合的思想，环山余氏宗族于祠堂设立“劝惩簿四扇，监视掌之。族内有孝子顺孙、义夫节妇及有隐德异行者，列为一等；务本力穑、勤俭于家，为第二等；能迁善改过、不得罪乡党宗族者，为第三等。每月朔，告庙毕，即书之《善录》。族有违规扑罚者，随事轻重，每月朔，告庙毕，即书之《记过簿》；其有勇于服善而能改，复书《劝善录》，以美之；三录不悛者，倍罚。三年会考，如终不悛而倍罚；不服者，则削之，不许入祠堂，仍榜其名于通衢”。③

歙县棠樾鲍氏宗族《公议体源户规条》和《公议敦本户规条》，充分体现了徽州族规家法以教育为主导、教育与惩治相结合这一特点。这个宗族设“体源户”义田，无偿发给鳏、寡、孤、独四穷之人和自幼废疾不能受室者，每月谷3斗。根据《公议体源户规条》规定：鳏、独、孤有干犯长上、行止不端者，停发三年，改过三年后再给；寡妇打街骂巷不守规法者，停给一年，改过次年再给④。这个宗族又设“敦本户”义田，每年青黄不接时以异常低价粜谷物给族众。根据《公议敦本户规条》规定：一、聚赌，无论骰子、跌钱、看牌，概不准籴，改过次年准籴；二、酗酒打降者，不准籴，改过次年准籴；三、男

① 黟县《环山余氏宗谱》卷一，民国六年木活字本。

② 黟县《环山余氏宗谱》卷一，民国六年木活字本。

③ 黟县《环山余氏宗谱》卷一《余氏家规》，民国六年木活字本。

④ 歙县《棠樾鲍氏宣忠堂支谱》卷一九《义田》，清嘉庆十年家刻本；《公议体源户规条》石刻，现存棠樾鲍氏宗族敦本堂墙壁上。

妇干犯长上、品行不端及好与人寻事争斗者,停籴三年,改过后准籴;四、妇人打街骂巷不守规法者,停籴一年,改过次年准籴①。

综观徽州族规家法,对触犯族规家法的宗族成员的处置主要有四种形式:一、教育训斥;二、鞭扑责罚;三、经济制裁;四、革除族籍。无论哪种处置,都立足于一个"教"字,教育触犯族规家法的宗族成员改正错误,是所有处置的目的。

当然,在实际生活中,对触犯族规家法的宗族成员的惩治,有时是很残酷的。我们在徽州宗族历史调查中,也搜集到这种资料。

## 二、徽州宗族族规家法的伦理道德规范

徽州宗族族规家法之中,几乎都有大量封建伦理道德的说教和规定。这些说教和规定如果用一句话来说,就是弘扬和贯彻三纲五常。徽州宗族的族规家法,实质上就是将三纲五常法规化,变成全体宗族成员必须遵守的带法制性的道德行为规范。族众触犯了这些伦理道德规定,不但要受到舆论的谴责,而且要受到宗族的惩处。

### (一) 关于"忠"的规定

君为臣纲,对封建皇帝和封建国家要忠,这是封建纲常第一条。徽州族规家法大都从不同角度对此作了相应的规定。

《休宁宣仁王氏族谱·宗规》,开篇就是《圣谕当遵》,歙县《仙源吴氏族谱》,开卷就是《圣谕广训》。历史上,徽州宗族认为,遵守"圣谕",按"圣谕"行事,是"忠"的重要表现。他们把封建皇帝的"圣谕"作为制定族规家法的纲领,把族规家法视为"圣谕的注脚"②。

明太祖朱元璋的《圣谕》是:"孝顺父母,尊敬长上,和睦乡里,教训子

① 歙县《棠樾鲍氏宣忠堂支谱》卷一九《义田》,清嘉庆十年家刻本;《公议敦本户规条》石刻,现存棠樾鲍氏宗族敦本堂墙壁上。

② 《休宁宣仁王氏族谱·宗规》,明万历三十八年家刻本。

孙,各安生理,毋作非为。”①清圣祖康熙皇帝的《圣谕广训》是:“敦孝弟以重人伦,笃宗族以昭雍睦,和乡党以息争讼,重农桑以足衣食,尚节俭以惜财用,隆学校以端士习,黜异端以崇正学,讲法律以儆愚顽,明礼让以厚风俗,务本业以定民志,训子弟以禁非为,息诬告以全良善,诫窝逃以免株连,完钱粮以省催科,联保甲以弭盗贼,解仇忿以重身命。”②徽州人认为,封建皇帝的“圣谕”,“包尽作人道理,凡为忠臣,为孝子,为顺孙,为圣世良民,皆由此出”③。他们将封建皇帝的“圣谕”视为金科玉律,有的宗族在祭祖时,还在祠堂“特加宣诵,各宜体行,共同美俗”④。

《明经胡氏龙井派祠规》训忠条要求入仕的宗族子弟,“在位而恪共乃职,始不负于朝廷,乃有光于宗祖”⑤。婺源武口王氏宗族《庭训八则》忠字条要求入仕的宗族子弟,“公尔忘私,国而忘家”⑥。这个宗族的《西皋祠训》要求入仕的宗族子弟,“事君则以忠,当无二无他以乃心王室,当有为有守而忘我身家;为大臣,当思舟楫霖雨之才;为小臣,当思奔走后先之用;为文臣,当展华国之谟;为武臣,当副干城之望”⑦。

作为宗族的劳动人民怎样忠于皇帝和封建国家呢?绩溪华阳邵氏宗族《家规》忠上条要求宗族成员,“忠上之义,担爵食禄者,固所当尽;若庶人不传质为臣,亦当随分报国,趋事输赋,罔敢或后,区区蝼蚁之忱,是即忠君之义。传曰:嫠不恤纬,而忧王室;野人献芹,犹念至尊”⑧。作为宗族普通劳动者,忠于皇帝和封建国家的最重要表现是老老实实地纳赋服役。休宁宣仁王氏宗族《宗规》赋役当供条记载:“以下事上,古今通谊。赋税力役之征,国家法度所系。若□□钱粮,躲避差役,连累里长,取罪官司,追呼拷问,

① 《休宁宣仁王氏族谱·宗规》,明万历三十八年家刻本。

② 歙县《仙源吴氏宗谱》卷一,清光绪五年活字本。

③ 《休宁宣仁王氏族谱·宗规》,明万历三十八年家刻本。

④ 《休宁宣仁王氏族谱·宗规》,明万历三十八年家刻本。

⑤ 绩溪《明经胡氏龙井派宗谱》卷首,民国十年木活字本。

⑥ 《新安武口王氏统宗世谱》,清雍正四年刻本。

⑦ 《新安武口王氏统宗世谱》卷首,清雍正四年刻本。

⑧ 绩溪《华阳邵氏宗谱》卷一八,清宣统二年木活字本。按“嫠不恤纬,而忧王室”,出自《左传》昭公二十四年:“嫠不恤其纬,而忧宗周之陨,为将及焉。”

甚至身遭□责，家声顿亏，玷辱父母，分内赋役，仍行一一供给，是何见之左也？我族子姓，务将一年本等差粮，须先办纳明白，讨经手印押收票存证，上不欠公钱，下不贻私议，何等自安，此良民职分，所当尽者。”①黟县《环山余氏宗谱》卷一《余氏家规》重输纳条规定：“朝廷赋税，需要应时完纳，无烦官府追比。倘拖欠推捱，致受笞扑挛系，毋论于体面有伤，且非诗礼之家、好义急公者所宜。各有钱粮之族丁，悉宜深省。”

徽州族规家法关于“忠”的规定，起了重大作用。历史上，徽州人仕宦者当中，产生了许多忠臣。因此，一方面在徽州府各个时期的府志和徽州府所属六个县各个时期的县志中，忠臣传占了很大篇幅；另一方面在徽州地区的牌坊中，“恩荣”坊占了很大比例。虽经多次浩劫，但现在保留下来的著名“恩荣”牌坊还有：许国的“大学士”坊，鲍尚贤的“工部尚书”坊，胡富、胡宗宪的“奕世尚书”坊，胡文光的“荆藩首相”坊，等等。

### （二）关于“孝”的规定

父为子纲，对父母要孝顺，这是封建纲常第二条。徽州宗族对孝都极为重视，在族规家法当中关于孝的规定占有极为重要的地位。

绩溪县华阳邵氏宗族《家规》孝亲条记载：“孝为百行之原，人子所当自尽者，大而扬名显亲，小而承颜顺志，皆孝也。”②歙县《金山洪氏家谱》卷一《家训》敦伦纪条记载：“孝为百行之先，孝弟乃为仁之本。故人能立身行道，显亲扬名，此固孝之大者；即不然，服劳奉养，昏定晨省，以无忝所生，亦不失为人子。”歙县方氏宗族在《家训》中规定：“人子于父母，不得不愉色婉容，以欢其情；承颜顺意，以适其志；或其惑于宠嬖，厚于庶孽，而情有不均，为之子者，但当逆来顺受而已，不敢于之较也……古人于父母之所爱者亦爱之，父母之所恶者亦恶之，正为此耳。”③《新安武口王氏统宗世谱·庭训八则》第一则即是“孝”。其文曰：“生我者谁？育我者谁？择师而教我者谁？

① 《休宁宣仁王氏族谱》，明万历三十八年家刻本。

② 绩溪《华阳邵氏宗谱》卷一八，清宣统二年木活字本。

③ 歙县《方氏族谱》卷七，清康熙四十年刻本。

虽生事葬祭,殚力无遗,未克酬其万一。苟其或缺,滔天之罪,尚何可言。”

在历史上,孝子是一种最光荣的称号。什么人才能得到孝子称号,被誉为孝子呢?《明经胡氏龙井派祠规》训孝条记载:

众之本教曰孝,其行曰能养,其养必兼之能敬,敬而将之以礼,始无愧为完人,乃得称为孝子。啜菽饮水,但求能尽其欢;夏清冬温,又在不违其节;而且丧祭有礼,庐墓不忘,有此仁孝子孙则颁胙,殁给配享,仍为公呈请旌,以敬孝子也。①

对不孝顺父母的宗族子弟,徽州族规家法都有严格的规定。绩溪上庄明经胡氏宗族《新定祠规二十四条》规定:“凡派下子孙,有不孝于其父母、祖父母者革出,毋许入祠。”②《明经胡氏龙井派祠规》规定:“父母之恩,欲报罔极,乃有博弈,纵饮好货,私妻夙夜,既忝所生,朝夕不顾亲养;甚且妇姑不悦,反唇相稽,此等逆子悍妇,一经投纸入祠,即行黜革。”③歙县东门许氏宗族《许氏家规》规定:“不孝不悌者,众执于祠,切责之,痛治之,庶几惩已往之愆,图将来之善。昔为盗蹠,而今亦可为尧舜之徒矣。其或久而不悛、恶不可贷者,众鸣于公,以正典刑。”④

为贯彻族规家法中关于“孝”的规定,徽州宗族对孝子普遍采取三大重要措施:一、“殁给配享”;二、“族谱列传”;三、“公呈请旌”。在历史上,这已经是一种极高的荣誉了。

徽州族规家法中关于“孝”的规定,起了重大社会作用,产生了许多孝子。这可以从历史文献和历史文物两方面得到有力证明。第一,在徽州府各个时期的府志、徽州所属六个县各个时期的县志以及大量徽州族谱当中,孝子传占了很大篇幅;第二,在徽州地区,牌坊众多,闻名遐迩,孝子坊占了很大比例。驰名中外的歙县棠樾牌坊群七座牌坊当中,就有两座是孝子坊。此外,大盐商鲍志道还专为棠樾鲍氏宗族历代孝子建了一座“世孝祠”。他

① 绩溪《明经胡氏龙井派宗谱》卷首,民国十年木活字本。
② 绩溪《上川明经胡氏宗谱》下卷之中,清宣统三年木活字本。
③ 绩溪《明经胡氏龙井派宗谱》卷首,民国十年木活字本。
④ 《重修古歙城东许氏世谱》卷七,明崇祯七年家刻本。

在《世孝祠记》中记载:"夫孝者,百行之原也……因是敬述先德,用勖后人,于宗祠外别建世孝祠,合累世孝子之主祀焉。"①

### (三) 关于"节"的规定

夫为妻纲,妇女要守贞节,这是封建纲常第三条。徽州宗族对妇女的贞节非常重视,许多族规家法对此都作了极严格的规定。

首先,要别男女,肃闺门。婺源县武口王氏宗族《王氏家范十条》别男女条记载:"《易》之家人卦曰:'男正位乎外,女正位乎内,男女正,天地之大义也。'至哉,圣人之言。盖天地之风化始于闺门,若不先正以男女,则家风何以厚哉?男子出入宜行左,女子从右,违者罚在本房族长。"②休宁宣仁王氏宗族《宗规》闺门当肃条记载:"男正位乎外,女正位乎内,圣训也。君子正家取法乎此,其闺阃未有不严肃者。"③黟县环山余氏宗族《余氏家规》辨内外第六规定:

一、闺门内外之防,最宜严谨。古者,妇人昼不游庭,见兄弟不逾阈,皆所以避嫌而远别也。凡族中妇女,见灯毋许出门,及仿效世俗往外观会看戏、游山谒庙等项,违者议罚。

一、男不言内,女不言外,礼也。凡男子言辩有议及闺内,妇人有出堂媟言及阃外之事,议罚。

一、本族男妇接见,自有常礼。但居室密迩,而道路往来仓卒相遇,务照旧规,各相回避,毋许通问玩狎,违者重罚。

一、女子年及十三以上,随母到外家,当日即回。余虽至亲,亦不许往,违者重罚其母。

一、妇人亲族有为僧道者,不许往来。④

绩溪华阳邵氏宗族《家规》别嫌条规定:"物各有偶,无相渎也。设恣淫

① 歙县《棠樾鲍氏宣忠堂支谱》卷二二《文翰》,清嘉庆十年家刻本。

② 《新安武口王氏统宗世谱》,清雍正四年刻本。

③ 《休宁宣仁王氏族谱》,明万历三十八年家刻本。

④ 黟县《环山余氏宗谱》卷一,民国六年木活字本。

行,以溃内外之防,是禽兽也。礼义之家,可有是欤?谚云:'好男不看春,好女不看灯';'男忌花街,女忌佛殿'。切戒谨耳。"①

其次,要三从四德,做贤妻良母。歙县潭渡黄氏宗族《潭渡孝里黄氏家训》规定:"风化肇自闺门,各堂子姓当以四德三从之道(按:一般都作"三从四德"——引者)训其妇,使之安详恭敬,俭约操持。奉舅姑以孝,事丈夫以礼,待娣姒以和,抚子女以慈,内职宜勤,女红勿怠,服饰勿事华靡,饮食莫思饕餮,毋搬斗是非(按:一般都作"搬弄是非"——引者),毋凌厉婢妾,并不得出村游戏,如观剧玩灯,朝山看花之类,倘不率教,罚及其夫。"②歙县泽富王氏宗族《宗规》记载:"家之和与不和,皆系妇人之贤否。其贤者,奉舅姑以孝顺,事夫主以恭敬,待妯娌以温和,抚子侄以慈爱,御妇仆以宽恕,如此之类是也;其不贤者,狼戾妒忌,恃强欺弱,摇唇鼓舌,面是背非,争长竞短,任意所为,以坏家政,如此之类是也。福善祸淫,天道昭昭,为妇人者可不鉴此。"③

再次,要从一而终,苦志贞守。休宁宣仁王氏宗族《宗规》规定:妇女"不幸寡居,则丹心铁石,白首冰霜"④。《明经胡氏龙井派祠规》记载:"妇人之道,从一而终,一与之齐,终身不改。泛柏舟而作誓,矢志何贞?歌黄鹄以明情操,心何烈?倘有节孝贤妇,不幸良人早夭,苦志贞守,孝养舅姑,满三十年而殁者,祠内酌办祭仪,请阖族斯文迎祭以荣之;其慷慨捐躯殉烈者亦同,仍为公呈请旌,以表节也。"⑤

徽州宗族对触犯族规家法的妇女作了严厉的惩治规定。例如,休宁宣仁王氏宗族《宗规》规定,对"冥顽化诲不改"的妇女,"轻则公堂不齿,重则告祠除名,或屏之外氏之家"。"于祖宗前合众给以除名,帖对证,庶闺门有□□矣"⑥。

徽州族规家法中关于"节"的规定,产生了重大的社会作用。

① 绩溪《华阳邵氏宗谱》卷一八,清宣统二年木活字本。
② 歙县《潭渡黄氏族谱》卷四,清雍正九年刻本。
③ 歙县《泽富王氏宗谱》,明隆庆、万历年间刻本。
④ 《休宁宣仁王氏族谱》,明万历三十八年家刻本。
⑤ 绩溪《明经胡氏龙井派宗谱》卷首,民国十年木活字本。
⑥ 《休宁宣仁王氏族谱》,明万历三十八年家刻本。

徽州地区，牌坊林立，闻名遐迩。在忠、孝、节、义四大类牌坊当中，妇女“节孝坊”占的比例最大。驰名中外的歙县棠樾鲍氏宗族牌坊群七座牌坊，其中就有两座是妇女“节孝坊”。

在徽州府各个时期的府志、徽州府所属六个县各个时期的县志和各个宗族族谱的传记中，《列女传》占的篇幅特别大。例如，民国《歙县志·人物志》，《勋绩传》、《宦绩传》共1卷，《忠节传》、《儒林传》、《文苑传》共1卷，《材武传》、《孝友传》共1卷，《义行传》1卷，《士林传》（诗林附）、《遗佚传》、《方技传》共1卷，而《列女传》一类多达4卷。民国《歙县志》全书共16卷，16册，而《列女传》占了4卷，4册。再如，民国《重修婺源县志》全书共70卷，其中《列女传》多达14卷，占了全书总卷数的1/5。

### （四）关于“义”的规定

“义”是封建纲常的一个重要组成部分。徽州宗族对“义”都很重视，在族规家法中都作了重要规定。

《新安武口王氏统宗世谱·庭训八则》曰：“尚义之与任侠，大是不同。任侠者，近于慷慨，然亦不无过举；尚义者，审事几揆轻重，非穷理尽性不能。”《明经胡氏龙井派祠规》重义条记载：“仁人正谊不谋利，儒者重礼而轻财。然仁爱先以亲亲，孝友终于任恤。辟家塾而教秀，刘先哲具有成规；置义田以赈贫，范夫子行兹盛举。”①

为贯彻执行族规家法中关于“义”的规定，徽州许多宗族采取种种不同的举措，以表彰宗族子弟的“义行”。

休宁《商山吴氏宗法规条》规定：“凡有孝子顺孙、义夫节妇、名宦功德及尚义为善者，宗正、副约会族众，告祠，动支银一两，备办花红鼓乐，行奖劝礼，即题名于祠。其堪奏请表扬者，合族共力举之。”

《新安程氏阖族条规·祠规条目》规定：“凡有孝子顺孙、义夫烈士，恤孤怜寡、敦谊睦族、救灾恤患一切有善可风者，小则众共声举，登簿表扬，散胙之时，另席中堂，以斯文陪之；大则鸣众徽棹，撰以旌其闾。”

① 绩溪《明经胡氏龙井派宗谱》卷首，民国十年木活字本。

绩溪华阳邵氏宗族《家规》彰善条规定:“三代以还,全人罕觏,苟有一行一节之美,如孝子顺孙,义夫节妇,或务学而荣宗,或分财而惠众,是皆祖宗之肖子,乡党之望人。族之人宜加敬礼,贫乏则周恤之,患难则扶持之,异日修谱则立传以表扬之。”①

歙县东门许氏宗族《许氏家规》表彰节义条规定:“节义者,天地之正气,士人之懿行,非所望于妇人女子者也……吾宗以忠义传家,而立节守义者亦多。今特疏名于簿籍,第其事势之难易,列为二等,剂量胙之厚薄,每祭必颁行以赐之,用示优待之意,抑亦表彰之义也。”②

徽州族规家法中关于“义”的规定,产生了重大社会作用。大多数宗族子弟仕宦发财和经商致富,都为宗族和家乡修宗谱、筑祠堂、置族田、建书院、修桥铺路、兴修水利、赈灾济贫、扶孤恤寡,等等;有的富商大贾还向地方政府和国家“捐输”银两,资助国家的土木工程,水利建设,军事费用,重大庆典等。

在徽州府各个时期的府志、徽州所属六个县的县志和各个宗族的族谱当中,《义行传》占了极大篇幅。民国《歙县志》共16卷、16册,其中《人物志·义行》1卷、1册,占总篇幅的1/16,共列人物传记445篇。民国《重修婺源县志》全书共70卷,其中《义行传》多达6卷,编入人物传记数以千计。

“义行”卓著,影响巨大,进行旌表。徽州牌坊林立,旌表义行的牌坊是“忠”、“孝”、“节”、“义”四大类牌坊之一。著名的歙县棠樾鲍氏宗族牌坊群7座牌坊,中间一座即是清朝嘉庆皇帝旌表大盐商鲍漱芳和鲍均父子的“乐善好施”义行坊。新中国成立后拆毁的黟县西递明经胡氏宗族12座牌坊,其中就有一座清朝皇帝旌表江南六大富豪之一的富商大贾胡学梓的“乐善好施”义行坊。

### (五) 关于“礼”的规定

“礼”是封建纲常重要组成部分,是关于社会行为的法则、规范、仪式的

① 绩溪《华阳邵氏宗谱》卷一八,清宣统二年木活字本。

② 《重修古歙城东许氏世谱》卷七,明崇祯七年家刻本。

规定。徽州宗族对此非常重视，在族规家法中，关于“礼”的规定，条目最多，占的篇幅最大。

《新安武口王氏统宗世谱·庭训八则》礼字条说：“人之有礼，犹物之有规矩，非规矩不能成物，非礼何以成人？故凡一身之中，动息作止，慎勿以细行忽之。”休宁《茗洲吴氏家典》记载：“礼原于天，具于性，见于人伦、日用、冠、昏、丧、祭之间。”休宁宣仁王氏宗族《宗规》四礼当行条记载：“先王制冠、婚、丧、祭四礼，以范后人，载在《性礼大全》及《家礼仪节》者，皆奉国朝颁降者也。民生日用常行，此为最切。惟礼则成，父道成，子道成，夫妻之道成，无礼则禽兽耳。”①

在历史上，徽州人对朱熹异常崇拜，奉为圣人。徽州族规家法中关于“礼”的规定，都是遵循朱熹《家礼》②。歙县泽富王氏宗族《家规》规定：“子弟当冠，虽延有德之宾，庶可责成人之道，其仪式并遵文公《家礼》。”③黟县环山余氏宗族《余氏家规》规定：“婚姻人道之本，亲迎、醮啐、奠雁、授绥之礼，人多违之，今一祛时俗之习，恪遵《家礼》以行。”④歙县金山洪氏宗族《家训》记载：“丧祭之仪，文公《家礼》具在，遵而行之足矣。”⑤《歙西岩镇百忍程氏本宗信谱》卷之十一《族约篇》规定：“凡族内有丧之家，须依文公《家礼》仪节举行。富厚者不必过制，贫乏者量减行之。其有贫困之甚者，各助银三分或五分；如富厚者愿多助银三五钱或上两，听□□□行之。”

在徽州族规家法中，关于冠、婚、丧、祭四礼占的篇幅很大。歙县泽富王氏宗族《宗规》共 28 条，冠、婚、丧、祭四礼的规定就有 7 条⑥。黟县环山余氏宗族《余氏家规》，冠、婚、丧、祭四礼的规定，计 13 条⑦。休宁宣仁王氏宗

① 《休宁宣仁王氏族谱》，明万历三十八年家刻本。

② 有人认为，朱熹《家礼》系托名之作。我们认为，即使是托名之作，基本上也是阐述朱熹的思想和观点，这是毫无疑义的。

③ 歙县《泽富王氏宗谱》，明隆庆、万历年间刻本。

④ 黟县《环山余氏宗谱》卷一，民国六年木活字本。

⑤ 歙县《金山洪氏宗谱》卷一，清同治十二年刻本。

⑥ 歙县《泽富王氏宗谱》卷一，明隆庆、万历年间刻本。

⑦ 黟县《环山余氏宗谱》卷一，民国六年木活字本。

族和茗洲吴氏宗族都对冠、婚、丧、祭四礼作了极详细的规定①。据歙县《棠樾鲍氏宣忠堂支谱》卷十七《祀事·值年规例》和《歙新馆鲍氏著存堂宗谱》卷三《祠规·行礼》规定，这两个鲍氏宗族祠祭“三献礼”仪式，每个繁文褥节都多达130多个节目。

徽州宗族认为，祭礼必须庄严肃穆，“务在孝敬，以尽报本之诚”②。《休宁范氏族谱·宗祠祀仪》规定：“临祭尤当严谨，不得附耳私语，回头四顾，搔痒伸腰，耸肩呵欠。拜时必俟声尽方起，拜后勿遽拂尘抖衣，违者罚。”

歙县棠樾鲍氏宗族祠祭规定：“未冠八岁以上，即命与祭，俾自幼习知礼节。年七十老人不能行礼者，准祭后补拜。”③

徽州族规家法中关于“礼”的规定，实质上就是进行封建伦理道德教育，使广大族众安分守己，俯首贴耳地接受宗族统治者的统治。

徽州族规家法中关于“礼”的规定和贯彻，产生了重大社会作用。《新安月潭朱氏族谱》卷首《月潭朱氏族谱序》记载：“新安里各姓别，姓各有祠，祠各有谱牒，阅岁千百，厘然不紊。用能慈孝敦睦，守庐墓，长子孙，昭穆相次，贫富相保，贤不肖相扶持，循循然，彬彬然，序别而情挚。试稽其朔，固由考亭先生定礼仪，详品节，渐渍而成俗。吾徽人食考亭之泽深且远，宜今之旅于外者，为馆舍必尊祀考亭也。”清康熙年间，徽州府同知兼祁门县令姚启元，对于祁门的社会状况记载：“入其境，见君子让如慢，廉而知耻，无迎鱼矣；见其小人愿而悃慎，而知畏，无挺鹿矣。”他得出一个结论：“此礼义之国，有先王遗风焉。”④

### （六）关于“名分”的规定

徽州族规家法中关于上下、尊卑、长幼关系的规定，充分地表现了以族

① 参见《休宁宣仁王氏族谱·宗规》，明万历三十八年家刻本；休宁《茗洲吴氏家典·家规》，清雍正十三年刻本。

② 休宁《茗洲吴氏家典·凡例》，清雍正十三年刻本。

③ 歙县《棠樾鲍氏宣忠堂支谱》卷一七《祀事》，清嘉庆十年家刻本。

④ 康熙《祁门县志》，清康熙二十二年刊本。

长为核心的房长、乡绅的要求,同时也体现了以父系血缘关系为纽带的社会人群共同体的社会特点。

徽州族规家法规定,对尊长必须恭敬。歙县东门许氏宗族《许氏家规》规定:"古者宗法立而事统于宗,今宗法不行,而事不可无统也。一族之人有长者焉,分莫逾而年莫加,年弥高则德弥卲,合族尊敬而推崇之,有事必禀命焉。此宗法之遗意也。有司父母斯民,势分相临,而情或不通。族长总率一族,恩义相维,无不可通之情。凡我族人知所敬信,庶令推行而人莫之敢犯也。"①《歙西岩镇百忍程氏本宗信谱》卷之十一《族约篇》规定:"凡族人相遇于道,尊长少立,卑幼进揖,仍立路旁,以俟其过,毋得傲忽疾行先长,以蹈不恭。"潭渡黄氏宗族《潭渡孝里黄氏家训》规定:"子孙受长上呵责,不论是非,但当俯首默受,毋得分理。"这个宗族族规家法还规定:"子侄虽年至耄耋,凡侍伯父,俱当隅坐,随行不得背礼贻讥。"②

根据族规家法的规定,凡是不遵守上下、尊卑、长幼关系规定的宗族成员,都要受到惩处。歙县东门许氏宗族《许氏家规》规定,对族长"有抗违故犯者,执而笞之"③。潭渡黄氏宗族《潭渡孝里黄氏家训》规定:"卑幼不得抵抗尊长,其有出言不逊制行悖戾者,会众诲之,诲之不悛,则惩之。"④绩溪上庄明经胡氏宗族《新定祠规二十四条》规定:"凡派下子孙,有恃强逞暴无礼于其亲长者,革出,毋许入祠。"⑤这是对以下犯上、以卑凌尊、以幼抗长者的最严厉的惩治。

徽州族规家法中关于奴仆的规定,充分地表现了以族长为核心的房长、乡绅的阶级意志和阶级要求。绩溪《明经胡氏龙井派宗谱》卷首《明经胡氏龙井派祠规》规定:"下不干上,贱不替贵,古之例也。然间有主弱仆强、主懦仆悍者,呈其忿戾,不顾统尊,或至骂詈相加,甚且拳掌殴辱,虽非犯其本主,然以祖宗一体之例揆之,是则凌其本主也。族下如有此婢仆,投明祠首,

① 《重修古歙东门许氏宗谱》卷八,清乾隆二年刻本。
② 歙县《潭渡黄氏族谱》卷四,清雍正九年刻本。
③ 《重修古歙东门许氏宗谱》卷八,清乾隆二年刻本。
④ 歙县《潭渡黄氏族谱》卷四,清雍正九年刻本。
⑤ 绩溪《上川明经胡氏宗谱》下卷之中,清宣统三年木活字本。

祠首即唤入祠内,重责示惩,仍令其叩首谢罪。倘本主不达大义,护短姑息,阖族鸣鼓攻之,正名分也。”歙县东门许氏宗族《许氏家规》制御仆从条记载:“苏子谓:‘家有主母,豪奴悍仆不敢与弱子抗。’族人既众,而仆从必多。主微弱而仆骄悍,往往有之;有之而不能自治者,声诸众以治之。其或犯上者,罪不容于死。其见他房之主,坐则必起。少有犯者,痛加责治,仍遣叩首致谢于所犯之家,毋得宽纵,以启效尤。仆不率者,重其罪;主姑息者,罪其主。此君子小人之大分,不可不正者也,慎毋忽。”①

有的宗族奴仆众多,择伶俐奴仆为班长,以奴仆制奴仆。黟县环山余氏宗族《余氏家规》御僮仆条规定:“家下奴仆,无所统率,致多恣肆。不论各房远近,分作十班,择伶俐十人长之。其长一年一易,俱要系腰,以别贵贱。有呼即至,有令即行。如有抗违主命、侵害各家山场及在外饮酒生事、并自相詈殴者,其长禀于家主,重治,以警其余。”②

徽州族规家法规定,宗族子弟对奴仆要实行硬软两手。绩溪县华阳邵氏宗族《家规》规定:“婢仆为人服役,至艰苦也,少拂家主意,鞭扑随加;含泪吞声而应命趋事,犹恐复挞,此亦人子也,心何忍乎?此等女子小人,当庄以莅之,不与戏谑;宜慈以蓄之,使得饱暖,而仍盗窃,则责惩之。年至十五六以上者,防闲当谨,不可偶有逾越。”③许多宗族族规家法都规定,妇女“勿凌厉婢妾”④,“御奴仆以宽恕”⑤……

## 三、徽州宗族族规家法的生活行为规范

为了巩固宗族统治,促进宗族的兴旺发达,必须使族众的生活行为规范化。于是,在族规家法之中,徽州宗族统治者制定了许多必须遵守的带法制性的生活行为规范。族众如果违犯了这些规定,同样要受到宗族统治者的

① 《重修古歙城东许氏世谱》卷七,明崇祯七年家刻本。

② 黟县《环山余氏宗谱》卷一,民国六年木活字本。

③ 绩溪《华阳邵氏宗谱》卷一八,清宣统二年木活字本。

④ 歙县《潭渡黄氏族谱》卷四《潭渡孝里黄氏家训》,清雍正九年刻本。

⑤ 歙县《泽富王氏宗谱·宗规》,明隆庆、万历年间刻本。

谴责和惩处。

### （一）关于职业当勤的规定

徽州宗族普遍要求他们的子弟，勤奋努力，做好本职工作。

休宁宣仁王氏宗族《宗规》职业当勤条记载："士农工商，所业虽别，是皆本职，惰则职隳，勤则职修。父母妻子仰给于内，姻里九族观望于外，系非轻也。"①绩溪华阳邵氏宗族《家规》勤业条规定："业精于勤，荒于嬉。耕读男子职也，移于游谈而男作荒矣；纺纴女子职也，移于艳冶而女作荒矣。此则十人耕之，不能食一人；十女绩之，不能衣一人，而家何由裕？吾宗男女当务勤。"②

徽州宗族要求他们的子弟，执著追求，自强不息。

《新安武口王氏统宗世谱·王氏家范十条》勤生业条记载："天下之事，莫不以勤而兴，以怠而废……子弟辈志在国家者，固当奋志向上，自强而不息。其不能者，或于四民之事，各治一艺，鸡鸣而起，孜孜为善，励陶侃运瓮（甓）之志，作祖狄（逖）起舞之勇，必求其事之成，艺之精，然后可。"

徽州宗族要求他们的子弟，职业要专，业务要精。

歙县东门许氏宗族《许氏家规》各治生业条记载："生业者，民所赖以常生之业也。《书》之所谓'厚生'，文正之所谓'治生'，其事非一，而所以居其业者有四。固贵乎专，尤贵乎精，惟专而精，生道植矣。士而读，期于有成；农而耕，期于有秋；工执艺，期于必售；商通货财，期于多获。此四民之业，各宜治之，以生者也。上而赋于公，退而恤其私，夫是之为良民。出乎四民之外而荡以嬉者，非良民也，宜加戒谕。其或为梁上君子，族长正、副访而治之，不悛者，鸣官而抵于法。"③

徽州族规家法中关于职业当勤的规定，起了重大作用。士、农、工、商都取得很大成就。知识分子创造了彪炳史册的辉煌业绩，产生了朱熹、江永、

---

① 《休宁宣仁王氏族谱》，明万历三十八年家刻本。

② 绩溪《华阳邵氏宗谱》卷一八，清宣统二年木活字本。

③ 《重修古歙东门许氏宗谱》卷八，清乾隆二年刻本。

戴震等一代大师。徽商称雄商业舞台长达三个多世纪。歙砚、徽墨，誉满天下。

### （二）关于崇尚节俭的规定

崇尚节俭是徽州族规家法一条重要规定。

绩溪《华阳邵氏宗谱》卷十八《家规》节俭条记载："财者难聚而易散也，故一朝而可以散数世之储。苟服饰而工丽都，燕会而极鲜浓，物力无由取给，乃倾囊倒廪，以希观美，而不知有穷之积，难应无穷之费也。若赌博宿娼，其倾家尤为易焉。吾宗子弟当崇俭。"歙县金山洪氏宗族《家训》尚勤俭条规定："古言勤能致丰，俭能养德。盖业专于勤，荒于怠，穷奢极欲，则家声坠焉。今为族人劝，毋怠荒游，毋好骄奢；凡属四民，俱宜孜孜汲汲，惟恒产是务，此敦本崇实之良谋也，无忽。"①

徽州人很重视理财之道，并将其写入族规家法之中。《新安武口王氏统宗世谱·王氏家范十条》节财用条记载："理财之道，入之无数，不如出之有节。苟能节用，则所入虽少，亦自不至空乏。尝见世之好华靡而不质实者，鲜有不坏事。故光武以帝王之家，而犹戒公主勿用翠羽。子弟辈须知渐不可长，凡土木之事，不得已而后作；服饰之类，只宜以布为美；妇人首饰，不必华丽。能如此，则是守富之道。"

徽州族规家法中关于崇尚节俭的规定，产生了重大社会作用。康熙《徽州府志·风俗》记载，徽州人"家居也，为俭啬而务畜积。贫者日再食，富者三食，食惟馇粥，客至不为黍，家不畜乘马，不畜鹅鹜……女人犹称能俭，居乡者数月不占鱼肉，日挫针治缫纫绽"。明清时期，虽然有的徽商生活极端浮华奢侈，但是绝大多数人还是崇尚"性节俭，甘淡泊"。

### （三）关于重视教育的规定

#### 1. 重视启蒙教育

《休宁宣仁王氏族谱·宗规》蒙养当豫条规定："闺门之内，古人有胎

---

① 歙县《金山洪氏宗谱》卷一，清同治十二年刻本。

教,又有能言之教;父兄又有小学之教,大学之教,是以子弟易于成材……吾族中各父兄,须知子弟之□教,又须知教法之当正,又须知养正之当豫。六岁便□□□,学字学书;随其资质渐长,有知觉便择端悫师友,将养蒙□孝顺故事,日加训迪,使其德性和顺;他日不必定要为儒者,为缙绅,就是为农、为工、为商,亦不失为醇谨君子。"

**2. 重视道德教育**

《休宁宣仁王氏族谱·宗规》蒙养当豫条记载:"今俗教子弟者何如?上者教之作文,取科第功名止矣!功名之上,道德未教也;次者教之杂字柬笺,以便商贾书计;下者教之状词活套,以为他日刁猾之地。是虽教之,实害之矣。"徽州宗族普遍重视道德教育。休宁《茗洲吴氏家典》序说:"我新安为朱子桑梓之邦,则宜读朱子之书,服朱子之教,秉朱子之礼,以邹鲁之风自待,而以邹鲁之风传之子若孙也。"徽州地区教育的基本方针是:"理学第一,文章次之"①。

**3. 重视教师选聘**

《新安武口王氏统宗世谱·王氏家范十条》重家学条记载:"天下之本在国,国之本在家,家之本在身。格物致知,诚意正心,皆所以修身也。《易》曰:蒙以养正,圣功也。家学之师,必择严毅方正可为师法者。教苟非其人,则童蒙何以养正哉?"徽州宗族普遍重视教师选聘,大多数家塾教师都有一定儒学功底,不少书院主讲都是饱学之士。

**4. 对学子严格要求**

"业精于勤,荒于嬉。"徽州宗族普遍要求学子认真读书,"期于有成"。歙县《金山洪氏宗谱·家训》贵读书条记载:"古人□□□入小学,十三入大学,使就外傅,诵诗读书,乃所以成其□□。如德成,而言可为百世师,行可为天下法,此读书之最上品也;其次,莫如成名,以显其亲,而泽及宗族;否则,博览古今,彬彬儒雅,犹不失大风范,所谓要好儿孙在读书者此耳,有志者勖诸。"宋元以来,徽州教育质量较高,与对学子严格要求有关。新中国成立前,黟县还有"三钱买板,二钱买书"的谚语。

① 许承尧:《歙事闲谭》第六册,抄本。

**5. 资助学子膏火**

徽州许多族规家法都规定,资助贫困学子——特别是资助聪明俊伟有培养前途学子——的膏火。歙县东门许氏宗族《许氏家规》振作士类条规定:"士之肄举业者,有志于科第者也。业之弗精,而能以应举及第者乎?饥寒困穷乱其心,吾未见业之能精也。营营内顾之私,衣食之累,悠悠岁月,浪过一生,而终于无成,甚可惜也。今后凡遇族人子弟肄习举业,其聪明俊伟而迫于贫者,厚加作兴。始于五服之亲,以至族人之殷富者。其诸月给灯油、笔札之类,量力而助之,委曲以处之,族人斯文又从而诱掖奖劝之,庶其人之有成,亦且有光于祖也。况投我木桃,报以琼瑶,又何惮而不为乎?"①。

**6. 奖励升学科第**

《明经胡氏龙井派祠规》规定:"凡攻举子业者,岁四仲月,请齐集会馆会课,祠内支持供给……其学成名立者,赏入泮贺银一两,补廪贺银一两,出贡贺银五两。"参加科举学子,宗族资助旅费,省试"各名给元银二两";会试"每人给盘费十两"。"登科贺银五十两,仍为建竖旗匾,甲第以上加倍。"这个《祠规》规定:"为父兄者,幸有可造子弟,毋令轻易废弃。盖四民之中,士居其首,读书立身,胜于他务也。"

徽州族规家法中关于重视教育的规定,产生了重大社会作用。宋元以来,徽州教育发达,教育质量高于一般地区。②

### (四) 关于济贫救灾的规定

小农经济十分脆弱。为了保持宗族稳定,徽州宗族很重视济贫救灾工作,并将其写入族规家法之中。

绩溪华阳邵氏宗族《家规》恤族条记载:"族由一本而分,彼贫即吾贫,苟托祖宗之荫而富贵,正宜推祖宗之心以覆庇之,使无失所,此仁人君子之用心也。若自矜富贵,坐视族人贫困,听其鬻妻质子而为人仆妾,以耻先人,

---

① 《重修古歙城东许氏世谱》卷七,明崇祯七年家刻本。

② 参见赵华富《明清徽州社会繁荣的教育因素》,《新华文摘》1991年第11期。

是奚翅贫贱羞哉？即富贵亦与有责也。”①

歙县东门许氏宗族《许氏家规》救灾恤患条规定：“人固以安静为福，而灾危患难亦时有之，如水火、盗贼、疾病、死丧。凡意外不测之事，此人情之所不忍，而推恩效力，固有不容已者。其在乡党邻里，有相周之义焉，有相助相扶持之义焉，况于族人，本同一气者乎？今后，凡遇灾患，或所遭之不偶也，固宜不恤财、不恤力以图之，怜悯、救援、扶持、培植，以示敦睦之义。此非有所强而迫也，行之存乎人耳。”②

徽州族规家法中关于济贫救灾的规定，起了很大的社会作用。在徽州府各个时期府志和徽州所属六个县各个时期县志以及各个宗族族谱《义行传》中，济贫救灾的历史资料，比比皆是，举不胜举。许多徽商因为慷慨解囊，济贫救灾，得到宗族、州县甚至朝廷的表彰，得以树碑立传，名垂青史，万世流芳。

### （五）关于抚孤恤寡的规定

在徽州族规家法中，抚孤恤寡是一条重要内容。

歙县东门许氏宗族《许氏家规》抚孤恤寡条规定：“父之于子，而见其成人；妇之于夫，而及尔偕老，是处人伦之幸，道之常也。不幸而值其变，固有无父而孤，无夫而寡者焉。此穷民无告，王政之所必先焉者……今后凡遇孤儿寡妇，恩以抚之，厚以恤之，扶持培植，保全爱护，期于树立，勿致失所；为之婚嫁，为之表彰，伯叔懿亲不得而辞其责也。”绩溪龙井明经胡氏宗族《明经胡氏龙井派祠规》重义条规定：“倘有好义子孙，捐义产以济孤寡，置书田以助寒儒，生则颁胙，殁给配享，仍于进主之日，祠内酌办祭仪，请阖族斯文迎祭以荣之，以重义也。”③

徽州族规家法中关于抚孤恤寡的规定，产生了很大社会作用。许多富商大贾，把踊跃捐输，抚孤恤寡，视为人生一种高尚德行和极大光荣。歙县

① 绩溪《华阳邵氏宗谱》卷一八，清宣统二年木活字本。

② 《重修古歙城东许氏世谱》卷七，明崇祯七年家刻本。

③ 绩溪《明经胡氏龙井派宗谱》卷首，民国十年木活字本。

棠樾大盐商鲍启运置“体源户”义田，赡给鲍氏宗族鳏、寡、孤、独，是一个典型。据歙县《棠樾鲍氏宣忠堂支谱》卷十九《义田·敦本户田记》记载：“启运……服贾四方，薄积所赢，因本先君之意……置体源户田五百四十亩，专以赡给族‘四穷’（按：鳏、寡、孤、独——引者），归诸宗祠，而告之有司，用垂久远。嗣恐经费不充，续增田一百六十余亩足之。自此，吾族中有不幸茕独者，可无虑于饔飧矣。”

### （六）关于和睦邻里的规定

徽州宗族认为，邻里乡党，贵尚和睦。所以，许多族规家法对此都作了严格规定。

歙县东门许氏宗族《许氏家规》斗殴相争条记载：“君子无所争，言其恭逊，不与人争；争固不可，而况斗殴以争乎？”①黟县环山余氏宗族《余氏家规》规定：“邻里乡党，贵尚和睦，不可恃挟尚气，以启衅端。如或事尚辩疑，务宜揆之以理，曲果在己，即便谢过；如果彼曲，亦当以理谕之。彼或强肆不服，事在得已，亦当容忍；其不得已，听判于官，毋得辄逞血气，怒詈斗殴，以伤和气。违者议罚。”②

宗族械斗，常给人们带来严重灾难。因此，黟县环山余氏宗族《余氏家规》作了严厉规定：“迩来盛族大姓，恃强相尚，少因睚眦之忿，遂各集众斗打，兴讼求胜，风俗恶薄，莫此为甚，而殒命灭门，多由此也。族众务宜痛惩，毋相仿效，以保身家。其有子弟三五成群、讥此赛彼、甘靡荡造端生事者，族众不许干预外，仍各重罚，以警其余。其有轻听肤诉望风鼓众者，一例重罚。”③

徽州族规家法中关于和睦邻里的规定，起了一定的社会作用。历史文献记载和社会调查资料证明，宋元以来，邻里和睦是徽州人的社会风尚和社会主流。当然，在人们的社会生活中，打仗斗殴，公堂诉讼，也在所难免。

---

① 《重修古歙城东许氏世谱》卷七，明崇祯七年家刻本。

② 黟县《环山余氏宗谱》卷一，民国六年木活字本。

③ 黟县《环山余氏宗谱》卷一，民国六年木活字本。

### （七）关于禁止闲游的规定

游手好闲，必然生事构祸。所以，在徽州族规家法中，对游闲子弟大都作了严厉惩治规定。

黟县环山余氏宗族《余氏家规》禁游侠条记载："祖宗家法，于本家子弟，非课以读书，即责之务农……至于商贾技艺，随材治业，则资生不患无策。近世闲游子弟，假称豪侠，或于衙门内外，街头巷口，遇事生风，以讥谈拳勇为酒食之谋……构祸滋衅，损坏家声，莫此为甚。我族子弟，如有前项行为，家长、家督即宜呼来面斥，痛惩其非。如刚狠不驯，众共鸣公，重处，以防效尤。"①《歙西岩镇百忍程氏本宗信谱》卷之十一《族约篇》记载："上之读书为士，下之力田为农，至于为工为商，守分安生，何所不可？乃有不务生业、游手好闲、赌博骗财、诱人为非者，真盛世之敝民，乡族之巨蠹也。"

有的宗族要求子弟，行为庄重，禁绝一切蛊心惑志之事。《潭渡孝里黄氏家训》规定：宗族子弟"不得谑浪败度，背手跷足，勾肩搭背，以陷入轻儇；不得信口歌唱，率意胡行，以致流为游手游食之人……其棋枰、双陆、词曲、虫鸟之类，皆足以蛊心惑志，废事败家，一切皆当弃绝，不得收畜；至于俗乐戏术，诲淫长奢，不可令子弟观听肄习；有类此者，神而明之，均应痛戒也"②。

徽州族规家法中关于禁止闲游的规定，起了一定作用。据凌应秋《沙溪集略》卷二《风俗》记载，歙县沙溪"昔时人大半安于农业，习儒习贾，各有正务，而游手者寡。近世稍异于古矣。"③这虽是局部地区，但从族规家法关于禁止游闲的规定，可以看到，游闲不仅受到族规家法的制约，而且受到社会舆论的谴责。

---

① 黟县《环山余氏宗谱》卷一，民国六年木活字本。

② 歙县《潭渡黄氏族谱》卷四，清雍正九年刻本。

③ 转引自张海鹏、王廷元主编《明清徽商资料选编》第一章第二节，黄山书社 1985 年版。

### （八）关于禁止迷信的规定

徽州人崇拜朱熹，理学在徽州占统治地位。朱熹反对迷信，因此，许多宗族在族规家法中都有禁止迷信的规定。

《新安武口王氏统宗世谱·王氏家范十条》远佛老条记载："佛老之说，最惑人心，人死岂有轮回之理？……修斋供佛，何益于事？"休宁茗洲吴氏宗族《家规》规定：一、"子孙不得修造异端祠宇，装塑土木形象"；二、"不得惑于邪说，溺于淫祀，以徼福于鬼神"；三、"三姑六婆，概不许入门。其有妇女妄听邪说引入内室者，罪其家长"；四、"遇疾病当请良医调治，不得令僧道设建坛场，祈禳秘祝。其有不遵约束者，众叱之，仍削除本年祭胙一次"①。休宁宣仁王氏宗族《宗规》邪巫当禁条规定："禁止师巫邪术，律有明条。盖鬼道盛人道衰，理之一定者。故□国将兴听于人，将亡听于神，况百姓之家乎？今后族中一□僧道诸辈，勿令至门；凡超荐、诵经、披剃等俗，并皆禁绝，违者祠中行罚……至于妇女识见庸下，更喜媚神徼福，其惑于邪巫也，尤甚于男子；且风俗日偷，僧道之外，又有斋婆、卖婆、尼姑、跳神、卜妇、女相……等项，穿门入户，人不知禁，以致哄诱费财，甚有犯奸盗者，为害不小。各家家督，须皆预防，如严守望，家数察其动静，杜其往来，庶免后患，此亦是齐家吃紧一事。"②

迷信活动是愚昧无知的表现和结果，单靠族规家法当然是禁止不了的。但是，族规家法中有关禁止迷信活动的规定，对人们总有或多或少约束作用，这是毫无疑义的。

### （九）关于禁止赌博的规定

赌博恶习，不仅坏人心术，有时还能使人倾家荡产。因此，徽州不少族规家法都有禁止赌博的规定。

歙县金山洪氏宗族《家训》禁赌博条规定："赌博一事，更关风化。素封

① 休宁《茗洲吴氏家典》，清雍正十三年刻本。

② 《休宁宣仁王氏族谱》，明万历三十八年家刻本。

子弟，忘其祖、父创业之艰，挥金如土，狼藉者饵诱，呼红喝绿，一掷千金，迷不知悟，及至倾家荡产，无聊底止，方知怨恨，殊不思不能谨于始，事后悔前非，其能济乎？犯此者，众共击之。”①歙县东门许氏宗族《许氏家规》游戏赌博条记载：“……构徒聚党，登场赌博，坏人子弟，而亦有坏其心术，破毁家产，荡析门户；若此之流，沉溺既久，迷而弗悟，宜痛戒治，使其改行从善，不亦可乎？”②

有的宗族对赌博深恶痛绝，在族规家法中制定了严厉的打击措施。休宁茗洲吴氏宗族《家规》规定：“子孙赌博无赖及一应违于礼法之事，其家长训诲之；诲之不悛，则痛箠之；又不悛，则陈于官而放绝之；仍告于祠堂，于祭祀除其胙，于宗谱削其名；能改者复之。”③黟县南屏叶氏宗族《祖训家风》禁邪僻条规定：“族中邪僻之禁至详，而所尤严者赌博。赌博之禁，业经百余年，间有犯者，宗祠内板责三十，士庶老弱，概不少贷。许有志子弟访获，祠内给奖励银二十两。恐年久禁弛，于乾隆十四年加禁，乾隆四十三年加禁，嘉庆十四年又加禁。历今恪守无违，后嗣各宜自凛。”④

徽州族规家法中关于禁止赌博的规定，起了很大作用。黟县南屏叶氏由于族规家法措施具体，打击有力，同时宗族又抓住这个问题不放，结果出现了长期“恪守无违”的良好状况。

### （十）关于尊敬耆老的规定

在历史上，徽州宗族是以昭穆世次排辈分，但是，尊敬耆老也是一种普遍社会风尚，有的宗族还单列条文将其写入族规家法当中。

《明经胡氏龙井派祠规》敬耆老条规定：“年之贵乎，天下久矣。朝廷尚有敬老之礼，乡里可无尚齿之风？今酌立定制，年登七十者，春冬二季，颁其寿胙；八十以上，渐次加倍，其贰详载规例谱。且筋力就衰，举动艰苦，入祠

① 歙县《金山洪氏宗谱》卷一，清同治十二年刻本。

② 《重修古歙城东许氏世谱》卷七，明崇祯七年家刻本。

③ 休宁《茗洲吴氏家典》，清雍正十三年刻本。

④ 《黟县南屏叶氏族谱》卷一，清嘉庆十七年木活字本。

拜祖,初祭时四拜,跪毕退坐西塾,值事仆奉茶水以安之,敬耆老也。”①

徽州族规家法当中,有许多关于尊敬耆老的规定。例如,新年元旦,宗族普遍在祠堂举行谒祖、团拜礼。拜毕,有的宗族每人散发米粉制作的“和合饼”一双,有的宗族每人散发米粉制作的“元宝”一双,有的宗族每人散发米粉制作的“寿桃”一双。据我们掌握的族规家法资料都有这样规定:年届60岁的发2双,年届70岁的发3双,年届80岁的发4双,依此递增。再如,祖墓较远的名门右族,族规家法大都规定:清明标祀(或曰“标挂”、“挂钱”,即清明扫墓),年过60岁以上子弟,乘轿前往,经费由祠堂支付②。

### (十一) 关于戒溺女婴和禁止偷盗的规定

据历史文献记载,五代以来,由于封建思想作祟,江南有些地区溺女婴陋习蔓延。针对这一陋习,绩溪华阳邵氏宗族《家规》戒溺条发出严厉抨击和规定:“世俗溺女,最可痛恨。彼来投生,父母何仇而致之死?若云家贫,甘苦可以同尝,一丝一粒皆有分定;若云难嫁,荆钗裙布可以从夫;若云出腹,生子则得子,有一定之命。岂不思残忍不仁,天必斩其嗣。此等人,天理尽绝,人心尽丧,罪恶与杀人同科,可不戒哉?”③。这个宗族《家规》对溺女婴陋习的血泪控诉,已不仅仅是一条民间法规,同时,也是一个檄文。这个檄文对那些“天理尽绝,人心尽丧”的人,或大或小是一个震动和社会舆论约束。

社会生活当中,偷盗行为很难避免。针对这一社会现象,《明经胡氏龙井派祠规》贼匪条规定:“天地之间,物各有主。乃有不轨之徒,临财起意;纳履瓜田,见利生心;整冠李下,鼠窃狗偷。此等匪人,宜加惩戒。如盗瓜菜、稻草、麦秆之属,罚银五钱;五谷、薪木、塘鱼之属,罚银三两,入公堂演戏示禁。其穿窬夜窃者,捉获有据,即行黜革。”④

历史上,徽州崇尚勤俭,闾阎仁让,俗朴民淳,鼠窃狗偷之事较少。《新

① 绩溪《明经胡氏龙井派宗谱》卷首,民国十年木活字本。

② 参见赵华富《歙县棠樾鲍氏宗族个案报告》,《江淮论坛》1993年第2期;《黟县南屏叶氏宗族调查研究报告》,《徽州社会科学》1994年第2期。

③ 绩溪《华阳邵氏宗谱》卷一八,清宣统二年木活字本。

④ 绩溪《明经胡氏龙井派宗谱》卷首,民国十年木活字本。

安竹枝词》记载:“山村僻处少尘嚣,买犊何妨卖却刀。入夜不须防盗贼,比邻无地匿旗逃。”①

### (十二) 关于保护林木的规定

徽州处万山中,峰峦叠嶂,崇山丘陵占整个地区总面积的百分之九十。山林既是重要的自然资源,又关系自然生态和宗族聚居的自然环境。

在族谱中,我们虽然没有见到徽州族规家法有关于保护林木的记载,但是,在徽州进行宗族调查时发现,大多数宗族在不成文的族规家法中都有关于保护林木的规定,而且这种规定都异常严厉。有的宗族还发布保护林木的公告,并将其镌刻在石碑上。歙县呈坎前罗氏宗族、呈坎后罗氏宗族;黟县西递明经胡氏宗族,南屏叶氏宗族;绩溪县龙川胡氏宗族……都规定:不经宗族同意和批准,任何人不准砍伐宗族山林一树一木;无论何人,乱砍乱伐一棵树木,处以用纸箔祭树,直至将砍伐树墩(有人说是树木)烧化的惩罚。呈坎前罗氏宗族、后罗氏宗族不成文的族规家法还规定:乱砍乱伐宗族风水林木,除了处以用纸箔祭树,将砍伐树墩(或曰树木)烧化的惩罚以外,犯者还要绕山一周燃放鞭炮,并请道士设醮诵经;同时,犯者还得设宴招待道士、族长和管山人员,并支付道士和管山人工资。

这里应该特别指出的是,绩溪县龙川胡氏宗族不成文的族规家法规定:宗族子弟生个男孩,必须担土上山栽一棵树(因山上泥土稀少),让孩子与树木同时成长。因此,造成宗族子弟繁衍与宗族山林增长同步。

徽州族规家法中关于保护林木的规定,产生了巨大的社会作用。据我们调查,历史上,徽州大小山场都一片郁郁葱葱。有些地方,古木参天,树围达一公尺甚至数公尺以上。

除了上述诸条,还有重农桑、禁奸淫等规定,都属于中华民族传统文化的精华。因篇幅所限,这里不一一阐述。

(原载《首届国际徽学学术讨论会文集》,黄山书社 1996 年版)

① 许承尧:《歙事闲谭》第七册,抄本。

# 从徽州谱牒看宗族对违法者的惩治

俗云:“国有国法,家有家规。”徽州世家大族都有自己的族规家法,作为统治宗族的工具。据我们所知,凡是成文的族规家法大都刊载在谱牒之中。笔者在这篇论文中,拟利用这些谱牒资料,阐述徽州宗族对违法者的惩治规定、贯彻族规家法的措施和“家法大于国法”的问题。

## 一、对违法者的惩治规定

族规家法是一种民间法规。对触犯族规家法者的惩治,每个宗族有每个宗族的规定,千差万别,形式多样。据谱牒记载,徽州宗族对违法者普遍采用的惩治规定,重要的有七种。

### (一)斥责告诫

徽州宗族统治者执法,出发点是促使违法者“改恶趋善”。① 因此,对触犯族规家法者动之以情,晓之以理,进行责骂、劝诫,就成为徽州宗族执行族规家法普遍采用的一种方法和形式。歙县东门许氏宗族《许氏家规》居家孝弟条记载:“孝也者,善事父母之谓也。弟也者,善事兄长之谓也……吾族之人,率其日用之常,其谁不为孝悌?苟拘于气禀,染于习俗,灭天理而伤人伦,亦不免于不孝不悌也。但其始于小过,渐流于恶,不可不开其自新之路。今后于不孝不悌者,众执于祠,切责之,痛治之,庶几惩已往之愆,图将

① 《古黟环山余氏宗谱》卷一《余氏家规》,民国六年(1917年)木活字本。

来之善。昔为盗蹠，而今亦可为尧舜之徒矣。”①休宁商山吴氏宗族《商山吴氏宗法规条》规定：“妇人怀嫉妒之情，丈夫有沉惑之僻。家世之败坏，起于妇人之长舌，而澜于丈夫之沉惑。今后各支妇女，如有抵触翁姑，夫妇反目，妯娌戕伤，朝夕詈骂，不守闺阃礼法者，诚为悍妇，若不痛加禁治，必致仿效成风，初犯责罚夫男，再犯宗正、副会族众登门斥辱本妇，改过则已。”

### （二）曲膝跪拜

孝顺父母，尊敬长上，是徽州宗族族规家法最重要的两条规定。对于初犯或违犯这两条规定不甚严重的族人，徽州宗族普遍采用的一种惩治方法和形式，是曲膝跪拜。黟县环山余氏宗族《余氏家规》规定：“间有悍妻傲妇蔑视舅姑恣肆忤逆者，家长呼至中堂，舅姑上坐，责令长跪，诲谕省改。”②绩溪东关冯氏宗族《冯氏家规》规定：“子得罪父母，初须从宽杖责，仍令长跪服罪……妇得罪舅姑者，同。”③

徽州宗族重视祠祭和墓祭，对违犯祭祖礼仪的支丁，普遍采用的一种惩治方法，是曲膝跪拜。休宁商山吴氏宗族《商山吴氏宗法规条》规定：“凡在祭时，跛立傍语，顾盼谔笑，当拜不拜，及执事礼仪不恭，赞引错唱者，皆慢上而忽众也，皆整班纠仪举。祭毕，罚神前拜八拜赎过。”绩溪城西周氏宗族《祠规》规定：一、“祭祖重典，理宜虔肃，与祭子孙，俱走旁门，毋许向中门中阶直趋而进，亦毋许喧哗，违者罚跪。”二、“衣冠不备，不敢以祭。宗子、主祭及分献老人，各宜衣冠齐整。阖族斯文穿公服，整冠带。与祭子孙，亦宜各整衣冠，毋得脱帽跣足。违者罚跪。”④

### （三）祠堂笞杖

徽州宗族对触犯族规家法的族人，普遍采用的一种惩治方式，是祠堂笞杖。歙县东门许氏宗族《许氏家规》小过鞭扑条记载：“古人扑作教刑，又云

---

① 《重修古歙东门许氏宗谱》卷八，清乾隆二年（1737年）刻本。

② 《古黟环山余氏宗谱》卷一，民国六年（1917年）木活字本。

③ 《绩溪东关冯氏家谱》卷首上，清光绪二十三年（1897年）活字本。

④ 《绩溪城西周氏宗谱》卷首，清光绪三十一年（1905年）敬爱堂活字本。

蒲鞭示辱，盖以过之小而鞭扑行焉，辱之也，教之也，非有伤残于肌肤，使之惩创，以自新也……凡因小过情有可宥者，而欲尽抵于法，亦非所以爱之也。莫若执之于祠，祖宗临之，族长正、副斥其过而正之，箠楚以加之，庶其能改，而不为官府之累，其明刑弼教之行于家者乎？"①休宁茗洲吴氏宗族《家规》规定："子孙赌博无赖，及一应违于礼法之事，其家长训诲之；悔之不悛，则痛箠之……"②黟县环山余氏宗族《余氏家规》共有43条规定，其中"议罚"20条，"倍罚"2条，"重罚"6条，"有罚"1条，"朴罚"1条，既有"议罚"又有"倍罚"1条，既有"议罚"又有"重罚"2条。"罚"指的是一种什么惩处呢？《余氏家规》解释说："凡所谓罚者，扑之，从一至三十。愿罚一钱，抵扑一十。妇人罚布一丈，抵扑一十。妇人有应扑者，从其夫并姑或伯叔祖母扑之，其轻重俱要丽事。凡言加等，以五递加；言倍罚者，照数倍罚。"③

### （四）经济制裁

徽州宗族对触犯族规家法的族人，普遍实行的一种经济制裁是"罚银"。歙县《程氏东里祠典》规定，一年四祭，"凡办祭品，管年之家须半月前领出银租，照簿正较办，刻期举之，过期一日，罚银一两，仍令亟补"；"祭之时，虽质明从事，先鸣锣三次招集，后以大金齐之，金一过则不待也……管年查，冠者不到，罚银三分。"休宁江村洪氏宗族《祠规》规定："祭日，支裔毕集，每人给胙肉一斤，如不到者，罚银三钱"；"新岁拜坟年，定期初十日，如不到山者，罚银一钱。"④

徽州宗族对触犯族规家法的族人，普遍采用的一种经济制裁是"罚胙"。歙县东门许氏宗族《许氏家规》春秋祭祀条规定："五鼓聚齐，祭以黎明，而凡威仪、仪物之类，立纠仪礼生二名，以察其致祭之仪，尽志尽物，期于感格。黎明而祭，不举者罪其轮首之人。过时不至，与祭而衣冠礼仪不肃

① 《重修古歙东门许氏宗谱》卷八，清乾隆二年（1737年）刻本。

② 休宁《茗洲吴氏家典》，清雍正十三年（1735年）刻本。

③ 《古黟环山余氏宗谱》卷一，民国六年（1917年）木活字本。

④ 休宁《江村洪氏家谱》卷十四，清雍正七年（1729年）刻本。

者，罚其胙，仍书于瘅恶匾。"①绩溪城西周氏宗族《祠规》规定，祠堂祭祖，与祭子孙"俱在堂下随宗子后，分昭穆跪拜，毋得搀前及拥挤上堂。祭毕散票（按：领取胙肉凭证——引者），亦依尊卑鱼贯而出，不许搀越。违者，令头首随时记名，概不给胙"。②

徽州宗族对触犯族规家法的族人"罚戏"，是一种别出心裁的经济制裁形式。所谓罚戏，就是宗族请戏班演戏，令被罚族人支付经费。绩溪城西周氏宗族《宗祠条规》规定："□（祠）内寸木寸石，毋许派下子孙私自盗取及借出祠。违者，较所取之物轻重议罚，轻则罚大周箔一把，重则罚戏一台，仍将原物追还，断不徇情"；"祠门锁钥，值年头首同司值查刷执管，除会文并公事外，一应毋得擅开私借堆放物件、二熟私晒谷麦及衙门搭班唱戏。如违，罚戏一台，并罚大周箔一把，对祖烧化。"祁门滩下倪氏宗族《禁山》规定："一、禁公私祖坟，并住宅来龙下庇水口所蓄树木，或遇雪折倒，归众，毋许私搬，并梯桠杪、割草，以及砍斫柴薪、挖桩等情。违者，罚戏一台。""一、禁公私兴养松杉、杂木、苗竹以及春笋、五谷、菜蔬，并收桐子、采摘茶子，一切等项。家外人等，概行禁止，毋许入山，以防弊窦、偷窃。如违，罚戏一台。倘有徇情，查出照样处罚（报信者，给钱一百文）。"

### （五）革出祠堂

徽州宗族对触犯族规家法较为严重的族人，普遍采用的一种惩治方法是革出祠堂。绩溪上庄明经胡氏宗族《新定祠规二十四条》，其中共有14条都规定违犯者"革出，毋许入祠"。如敦伦常规定：

一、凡派下子孙，有不孝于其父母、祖父母者，革出，毋许入祠。

一、凡派下子孙，有悖强逞暴无礼于其亲长者，革出，毋许入祠。

一、凡派下子孙，有同姓为婚暨娶奴仆之女为妻者，革出，毋许入祠。

① 《重修古歙东门许氏宗谱》卷八，清乾隆二年（1737年）刻本。

② 《绩溪城西周氏宗谱》卷首，清光绪三十一年（1905年）敬爱堂活字本。

一、凡派下子孙，有无故嫁妻者，革出，毋许入祠。①

绩溪龙井明经胡氏宗族《明经胡氏龙井派祠规》奸淫条记载："人之有偶，不可乱也。乃有纵欲者流，名教不恤，坏族名风，破人节行，甚且中冓难言，新台有刺。此等人面兽行，或径投纸入祠，告讦有据，即行黜革。至若士耽固不可言，女耽尤不可说。见金夫而不有乘垝垣而瞩迁，如此女流，亦不许进主。其娶宗妇及同姓者，并加黜革。"②

## （六）呈公究治

对极少数为非作歹、影响极坏的不肖子孙，虽被革出祠堂，但仍继续作恶，屡教不改，如何处置呢？徽州宗族普遍采用的一种方法，是呈公究治。歙县东门许氏宗族《许氏家规》居家孝弟条规定："今后于不孝不悌者，众执于祠，切责之，痛治之，庶几惩以往之愆，图将来之善。昔为盗蹠，而今亦可为尧舜之徒矣。其或久而不悛、恶不可贷者，众鸣于公，以正其罪。"③歙县潭渡黄氏宗族《潭渡孝里黄氏家训》规定，子孙"不得引进娼优，讴词献伎，以娱宾客；并不得好勇斗狠，及与打降闯将匪类等往来；不得沉迷酒色，妄肆费用，以致亏折赀本。至若不务生理，或搬斗是非，或酗酒赌博，或诓骗奸盗，或党恶匿名，一应违于理法之事，当众诫之。如屡诫不悛，呈公究治，不可姑容。"④《新安武口王氏统宗世谱·王氏家范十条》敦孝友条记载："《书》称，君陈孝于亲，友于兄弟，以为一家之政。夫子称之曰：是亦为政，盖家、国初无二理。今日之所以教家，即他日之所以教国。此虽吾家先世之遗训，而为子弟者宜世守而勿失。敢有故犯不遵者，家长先责之；以理抗而不服者，闻诸公庭，依律发落。"

## （七）以不孝论

徽州宗族对严重触犯族规家法的族人，普遍采用的一种惩治，是以不孝

① 绩溪《上川明经胡氏宗谱》下卷中，清宣统三年（1911年）木活字本。

② 绩溪《明经胡氏龙井派宗谱》卷首，民国十年（1921年）木活字本。

③ 《重修古歙东门许氏宗谱》卷八，清乾隆二年（1737年）刻本。

④ 歙县《潭渡孝里黄氏族谱》卷四，清雍正九年（1731年）补校刻本。

论处。例如，歙县泽富王氏宗族《宗规》规定："先世祖宗坟墓，坐向、地名、字号、亩步，俱详各业，毋斩丘木，毋侵疆域。或贫无以资生有出售者，许支下子孙赎之。如不赎，方许疏枝以赎，勿得售诸他姓。敢有此等，乃率族计议，陈之以理，惩其不孝之罪。"①休宁商山吴氏宗族《商山吴氏宗法规条》规定："凡族中有交结异姓伤残手足者，此皆悖逆祖宗之辈，倘以事犯，祠中当以不孝论"；"凡各支祖坟，倘有不肖子孙盗卖，及有富豪谋买，或恃强侵葬，甚至斩棺裁脉，紊乱昭穆者，此皆欺蔑祖宗之徒。倘有此犯，宗正、副据实呈治，以不孝论。"黟县环山余氏宗族《余氏家规》规定："间有悍妻傲妇蔑视舅姑恣肆忤逆者，家长呼至中堂，舅姑上坐，责令长跪，诲谕省改。再犯从众扑罚，三犯令夫出之。如纵容，坐以不孝例论。"②

徽州宗族对"以不孝论"的族人，其惩处是死刑。黟县环山余氏宗族《余氏家规》规定："人子或因自幼骄纵，养成狠暴；或因娶妻育子，惑于私昵，遂为忤逆不孝。初犯罪该致死，姑从宽规外，倍加议罚。三犯不悛，呈官置之典型。父母姑息容忍者，并罚父母。"③

## 二、贯彻族规家法的措施

有的学者提出，宗族统治者是怎样执行族规家法的，执行的结果如何？我们认为，这个问题提得很好。有法不依，执法不严，等于无法。徽州谱牒资料证明，宗族绝大多数统治者执行族规家法是认真的，为贯彻族规家法采取了许多行之有效的有力措施。今天，我们都不得不佩服古人的智慧。

### （一）建立执法组织

为了认真执行族规家法，必须建立执行族规家法的组织。休宁商山吴氏宗族《商山吴氏宗法规条》记载："祠规虽立，无人管摄，乃虚文也。须会

① 歙县《泽富王氏宗谱》，明隆庆六年（1572 年）王景象刻本。
② 《古黟环山余氏宗谱》卷一，民国六年（1917 年）木活字本。
③ 《古黟环山余氏宗谱》卷一，民国六年（1917 年）木活字本。

族众，公同推举制行端方、立心平直者四人——四支内每房推选一人——为宗正、副，总理一族之事。遇有正事议论，首家邀请宗正、副裁酌。如有大故难处之事，会同概族品官、举监生员、各房尊长，虚心明审，以警人心，以肃宗法。"黟县环山余氏宗族《余氏家规》规定："家规议立家长（按：或曰族长、宗正，下同——引者）一人，以昭穆名分有德者为之；家佐（按：或曰族佐、宗副，下同——引者）三人，以齿德众所推者为之；监事三人，以刚明公正者为之；每年掌事十人，二十以上五十以下子弟轮流为之。凡行家规事宜，家长主之，家佐辅之，监视裁决之，掌事奉行之。其余家众，毋得各执己见，拗众纷更者倍罚。"①《歙风俗礼教考》记载："各村自为文会，以名教相砥砺。乡有争竞，始则鸣族，不能决则诉于文会，听约束焉。再不决，然后讼于官，比经文会公论者，而官藉以得其款要过半矣，故其讼易解。若里约坊保，绝无权焉，不若他处把持唆使之纷纷也。"②

### （二）宣讲族规家法

徽州许多宗族的统治者，为了使族众知法守法，按照族规家法的要求做人，依据族规家法的规定处事，大都在祠堂定期宣讲族规家法。绩溪华阳邵氏宗族《新增祠规》记载："祠规者，所以整齐一族之法也。然徒法不能以自行，宜仿王孟箕《宗约仪节》，每季定期由斯文、族长督率子弟赴祠，择读书少年善讲解者一人，将祠规宣讲一遍，并讲解训俗遗规一二条。"③黟县环山余氏宗族《余氏家规》规定："每岁正旦，拜谒祖考。团拜已毕，男左女右分班，站立已定，击鼓九声，令善言子弟面上正言，朗诵训戒……腊祭，至饮福时，亦行此礼。其有无故不出者，家长议罚。"④休宁泰塘程氏宗族冬祭毕，宗正面北立，余以齿东西相向。宗正亢声读祖训曰："凡为吾祖之后，曰：敬父兄、慈子弟、和族里、睦亲旧、善交游、时祭祀、力树艺、勤生殖、攻文学、畏

---

① 《古黟环山余氏宗谱》卷一，民国六年（1917年）木活字本。

② 许承尧：《歙事闲谭》卷一八，黄山书社2001年版。

③ 绩溪《华阳邵氏宗谱》卷首，清宣统二年（1910年）木活字本。

④ 《古黟环山余氏宗谱》卷一，民国六年（1917年）木活字本。

法令、守礼义;毋悖天伦也,毋犯国法也,毋虐孤弱也,毋胥讼也,毋胥欺也,毋斗争也,毋为奸慝以贼身也,毋作恶逆以辱先也。有一于此者,生不齿于族,没不入于祠。"众拱而应曰:"敢不祗承长者之训!"宗正复戒之曰:"慎思哉!勿坠先祖之祀。"咸应曰:"诺。"乃揖而出。①

### (三) 将族规家法缮牌悬祠

徽州有些宗族为了使族人时刻警惕,不违犯族规家法,还将族规家法缮书粉牌,悬于祠壁。绩溪华阳邵氏宗族《新增祠规》记载:

> 公议重订祠规,以期通族亲睦,勉为盛世良民,作祖宗之令子。顾立规难,行规尤难,一或有不肖者任意阻挠,以行其私,则祠规破坏,百弊丛生,通族之人莫不并受其害。爰集族众,将族规公同核定,缮列粉牌,悬挂祠内,俾有遵循,用垂久远。②

《休宁查氏肇禋堂祠事便览》卷一《家规十五则》记载:"家规数则,特书大牌,悬于骏惠堂后。当日莫不凛遵,外内肃然。"

我们在徽州进行宗族调查时,在绩溪县城关周氏宗祠看到板书《宗祠条规》,计15条;在黄山市徽州区呈坎乡呈坎村贞靖罗东舒先生祠看到板书《新祠八则》(《罗氏家谱》曰"宗仪八条")8块粉牌。

### (四) 将族规家法勒石竖碑

徽州有的宗族还将族规家法镌刻碑碣,以垂久远。例如,歙县棠樾鲍氏宗族的《公议体源户规条》、《公议敦本户规条》等族规家法,都镌刻碑碣,镶嵌敦本堂墙壁。慈孝厅石刻记载:"宋朝造竖以来,至今重修,规例于在。立义条规,为愿世世子孙遵守,以保永远,如有不肖支丁,不守遵规,立即呈公,逐出公厅,一家大小,永远不得入厅;如再行凶霸道,厅中阖门,立即照棍徒禀官重办,此乃不孝之背(辈),均此公议。"

我们在徽州进行宗族调查时发现,不少宗族都将护风水和禁山林的规

---

① 程一枝:《程典·宗法志》,明万历二十六年(1598年)家刻本。
② 绩溪《华阳邵氏宗谱》卷首,清宣统二年(1910年)木活字本。

定，镌刻碑碣，竖立村中和祠堂。请看祁门环砂“养山”碑刻：

告　示

立养山合墨文约人环砂程之璞、起来、发秀等，盖闻本立道生，根深枝茂，盈谷百木，丛生条枝，可供采取，即长养成林，而供课资用，亦大有益迩(耳)。缘人心不一，纵火烧山，故砍松山，兼之锄挖柴桩，非惟树尽山穷，致薪如桂，且恐焚林惊冢，滋事生端，为害匪轻。似此人人叹息，所以不谋而合，共立合文演戏，请示订完界止。所有界内山场，无问众己，蓄养成材。自后入山烧炭采薪，如有带取松杉二木，并挖柴桩及纵火烧山者，准目观之人□名鸣众，违禁者罚戏一台。如目观存情不报者，查出，与违禁人同例。倘有硬顽不遵，定行鸣官惩治，仍要遵文罚戏议之。至三年之后，无论众己山业，出拼之日，每两内取银三分，交会凑用。如自山自取正用，并风损折者，俱要先行出字通知。在掌会首事，务要进出分明，勷成美举，有始有终，慎勿懈怠，沿门签押，子孙遵守。如违规条，合境赍出此文，同□鸣官，费用议作三股均出。如犯何山，该山主人认费二股，众朋出一股。追赔木价，亦三股均收，仍依是约为始。恐后无凭，立此养山合文，一样二十四纸，各执存照。

清嘉庆二年(1797年)，祁门环砂程氏立养山合墨文约，共有10条规定。

### （五）设善恶簿，彰善瘅恶

徽州有些宗族还在祠堂设善恶簿，给触犯族规家法的族人施加精神压力，促使这些族人弃恶从善，重新做人。歙县东门许氏宗族《许氏家规》彰善瘅恶条记载：“吾族之人不皆善人也，不有善可录者乎？不皆不善人也，不有恶可书者乎？非藻鉴以临之，按迹以稽之，何以别淑慝而示劝惩。乃立彰善、瘅恶二匾于祠，善可书也，从而书诸彰善之匾；恶可书也，从而书诸瘅恶之匾。屡善则屡书，而善者知所劝。屡恶则屡书，而恶者知所惩。使其惩恶而为善，则亦同归于善，是亦与人为善之意也。树德务滋，与众旌之；积恶不悛，与众弃之，人何不改恶趋善载！”①黟县环山余氏宗族《余氏家规》规

① 《重修古歙东门许氏宗谱》卷八，清乾隆二年(1737年)刻本。

定:“立劝惩簿四扇,监视掌之。族内有孝子顺孙、义夫节妇及有隐德异行者,列为一等;务本力穑,勤俭于家,为第二等;能迁善改过、不得罪乡党宗族者,为第三等。每月朔,告庙毕,即书之《善录》。族有违规扑罚者,随事轻重,每月朔,告庙毕,即书之《记过簿》。其有勇于服善而能改,复书《劝善录》以美之。三录不悛者,倍罚。三年会考,如终不悛,而倍罚;不服者,则削之,不许入祠堂,仍榜其名于通衢。”①每月朔,这个宗族还将族众的表现——“或善或恶,或赏或罚”——“详具祝版,告于祖庙,庶人心有所警醒”。②

### (六) 让族众参与贯彻族规家法工作

徽州宗族统治者深知,贯彻族规家法必须依靠广大群众,不让族众参与贯彻族规家法的工作,族规家法就有可能成文“具文”,成为宗族的美好愿望和空想。所以,徽州宗族统治者非常重视族众参与贯彻族规家法的工作。绩溪东关冯氏宗族《冯氏祖训十条》记载:“祖训十条,颁发各派。祖屋实贴,每年祭祖后,即在祖屋令晓文义者宣读一过,讲解一遍,各宜诚心恭听。回家而后,父各以此教子,兄各以此教弟,夫各以此教妇。反覆开导,时时检点,务须事事遵行。尽除前非,尽改恶习。同族之中,有过相规,有善相劝,不可自暴自弃,视为具文。”③休宁宣仁王氏宗族《宗规》记载:“宗规十五款,总之皆遵《圣谕》之注脚。我族中贤父兄必不肯以不善望其子弟,各须叮咛遍戒,每听《圣谕》后,洗心向善,尽作好人,有过即改,不可护短,日积月累,自有无穷福泽。祖考鉴临在上,共默相之。”④

徽州宗族为贯彻族规家法,大都实行奖励制度,奖励举报违犯族规家法的立功族人。黟县南屏叶氏宗族《祖训家风》禁邪僻条规定:“族中邪僻之禁至详,而所尤严者赌博。赌博之禁,业经百余年,间有犯者,宗祠内板责三

---

① 《古黟环山余氏宗谱》卷一,民国六年(1917 年)木活字本。

② 《古黟环山余氏宗谱》卷一,民国六年(1917 年)木活字本。

③ 《绩溪东关冯氏家谱》卷首上,清光绪二十三年(1897 年)活字本。

④ 《休宁宣仁王氏族谱》,明万历三十八年(1610 年)家刻本。

十，士庶老弱，概不少贷。许有志子弟访获，祠内给奖励银二十两。恐年久禁弛，于乾隆十四年加禁，乾隆四十三年加禁，嘉庆十四年又加禁。历今恪守无违，后嗣各宜自凛。”①清代中期，在徽州二十两白银可以买一亩田。这是名副其实的大奖。道光十年（1830年），婺源游山董氏宗族在禁赌《崇正围邪》勒石中说：“犯者捉获报明，责罚呈究，决不轻恕。捉获者赏钱十千文，村外者赏钱五千文。十五岁以下犯者，捉获赏钱一千五百文。”②同时，对违犯族规家法知情不报的族人也进行惩罚。绩溪龙井明经胡氏宗族《明经胡氏龙井派祠规》护龙脉条规定：“阴阳二基之关盛衰大矣……倘有贪利忮刻之徒，或掘挖泥土，或砍斫薪木，不分己地人地，罚银一两入祠，仍令其禁山安宅。首报者，赏银二钱。知情故隐者，罚银三钱。”③休宁商山吴氏宗族《商山吴氏宗法规条》规定：“祠中正月半算账，上下手交替，将前数项入祠银查清，并一年收支，与下手覈实上簿。或有收支不明，越例浪费，毋得通同容隐。日后查出，两家均罚认赔。”

## 三、“家法大于国法”辨

我们在徽州进行宗族调查时，常听一些老人说，“徽州宗族，家法大于国法”。怎样理解这句话呢？徽州地区，宗族家法与国家国法，哪个“大”、哪个“小”呢？

我们认为，所谓“徽州宗族，家法大于国法”，是就一定条件和一定意义而讲的。

封建时代，宗族是一种家长制社会人群共同体。宗族的族长，又称家长。④ 歙县东门许氏宗族《许氏家规》尊崇族长条记载：“古者宗法立而事统于宗。今宗法不行，而事不可无统也。一族之人有长者焉，分莫逾而年莫

① 《黟县南屏叶氏族谱》卷一，清嘉庆十七年（1812年）木活字本。

② 婺源《董氏宗谱·禁赌小引》，民国二十年（1931年）木活字本。

③ 绩溪《明经胡氏龙井派宗谱》卷首，民国十年（1921年）木活字本。

④ 《古黟环山余氏宗谱》卷一《余氏家规》：“家规议立家长一人，以昭穆名分有德者为之。”

加,年弥高则德弥卲,合族尊敬而推崇之,有事必禀命焉……凡我族人,知所敬信,庶令推行而人莫之敢犯也。其有抗违故犯者,执而笞之。”①在这种封建家长制的宗族统治之中,族长惩治违法族人就像老子处置儿子一样,为所欲为,就成为必然的了。因此,宗族对违犯族规家法者的惩治,就常常超越了国法的量刑标准和规定。如,明末,祁门文堂陈氏宗族在族规家法中规定,族中若有盗贼或素行不端者,令其“即时自尽,免玷宗声”。② 清初,歙县潭渡黄氏宗族族人“以乱伦故,为族众缚而沉之于水”。③ 歙县稠墅汪氏宗族族人“有奸情事,为众人双获于奸所,遂聚薪活焚之”。④ 徽州宗族统治者有点无法无天。我们认为,在这种意义和条件下,可以说“家法大于国法”。

众所周知,任何社会的国家法律都不是任何事都管,刑法如此,民法也是如此。同时,任何时代的国家法律对有些案件都有一个“民不告,官不究”的规定。与此不同,国家法律不管的事件,徽州宗族的族规家法要管;族众不告发的事件,宗族统治者要干涉。如,歙县潭渡黄氏宗族《潭渡孝里黄氏家训》修齐条规定:“男女不亲授受,礼之常经。故子女虽幼,不共圊溷,不共湢浴,无故不出中门,夜行以烛,无烛则止。家中燕飨,除舅姑礼宜馈食外,男女不得互相献酬。至于妇之母家二亲存者,礼得归宁,无者不许。除有服亲属庆吊外,无得轻出。女子年及八岁者,不许随母至外家。其余姻亲,除本房至亲外,俱不许相见。即有服亲属,亦须子弟引导,方入中门,见灯则止。”又如,“亲族之中有为僧为道者,不许往来。至于三姑六婆及走街之妇,类多奸匪之流,最能引诱邪僻,不可纵其入门。凡我子姓,均宜遵守,违者议罚。”⑤我们认为,从国法管不着的事家法要管这个意义来讲,也可以说“家法大于国法”。

但是,如果我们从国法与家法在惩治刑事犯罪和解决民事纠纷的权威来看,还是“国法大于家法”,而不是“家法大于国法”。

① 《重修古歙东门许氏宗谱》卷八,清乾隆二年(1737 年)刻本。
② 祁门《陈氏文堂乡约家法》,明隆庆六年(1572 年)刻本。
③ 黄宾虹:《重订潭滨杂志》上编。
④ 黄宾虹:《重订潭滨杂志》上编。
⑤ 歙县《潭渡孝里黄氏族谱》卷四,清雍正九年(1731 年)补校刻本。

第一,徽州宗族族规家法大都规定,宗族无法处置的刑事犯罪和民事纠纷,“呈官究治”。歙县金山洪氏宗族《家训》息争讼条规定:“大抵贪利则争,使气则斗,争斗不已,而讼兴焉。夫讼一兴,未有不倾家破产,以至结仇于莫解者。故处宗族以和睦为贵,凡遇族中有事,当善为劝解,俾相于无事,则风俗日以淳。切不可教唆,致宗支如吴越也。倘有犯者,小则鸣鼓责惩,大则呈公究治。”①黟县环山余氏宗族《余氏家规》禁游侠条规定:“近世闲游子弟,假称豪侠,或于衙门内外,街头巷口,遇事生风,以讥谈拳勇为酒食之谋,即间有公道,亦丛指摘,所以上则取嫌于官府,下则招尤于亲邻,构祸滋衅,损坏家声,莫此为甚。我族子弟如有前项行为,家长、家督即宜呼来面斥,痛惩其非。如刚狠不驯,众共鸣公重处,以防效尤”。② 从宗族处理不了的案件“呈公究治”来看,是“国法大于家法”,而不是“家法大于国法。”

第二,徽州宗族许多立法,往往要呈官备案,求得官府的承认、支持和庇护。如,明代徽州许氏为创祠、修谱、立宗法三事,呈徽州府。徽州府知府段批曰:“据议修谱、创祠、立宗法三事,顾一门光前裕后之谋,实一方移风易俗之机也。且首遵圣谕及录端毅公注孝弟诗与诸训戒之词,即古蓝田之约不是过也。况今地方多事,保甲乡约尤本府切欲行之而未能者。兹举首倡,以先士民,甚有裨保约,益地方多矣。即如议,著实举行。如有梗议挠约者,呈究。”徽州府推官吴批:“保甲之法不行,盖由宗法不立。许氏独欲修谱创祠,效仇上党家法。自此,明乡约、立保甲闻风兴起者,当不止一家一乡也。盛世义举,孰过于此……即如议,著实举行。”③许氏“效仇上党家法”之举,得到徽州府的承认、支持和庇护。万历年间,祁门洪氏宗族族长洪廷谘与族人立保护族产会约。其文曰:

> (立)合同会约人族长洪廷谘等,我家尚书恭靖公乃世世不迁之祖,其诒有谕葬坟山、祠屋及第宅、祭田、牌坊、基址,正所以表国恩,留先泽,尤当世世守之勿失。近因不肖子孙希图盗卖,已经告府,恳有照

① 歙县《金山洪氏宗谱》卷一,清同治十二年(1873 年)刻本。
② 《古黟环山余氏宗谱》卷一,民国六年(1917 年)木活字本。
③ 《新安许氏世谱文集》卷二《举创祠修谱立宗法呈》,清康熙年间精抄本。

帖。自后各宜遵守，无生异心。违者，执此经公，以不孝论罪。其照帖随光裕会轮管收执，倘有遗失，定罚白银一百两，仍责令告补。今恐众心无凭，立此合同会约为照。

万历卅五年二月二十六日

洪廷谘(下略)①

洪氏宗族的立法，得到当地官府的承认、支持和庇护。清咸丰七年(1857年)，绩溪龙川胡氏宗族为保护"祖墓来龙"，防止不肖派丁"开矿掘损"和"私卖他姓"，呈报县衙，恳请"勒石永禁"，同样得到县衙的承认、支持和庇护。今天，"奉宪严禁"碑刻仍竖立在龙川胡氏宗祠。

我们认为，许多宗族立法要呈官备案，求得官府的承认、支持和庇护，说明"国法大于家法"，而不是"家法大于国法"。

第三，封建官府对徽州宗族一些权势，不仅可以依国法惩治，甚至能够任意宰割。绩溪龙川胡氏宗族支丁胡宗宪，是胡氏宗族最显赫的人物。他因平倭寇战功卓著，青云直上，由御史超擢右佥都御史，迁兵部右侍郎、右都御史、兵部尚书、太子少保、太子太保等要职。但因有人告他"党严嵩"和征敛贪污，锒铛入狱。虽然对这些问题还有不同看法，但是，朝廷敢于在龙川胡氏宗族这样一个"威权震东南"的大人物头上开刀，这是不争的事实。②歙县西溪南吴氏宗族子弟吴养春，是一个腰缠万贯、富比王侯的盐商巨子，是吴氏宗族一个有权势的人物。天启元年(1621年)，魏忠贤以清理"欺隐黄山旧案"为名，给吴养春扣上霸占黄山、盗卖山植、违抗朝廷"拆毁天下书院"、"坐赃六十余万"等罪，将其逮捕至京，严刑拷掠致死，家产全部没收。随后，魏又派党羽至徽州，追夺吴氏财产，迫使吴氏之妻女自缢，家破人亡。史称"黄山大狱"。③ 民国三十六年(1947年)，祁门水村汪英九在渚口村边捕鱼，倪氏宗族认为汪氏侵犯了他们的权利。在族长的号令下，一些倪氏青年支丁将汪氏捉到渚口，吊打惩治。水村的倪伟成为汪氏鸣不平，上告到祁

① 《明清徽州社会经济资料丛编》第一集，中国社会科学出版社1988年版，第566页。

② 《明史》卷二〇五《胡宗宪传》，中华书局1974年版。

③ 歙县《岩镇志草》，抄本。

门县政府,矛盾激化。倪氏族长又号令青年支丁,到水村抄了倪伟成的家,并将其家房顶上的瓦掀起,全部摔碎。经祁门县法院审理,渚口倪氏宗族败诉,族长被判刑。支丁倪荣生自告奋勇代族长去坐牢。由此可见,一个县法院的权力远远超过了族长的权力。①

我们认为,封建官府对徽州宗族一些权势,不仅可以依国法惩治,甚至能够任意宰割,说明"国法大于家法",而不是"家法大于国法"。

(原载《中华之根——海峡两岸谱牒研讨会文集》,中国文史出版社2005年版,《"家法大于国法"辨》为后补)

① 赵华富:《祁门县渚口、伊坑、滩下、花城里倪氏宗族调查研究报告》,《徽学》2000年卷,安徽大学出版社2001年版。

# 谱 牒 三 论

## ——以徽州谱牒为例

### 一、关于谱牒的价值问题

最近一个时期,谱牒的学术价值问题愈来愈引起学术界的关注。有的学者认为,家谱是记载本宗族世系和事迹的历史图籍,它与正史、方志一起,构成中华民族历史学大厦三大支柱,是中华民族悠久历史文化的重要组成部分。

有的学者则认为,将谱牒列为中国史学三大支柱的说法,在理论上和实际上都不能成立。按传统历史史料学的格局,谱牒类著作大致上只是史部的一个分支。谱牒类著作不可能独立构成中国史学的一根"支柱"。

这个讨论很有意义。现在,谈谈我们对这个问题的看法。

谱牒能不能与正史、方志一起,构成中华民族历史学大厦三大支柱之一呢?这个问题不能到《隋书·经籍志》、《旧唐书·经籍志》、《新唐书·艺文志》、《宋史·艺文志》、《通志·艺文略》、《文献通考·经籍考》以及《四库全书》的分类中找答案,也不能从《东洋文库所藏汉籍分类目录》和《东京大学东洋文化研究所汉籍分类目录》之中找根据。我们认为,谱牒能不能与正史、方志一起,构成中华民族历史学大厦三大支柱之一,主要要看谱牒的性质和谱牒的内容。

什么是谱牒呢?先儒对这个问题有大量论述。刘知几《史通·杂述》载:"若扬雄《家牒》、殷敬《世传》、孙氏《谱记》、陆宗《系历》,此之谓家史者也。"王世贞《弇州四部稿·荣泉李氏族谱序》称:"夫谱,家史也。"婺源《溪源程氏势公支谱·上溪源里门续谱旧序》记载:“族之有谱,犹国之有史。史以纪一代之始终,谱以叙一姓之源流,其体一也。始终备而是非存焉,源流具而亲疏别焉,其用同也。是故国无史则千载之下无公论,族无谱则百世之后无定伦。无公论而公理之在于人心者,犹不可泯也;无定伦则礼教不兴,人心日醨,而风俗日偷,其弊有不可胜言者矣。甚哉,谱之不可以不作也。”①《歙西溪南吴氏世谱》说:“家之有谱,犹国之有史也。国而非史,则君臣之贤否,礼乐之污隆,刑政之臧否,兵机之得失,运祚之兴衰,统绪之绝续,无由以纪;家而非谱,则得姓之源流,枝派之分别,昭穆之次序,生卒之岁月,嫁娶之姓氏,出处之显晦,无由以见,国何以治,而家何以齐哉?”②一言以蔽之,所谓谱牒,就是家史,老百姓的历史,人民群众的历史。

谱牒之中有大量家族制度史、婚姻制度史、人口兴替史、人口迁移史、土地制度史、商业史、伦理道德史、思想史、教育史、民俗史、文化史等资料③。这里的许多历史资料,对学术研究有着不可替代的价值。梁启超在《中国近三百年学术史·谱牒学》中指出:“族姓之谱,六朝唐极盛,宋后寖微,然此实重要史料之一。例如,欲考族制组织法,欲考各时代各地方婚姻平均年龄、平均寿数,欲考父母两系遗传,欲考男女产生比例,欲考出生率与死亡率比较……等等无数问题,恐除于族谱、家谱外,更无他途可以得资料。我国乡乡家家皆有谱,实可谓史界瑰宝,将来有国立大图书馆,能尽集天下之家谱,俾学者分科研究,实不朽之盛业也。”

家族史,老百姓的历史,人民群众的历史,在历史发展中处于什么地位呢?《书·五子之歌》曰:“民惟邦本,本固邦宁。”《孟子·尽心下》说:“民为贵,社稷次之,君为轻。”人民群众是世界历史的创造者,是世界历史发展的动力,是世界历史的主人。

我们认为,既然人民群众是世界历史的创造者,是世界历史发展的动力,那么记载家族历史、人民群众历史的谱牒,在理论上应该成为中华民族

① 婺源《溪源程氏势公支谱》,影抄明嘉靖刻本。
② 《歙西溪南吴氏世谱·叙》,明末清初抄本。
③ 参见赵华富《徽州宗族研究》,安徽大学出版社2004年版。

历史学大厦三大支柱之一,这是毫无疑义的。

但是,就国内外图书馆、博物馆、档案馆藏书和民间藏书的现状来看,谱牒能不能构成中华民族历史学大厦三大支柱之一还有一些问题。这是为什么呢?因为,在漫长的历史发展过程中,由于自然灾害和社会灾害——特别是战争和动乱——等原因,大量谱牒都毁灭和散亡了。绩溪《明经胡氏龙井派宗谱》曰:“自来谱牒之遗佚,每沦于兵燹之劫灰。”①歙县《潭渡孝里黄氏族谱》说:“惜经兵火之后,谱牒无存。”②休宁《古林黄氏重修族谱》记载:“兵燹之余,旧谱废烬。”③据我们所知,唐代以前(包括唐代)的谱牒几乎毁灭、散失殆尽。虽然宋元明清谱牒之中有一些唐代以前的历史资料,但是仅仅依靠这点资料,要构成唐代以前(包括唐代)历史学大厦三大支柱之一还有困难。现在全国已经发现的宋元谱牒只有20多部,已属凤毛麟角。虽然明清谱牒之中有不少宋元历史资料,但是,仅靠这些资料,再加上20多部谱牒,要构成为宋元历史学大厦三大支柱之一还存在一定问题。

现在,国内外图书馆、博物馆、档案馆馆藏中国谱牒,90%以上都是明清谱牒和民国谱牒。有人估计,总数接近3万种,或4万种④。至于民间私藏数量就更大了。据梁洪生估计,仅江西一省至少有4万多种⑤。我们认为,明清谱牒是构成明清历史学大厦三大支柱之一,是毫无疑义的。民国谱牒能不能构成中华民国历史学大厦三大支柱之一呢?我们认为,虽然民国谱牒数量很大,种类很多,内容十分丰富,但是,因为民国时期人民群众的历史资料已经大量增加,浩如烟海,谱牒已经变成人民群众历史资料的一少部分,它能不能成为中华民国历史学大厦三大支柱之一还是一个问题。

新中国成立初期,历史学界掀起一个学习历史唯物主义的高潮。许多

---

① 绩溪《明经胡氏龙井派宗谱》卷首《明经龙井派续修宗谱记》,民国十年木活字本。

② 歙县《潭渡孝里黄氏族谱》卷首《旧序》,清雍正九年刻本。

③ 休宁《古林黄氏重修族谱·族谱序》,明崇祯十六年刻本。

④ 王鹤鸣:《中国家谱知多少——关于中国家谱的收藏与统计》,《中华谱牒研究——迈入新世纪中国族谱国际学术研讨会论文集》,上海科学技术文献出版社2000年版。

⑤ 王鹤鸣:《中国家谱知多少——关于中国家谱的收藏与统计》,《中华谱牒研究——迈入新世纪中国族谱国际学术研讨会论文集》,上海科学技术文献出版社2000年版。

历史学家纷纷研究人民群众的历史。到哪里去找人民群众的历史资料呢？那时，人们都认为，谱牒是封建糟粕。于是，就到《二十四史》中去找人民群众的历史资料。《史记》之中有《陈涉世家》，《旧唐书》和《新唐书》中有《黄巢传》，《明史》之中有《流贼传》。结果将一部丰富多彩的中国封建社会人民群众的历史——主要是农民史——变成一部农民起义史和农民战争史。研究农民起义和农民战争史的论文纷纷发表，研究农民起义和农民战争史的专著一部接一部问世。后来历史学界成立了农民战争史学会。

由此可见，要想写一部秦汉魏晋南北朝隋唐时期人民群众丰富多彩的历史是很困难的。因为这个时期的谱牒资料已经散失殆尽。研究宋元明清时期人民群众的历史，必须重视谱牒资料。只有在既重视正史和方志，又重视谱牒的基础上，才能写出一部丰富多彩的宋元明清时期人民群众的历史。

## 二、关于谱牒的内容问题

谱牒必须具有哪些内容呢？换句话说，具备哪些内容才能称为谱牒呢？有人认为，所谓谱牒，有自己特定的著述格式和内容，有自己的要求。从内容来说，有族姓源流、世系谱表、郡望支派、移往始末、恩荣表述（制诰、族节、恩例、进士）、祠堂家墓（族规、祠产、义庄等）、家传著述和家训，等等。作为简单的世系不能当做家谱。我们认为，这种观点是值得商榷的。

简单的世系能不能称为家谱呢？众所周知，所谓谱牒，就是记载氏族和宗族世系的书籍。世系是谱牒的核心。古人将谱称作世系表，将世系表称作谱。谱与表通用。司马迁《史记·太史公自序》曰："维三代尚矣，年纪不可考，盖取之谱牒旧闻，本于兹，于是略推，作《三代世表》第一。"刘知几《史通·表历篇》称："盖谱之建名，起于周氏；表之所作，因谱象形。故桓君山有云：'太史公《三代世表》，旁行斜正，并效周谱，此其证欤！'"钮树玉《说文新附考》卷一云："谱通作普，或作表。"①沈涛《铜熨头斋随笔》卷四《世表》说："《汉书·艺文志》历家谱有《帝王诸侯世谱》二十卷，《古来帝王年

① 钮树玉：《说文新附考》，丛书集成初编本，中华书局1985年版。

谱》五卷。世表、年表即世谱、年谱。刘杳谓:‘《三代世表》旁行邪上,并效周谱。’可见,表与谱同。”①

由此可见,谱牒是记述氏族和宗族世系的书籍,只要具有氏族和宗族世系的书籍,都可以称为谱牒。

历史文献记载证明,中国谱牒有一个从简到繁的历史发展过程。三代时期,所谓谱牒,大多只是记述一些氏族和宗族世系的书籍。历史学家发现,在甲骨文、金文中即有一些家庭世系的记载。我们认为,这些记载就是谱牒的萌芽,或曰谱牒的原初形式。战国时期史官所撰《世本》,是学术界公认的早期谱牒。这部书所记述的内容是:黄帝至春秋时期诸侯大夫的姓氏、世系、都邑、制作等。我们不能因为《世本》之中没有谱序、谱例、恩荣、支派、像赞、传记、祖墓、祠堂、祠产、义庄、族规、著述等内容,就否认《世本》是早期谱牒。

欧阳修《欧阳氏谱图》、苏洵《苏氏族谱》,是中国谱牒划时代的著作,是宋元以来中国谱牒的标本和经典。这两部谱牒的内容,包括谱序、谱例、世系图、世系录、祖先考辨五个组成部分。我们认为,不能因为《欧阳氏谱图》和《苏氏族谱》之中没有恩荣、支派、像赞、祖墓、传记、祠堂、祠产、义庄、族规、著述,就说这两部书籍不能被称做谱牒。

明清时期,谱牒的内容有了很大的发展。谱序、谱例、世系、祖先考辨、恩荣、像赞、支派、传记、祖墓、祠堂、祠产、义庄、族规、著述等,成了谱牒的重要组成部分。但是,这里必须指出的是,即使明清谱牒的内容之中,绝大多数也没有祠堂、祠产、义庄、族规等记载。现在,下面我们举几部徽州谱牒来说明这个问题。

一、徽州《朱氏统宗世谱》不分卷,明嘉靖三十四年(1555 年)刻本,1 册。内容:谱序、源流、敕牒、凡例、像赞、图表。

二、徽州《汪氏统宗谱纂要》四卷,汪士贤纂修,明万历八年(1580 年)钞本,1 册。内容:卷一,历世支系、诸支分派;卷二,像赞、墓图;卷三、卷四,支派世系、汪氏迁徙地名。

---

① 沈涛:《铜熨斗斋随笔》,续修四库全书本,上海古籍出版社 2003 年版。

三、婺源《桐川朱氏宗谱》十二卷，朱彦祥等纂修，清乾隆二十九年(1764年)木活字本，10册。内容：卷一，序文、显宦录；卷二至卷十，世系；卷十一，墓图；卷十二，文集。

四、《祁西若溪琅玡王氏家谱》六卷，附一卷，王应仕等纂修，清光绪二十一年(1895年)木活字本，7册。内容：卷一，谱序、源流考、诰敕、传记、墓图；卷二至卷六，世系、记、文；附录，寿序、祀序。

五、绩溪《曹氏宗谱》十二卷，曹诚瑾等纂修，民国十六年(1927年)木活字本，12册。内容：卷一，谱序、墓图、统系图、统系纪；卷二至卷十二，各派世系图、世系纪。

世系是谱牒的基本内容。只要有世系记载的书籍，就可称为谱牒，这是由纂修谱牒的宗旨决定的。修谱的宗旨是什么呢？一言以蔽之，"奠世系，序昭穆"。歙县《方氏族谱》卷七《家训》注记载：

> 一本之义不明，则世系不可考；世系之考不详，则昭穆不可叙；昭穆失叙，则尊卑之分不定；夫分不定，则称谓之名不正；名分既泯，则彼此相视皆为路人。无所见闻，而同本之恩不作；无所感触，而孝悌之良不生，人且不知其有族矣，而况望其或相亲睦耶？是以君子必明始祖以来之世系，详五服既穷之昭穆，使服虽穷，而尊卑之分在；世虽远，而称谓之名存。则触之而孝悌之心油然而生，玩侮之心暗然而沮矣。

"奠世系，序昭穆"的修谱宗旨，是通过世系图表实现的。所以，学术界说，所谓谱牒，就是记载氏族和宗族世系的书籍。世系是谱牒的基本特征。

秦汉以来，有的贵族、官宦、士大夫在神道碑和墓表碑阴镌刻世系图。这种按昭穆世次排列的只刻有人名的世系图表叫什么呢？据我们所知，大多数地区的老百姓都称为"谱"。由此可见，谱与表一也。谱即是世系表，世系表即是谱。

清朝《玉牒》是公认的皇家谱牒。据我们所知，其中只记有简单的世系图表。因此，能说《玉牒》不是谱牒吗？我们认为，谁也无法否认这种仅仅具有简单世系的《玉牒》是谱牒。

农历新年，长江以北绝大多数农村，嫡长子家庭都在住房正厅供奉祖先世系图。此外，宗族也在祠堂(或曰祖先堂)供奉祖先世系图。这种按昭穆世次排列的世系图称什么呢？我们做过一些调查。范希展（山东即墨市人）、王祥胜（江苏连云港市人）、张振东（辽宁铁岭市人）、刘芳（黑龙江林甸县人）、孙淑梅（山东胶州市人）、李惠才（山西原平县人）、王计成（山西平顺县人）、姜学桂（山东莱西市人）、张德贤（山东龙口市人）都说，他们的家乡称这种世系图为家谱。李石屏（安徽怀宁县人）说，他们的家乡曰族谱。刘允哲（山东滕州市人）说，他们的家乡曰宗谱。董允琅（山东即墨市人）说，他们的家乡曰家谱，又曰宗谱。赵素芝（山东龙口市人）说，供奉在老百姓家里的叫家谱，供奉在祠堂（或曰祖先堂）里的称宗谱。我们的调查说明，世系图与谱牒一也。世系图就是谱牒，谱牒就是世系图。

## 三、关于明清谱牒的体例问题

明清时期，谱牒的内容有很大发展，谱牒的体例受正史影响很大。有人在讲到明代修谱的宗旨、体例、功能时说，以三纲五常为修谱宗旨，是明代确立的；把正史体裁全部引入修谱，是明代完成的；族谱功能的强化以及族权的正式形成，是明代实现的。我们认为，明代谱牒体例受正史影响是显而易见的，但是，把正史体裁全部引入修谱的观点，值得商榷。

什么是正史呢？《隋书·经籍志》以纪传体史书为正史。《明史·艺文志》以纪传体、编年体史书并称正史。清乾隆时编纂《四库全书》，定纪传体史书为正史。所以，我们今天所说的正史，就是纪传体史书《二十四史》。

纪传体史书是以《本纪》和《列传》为中心的史书体例。司马迁的《史记》开其端。历代封建王朝所修断代史均采用这种体例。纪传体史书由“本纪”、“表”、“书”（或曰“志”）、“列传”构成。所以称纪传体，因“本纪”和“列传”是这种体例史书的核心。

明清时期，谱牒的体例如何呢？据我们所知，这个时期的谱牒体例虽然受正史的影响很大，但是，与正史体例还是有很大区别。

众所周知，欧阳修《欧阳氏谱图》和苏洵《苏氏族谱》创立的谱牒体例，在中国谱牒史上产生了深远影响，世称“欧、苏谱体”。这种谱牒的体例，主要表现在图表之上，都是“五世则迁”的小宗谱法。欧阳修《欧阳氏谱图》是一图五世,上自高祖,下至玄孙。五世以后,格尽另图。苏洵《苏氏族谱》是一图六世,但从其自述来看,也是一图五世。据我们见到的宋元时期徽州14种谱牒,大都打破了欧、苏小宗谱法,发展为大宗谱法与小宗谱法相结合的体例。

明清时期,谱牒的体例虽然有所发展与变化,但是,基本上仍然采用欧、苏谱法。《新安黄氏会通宗谱》曰:"谱牒之修,多法欧、苏二家之说。"①歙县《吴氏族谱》说:"宋之立谱,其法莫良于欧、苏……后之为谱者,兼法二家。"②《新安王氏统宗世谱》记载:"宋庐陵欧阳氏、眉山苏氏皆有谱,而为法不同。欧谱则世经人纬,若史氏之年表;苏谱则系联瓜属,若礼家之宗图。后之言谱者,莫不以二家为准。"③

明清时期,谱牒的体例虽受到正史影响很大,但是,仍然是采用大宗谱法与小宗谱法相结合的"图表体"和"图传体"。《新安许氏世谱》说:"古今修谱之例有三变,始如道统图体者;中如欧、苏谱体者;至程篁墩(按:即程敏政——引者),谓欧、苏谱体,一图一传,不见统宗之义,乃变为《汉书》年表、《唐书》相表体。"④

明清时期谱牒,都是"图表体"和"图传体"。并且,"图传体"也都是以图表为主体。这是明清谱牒体例与正史体例一个很大的区别。下面,我们列举几部徽州谱牒,来证明这个时期谱牒的体例。

(一)歙县《泽富王氏重续宗谱》十卷,首一卷,王茂介等纂修,明成化六年(1470年)刻本,1册。内容:卷首,谱序、迁居图等;卷一至卷十,世系。

(二)《新安琅玡王氏统宗世谱》十卷,首一卷,王应斗纂修,明嘉靖三十九年(1560年)木刻本,5册。内容:卷首,凡例、序文、像赞、诰券;卷一至卷八,原姓、世系图;卷九,人物;卷十,王言、传、记、志、铭、墓图、经理、后序。

(三)《休宁率口程氏续编本宗谱》六卷,程时用、程时周纂修,明隆庆四

---

① 《新安黄氏会通谱·绩溪翚岭下黄氏续谱序》,明弘治十四年刻本。

② 歙县《吴氏族谱·新安昌溪吴氏太湖支谱序》,清光绪元年活字本。

③ 《新安王氏统宗世谱·重修新安王氏统宗世谱序》,明正德十年家刻本。

④ 《新安许氏世谱·新安许氏世谱凡例》,清康熙年间精抄本。

年(1570年)刻本,2册。内容:卷一至卷四,世系图;卷五,祠堂、像赞;卷六,行状、墓志铭、杂文。

(四)《重修古歙东门许氏宗谱》八卷,首一卷,许登瀛纂修,清乾隆二年(1737年)刻本,8册。内容:卷首,谱序、遗像;卷一,原姓、原族;卷二,本支图;卷三至卷七,世系图;卷八,祠墓图、许氏家规。

(五)黟县《西递明经胡氏壬派宗谱》十二卷,胡叔咸等纂修,清道光六年(1826年)刻本,12册。内容:卷一,谱语、序文、六甲图、水口图、村图、八景图、墓图等;卷二至卷十二,世系图。

大家可以看到,明清谱牒的体例,与正史有很大区别。正史——《二十四史》——是纪传体史书,《本纪》不仅是正史的重要内容之一,而且是其一个基本特征。明清时期的谱牒,除了极少数例外,绝大多数都没有《本纪》这项内容。

(原载《2004地方文献国际学术研讨会论文集》,北京图书馆出版社2006年版,副标题为后加)

# 中国谱牒：始迁之祖、文化认同与民族史料

## ——对胡适《曹氏显承堂族谱序》中几个问题的看法

民国八年(1919年)，胡适为绩溪旺川曹氏宗族撰写了一篇族谱序，名曰《曹氏显承堂族谱序》。在这篇谱序中，胡适批评了中国谱牒“源远流长”的迷信，阐述了重要的谱牒观。这是一篇文字通俗、叙述生动的谱序。我们认为，其中有的观点值得讨论。胡适说：

> 中国的族谱有一个大毛病，就是“源远流长”的迷信。没有一个姓陈的不是胡公满之后，没有一个姓张的不是黄帝第五子之后，没有一个姓李的不是伯阳之后。家家都是古代帝王和古代名人之后，不知古代那些小百姓的后代都到哪里去了？
>
> 各姓各族都中了这种“源远流长”的迷信的毒，不肯承认自己的祖宗，都去认黄帝、尧、舜等等不相干的人作远祖。因此中国的族谱虽然极多极繁，其实没有什么民族史料的价值。这是我对于中国旧谱的一大恨事。①

中国各姓各族是不是都“不肯承认自己的祖宗”呢？应该怎样认识许多宗族“都去认黄帝、尧、舜等等不相干的人作远祖”这种现象呢？中国谱牒是不是“没有什么民族史料的价值”呢？

笔者仅对以上三个问题谈谈自己的看法，不对《曹氏显承堂族谱序》作全面评论。

---

① 黄保定、季维龙编：《胡适书评序跋集》，岳麓书社1987年版，第493—494页。

## 一、中国谱牒的始迁之祖与文化认同

我们认为，胡适所谓各姓各族都“不肯承认自己的祖宗，都去认黄帝、尧、舜等等不相干的人作远祖”之论断，值得讨论。据我们了解，中国宗族很少有“不肯承认自己的祖宗”之现象。

众所周知，寻根问祖是修谱的一个重要目的，阐述和记录“木本水源”是中国谱牒的一个根本要求。歙县《托山程氏家谱》曰：“万物本乎天，人本乎祖。人之有祖，犹木之有根，水之有源也。”《歙西溪南吴氏世谱》说：“物本乎天，人本乎祖。夫水木犹有本源，人而可以不知其有祖乎？”歙县《托山程氏家谱》卷二十一《托山程氏宗祠记》记载：“子孙千亿，其初兄弟也，又其初一人也。犹水之千溪万壑而源同，木之千枝万干而根同。观水不绎其源，观木不寻其根，非达本也。”

中国绝大多数宗族都认为，始迁之祖即是他们的祖宗，是他们的“本”，他们的“源”。所以，他们普遍以“始迁者”作始祖（或曰“一世祖”）。例如，歙县呈坎后罗《罗氏宗谱》（清光绪二十年刻本）以唐末始迁者罗天秩为始祖，歙县呈坎前罗《罗氏宗谱》（明正德二年刻本）以唐末始迁者罗天真为始祖，《婺源桃溪潘氏族谱》（明崇祯六年家刻本）以唐末始迁者潘逢辰为始祖，《婺源茶院朱氏家谱》（明刻本）、《新安朱氏族谱》（明成化九年家刻本）都以唐末始迁者朱瓌为始祖，《祁门倪氏宗谱》（清光绪二年刻本）尊唐末始迁者“康民公为始祖”，歙县《桂溪项氏族谱》（清嘉庆十六年木活字本）以五代始迁者项绍为始祖，婺源游山《董氏宗谱》（民国二十年活字本）以五代始迁者董万洪为始祖，《新安棠樾鲍氏宗谱》（明成化刻本）以宋代始迁者鲍荣为始祖，《黟县南屏叶氏族谱》（清嘉庆十七年木活字本）尊元末始迁者叶伯禧为始祖，《歙新馆鲍氏著存堂宗谱》（清光绪元年著存堂活字本）以明初始迁者鲍受为始祖……

许多徽州谱牒不但尊“始迁者”，而且还以“小百姓”作始祖，自称是某某“小百姓的后代”。例如，歙县呈坎前罗氏宗族始祖罗天真、歙县呈坎后罗氏宗族始祖罗天秩、歙县新馆鲍氏宗族始祖鲍受、歙县桂溪项氏宗族始祖项绍、黟县南屏叶氏宗族始祖叶伯禧等,都是布衣平民。

为什么绝大多数中国谱牒都以"始迁者"作始祖呢?这与欧阳修、苏洵、朱熹谱牒观的影响是分不开的。欧阳修纂《欧阳氏谱图》,苏洵修《苏氏族谱》,都主张"断自可见之世"。欧阳氏曰:"姓氏之出,其来也远,故其上世,多亡不见。谱图之法,断自可见之世,即为高祖下至五世玄孙,而别自为世。"①苏氏曰,吾眉州苏氏始祖为味道公,"至吾之高祖,其间世次,皆不可纪。而洵始为族谱,以纪其族属,谱之所记,上至吾之高祖,下至吾之昆弟,昆弟死而及昆弟之子。曰:呜呼!高祖之上不可详矣,自吾之前而吾莫之知焉"。②

在"欧、苏谱法"的影响之下,按照"断自可见之世"的原则,朱熹在修《婺源茶院朱氏世谱》时,尊唐末朱瓌为始祖。他在《婺源茶院朱氏世谱后序》中说:

> 熹闻之先君子太史吏部府君曰:"吾家先世居歙州歙县之黄墩。相传望出吴郡,秋祭率用鱼鳖。唐天祐中,陶雅为歙州刺史,初克婺源,乃命吾祖领兵三千戍之,是为制置茶院府君。卒葬连同,子孙因家焉。生三子,仕南唐,补常侍丞之号。其后亦有散居他郡者。"熹按:今连同别有朱氏,旧不通谱,近年乃有自言为茶院昆弟之后者,犹有南唐补牒,亦当时镇戍将校也,盖其是非不可考矣……九世孙宣教郎直徽猷阁主管台州崇道观熹序。③

从一世祖朱瓌至九世孙朱熹,中间相隔仅二百多年。《婺源茶院朱氏世谱》重记实,是信谱。该谱不但"连同别有朱氏""是非不可考"者,一概不录,而且还考证断定唐代名人朱仁轨非其远祖。

欧阳修、苏洵、朱熹,特别是朱熹的谱牒观对徽州谱牒产生了很大影响。

徽州人对朱熹异常崇拜,尊为圣人,奉为先师。赵汸在《商山书院学田记》中说:

---

① 欧阳修:《欧阳文忠公文集》卷七一,四部丛刊初编本。
② 苏洵:《嘉祐集》卷一三,四部丛刊初编本。
③ 弘治《徽州府志》卷一一,明弘治十五年刻本。

自井邑田野，以至远山深谷，居民之处，莫不有学，有师，有书史之藏。其学所本，则一以郡先师朱子为归。凡六经传注，诸子百家之书，非经朱子论定者，父兄不以为教，子弟不以为学也。是以朱子之学虽行天下，而讲之熟，说之详，守之固，则惟新安之士为然。①

休宁《茗洲吴氏家典》记载：

我新安为朱子桑梓之邦，则宜读朱子之书，服朱子之教，秉朱子之礼，以邹鲁之风自待，而以邹鲁之风传之子若孙也。②

徽州人认为，朱熹的《家礼》"炳如日星"，是宗族冠、婚、丧、祭四礼活动的指南。不言而喻，《婺源茶院朱氏世谱》自然就成为徽州谱牒的标本和典范。许多徽州宗族纂修谱牒时，特别强调重纪实、修信谱这一谱牒观。歙县呈坎前罗十六世祖罗荣祖在《重修家谱叙》中说："谱牒之修，所以叙尊卑，别亲疏，明彝伦，厚风教。是族者，虽鹑结而不遗，非族者，貂珥而不入，是则无乖敬宗之义也。吾罗本素族，惟以一'善'字为箴规，故未敢妄为扳附，自取遥遥华胄之讥。"③休宁月潭朱氏十四祖朱汝贤在《月潭朱氏族谱序》和《月潭朱氏族谱凡例》中，特别强调"断自可见之世"。《凡例》曰："以茶院府君为始祖，盖据文公谱（按：《婺源茶院朱氏世谱》——引者），不敢轻臆冒载远祖。苏老泉所谓'断自可知者始'则善矣。文简公程泰昌、东阜公陈定宇之谱，皆法其意。世之作谱者，往往多迹华胄，岂可信哉？"④康熙《祁门倪氏族谱》的纂修者不因袭其族旧谱，敢于揭露旧谱之过。他们在《康熙丁卯修谱凡例》中公开宣称："始封姓源及旧谱、诸会谱所载汉唐名贤冒之以为祖者，俱不敢援入。吾谱断自迁祁之有墓者始，尊康民公为始祖，示可征也。"光绪《祁门倪氏族谱》的纂修者继承了这一精神。他们在《重修族谱新增凡例》中规定："儒林、文苑、忠烈、武功、孝子、顺孙、义夫、节妇，以及隐逸、技艺之士，必有实例可征，始大书特书，以示奖劝。"《黟县南屏叶氏族

① 引自道光《休宁县志》卷一《风俗》，清道光七年刻本。

② 休宁《茗洲吴氏家典》，清雍正十三年刻本。

③ 歙县呈坎前罗氏《宗系支谱》，传抄本。

④ 《新安朱氏族谱·凡例》，明成化九年刻本。

谱》的纂修者依据"断自可见之世"的原则，不但以元末叶伯禧为始祖，以上祖先"概不妄载"，而且还特别强调重纪实、反浮词。《叶氏族谱凡例》记载："世所传谱牒，每求当代名公巨卿作序，作记，其实谱牒之意原不在此，不过夸焜耀示光荣也。我族家政相承，要皆纪实，不尚浮词，故不求他人序记，惟录先儒谱说，以冠谱端，其文其义，足以砥砺廉隅，风师后世。"

应该怎样理解有些宗族去认黄帝、尧、舜等人作"远祖"这一现象呢？

据我们了解，谱牒纂修者大都有一种寻根追远的心理和愿望。他们找到自己的始迁祖并不满足，还想知道自己的"远祖"是谁。此乃人之常情。但是，由于宗族历史文献无征，他们在自己宗族的历史文献之中查不到自己的"远祖"，于是都到国家历史文献之中去寻找。在司马迁的《史记·五帝本纪》之中他们见到，黄帝、唐尧、虞舜是中华民族历史文明的开创者和中国早期国家的缔造者。因此，他们就"认"黄帝、尧、舜作"远祖"。

这里应该指出的是，许多宗族虽然"认"黄帝、尧、舜等人为"远祖"，但是绝大多数谱牒都没有将这些"远祖"列为列祖列宗。众所周知，修谱的宗旨是"奠世系，序昭穆"。然而，在浩如烟海的中国谱牒之中将黄帝列为"一世祖"，将尧、舜等人列为列祖列宗者极为罕见。绝大多数谱牒只是在姓源、族源和谱序之中轻描淡写地提到黄帝、尧、舜。这些人既不在他们宗族的世系之中，也不在他们宗族的昭穆之列。换句话说，就是许多宗族虽然"认"黄帝、尧、舜等人作"远祖"，但是，这些人都未列入这些宗族谱牒的世系图（或曰"世系表"）之中，他们都未"入谱"，都不是这些宗族的成员。这种现象说明，表面上看是修谱者将黄帝、尧、舜作为自己宗族的"远祖"，实质上他们表述的仅仅是中华民族绝大多数人的一种历史文化认同观念。

许多中国宗族认黄帝、尧、舜等人作"远祖"，说明中华民族历史文化认同观念"源远流长"。今天，全世界华人都认同是炎黄子孙，与中国谱牒认黄帝、尧、舜等人作"远祖"一脉相承，是这一历史文化现象的继承和发展，不能将这种历史文化认同观念视为"迷信"和"（流）毒"。

中华民族"源远流长"的历史文化认同观念，在中华民族的历史发展过程中起过重大作用。众所周知，世界四大文明古国之中，只有中华文明持续数千年没有中断。秦汉以来,大一统是中国历史发展的主流,分裂是暂时的。中华文明为什么能维持数千年没有中断呢?大一统为什么会成为秦汉以来中国历史发展的主流呢?其中一个重要原因,就是中华民族历史文化认同观念加强了中华民族的凝聚力。

## 二、中国谱牒中的民族史料

我们认为,胡适所谓的"中国的族谱虽然极多极繁,其实没有什么民族史料的价值"之论断,值得讨论。

胡适为什么作出这个判断呢?从《曹氏显承堂族谱序》来看,胡适认为中国民族史就是研究、阐述"民族源流"。由于各姓各族都"不肯承认自己的祖宗,都去认黄帝、尧、舜等等不相干的人作远祖",因此将民族的源流搞乱了。所以,中国谱牒即"没有什么民族史料的价值"。

中国民族史仅仅是研究中国民族的源流吗?不是。众所周知,我国有许多研究民族史的学者,其中很少有只研究民族源流者;出版的民族史著作汗牛充栋,其中很少有只讲民族源流者;还有一个中国民族史学会,也不是一个只研究民族源流的学术团体。

中国民族史证明,民族源流是民族史的一个重要内容,这是毫无疑义的。但是,民族史的内容绝不仅仅是民族源流,除了民族源流以外,民族史还包括一个民族的社会史、经济史、政治史、文化史、思想史等。如果我们全面理解、阐述中国民族史,就会看到中国谱牒内有十分丰富、价值很高的民族史料。这些谱牒之中重要的民族史料有哪些呢?下面列举徽州谱牒的资料来谈谈这个问题。

### (一)人丁繁衍

世系图是谱牒的主要内容,其中记载的是一个宗族人丁繁衍的情况。具体内容包括:每一个支丁的姓名、出生年月、世次、配偶、子女、官职、继嗣、迁徙、墓地等。通过徽州谱牒可以看到,有的宗族人丁繁衍迅速,所以宗族形成较快;有的宗族人丁繁衍迟缓,所以宗族形成较慢。根据谱牒世系图,黟县南屏叶氏宗族形成于第六世、①歙县棠樾鲍氏宗族形成于第八世、②歙县呈坎后罗氏宗族形成于第十世、③歙县呈坎前罗氏宗族形成于第十二世、④黟县西递明经胡氏宗族形成于第十四世。⑤ 正是这些确凿的谱牒资料，为研究徽州宗族的形成提供了依据。人丁多寡是宗族发展和盛衰的一个重要标志。黟县《西递明经胡氏壬派宗谱》世系图记载，北宋中期始迁祖胡士良迁居西递之后，六世单传；明朝初年人丁大幅度增长，至嘉靖以后成为黟县和徽州的一个大族。曹振镛在《西递明经胡氏壬派宗谱》序中说："夫胡氏壬派一支，自有宋历元明至今更七百数十年，积三十余世，族姓蕃衍，支丁近三千人。"《重编歙邑棠樾鲍氏三族宗谱》世系图记载，棠樾鲍氏四世祖鲍居美和鲍居安迁居棠樾之后，起初人丁增长缓慢，至十一世仅有人丁 14 人；后来增长加快，至十八世人丁多达 538 人。歙县环山《方氏族谱》记载："希道公自宋天圣九年由东乡迁环山，一传为孝廉惟中公，再传为高公（行念五），子姓渐蕃，初析为十八门，又广为二十门。"《西递明经胡氏壬派宗谱》世系图、《重编歙邑棠樾鲍氏三族宗谱》世系图和环山《方氏族谱》世系图，分别反映了西递明经胡氏宗族、棠樾鲍氏宗族和环山方氏宗族的人丁繁衍状况。

我们认为，徽州谱牒世系图之中记载的人丁繁衍，是汉民族社会史的重要资料。

### （二） 祠堂建设

祠堂是宗族"妥先灵，隆享祀"的圣地，是宗族的象征。在徽州谱牒之中，有许多宗族祠堂的记录。程一枝在《程典》中说："观于郡国诸大家，曷尝不以宗祠重哉！""举宗大事，莫最于祠，无祠则无宗，无宗则无祖，是尚得为大家乎哉？"⑥绩溪《上川明经胡氏宗谱》记载："吾族向隆斯制（按：即祠

① 《黟县南屏叶氏族谱 · 世系》，清嘉庆十七年木活字本。

② 《重编歙邑棠樾鲍氏三族宗谱 · 世系》，清乾隆二十五年一本堂刻本。

③ 歙县呈坎后罗《罗氏宗谱 · 雁行》，清光绪二十年刻本。

④ 歙县呈坎前罗《罗氏宗谱 · 世系图》，明正德二年刻本。

⑤ 黟县《西递明经胡氏壬派宗谱 · 世系图》，清道光六年刻本。

⑥ 程一枝：《程典》卷一二，明万历二十六年家刻本。

堂之制——引者），宗祠而外，有笃庆堂，敬公祠也，俗称后门老屋；其顺堂，景惠公祠也，俗称二分厅；敦复堂，景恩公祠也，俗称六分厅；余庆堂，永东公祠也；敦和堂，兆孔公祠也。以上各祠，均袝主。不袝主者，则永夏公派有继述堂，元遐公派有寿传堂，文韶公派有作求堂，志良公派有凝和堂，志球公派有思济堂，志仁公派有有裕堂，又永秋公派亦有义和堂在黄蘖山。厅祠林立，盖古人合族返本之制，吾族固庶几近之矣。”①《黟县南屏叶氏族谱》卷一《祠堂》记载，这个宗族有叙秩堂、敦本堂、奎光堂、永思堂、钟瑞堂、德辉堂、敦仁堂、尚素堂、继序堂、仪正堂、念祖堂等11座祠堂。其中叙秩堂是宗祠，其他10座为支祠。江登云《橙阳散志》卷八《祠堂》记载，歙县江村江氏宗族有赉成堂、伯固门、悠然堂、惇叙堂、笃本堂、千里门、东皋堂、居敬堂、安义堂、明善堂、贻庆堂、敦善堂、德新堂、宝箴堂、滋德堂、荣养堂、展锡堂、茂荆堂、聚顺堂、太守昌公祠、都御史江公祠、忠公堂、以舟公祠、御史祠、乐野公祠、桂林公祠、烈女祠、节孝祠、乡贤祠、正二公分祠、景房公祠堂等31座祠堂。② 徽州谱牒之中有关祠堂的记载，为研究祠堂制度和宗族制度提供了非常丰富和十分珍贵的历史资料。

我们认为，徽州谱牒之中记载的祠堂建设，是汉民族社会史和文化史的重要资料。

### （三）族田设置

徽州世家大族很重视祭田的设置。《重修古歙城东许氏世谱·许氏家规》经理祭田条曰：“祭之有田，业可久也。传曰，无田不祭，盖谓此尔。吾宗祭社、祭墓，祭于春秋，俱有田矣。”③休宁《江村洪氏家谱》卷十四《宗祠祀田记》说：“宗祀所赖以久远者，惟田。礼曰：惟士无田，则以不祭。田固蒸尝之所自出也。吾家宗祠既建，钟鼓既具，则春秋禋祀，所恃以备羊

① 绩溪《上川明经胡氏宗谱·拾遗》，清宣统三年木活字本。

② 江登云：《橙阳散志》卷八，清嘉庆十四年刻本。

③ 《重修古歙城东许氏世谱》卷七，明崇祯七年家刻本。

豕、洁粢盛、立百年不敝之贮者,非田不可。”①徽州宗族大都拥有或多或少的祭田。明清时期,随着徽商的发达和徽州经济的繁荣,祭田有了长足的发展。

徽州有不少名宗右族拥有义田。歙县《棠樾鲍氏宣忠堂支谱》卷十九《义田》记载:

启运少承训于先君,以谓一本之戚,皆所宜敦,而其间孤寡及贫无食者,尤为可念。他日苟能自给,庶有以顾恤焉。启运谨识之不敢忘。迨长,服贾四方,薄积所赢,因本先君之意,先其急者,置“体源户”田五百四十亩,专以赡给族间“四穷”(按:即鳏、寡、孤、独——引者),归诸宗祠,而告之有司,用垂久远。嗣恐经费不充,续增田一百六十余亩足之。自此,吾族中有不幸茕独者,可无虑于饔飧矣。第吾邑地硗,族丁繁盛,其间贫乏者,每届青黄不接之际,众口嗷嗷。一本关怀,疚心遗训,亟又置“敦本户”田五百余亩。所收租息,以“体源”、“敦本”两户应纳钱粮、营米作为价值,逢春粜与族人,每谷一升,取钱不过四五文,已足完粮,而贫族不无有裨朝夕……所有“敦本户”田,并续增“体源户”田,悉归宗祠。②

明清时期,随着徽商的发达,许多富商大贾慷慨解囊,设置义田,因而宗族义田有了很大增长。

徽州有很多世家大族拥有学田。他们认为,“宗族之大,子孙贤也;子孙之贤,能读书也”。③ 所以,都很重视文教。家塾、私塾、书塾、义塾、书馆、书舍、书屋、书堂、书轩、山房等,井邑田野,星罗棋布,出现“十户之村,不废诵读”的繁荣景象。④ 据我们统计,宋、元、明、清四代,以书院命名的高等学府多达104所。⑤ 不论蒙学还是书院大都拥有学田。据徽州谱牒记载,大

① 休宁《江村洪氏家谱》卷一四,清雍正七年刻本。

② 歙县《棠樾鲍氏宣忠堂支谱》卷一九,清嘉庆十年家刻本。

③ 《歙西岩镇百忍程氏本宗信谱》卷一一,明万历十八年刻本。

④ 嘉靖《婺源县志·风俗》,明嘉靖十九年刻本。

⑤ 赵华富:《徽州宗族研究》,安徽大学出版社2004年版,第431~443页。

多数学田都是宗族子弟捐献的。例如,歙县东门许氏宗族许禾捐学田70亩,[①]潭渡黄氏宗族黄立文捐学田100亩、黄天寿捐学田30亩;[②]婺源游山董氏宗族子弟共捐学田51亩;[③]绩溪城西周氏宗族周槐堂捐学田200余亩。[④]

我们认为,徽州谱牒之中记载的族田,包括祭田、义田、学田,是汉民族经济史的珍贵资料。

### (四) 谱牒修纂

徽州世家大族非常重视谱牒的纂修。他们认为,"三世不修谱,便为小人";[⑤]"三世不修谱者,当以不孝论"。[⑥] 程一枝在《程典》中说:"谱者,家之大典,姓氏之统于是乎出,宗祖之绩于是乎章,子姓之绪于是乎传,宗法于是乎立,礼教于是乎兴,胡可缓也。"[⑦]《歙西溪南吴氏世谱》认为:"家之有谱,犹国之有史也。国而非史,则君臣之贤否,礼乐之污隆,刑政之臧否,兵机之得失,运祚之兴衰,统绪之绝续,无由以纪;家而非谱,则得姓之源流,枝派之分别,昭穆之次序,生卒之岁月,嫁娶之姓氏,出处之显晦,无由以见,国何以治,而家何以齐哉?"[⑧]徽州世家大族都把纂修谱牒作为宗族的根本和宗族头等大事。他们不仅为此投入大量人力,而且不惜花费巨资雕版印刷。

徽州世家大族大都不断地纂修谱牒。婺源武口王氏宗族,"传至有明之季,每当周甲一修"。[⑨] 有的名宗右族甚至"谆谆修族谱、修茔志,近者三年五年,远则三五十年,以其本固末不摇"。[⑩] 所以,徽州许多世家大族谱牒

① 《重修古歙城东许氏世谱》卷七《许氏义田宅记》,明崇祯七年家刻本。

② 歙县《潭渡黄氏族谱》卷七《孝友》、《厚德》,清雍正九年校补刻本。

③ 婺源游山《董氏宗谱·游山书屋记》,民国二十年木活字本。

④ 《绩溪城西周氏宗谱·十三都遥遥庄渊字等号田产》,清光绪三十一年敬爱堂活字本。

⑤ 歙县《槐塘程氏重修宗谱·订正程氏屡代编续总谱得失序》,清康熙十二年刻本。

⑥ 歙县《金山洪氏宗谱》卷一《金山洪氏宗谱后序》,清同治十二年刻本。

⑦ 程一枝:《程典》卷一二《本宗列传》,明万历二十六年家刻本。

⑧ 《歙西溪南吴氏世谱》,萧迁《叙》,明末清初抄本。

⑨ 《新安武口王氏统宗世谱》卷首《会修统宗谱序》,清雍正四年刻本。

⑩ 《歙西溪南吴氏世谱·先茔志后序》,明末清初抄本。

有一修、二修、三修、四修、五修、六修……者。例如,从现有公藏婺源清华胡氏宗族谱牒来看,明清和民国时期这个宗族即先后纂修谱牒22部,平均每隔二十多年纂修一次。① 宋元以来,徽州世家大族纂修了大量谱牒。据我们调查统计,除了因天灾人祸大量散佚的谱牒不计,现有公藏徽州谱牒还有近两千种之多。

我们认为,徽州大量谱牒是汉民族文化史的宝贵资料。

### (五) 族规家法

徽州世家大族都制定有族规家法。有的成文,有的不成文;有的载于谱牒,有的单独付梓。他们为什么要制定族规家法呢?徽州《汪氏统宗正脉》曰:"越国(按:指汪华——引者)之裔,椒实蕃衍允矣,新安之巨室也。然梧櫝之林,不能无棫棘矣。君子惧其族之将圮也,思有以维持安全之,于是作为家规,以垂范于厥宗。规凡四类,敦孝弟首之,崇礼义次之,勤职业又次之,息词讼终焉。夫孝悌者,百行之本也;礼义者,行之大端也;职业者,生人之务也;词讼者,倾覆之阶也。是故敦本所以崇德也,勤职所以广业也,息讼所以厚俗也。德崇、业广、俗厚,家其弗延矣乎?"②歙县《方氏家谱》卷七《家训》注说:"百家之族,情以人殊,虽不能悉为淳良,然其自弃者可劝,自暴者可惩也。睦族君子于其善之所当勉,与不善之所当戒者,编为宗约。歆之以作德之休,使跃然而知趋;示之以作伪之拙,使竦然而知避。条分目析,衡平鉴明,而俾有聪听者,罔不信从。如此而尤有自外于条约者,则齐之以刑,纠之以法,虽欲不为善,不可得矣。"③

徽州宗族族规家法内容特别丰富。其中关于道德行为的规范,主要有孝、悌、忠、信、礼、义、廉、耻等;关于生活行为的规范,主要有勤四业、崇节俭、重教育、济贫困、恤孤寡、睦邻里、禁游闲、反迷信、禁赌博、敬耆老、护林

---

① 《中国家谱综合目录》,中华书局1997年版,第254—255页。

② 徽州《汪氏统宗正脉·汪氏族规》,清乾隆刻本。

③ 歙县《方氏家谱》卷七,清康熙四十年刻本。

木等。①

我们认为,徽州谱牒之中记载的族规家法,是汉民族社会史、经济史、法制史、伦理史、道德史、思想史的宝贵资料。

### (六) 文化典籍

徽州谱牒之中不仅大都载有文化典籍,而且载有的数量很大。其中有敕诰、诗歌、传记、墓志、序跋、祭文、像赞、行状,等等。从文化典籍来看,许多徽州谱牒就是一个宗族的文人选集。徽州《汪氏渊源录》共10卷,《辞源集》即占有2卷。其中列诗歌作者46人,文章作者5人,诗文作者5人。共辑录诗歌109首,文章26篇。文章之中有辞、赋、颂、铭、箴、记、序、表、祝文等。婺源《磻溪汪氏家谱》共22卷,除了卷首、卷末典籍之外,20卷之中文化典籍计有6卷。《绩溪西关章氏族谱》共42卷,除了卷首典籍之外,传记、赠序、赠诗之类典籍共9卷(卷25至33),著作考共计6卷(卷34至39)。

我们认为,徽州谱牒之中辑录的大量文化典籍,是汉民族文化史和文学史宝贵的资料。

上述六个方面的资料说明,徽州谱牒之中有丰富、珍贵的汉民族社会史、经济史、文化史等资料。怎么能说中国谱牒"其实没有什么民族史料的价值"呢?

(原载《安徽大学学报》(哲学社会科学版)2008年第3期)

① 赵华富:《徽州宗族研究》,安徽大学出版社2004年版,第336~401页。

# 论远古中华历史文化认同观念的形成和中国谱牒对这一认同观念的继承

## ——再谈胡适《曹氏显承堂族谱序》中一个问题

民国八年(1919 年),胡适为绩溪旺川曹氏宗族一个支谱撰写了一篇《曹氏显承堂族谱序》。他在这篇序文中说:

中国的族谱有一个大毛病,就是"源远流长"的迷信。没有一个姓陈的不是胡公满之后,没有一个姓张的不是黄帝第五子之后,没有一个姓李的不是伯阳之后。家家都是古代帝王和古代名人之后,不知古代那些小百姓的后代都到哪里去了?

各姓各族都中了这种"源远流长"的迷信的毒,不肯承认自己的祖宗,都去认黄帝、尧、舜等等不相干的人作远祖。因此,中国的族谱虽然极多极繁,其实没有什么民族史料的价值。这是我对于中国旧谱的一大恨事。①

应该怎样理解许多中国谱牒"都去认黄帝、尧、舜等等不相干的人作远祖"这种现象呢? 胡适认为,这是攀附"古代帝王和古代名人",是中了"源远流长"的"迷信的毒"。这种观点值得讨论。据我们了解,有些中国谱牒确实存在攀龙附凤的现象,但是,认黄帝、尧、舜等人作远祖是中国谱牒对远古中华历史文化的认同,不应视为攀附"古代帝王和古代名人",更不能认为是中了"源远流长"的迷信和流毒。

---

① 黄保定、季维龙编:《胡适书评序跋集》,岳麓书社 1987 年版,493 ~ 494 页。

## 一、对远古中华历史文化认同观念的形成

据历史文献记载,春秋战国和秦汉时期,中国的统治者和士大夫对远古中华历史文化形成一种共识——黄帝是中原各族(按:或曰华夏族,下同)的共同始祖,尧、舜等人是中原各族的共同祖先。

《礼记·祭法》云:

有虞氏禘黄帝而郊喾,祖颛顼而宗尧;夏后氏亦禘黄帝而郊鲧,祖颛顼而宗禹;殷人禘喾而郊冥,祖契而宗汤;周人禘喾而郊稷,祖文王而宗武王。①

《国语·鲁语上》曰:

有虞氏禘黄帝而祖颛顼,郊尧而宗舜;夏后氏禘黄帝而祖颛顼,郊鲧而宗禹;商人禘舜而祖契,郊冥而宗汤;周人禘喾而郊稷,祖文王而宗武王。②

从这两部历史文献来看,无论是有虞氏、夏后氏,还是商王朝、周王朝都认黄帝为他们的共同始祖,尧、舜等人是他们的共同祖先。

春秋战国和秦汉时期,中国的统治者和士大夫对远古中华历史文化的认同观念是怎样产生和形成的呢?据历史文献记载,这种认同观念是由远古以来一些历史传说逐渐演化、附会而成。

### (一)黄帝是中原地区的统一者

据历史传说,在洪荒时期,中原地区有许多氏族、部落和部落联盟,经常相互侵伐,造成社会动乱,生灵涂炭。黄帝南征北战,统一中原,使社会稳定,百姓安居乐业。《史记》卷一《五帝本纪》记载:

黄帝者,少典之子,姓公孙,名轩辕……轩辕之时,神农氏世衰。诸侯相侵伐,暴虐百姓,而神农氏弗能征。于是轩辕乃习用干戈,以征不

① 《礼记》,十三经注疏本。

② 《国语》,上海古籍出版社《四库全书》影印本。

享,诸侯咸来宾从。而蚩尤最为暴,莫能伐。

炎帝欲侵陵诸侯,诸侯咸归轩辕。轩辕乃修德振兵,治五气,艺五种,抚万民,度四方,教熊、罴、貔、貅、貙、虎,以与炎帝战于阪泉之野。三战,然后得其志。

蚩尤作乱,不用帝命。于是黄帝乃征师诸侯,与蚩尤战于涿鹿之野,遂禽杀蚩尤。而诸侯咸尊轩辕为天子,代神农氏,是为黄帝。天下有不顺者,黄帝从而征之,平者去之,披山通道,未尝宁居。①

《周易·系辞下传》记载:

神农氏没,黄帝、尧、舜氏作,通其变,使民不倦。②

统一中原,"使民不倦",是黄帝做的第一件大事,也是春秋战国和秦汉时期的统治者和士大夫对远古中华历史文化认同观念产生和形成的第一个原因。

### (二)黄帝是中原社会管理体制的制定者

据历史传说,黄帝消灭了蚩尤,征服了炎帝,统一了中原,制定了中原社会管理体制。贾谊《新书·修政语上》曰:

黄帝职道义,经天地,纪人伦,序万物,以信与仁为天下先。然后济东海,入江内,取绿图,而济积石,涉流沙,登于昆仑。于是还归中国,以平天下。③

他为了有效治理东到东海西至流沙的辽阔疆域,建立了从地方到中央一套比较完整的管理体制。这个管理体制是:"经土设井以塞争端,立步制亩以防不足,使八家为井,井开四道而分八宅,凿井于中。一则不泄地气,二则无费一家,三则同风俗,四则齐巧拙,五则通财货,六则存亡更守,七则出入相同,八则嫁娶相媒,九则无有相贷,十则疾病相救。是以情性可得而亲,生产可得而均;均则欺凌之路塞,亲则斗讼之心弭。既牧之于邑,故井一为

① 《史记》,中华书局标点本。

② 《周易本义》,中国书店《四书五经》影印本。

③ 贾谊:《新书》,上海古籍出版社《四库全书》影印本。

邻,邻三为朋,朋三为里,里五为邑,邑十为都,都十为师,师十为州。”①

制定从地方到中央的管理体制,是黄帝做的第二件大事,也是春秋战国和秦汉时期的统治者和士大夫对远古中华历史文化认同观念产生和形成的第二个原因。

### (三) 黄帝是中华文明的开创者

据历史传说,在洪荒时期,百姓巢居穴处,茹毛饮血,“未有麻丝,衣其羽皮”②。黄帝时代,不仅发明了养蚕缫丝、染五彩服,出现“垂衣裳而天下治”的现象,而且还有许多创造发明,提高了人类征服自然的能力。《周易·系辞下传》曰:

> 刳木为舟,剡木为楫;舟楫之利,以济不通……服牛乘马,引重致远,以利天下……断木为杵,掘地为臼;臼杵之利,万民以济……弦木为弧,剡木为矢;弧矢之利,以威天下。③

人们不仅“重门击柝,以待暴客”④,而且还以玉——坚石——作兵器,用于自卫和征战。

除了物质文明,在精神文明方面也有许多创造。诸如仓颉造文字,大桡作甲子,伶伦制乐器,等等。《韩诗外传》曰:“黄帝即位,施惠承天,一道修德,惟仁是行,宇内和平。”⑤《庄子》说:“黄帝始以仁义撄人之心。”⑥

物质文明和精神文明的创造,是黄帝做的第三件大事,也是春秋战国和秦汉时期的统治者和士大夫对远古中华历史文化认同观念产生和形成的第三个原因。

### (四) 黄帝多子多孙,人丁兴旺,繁衍昌盛

据历史传说,中原各族绝大多数都是黄帝的子孙。《国语·晋语四》

---

① 杜佑:《通典·食货》,九通本。
② 《礼记·礼运》,中国书店《四书五经》影印本。
③ 《周易本义》,中国书店《四书五经》影印本。
④ 《周易本义·系辞下传》,中国书店《四书五经》影印本。
⑤ 韩婴:《韩诗外传》,上海古籍出版社《四库全书》影印本。
⑥ 《庄子》,诸子集成本,中华书局1954年版。

说：

> 黄帝之子二十五人，其同姓者二人……其同生而异姓者，四母之子，别为十二姓。凡黄帝之子二十五宗，其得姓者十四人，为十二姓，姬、酉、祁、己、滕、葴、任、荀、僖、姞、儇、依是也。惟青阳与仓林氏同于黄帝，故皆为姬姓。[①]

王充《论衡·奇怪篇》云："五帝三王，皆祖黄帝。"[②]"司马迁《史记·三代世表》曰："舜、禹、契、后稷皆黄帝子孙也。"[③]据《世本》等历史文献记载，春秋战国时期，黄帝直系后裔已繁衍分封101个方国和诸侯国，有510多个姓氏。其中，青阳一支姬姓即繁衍多达432个姓氏。殷商之祖契的后裔子姓，繁衍发展有120多个姓氏。[④]

黄帝后裔为什么繁衍这样快呢？据历史文献记载，黄帝时期中原地区有许多氏族、部落和部落联盟，其中以黄帝部落最强大。黄帝消灭蚩尤，征服炎帝，统一中原以后，许多氏族和部落逐渐融合到黄帝部落之中，这是黄帝后裔大繁衍、大发展的一个重要原因。

黄帝多子多孙，人丁兴旺，繁衍昌盛，是春秋战国和秦汉时期的统治者和士大夫对远古中华历史文化认同观念产生和形成的第四个原因。

综上所述，黄帝是中原大地的统一者，中原社会管理体制的制定者，中华文明的开创者，同时，黄帝又多子多孙，人丁兴旺，繁衍昌盛。春秋战国和秦汉时期的统治者和士大夫综合了这四个方面的历史传说，形成了对远古中华历史文化的认同观念——黄帝是中原各族的共同始祖，尧、舜等人是中原各族的共同祖先。从秦汉以来中国历史发展的状况来看，这个历史文化认同观念产生了非常深远的历史影响。

---

① 《国语》，上海古籍出版社《四库全书》影印本。

② 王充：《论衡》，诸子集成本，中华书局1954年版。

③ 《史记》，中华书局标点本。

④ 《世本》，上海古籍出版社《四库全书》影印本。参见刘文学《炎黄二帝在河洛地区的史迹》，《河洛文化与汉民族散论》，河南人民出版社2006年版；《论黄帝在中华民族历史上的地位》，《河洛文化与殷商文明》，河南人民出版社2007年版。

## 二、中国谱牒对远古中华历史文化认同观念的继承

宋元以来,许多中国谱牒继承了春秋战国和秦汉时期形成的对远古中华历史文化的认同观念。程尚宽《新安名族志》是用徽州谱牒资料编纂的一部徽州宗族概述。据这部著作记载,"程出黄帝、重黎之后。自周大司马曰休父,佐宣王中兴,封程伯,子孙因以国氏,望安定"。柯"出自黄帝之后,周封仲雍裔柯相于吴,相之子庐遂以父名为氏,望著于济阳郡"。"俞出轩辕氏,裔有讳柎者,黄帝俞其言,遂赐为姓;春秋晋公子食采俞豆亭,以为氏"。"张出轩辕第三妃彤鱼氏之子曰挥,观弧制矢,赐姓曰张"。"吴始于黄帝,十四世而至泰伯"。"祝出黄帝六世孙曰重黎,为高辛氏火正,有功德,封于祝地,号曰祝融,因以为氏"。葛"出黄帝世系,至微子启次子龚,从稚川隐居顿丘山,遂以为氏"。"庄出黄帝之后,周初有熊事文、武,成王时其子熊绎受封于楚,初姓芈氏,东迁之后有谥庄王者,子孙遂以庄为氏"①。

这里应该特别指出的是,虽然许多中国谱牒都继承了对远古中华历史文化的认同观念,但是,将黄帝作为始祖或一世祖,将尧、舜等人作为列祖列宗者,极为罕见。

许多中国谱牒虽然认黄帝、尧、舜等人作远祖,但是他们没有将黄帝作为始祖,也没有将尧、舜等人作为列祖列宗。黄帝、尧、舜等人既未记入这些谱牒的世系之中,也未列入这些谱牒昭穆之列。许多谱牒只是在谱序、原姓、原族之中作了叙述,绝大多数谱牒只是在谱序之中一提而过。这种现象充分地说明,许多中国谱牒认黄帝、尧、舜等人作远祖,是春秋战国和秦汉时期形成的对远古中华历史文化认同观念的继承和延续。

众所周知,对历史文化遗产应该采取的态度和原则是:取其精华,弃其糟粕。认黄帝、尧、舜等人作远祖这一历史文化认同观念,是精华还是糟粕呢?应该继承还是应该抛弃呢?我们认为,这一历史文化认同观念是精华,不但应该继承,而且要发扬光大。

---

① 程尚宽:《新安名族志》,黄山书社 2004 年标点本。

近一个世纪的中国考古发现证明,春秋战国和秦汉时期形成对远古中华历史文化的认同观念,虽然来源于历史传说,但是,或多或少反映了原始公社后期——父家长制时期——的社会历史发展规律。传说中的黄帝、尧、舜等人是这一历史阶段的杰出代表人物。因此,他们不但被推崇为先圣先哲,而且被认为是中原各族的共同始祖,共同祖先。这种历史文化认同不是凭空臆造,而是社会发展规律在观念上的反映。

春秋战国和秦汉时期中国的统治者和士大夫对远古中华历史文化认同观念——认黄帝为中原各族共同始祖,尧、舜等人为中原各族共同祖先——产生了什么历史作用呢?据历史文献记载,这一历史文化认同观念产生了"天下一家"的思想。《礼记·礼运》曰:"故圣人耐以天下为一家,以中国为一人者,非意之也。"①《后汉书·桓帝纪》云:"其不被害郡县,当为饥馁者储。天下一家,趣不靡烂,则为国宝。"②《晋书·刘弘传》曰:"诸君未之思耳。天下一家,彼此无异,吾今给之,则无西顾之忧矣。"③王讽《新安名族志序》说:"天地万物其一体也,天下其一家也,中国其一人也。"④这种"天下一家"的思想观念,加深了中华民族的感情,增强了中华民族的凝聚力,巩固了中华民族的团结。明清以来,每当殖民主义列强侵略中国时,中华民族即会同仇敌忾,团结一致,共同对敌。这种精神与"天下一家"的思想是分不开的。

春秋战国和秦汉时期中国的统治者和士大夫对远古中华历史文化的认同观念产生了"大一统"思想。众所周知,孔子作《春秋》,提出"大一统"政治观点。《汉书·王吉传》说:"《春秋》所以大一统者,六合同风,九州共贯也。"⑤《汉书·董仲舒传》曰:"《春秋》大一统者,天地之常经,古今之通谊也。"⑥秦汉以来,孔子这一政治思想,不仅被封建统治阶级所继承和发展,

---

① 《礼记》,十三经注疏本。
② 《后汉书》,中华书局标点本。
③ 《晋书》,中华书局标点本。
④ 程尚宽:《新安名族志》,(日本)东洋文库藏明嘉靖三十年(1551年)刻本。
⑤ 《汉书》,中华书局标点本。
⑥ 《汉书》,中华书局标点本。

而且也得到广大人民群众的支持和拥护。在二千多年历史时期之中,虽然也多次出现封建割据,但是最终都走向统一。闹分裂是不得人心的。大一统是中国历史发展的主流。秦汉的统一、西晋的统一、隋唐的统一、北宋的统一、元明清的统一,其中一个重要原因就是中国的封建统治阶级和广大人民群众对远古中华历史文化的认同。

中华民族对远古历史文化的认同观念源远流长。今天,全世界华人都认为自己是炎黄子孙,年年清明节公祭黄帝陵,参祭者有以全国政协主席(或全国政协副主席)为首的国家和省高级官员,有各界要人,还有普通老百姓。这是对春秋战国和秦汉时期形成的中华历史文化认同观念的继承和弘扬,同时,也是宋元以来中国谱牒认黄帝、尧、舜等人为远祖这一观念的延续和发展。这种历史文化认同观念绝不是"迷信",更不是"流毒",而是非常宝贵的历史文化遗产。我们认为,中华民族不仅应该继承这个遗产,而且要发扬光大,古为今用。因为,这种历史文化认同观念能增进中华民族的感情,加强中华民族的凝聚力,促进中华民族的团结,早日实现祖国的统一大业。

自古以来,中国修谱的宗旨都是"奠世系、序昭穆"。为了达到这个目的,必须首先寻"本",求"源",这是"奠世系、序昭穆"的基本前提。《古歙长原托山程氏重修家谱》曰:"万物本乎天,人本乎祖。人之有祖,犹木之有根,水之有源也。"①《歙西溪南吴氏世谱》云:"物本乎天,人本乎祖。夫水木犹有本源,人而可以不知其有祖乎?"②《托山程氏宗祠记》说:"子孙千亿,其初兄弟也,又其初一人也。犹水之千溪万壑而源同,木之千枝万干而根同。观水不绎其源,观木不寻其根,非达本也。"③从中国谱牒来看,祖先考辨不但一直是纂修谱牒者一项重要工作,而且始终是中国谱牒一项重要内容。因为,祖先考辨就是寻"本",求"源"。一个宗族的"本"和"源"是什么呢?所谓宗族之"本"和"源",就是始祖,或曰一世祖。

① 《古歙长原托山程氏重修家谱》,明崇祯九年(1636年)刻本。

② 《歙西溪南吴氏世谱》,明末清初抄本。

③ 《古歙长原托山程氏重修家谱》,明崇祯九年(1636年)刻本。

中国谱牒都是以什么人作始祖或一世祖呢？据我们所知，绝大多数都以始迁者作始祖。诸如，《古歙方氏宗谱》以西汉方纮为始祖[①]，《新安黄氏会通谱》以西晋黄积为始祖[②]，绩溪《龙川胡氏宗谱》以晋代胡焱为始祖[③]，《新安歙西岩镇闵氏家谱》以南朝闵纮为始祖[④]，《祁门倪氏族谱》以唐代倪时思为始祖[⑤]，《婺源茶院朱氏家谱》以唐代朱瓌为始祖[⑥]，婺源《考川明经胡氏宗谱》以五代胡昌翼为始祖[⑦]，《重修古歙东门许氏宗谱》以宋代许会为始祖[⑧]，等等。他们认为，始迁者就是他们宗族之“本”，他们宗族之“源”。

（原载《黄河科技大学学报》2011 年第 1 期）

① 《古歙方氏宗谱》，明隆庆六年（1572 年）刻本。

② 《新安黄氏会通谱》，明弘治十四年刻本。

③ 绩溪《龙川胡氏宗谱》，民国十三年（1924 年）木活字本。

④ 《新安歙西岩镇闵氏家谱》，清抄本。

⑤ 《祁门倪氏族谱》，清光绪二年（1876 年）木活字本。

⑥ 《婺源茶院朱氏家谱》，明刻本。

⑦ 婺源《考川明经胡氏宗谱》，清道光九年（1829 年）木活字本。

⑧ 《重修古歙东门许氏宗谱》，清乾隆二年（1737 年）刻本。

# 徽州族谱数量大和善本多的原因

今天,全国各地图书馆、博物馆和档案馆等单位馆藏族谱,以府级地方比较,徽州族谱种类特别多,数量特别大(这里指的是原件)。以世界上收藏族谱最多的单位上海图书馆为例,该馆馆藏族谱12,000多部,“依地区排列,以浙江省为最多”,其次是安徽。而“安徽的家谱则以徽州地区最为集中”①。据我们了解,部以千计的徽州族谱现分别藏于:北京图书馆、中国历史博物馆、中国社会科学院历史研究所图书馆、北京大学图书馆、北京师范大学图书馆、上海图书馆、天津图书馆、吉林大学图书馆、河北大学图书馆、南京图书馆、安徽省图书馆、安徽省博物馆、黄山市博物馆、歙县博物馆、绩溪县档案馆等数十个单位。此外,还流散到国外一大批。

现在,全国各地图书馆、博物馆和档案馆等单位收藏的徽州族谱,不仅数量大,而且善本特别多,价值特别高。《北京图书馆古籍善本书目·谱牒类》记载,该馆馆藏善本族谱总计427部,其中徽州善本族谱占一半以上②。据我们所知,中国社会科学院历史研究所图书馆馆藏徽州族谱67部,其中明谱19部,清前期谱16部。安徽省博物馆馆藏徽州族谱近200部,其中宋谱1部、元谱1部、明谱37部、清前期谱50部。黄山市博物馆馆藏徽州族谱200多部,其中宋谱1部、明谱16部、清前期谱49部。河北大学图书馆馆藏徽州族谱50多部,其中元谱1部、明谱13部。

流传和保存到今天的徽州族谱数量特别大、善本特别多的原因是什

① 《上海图书馆馆藏家谱简介》,《全国谱牒开发与利用学术研讨会》论文摘要。

② 据张志清《北京图书馆藏中国家谱综述》,该馆馆藏善本族谱为458种,见《谱牒学研究》第三辑,书目文献出版社1992年版。

么呢?

## 一、徽州宗族的繁荣

今天,全国各地图书馆、博物馆和档案馆等单位馆藏徽州族谱数量特别大、善本特别多,与历史上徽州宗族非常发达是分不开的。它是徽州宗族繁荣的表现和结果。

嘉靖《徽州府志》卷二《风俗》记载,徽州"家多故旧,自唐宋来,数百年世系,比比皆是。重宗义,讲世好,上下六亲之施,村落家构祠宇,岁时俎豆"。郑佐在《新安名族志序》中说,徽州"有殊邑联宗、数村一姓之繁……其先代坟墓之存者,远肇齐梁,近自唐宋,百年十世者勿论焉"。这种宗族繁荣现象,"他郡罕及之也"①。胡晓在《新安名族志序》一文中记载:

> 新安……山峭水厉,燹火弗惊,巨室名族,或晋唐封勋,或宦游宣化,览形胜而居者恒多也。其故家遗俗,流风善政,宛然具在。以言乎派,则如江淮河汉,汪汪千顷,会于海而不乱;以言乎宗,则如泰华之松,枝叶繁茂,归一本而无二;言乎世次,则尊卑有定,族居则闾阎辐辏,商贾则云合通津;言乎才德,则或信义征于乡闾,或友爱达于中外,或恬退著述,或忠孝赫烈。至于州里之镇定,六州之保障,诸儒之大成,宗庙血食,千载不磨,又名族之杰出者。②

在这篇序文中,胡晓对徽州宗族的发达和繁荣作了淋漓尽致的描绘与阐述。他认为,天下"求族之不紊者,盖寥寥矣",但是,"新安则异是矣",这里的名宗右族大都宗一本而"无二",派系分而"不乱",世次明而"有定",宗族制度特别发达,十分繁荣。正如康熙《徽州府志·风俗》所说:"吾徽有千年祖坟,千人祠宇,千丁乡村,他处无有也。"

徽州名宗右族十分重视族谱的修纂。他们认为,"立族之本,端在修

① 程尚宽:《新安名族志》,明嘉靖三十年刻本。

② 程尚宽:《新安名族志》,明嘉靖三十年刻本。

谱。族之有谱,犹国之有史;国无史不立,族无谱不传"①。

徽州宗族认为,编纂族谱是收族的主要手段,是尊祖、敬宗和孝道的根本体现。他们说:"孝莫大于尊祖,尊祖莫先于合族,合族之道,必修谱以联之。"②"家谱之兴,所以收族而导之尊祖敬宗也。"③纂修族谱是"收族之道,尊祖敬宗之本也"④。

徽州宗族认为,编纂族谱是巩固宗族制度和宗族统治的重要保障。《洪川程敦睦堂世系谱序》引吕本中的话说:"国无国之道,而后国家乱;家无家之道,而后家乱。故礼乐纲纪者,国之道也;宗法谱系者,家之道也。"⑤徽州宗族认为,"家之有谱,犹国之有史也。国而非史,则君臣之贤否,礼乐之污隆,刑政之臧否,兵机之得失,运祚之兴衰,统绪之绝续,无由以纪;家而非谱,则得姓之源流,枝派之分别,昭穆之次序,生卒之岁月,嫁娶之姓氏,出处之显晦,无由以见,国何以治,而家何以齐哉?"⑥

徽州宗族认为,编纂族谱是有关世教与治平之事。他们说:"管摄天下人心,须明谱牒……谱牒之作,上关世教,下维风俗,所为笃亲亲之义,尽尊尊之礼。"⑦"谱其有关于世教也,大矣。"⑧《明经胡氏甲派芳塘宗谱序》说:"故家巨族莫不有谱,使知千万之身皆如一人,亲其所亲,长其所长,为上者安坐而致治平,岂不休哉!"⑨所以,《婺南中云王氏世谱·明戊寅重修世谱序》认为,"谱之为说,固非一家之事,而天下国家之事也。"

徽州人认为,编纂族谱是宗族的头等大事。歙县《桂溪项氏族谱·汪太傅公序》记载:"新安居万山中,风淳俗古,城郭村落率多聚族而居,故于族谊最笃,而世家巨阀尤竞竞以修谱为重务。"所有名宗右族都将修谱视为

① 绩溪《盘川王氏宗谱》卷之前《凡例》,民国十年活字本。
② 歙县《虬川黄氏宗谱·虬川黄氏重修宗谱序》,清道光十年刻本。
③ 歙县《棠樾鲍氏宣忠堂支谱》卷二一《鲍氏两翁传》,清嘉庆十年家刻本。
④ 歙县《托山程氏家谱·托山程氏重修本支谱后序》,明崇祯九年刻本。
⑤ 绩溪《洪川程氏宗谱》,民国十二年刊本。
⑥ 《歙西溪南吴氏世谱》,明末清初抄本。
⑦ 《新安武口王氏统宗世谱》卷首《会修统谱序》,清雍正四年刻本。
⑧ 绩溪《洪川程氏宗谱》卷首《洪川程敦睦堂世系谱序》,民国十二年刊本。
⑨ 歙县《明经胡氏甲派芳塘宗谱》,清康熙六十年刻本。

宗族的“盛典”①。

早在晋朝，徽州宗族即有“三世不修谱，便为小人之戒”②。南宋时期，朱熹指出：“三世不修谱者，当以不孝论。”③经朱熹倡导之后，这一观点遂成为徽州宗族金科玉律的教条，许多宗族每隔一段时间即修一次族谱。徽州宗族认为，“谱者，家之大典，姓氏之统于是乎出，宗祖之绩于是乎章，子姓之绪于是乎传，宗法于是乎立，礼义于是乎兴，胡可缓也”④。婺源武口王氏宗族，“传至有明之季，每当周甲一修。各派诸君，趋义捐输。家乘大典，昭如日星”⑤。许多名宗右族甚至“谆谆修族谱，修茔志，近者三年五年，远则三五十年，以其本固而末不摇”也⑥。歙县《明经胡氏甲派芳塘宗谱》的作者认为，“夫谱之重于家，犹史之重于国。史以纪善恶，示劝惩；谱以溯本源，联情谊。故史不可一日不备，谱亦不可一日不修”。

由于徽州宗族十分重视族谱的修纂，每隔一段时间即修一次族谱，因而就造成今天各地图书馆、博物馆和档案馆等单位馆藏徽州族谱不但数量特别大，而且善本特别多。

## 二、宗族仕宦和徽商的积极参与

今天，全国各地图书馆、博物馆和档案馆等单位馆藏徽州族谱数量特别大，善本特别多，宗族仕宦和徽商的积极参与族谱的修纂起了重要作用。

宋代以来，徽州学子科第仕宦取得了辉煌成就。据历史文献记载，宋代徽州中式进士多达619人⑦，出现“名臣辈出”的社会现象⑧。明代，徽州仅

---

① 婺源《詹氏宗谱》卷首《会修宗谱公启》，清光绪五年刻本。

② 歙县《槐塘程氏重修宗谱》，清康熙十二年刻本。

③ 歙县《金山洪氏宗谱》卷一《金山洪氏宗谱后序》，清同治十二年刻本。

④ 程一枝：《程典》卷一二《本宗列传》第二下，明万历二十六年家刻本。

⑤ 《新安武口王氏统宗世谱》卷首《会修统宗谱序》，清雍正四年刻本。

⑥ 《歙西溪南吴氏世谱》，明末清初抄本。

⑦ 弘治《徽州府志》卷六《选举志·科第》，上海古籍书店《天一阁藏明代方志选刊》1982年影印本。

⑧ 罗愿：《新安志》卷一《风俗》，《宋元地方志丛书》本。

本籍进士即有392人,寄籍外地的大量进士还未计算在内,形成一个庞大的徽籍官僚群体。清代,仅歙县一个县即有本籍和寄籍进士296人。在这296个中式者当中,有状元5人,榜眼2人,武榜眼1人,探花8人,传胪5人,会元3人,解元13人。在京师的高官显宦有:大学士4人,尚书7人,侍郎21人,都察院都御史7人,内阁学士15人①。

历史文献记载,徽籍仕宦从小都受朱熹思想熏陶很深。他们"读朱子之书,服朱子之教,秉朱子之礼",生活和成长在宗族当中,宗族观念极端强烈,非常深厚。这些人仕宦以后,大都衣锦还乡,为宗族做种种"义举",荣宗耀祖。纂修族谱,是他们尊祖、敬宗的重要表现,又是他们义不容辞的光荣使命。所以,许多仕宦都为宗族修谱。绩溪《龙川尚书公派胡氏支谱》(传抄本)记载:"胡氏家乘之修,昉于太师魏国公思谦公,修之于晋(?);郡宪仕义公修之于陈;枢使子荣公修之于唐;提干念五公修之于宋,继大学士允年公亦修之于宋;教授竹州公考之于元。"明代,户部尚书胡富、曲靖府同知胡光、都察院右副都御史胡宗明、兵部尚书胡宗宪等宗族子弟,都曾积极从事龙川胡氏宗族族谱的编纂工作。我们今天见到的徽州族谱,多数都是徽籍历代仕宦纂修的。如《新安朱氏族谱》,宋权浙西常平提举朱汝贤纂、朱长宗等重编;《汉歙丹阳河南方氏衍庆统宗图谱》,宋仁和县知县方桂森纂;《休宁范氏族谱》,明福建右布政使范涞纂;歙县《汪氏十六族近属家谱》、歙县《岩镇汪氏家谱》,明兵部左侍郎汪道昆纂;《新安程氏统宗世谱》,明礼部右侍郎程敏政纂;《祁门善和程氏谱》,明按察使程昌纂;歙县《槐塘程氏宗谱》,明南京户部右侍郎程嗣功纂;《祁门倪氏族谱》,清诸暨等县知县倪望重纂;《重修古歙东门许氏宗谱》,清观察使许登瀛纂,等等。

唐宋之际,中国社会经济的重心从中原转移到江南。在这个经济背景之下,徽商开始崛起。经过几个世纪的历史发展,到明嘉靖、万历年间,随着商品经济的繁荣和资本主义生产关系的萌芽,徽商进入黄金时代。徽州人

---

① 许承尧:《歙事闲谭》第一一册,抄本。

“业贾者,什七八”①,许多富商大贾商业资本以百万甚至以千万计②。他们作为明清时期最大商帮,执中国商界之牛耳达三个多世纪。与徽籍仕宦一样,徽州商人也都是生活和成长在宗族之中,从小都“读朱子之书,服朱子之教,秉朱子之礼”,受朱熹思想熏陶很深,宗族观念非常强烈,极端深厚。他们经商致富之后,也大都衣锦还乡,为宗族做种种“义行”,荣宗耀祖。纂修族谱,同样是他们尊祖、敬宗的重要表现,也是他们责无旁贷的光荣任务。

编纂族谱不容易,付梓更难。特别是一个历史悠久的大族的族谱,大都是多卷本,大部头。例如,万历三年刻本《汪氏统宗谱》,多达172卷;北京图书馆有一部存108卷,竟有24册。乾隆刻本《汪氏统宗世谱》,多达140卷,目录2卷;北京图书馆有一部存132卷,多达35册。乾隆二十五年刻本《重编歙邑棠樾鲍氏三族宗谱》,竟多达200卷,首1卷,20册。乾隆三十年刻本《星源甲道张氏宗谱》,42卷,42册。纂修这样多卷本、大部头的族谱,需要大量经费。如,隆庆年间婺源武口王氏修统宗世谱,肩事者“济济多人,经营十载有余”③。天启年间武口王氏修统宗世谱,“修者三十余人,历十二年而后成”。仅“各派往返食用工费重至数千金”④。乾隆年间,歙县棠樾、蜀源、岩镇鲍氏三族修纂《重编歙邑棠樾鲍氏三族宗谱》,耗银3,564两⑤。道光六年(1826年),黟县西递明经胡氏宗族纂修《西递明经胡氏壬派宗谱》,耗银5,344.77两⑥。

徽州族谱编纂、付梓的经费,大都来源于徽商的慷慨解囊。在徽州的地方志和族谱当中,徽商捐资修谱的记载,俯拾即是,不胜枚举。例如,歙县棠樾鲍氏宗族大盐商鲍志道“由困而亨”,“修宗祠,纂家牒”⑦。蜀源鲍氏宗族鲍光甸,“幼通经艺,长往扬州营盐策……于族中置祠产义田,修谱

① 汪道昆:《太函集》卷一七《阜成篇》,明万历十九年金陵刊本。
② 李澄:《淮鹾备要》卷七,清道光三年刊本。
③ 《新安武口王氏统宗世谱》卷首《续修希翔公支下统宗谱序》,清雍正四年刻本。
④ 《新安武口王氏统宗世谱·凡例》,清雍正四年刻本。
⑤ 《重编歙邑棠樾鲍氏三族宗谱》卷二〇〇《刊谱输金》,清乾隆二十五年一本堂刻本。
⑥ 黟县西递明经胡氏宗族《道光五年修族(谱)账录丙辰(?乙酉)》,抄本。
⑦ 歙县《棠樾鲍氏宣忠堂支谱》卷二一《鲍肯园先生小传》,清嘉庆十年家刻本。

谍”①。岩镇郑氏宗族郑鉴元居扬州,“先世业盐,鉴元总司鹾事十余年,修洪桥、郑氏宗祠,又尝修族谱”②。城关汪氏宗族汪嘉树,“年十六服贾以养亲,曾两修支谱”③。婺源县龙腾俞氏宗族俞铨,“幼失怙,性耻书史,后经商赀裕,为支祖立祀田祭扫,修葺本支谱牒”④。梅溪槎坑吴氏宗族吴永钥“往汉镇业贾,值水灾,钥雇舟救援,全活甚众。尤笃根本,修祀厅,葺宗谱,所费不下五百金”⑤。孙有爔,“弃儒就贾,赀渐饶。建祖祠,立圭田,修祀典,葺宗谱”⑥。胡正鸿“成童后,父命服贾……若修谱牒,葺祖茔,费皆独任”⑦。鲍起元在汴梁经商,闻宗谱付梓,“喜不自胜,乐输多金,从事其襄”⑧,等等。

由于仕宦和商贾积极参与族谱的修纂,因而就造成今天各地图书馆、博物馆和档案馆等单位馆藏徽州族谱不仅数量特别大,而且善本特别多。

## 三、“万山回环”的地理环境

今天,全国各地图书馆、博物馆和档案馆等单位馆藏徽州族谱数量特别大,善本特别多,与徽州的地理环境是分不开的。

绩溪《明经胡氏龙井派宗谱》记载:“自来谱牒之遗佚,每沦于兵燹之劫灰。”事实证明,战乱是许多地方族谱亡佚的主要原因。但是,徽州“届万山中”,似“世外桃源”,“兵燹鲜经”,因而使许多名宗右族的族谱得以保存和流传下来。《休宁戴氏族谱》曰:“新安届万山中,无兵燹之虞。聚族以居,谨姻连,贱赘冒,家庙鲜饬,系牒明备,柱础碑碣往往有唐宋间物,以故大家

① 民国《歙县志》卷九《人物志·义行》,民国二十六年版。
② 民国《歙县志》卷九《人物志·义行》,民国二十六年版。
③ 民国《歙县志》卷九《人物志·义行》,民国二十六年版。
④ 光绪《婺源县志》卷三五《人物志·义行》,清光绪九年刊本。
⑤ 光绪《婺源县志》卷三五《人物志·义行》,清光绪九年刊本。
⑥ 光绪《婺源县志》卷三五《人物志·义行》,清光绪九年刊本。
⑦ 光绪《婺源县志》卷三五《人物志·义行》,清光绪九年刊本。
⑧ 《重编歙邑棠樾鲍氏三族宗谱》卷一〇一《希圣公派》,清乾隆二十五年一本堂刻本。

巨姓所在有之，而休之戴氏尤著。”歙县《方氏族谱》记载：“歙以山谷为州也，其险阻四塞，几类蜀之剑阁矣，而僻在一隅，用武者莫之顾。中世以来，兵燹鲜经焉，以故故家旧牒多有存者。”明嘉靖年间，一位叫徐中行的政府官员对徽州的地理环境与宗族繁荣、谱牒齐全的关系作了精辟的阐述。他说：

> 余昔奉诏，恤刑南畿，入新都境内，见村落不二三里，鸡犬相闻，居民蜂房鳞次，若廛市然，一姓多至千余人，少亦不下数百。盖以地僻大江之南，万山回环，郡称四塞，即有兵火，不至延久。故其民多生全，而庶甲海内。隋唐世家，历历可考，且家各有谱。余每喜其乐土，而诵其善俗也。①

据文献记载，徽州由于“万山回环”的地理环境，即“间遭兵革”，许多名宗右族的族谱也不一定亡佚。《重修古歙城东许氏世谱》记载：“今寓内，乔木故家，相望不乏。然而族大指繁，蕃衍绵亘，所居成聚，所聚成都，未有如新安之盛者。盖其山川复阻，风气醇凝，世治则诗书、什一之业，足以自营；世乱则洞壑溪山之险，亦足以自保，水旱兵戈所不能害。”歙县《吴氏族谱·新安昌溪吴氏太湖支谱序》说：“夫新安，在汉为丹扬（按：即丹阳。《汉书·地理志》作“丹扬”；《晋书·地理志》作“丹杨”——引者）山越地，万山攒峭，径路陡绝。自汉迄明，虽间遭兵革，而世家大族窜匿山谷者，犹能保其先世之所藏。非若金陵，南北土地平衍，一经离乱，公私扫地，其势然也。”黟县《环山余氏宗谱》记载：“环黟皆山，邑多古族，虽当兵争时代，犹能于山中敦崇本务，自成为世外桃源。”

现在，全国各个地区的明代族谱都已寥寥无几，但是，全国各地图书馆、博物馆和档案馆等单位馆藏的明代徽州族谱总和多达数百种，数量相当可观。据我们了解，全国各个地区的宋元族谱，绝大多数都已亡失，而在已经发现的22种宋元族谱当中，有15种属于徽州族谱，有两种虽然不是徽州族谱，但谱中记有徽州宗族内容，与徽州地区有关。这17种族谱占已发现的全国宋元族谱总数的77.27%。这些族谱属凤毛麟角，极为

① 歙县《桂溪项氏族谱》卷一《旧谱序跋》，清嘉庆十六年木活字本。

珍贵。它们是：

1.《汉歙丹阳河南方氏衍庆统宗图谱》1 卷，（宋）方桂森纂修，明刻本，1 册；

2. 休宁《商山吴氏重修族谱》2 卷，（宋）吴浩纂修，（明）吴明庶、吴士彦等续，明崇祯十六年（1643 年）家刻本，1 册；

3. 婺源《溪源程氏势公支谱》7 卷，（宋）程祁传述，（明）程项续，程时化校正，据明嘉靖本影抄，4 册；

4. 歙县《柏林罗氏族志》1 卷，（宋）罗颖等辑，抄本，1 册；

5. 祁门《左田黄氏宗派图》，（宋）黄天衢纂，明末清初刻本，1 册；

6.《皖绩程里程叙伦堂世谱》，（宋）程祁修，清抄本，1 册；

7. 婺源《庆源詹氏族谱》不分卷，（元）詹晟等纂修，明初抄本，1 册；

8.《新安汪氏庆源宗谱》不分卷，（元）汪垚纂修，元抄本，1 册；

9. 徽州《汪氏渊源录》10 卷，（元）汪松寿纂修，明刻正德十三年（1518 年）重修本，1 册；

10.《新安汪氏族谱》不分卷，（元）汪云龙纂修，元刻本，1 册；

11.《新安旌城汪氏家录》7 卷，（元）汪炤纂修，元泰定元年（1324 年）刻本，1 册；

12. 婺源《回岭汪氏宗谱》9 卷，附续谱补略 1 卷，（元）汪德麟纂，明嘉靖间刻本，1 册；

13.《新安胡氏历代报功图》1 卷，元刻本；

14.《新安汪氏宗谱》，元武宗至大三年（1310 年）刻本，残本。

15. 休宁《陈氏谱略》不分卷，（元）陈栎纂修，载《定宇集》，上海古籍出版社《四库全书》影印本。

与徽州宗族有关的两种元代族谱是：

1.《德兴新建程氏世谱》，程龙斗纂修，清乾隆二十六年（1761 年）木活字本，2 册；

2. 淳安《洪氏族谱》4 卷，洪震老纂修，明抄本，1 册。

今天，全国各地图书馆、博物馆和档案馆等单位馆藏徽州族谱数量大，善本多，特别是宋、元、明族谱在全国同时期的族谱中所占比例非常大，“万山回环”、“兵燹鲜经”的地理环境是一个重要原因。

（原载《中国谱牒研究——全国谱牒开发与利用学术研讨会论文集》，上海古籍出版社1999年版）

# 宋元时期徽州族谱研究

现在，中国各大图书馆和博物馆藏的族谱，绝大多数都是明清族谱；宋元族谱“只有个别发现且难以看到”。因此，中外谱牒学专家研究宋元时期的族谱，只能依据文集中的谱序资料。

宋元以来，徽州族谱资料十分丰富。在我们掌握的 1,000 多种徽州族谱当中，发现宋元时期的有 15 种(有的是宋元编纂，明人续修)，因属凤毛麟角，所以极为珍贵。本文就是对这 15 种族谱的初步研究。

## 一、宋元时期徽州宗族的修谱活动

唐宋之际，中国族谱的管理、纂修、宗旨、功能等，发生了重大变化。歙县《双桥郑氏世系图谱·重修双桥郑氏谱序》记载：“晋唐之际，掌谱有局，知谱有官，公卿大夫通朝籍者预焉，而庶民则不与也。五季坏乱，其法寝废，宋之诸儒乃详其世次之可考者，家自为谱，而作者继有人矣。”魏晋以来，为了九品中正制的需要，国家皆设“有谱局，亦有谱学官”①；族谱之作，“皆掌之在官，天下名家巨族，斑斑可考”②。唐中期以后，世族地主开始衰落，庶族地主逐渐崛起。适应这一重大社会变化的“家自为谱”的宗族族谱制逐渐发展起来。对中国族谱制度这一变化，徽州宗族的许多族谱都有论述和记载。《歙新馆鲍氏著存堂宗谱》记载：“古者之谱，掌于王官，谱则重姓以及氏；今则家自为谱，谱则重氏以及姓，虽别婚娶，抑亦所以统族属矣。”

---

① 祁门《贵溪胡氏族谱》，明成化四年刻本。

② 歙县《虬川黄氏宗谱》，清道光十年刻本。

宋代，徽州宗族"家自为谱"开始繁荣。《新安黄氏会通宗谱》记载：

盖人伦不明，宗法废弛，民俗颓弊甚矣。幸而皇宋诞膺景运，五星聚奎。于是吾郡朱夫子者出，阐六经之幽奥，开万古之群蒙，复祖三代之制，酌古准今，著为《家礼》，以扶植世教。其所以正名分，别尊卑，敬宗睦族之道，亲亲长长之义，灿然具载。而欧、苏二子亦尝作为家谱，以统族属。由是海内之士，闻其风而兴起焉者，莫不家有祠，以祀其先祖；族有谱，以别其尊卑。

元代，由于国家空前大统一和民族矛盾的尖锐，"家自为谱"的宗族修谱活动有了更大的发展。徽州《汪氏渊源录》记载：

大朝（按：指元朝——引者）御宇，混合华夷；姓氏之繁，于斯为盛；谱牒之事，盍大兴焉。

据我们所知，现在保存在宋、元、明、清和民国时期的徽州族谱中的宋元序文，数以千百计①。大量序文说明，宋元时期徽州宗族修谱活动十分活跃，纂成族谱的数量非常之大。

宋元时期，徽州族谱纂修的繁荣，与宗族的发达是分不开的，它是徽州宗族发达的表现和结果。嘉靖《徽州府志》卷二《风俗》记载："家多故旧，自唐宋来，数百年世系，比比皆是。重宗义，讲世好，上下六亲之施，村落家构祠宇，岁时俎豆。"康熙《祁门县志》卷一《风俗》说："旧家多世系，唐宋来不紊乱，宗谊甚笃。家有祠，岁时嘉会在焉。"光绪《婺源县志》卷二《风俗》曰："乡落皆聚族而居，多世族，世系数十代，尊卑长幼犹秩秩然，罔取僭忒。尤重先茔，自唐宋以来，邱墓松楸世守勿懈，盖自新安而外所未有也。"

徽州宗族统治者非常重视族谱的修纂，将其视为宗族统治巩固的根本。他们认为，"家之有谱，犹国之有史也。国而非史，则君臣之贤否，礼乐之污隆，刑政之臧否，兵机之得失，运祚之兴衰，统绪之绝续，无由以纪；家而非

① 保存在族谱中的宋元谱序，比保存于文集中的多得多。如《朱文公文集》中一篇徽州谱序没有，而在徽州族谱中我们见到朱熹的谱序有：《婺源茶院朱氏世谱后序》、《呈坎罗氏宗谱序》、《新安汪氏大族谱序》，等等。

谱，则得姓之源流，枝派之分别，昭穆之次序，生卒之岁月，嫁娶之姓氏，出处之显晦，无由以见，国何以治，而家何以齐哉？”①程一枝《程典》十二《本宗列传》第二下记载：“谱者，家之大典，姓氏之统于是乎出，宗祖之绩于是乎章，子姓之绪于是乎传，宗法于是乎立，礼义于是乎兴，胡可缓也。”

晋唐以来，徽州宗族即有“三世不修谱，便为小人”之戒。这一观点经理学集大成者朱熹倡导之后，便成了徽州宗族的金科玉律。许多名宗右族，每隔一段时间即修一次族谱。有些宗族统治者甚至“谆谆修族谱、修茔志，近则三年五年，远则三五十年，以其本固而末不摇”也②。这样便造成徽州宗族族谱纂修的繁荣，纂成大量族谱。

宋元时期，徽州宗族纂修族谱虽然很兴盛，纂成大量族谱，但是，流传到今天的却是凤毛麟角。我们看到的1,000多种徽州族谱当中，宋元时期的只有15种。它们是：

1.《汉歙丹阳河南方氏衍庆统宗图谱》1卷，(宋)方桂森纂修，明刻本，1册；

2. 休宁《商山吴氏重修族谱》2卷，(宋)吴浩纂修，(明)吴明庶、吴士彦等续集，明崇祯十六年家刻本，1册；

3. 婺源《溪源程氏势公支谱》7卷，(宋)程祁传述，(明)程项续，程时化校正，据明嘉靖本影抄，4册；

4. 歙县《柏林罗氏族志》1卷，(宋)罗颖等辑，抄本，1册；

5. 祁门《左田黄氏宗派图》，(宋)黄天衢纂，明末清初刻本，1册；

6.《皖绩程里程叙伦堂世谱》，(宋)程祁修，清抄本，1册；

7. 婺源《庆源詹氏族谱》不分卷，(元)詹晟等纂修，明初抄本，1册；

8.《新安汪氏庆源宗谱》不分卷，(元)汪垚纂修，元抄本，1册；

9. 徽州《汪氏渊源录》10卷，(元)汪松寿纂修，明刻正德十三年重修本，1册；

10. 婺源《回岭汪氏宗谱》9卷，附续谱补略1卷，(元)汪德麟纂，明嘉

① 《歙西溪南吴氏世谱》，明末清初抄本。

② 《歙西溪南吴氏世谱》，明末清初抄本。

靖间刻本,1 册;

11.《新安胡氏历代报功图》1 卷,元刻本;

12.《新安汪氏族谱》不分卷,(元)汪云龙纂修,元刻本,1 册;

13.《新安旌城汪氏家录》7 卷,(元)汪炤纂修,元泰定元年刻本,1 册;

14.《新安汪氏宗谱》,元武宗至大三年刻本,残本。

15. 休宁《陈氏谱略》不分卷,(元)陈栎纂修,载《定宇集》,上海古籍出版社《四库全书》影印本。

流传到今天的宋元时期的徽州族谱为什么成为凤毛麟角了呢?最重要的原因是经过多次战争和动乱,绝大多数族谱都毁掉了。绩溪《明经胡氏龙井派宗谱》记载:"自来谱牒之遗佚,每沦于兵燹之劫灰。"《重编歙邑棠樾鲍氏三族宗谱》记载:"金、元移宋,文献荡然无复有存者。"据明清时期的一些族谱记载,歙县潭渡黄氏宗族,"惜经兵火之后,谱牒无存"①。休宁县泰塘程氏宗族"泗州太守公乙祖乃修次家谱,宋末兵燹散失;至景定间,应祖复通谱于槐塘吉国公、文清公,元末红巾之乱,又复损失"②。古林黄氏宗族,"兵燹之后,旧谱废烬"③。婺源县桃溪潘氏宗族的族谱,"亦经兵燹,率皆煨烬"④。黟县环山余氏宗族的族谱,"年久代湮,因遭兵燹,散失无复存"⑤。元末,天下大乱,"十数年间,殆无宁岁"。徽城杨氏宗族"谱书已亡失矣"⑥。《新安吴氏族谱》记载,徽州"历年多而经兵燹,即大姓谱牒什不一"。

## 二、宋元时期徽州族谱的体例和内容

中国族谱的体例曾经发生过三次变化,有一个由简到繁的历史发展过

① 歙县《潭渡孝里黄氏族谱》,清雍正九年刻本。
② 休宁《世忠程氏泰塘族谱》,明嘉靖二十四年家刻本。
③ 休宁《古林黄氏重修族谱》,明崇祯十六年刻本。
④ 《婺源桃溪潘氏宗谱》,明崇祯六年家刻本。
⑤ 黟县《环山余氏宗谱》,民国六年木活字本。
⑥ 《徽城杨氏宗谱》,明崇祯三年刻本。

程。《新安许氏世谱》记载：

古今修谱之例有三变，始如道统图体者；中如欧、苏谱体者；至程篁墩（按：即程敏政——引者），谓欧、苏谱体，一图一传，不见统宗之义，乃变为《汉书》年表、《唐书》相表体。

《新安黄氏会通宗谱·黟石山黄氏家谱后序》曰：

族之有谱，所以序昭穆，别亲疏，而笃同宗也。古封建一变之后，宗子之礼废，而谱学不明久矣。宋欧阳文忠公、苏老泉先生以尊祖、敬宗、睦族之心为心，采太史公记表、郑玄诗谱略作世谱，且曰："三世不修谱，则同小人。"由是后世修谱牒者，必以欧、苏为法

宋元时期，徽州宗族"谱谍之修，多法欧、苏二家之说"①。徽州人认为，"宋之立谱，其法莫良于欧、苏。欧据本支，系以直图；苏为横表，后之为谱者，兼法二家"②。

我们见到的宋元时期的徽州族谱，基本上都是欧、苏"一图一传"谱体（实际上是"一图一录"体）。但是，元代徽州族谱有新的发展。这主要表现在两点。

一、世系增多。欧、苏族谱——特别是苏洵的《苏氏族谱》——主要是记载五服之内的族人，也就是"断自可见之世，即为高祖至五世玄孙而别自为世次"③。元代徽州宗族修谱主张追远，因此，世系大增。如，婺源《庆源詹氏族谱》世系图表，从始祖黄公起记载了26代；徽州《汪氏渊源录》世系图表，从始祖姬汪开始记载多达77代。这里应该指出的是：由于崇尚追远，世系图表是否完全可信就成了问题。

二、内容增加。欧、苏族谱内容比较简单，仅由谱序、谱例、世系图、世系录、祖先考辨五部分组成。元代徽州族谱内容有所增加，除了欧、苏谱五项内容以外，又增加了恩荣、支派、传记、祖墓、著述五项。当然，这是就9部元代族谱综合内容而言，单部族谱的内容，主要是"一图一传"（按：这里所谓

---

① 《新安黄氏会通谱》，明弘治十四年家刻本。

② 《新安吴氏族谱》，清抄本。

③ 胡助：《纯白斋类稿》卷二〇《胡氏族谱序》，上海古籍出版社《四库全书》影印本。

的“传”，实际上是“世系录”，不是独立的单篇“传记”），也比较简单。

宋元时期的徽州族谱为什么没有祠堂、祠产、义庄等内容呢？

一、宋元时期，徽州绝大多数宗族还未建有宗族祠堂；因此，族谱中不可能有祠堂和祠产的记载。

中国的家庙和祠堂，有一个很长的历史演变过程。《礼记·王制》曰：“天子七庙：三昭三穆，与大祖之庙而七。诸侯五庙：二昭二穆，与大祖之庙而五。大夫三庙：一昭一穆，与大祖之庙而三。士一庙。庶人祭于寝。”

后来，“庶人祭于寝”的礼制发生变化。朱熹《家礼》说：“君子将营宫室，先立祠堂于正寝之东，为四龛以奉先世神主。”朱熹说的祠堂是“家祠”，而不是宗族祠堂。明成化十一年（1475年）国子监祭酒周洪谟上疏进一步阐明了这种祠堂的性质。他说：“今臣庶祠堂之制，悉本《家礼》，高、曾、祖、考，四代设主，俱自西向东。考之神道向左，古无其说……宜令一品至九品止立一庙……神主则高祖居左，曾祖居右，祖居次左，考居次右，于礼为当。”①供奉高、曾、祖、考神主的祠堂是“家祠”，而不是宗族祠堂。

明嘉靖十五年（1536年），礼部尚书夏言上《令臣民得祭始祖立家庙疏》，提出准许民间建立宗族祠堂祭祀始祖、先祖的建议。他说：“臣民不得祭其始祖、先祖，而庙制亦未有定制，天下之为孝子慈孙者，尚有未尽申之情……乞诏天下臣民冬至日得祭始祖……乞诏天下臣工立家庙。”②“明世宗采大学士夏言议，许民间皆得联宗立庙，于是宗祠遍天下”③。这种祠堂才是宗族祠堂。

据我们掌握的历史资料，宋元时期，徽州只有极个别的宗族建有宗族祠堂，明中期才兴起大兴土木建造祠堂的热潮。徽州绝大多数宗族祠堂都是在明朝中后期和清朝修建的④。由此可见，宋元时期徽州族谱的内容中，不可能有祠堂这一项；因为，那时绝大多数宗族还没有宗族祠堂。既然没有宗

① 《明宪宗实录》卷一三七。

② 夏言：《桂洲文集》卷一一，上海古籍出版社《四库全书》影印本。

③ 冼宝干：《佛山忠义乡志》卷一〇《氏族》，转引自叶显恩《明清徽州农村社会与佃仆制》，安徽人民出版社1983年版，第162页。

④ 参见赵华富《论徽州宗族祠堂》，《安徽大学学报》（哲学社会科学版）1996年第2期。

族祠堂，自然也就不会有宗族祠产。这是不言而喻的。

二、宋元时期，徽州绝大多数宗族还没有义田；因此，族谱当中不可能有义庄的记载。

徽州宗族的义田有一个历史发展过程。《新安月潭朱氏族谱》卷二十二下《任衡朱公义田记》记载：

> 自宋范文正公创立义田，规模具备。明荆川唐氏以为得立宗之遗意。厥后，希风往哲，接踵代兴。至我朝，世家大族有能尊行者，经大府题达，例得旌奖。其为风俗人心计，至深长也。

历史文献记载证明，这条资料正确地反映了徽州宗族义田的历史发展过程。据我们掌握的资料，宋元时期徽州宗族义田还处在萌芽状态；明清时期才大量出现。民国《歙县志》卷九《人物志·义行》中的义田资料，是十分有力的证据。我们做了一个统计，宋元时期，歙县宗族还没有义田；在36宗义田中，明朝只有6宗，清代占30宗。所以，宋元时期徽州族谱的内容中没有义庄，是很自然的。

## 三、宋元时期徽州修谱的宗旨

宋元时期，徽州宗族纂修族谱的宗旨是奠世系、序昭穆、尊祖、敬宗、收族，主要目的是收族。对这一宗旨，汪高梧在《新安汪氏庆源谱序》中有阐述。他说：

> 周文王立为宗法，别子为祖，继别为宗，继祢为小宗，使相联属而不忘其祖。复设庠序，以明其大宗、小宗之法，叙其昭穆，有喜则相庆，有急则相救，死葬相恤，而疾病相扶持，欢然恩以相爱，粲然文以相接，然皆出于亲也。虽亲尽服绝，而和气蔼然；虽家析户分，而尊卑秩若如初，皆宗有谱、谱有图之所致也。后世以娄为刘，以疏为束，姓系淆乱，宗法不明，情弗洽而若胡越，服未远而如途人，是独无人心之天乎？良由谱不明，族不和，情不通，而势不相亲也。①

① 《新安汪氏庆源宗谱》，元抄本。

宋元时期，徽州宗族纂修族谱的目的，是要匡正“世教湮微，而宗法敦，五服之外，亲竭情忘，驯致同姓之间，化为异类，民德不归于厚”[①]，甚至五服之外，“视如路人，稍有忿争，患若仇敌”的风气[②]。元代徽州人郑玉说：“世之宗族，服属既尽，尊卑遂紊，贫富不等，利害相凌，不知初为一人之身也。”[③]徽州《汪氏渊源录》记载：“宗族之礼不厚，而数(世)之下相视如途人，其又何能推同姓之宗而知所先后者哉?”纂修族谱，就是为了尊祖、敬宗、收族。《汪氏续谱》曰：“家之谱录，犹国之有史也。尊祖、敬宗、叙亲、明族，族谱其庸待乎?”[④]休宁《商山吴氏重修族谱》卷一《吴氏续谱序》记载：“昔欧、苏二公仿太史公年表、世家之例以修谱系，大抵隆祖宗、叙昭穆，俾子孙知出之有自而已。”

为了贯彻和实现奠世系、序昭穆、尊祖、敬宗、收族的纂修宗旨，宋元时期徽州修谱都将辨族姓、别族类、考始祖、明支派和编纂世系图表作为主要内容，特别是世系图表，成为重中之重。

第一，族姓源流。阐明姓氏之源，可以达到“虽族散万途，而宗归一本；视今秦越，于古为亲；稽牒则同，明伦不远”的目的[⑤]。汪克一在《重修家谱并序》中说：“汪氏之出，始于黄帝，帝少典之子也，姓公孙，居轩辕之丘，名曰‘轩辕’。”[⑥]徽州《汪氏渊源录》原姓篇曰：“汪氏之先，本于轩辕，别于后稷，族于姬鲁，而氏于颍川，实为鲁成公之次子，夫人姒氏之所生。”《汉歙丹阳河南方氏衍庆统宗图谱·河南方氏统宗衍庆图序》记载：“方氏本炎帝八世孙(按：《方山雷世家》作“九世孙”——引者)，曰雷公者封于方山，以地为氏”。吴浩在《商山吴氏修谱序》一文中说：“吴氏出自泰伯。”[⑦]婺源《庆源詹氏族谱》引胡愚斋的话说：“詹氏之得姓，其系出于周文王食采于詹；入

① 徽州《汪氏渊源录》，明刻正德十三年重修本。

② 《新安汪氏族谱》，元刻本。

③ 郑玉：《师山集》卷一《郑氏石谱序》，上海古籍出版社《四库全书》影印本。

④ 徽州《汪氏渊源录》卷四上，明刻正德十三年重修本。

⑤ 《汉歙丹阳河南方氏衍庆统宗图谱》，明刻本。

⑥ 《新安汪氏庆源宗谱》，元抄本。

⑦ 休宁《商山吴氏重修族谱》，明崇祯十六年家刻本。

于周，卿士所谓詹公，詹桓伯是也。”

第二，别生分类。编纂族谱的主要目的是收族，一方面不要将出了五服的亲族“视为途人”；另一方面必须别族类，严防异姓乱宗和同姓异宗混入族内。休宁《商山吴氏重修族谱》卷一《商山吴氏修谱序》说：

别生分类，昉于有虞，是故天子赐姓而命氏。盖姓者百世之所同，而氏者别子孙所出之异也。谱中凡继以他姓、他族子者，其后不书，嫌其淆乱，失古人分类命氏之意。矧今同里而居，有自浯田来者，有自邑市来者，西南数里有两族不知其所自来者，世代浸远，易于无辨，其间岂无称谢安为宗衮，呼罗隐为叔父之人乎？后之人守斯谱而勿失，则姓同而族异者，亦不言而喻矣。

宋元时期，徽州宗族纂修族谱非常重视辨族类。徽州《汪氏渊源录》卷二《论竹溪新谱书》说：“别生分类，其来尚矣。三代以降，氏族日繁，支派日广，赐别改冒之姓，漫不可求。苟非谱牒所传，则莫能知其所自，故后世官籍定其源委，家乘最其乘传。然而犹惑迷失遗忘，断没难考。”针对社会上的攀附现象，郑玉提出严厉的批评。他说：“予每怪世之奸人侠士，妄取前代名公卿以为上世，自诧遥遥华胄，以诬其祖，以辱其身。”①徽州人认为，为了尊祖、敬宗、收族，必须严格地辨族类。

第三，初迁始祖。“万物本乎天，人本乎祖。人之有祖，犹木之有根，水之有源也。”②程一枝《程典》说：“人之生也，本之为祖，统之为宗，散之为族。祖也者，吾身之所自出，犹木之根也；宗族也者，吾身所同出，犹木之支干也，是皆生理之自然，而不可忽者矣。”为了尊祖、敬宗、收族，宋元时期的徽州族谱都非常重视考辨初迁始祖。《新安汪氏庆源宗谱》记载：“后汉建安二年，有文和者，乃汪之三十一代孙也，以龙骧将军迁会稽令，遂家于新安，于是颍川之汪派流江左矣。”徽州汪氏宗族都奉汪文和为始祖。婺源《庆源詹氏族谱·新安闾源记》记载：“闾源在新安婺源之东七十里。时大兴中，康邦公自南阳来。是时中原版荡，独江东差完。康

① 郑玉：《师山集》卷一《方氏族谱序》，上海古籍出版社《四库全书》影印本。

② 歙县《托山程氏家谱》，明崇祯九年刻本。

邦公始来，随寓为家。其后……有曰敬者，徙居新安，不知世次，生黄公，迁间源。"詹黄即是婺源县间源詹氏始祖。《汉歙丹阳河南方氏衍庆统宗图谱》曰："望祖子纮公避莽乱，之丹阳，为东乡鼻祖。纮公孙曰储公，封黟县侯，支分派衍，蔓延天下，江南盖半其苗裔矣。"徽州方氏宗族都尊方纮为始祖。

第四，支分派衍。笔者曾经指出，宗族的繁衍裂变是一个自然和社会发展的普遍规律。为了达到尊祖、敬宗、收族的目的，宋元时期徽州宗族修谱时都把阐明支派作为一个编纂重点。徽州《汪氏渊源录·诸支代表》（按：这里说的"代表"，即世代图表）记载的汪氏支派有：歙县唐模诸支代表、石冈分支代表，婺源大坂支代表、大坂分支代表、浯溪大坂分支代表、回岭支代表、回岭分支代表，休宁西门支代表、彭护源本支代表、程村支代表，饶州德兴县银港支代表、□□五镇分支代表、鹳林下坑分支代表。《新安汪氏族谱·汪氏家乘世系图》所列的汪氏支派有：歙东坦头派、歙东坦头东宗派、坦市西宗派、坦市东宗派、荆溪坦市东宗派，绩溪罗川派、坊市派，歙江村湾派等。《新安汪氏庆源宗谱》记载的汪氏支派有：梱木派、唐模派、潜口派、岩寺派、城关派、凤凰古巷口派、黄陂派、回岭派、明州派、德运派、城中派、瀹潭派、章祈派、公衮庄派、休宁西门派等。

第五，世系图表。编纂世系图表，是达到奠世系、序昭穆、尊祖、敬宗、收族的最重要手段，宋元时期的徽州族谱都将其放在重中之重。我们见到的宋元时期 15 部徽州族谱，除了陈栎的休宁《陈氏谱略》，都有世系图表。《汉歙丹阳河南方氏衍庆统宗图谱》共有《统宗图》10 部分，其中《统宗图之一》列世系图表 1 个，《统宗图之二》列世系图表 4 个，《统宗图之三》列世系图表 8 个，《统宗图之四》列世系图表 5 个，《统宗图之五》、《统宗图之六》、《统宗图之七》各列世系图表 3 个，《统宗图之八》列世系图表 11 个，《统宗图之九》列世系图表 15 个，《统宗图之十》列世系图表 13 个。徽州《汪氏渊源录》记载："夫世系明则宗法立，宗法立则族敦；亲系明所以为教也，立宗所以为制也，敦族所以为功也；显明则融，修立则化，敦亲则和；教是以正，制是以定，功是以成，岂特小补之哉？"

## 结束语

中国族谱有一个从简到繁的历史发展过程。宋元时期，徽州宗族纂修族谱的宗旨，是奠世系、序昭穆、尊祖、敬宗、收族；谱体“以欧、苏为法”，“一图一传”（实际上是“一图一录”）；内容有：谱序、恩荣、世系图、世系录、传记、祖墓、祖先考辨、谱例、支派、著述等，比较简单。

明清时期，徽州宗族制度有了很大的发展。封建统治阶级为了利用宗族组织加强基层统治，扩大了族谱的内容，增强了族谱的政治功能。这时的徽州族谱不仅增添了祠堂、祠产、族规、村图、像赞、领谱编号等项目，更重要的是加强了封建礼教的宣传和内容——如祭祀、礼仪、节烈、义行等。历史的具体材料证明，各个历史时期的族谱体例和内容，有各个历史时期的特点。

（原载《元史论丛》第七辑，江西教育出版社 1999 年版）

# 元代世家大族谱牒之最

## ——徽州汪氏谱牒

现在,全国图书馆、博物馆馆藏元代谱牒,共计有11种。其中,徽州汪氏世家大族谱牒多达6种,占元代谱牒总数的54.54%。[①] 这6种汪氏谱牒是:

一、徽州《汪氏渊源录》10卷,至治年间汪松寿纂修,明刻正德十三年重修本,1册。

二、《新安旌城汪氏家录》7卷,汪炤纂修,泰定元年刻本,1册。

三、《新安汪氏庆源宗谱》不分卷,天历元年汪垚纂修,明抄本,1册。

四、婺源《回岭汪氏宗谱》9卷,附续修补略1卷,至正八年汪德麟纂修,明嘉靖刻本,1册。

五、《新安汪氏族谱》不分卷,汪云龙纂修,元刻本,1册。

六、《新安汪氏宗谱》,元刻本,残,1册。

这些谱牒十分珍贵,具有很高学术价值,值得研究的问题很多。这里,以徽州《汪氏渊源录》和《新安汪氏庆源宗谱》为主,阐述元代徽州汪氏世家大族谱牒的宗旨、内容、体例三个问题。

---

① 宗族是历史上形成的以父系血缘关系为纽带的社会人群共同体。它有8个特征:1. 有共同的始祖;2. 以血缘关系为纽带;3. 有明确的昭穆世次;4. 有一定的聚居地点;5. 有一定的组织管理形式;6. 开展一定的集体活动;7. 有宗族的族规家法;8. 有一定的公有财产。凡是具备这8个基本特征的社会人群共同体,都是独立的宗族(参见赵华富《从徽州宗族资料看宗族的基本特征》,《谱牒学研究》第四辑,书目文献出版社1995年版)。本文所说的汪氏世家大族,实际上是汪氏"宗族联盟",是一个具有亲近和疏远血缘关系的人群,其中包括许多独立的汪氏宗族。

## 一、元代徽州汪氏世家大族谱牒的宗旨

古往今来,修谱的宗旨都是"奠世系,序昭穆","尊祖,敬宗,收族"。元代徽州汪氏世家大族的谱牒也不例外。

徽州《汪氏渊源录》曰:

> 圣人制礼,莫大乎宗族;宗族之辨,莫重乎谱书;谱书之传,莫先乎宗法。故有百世不迁之宗,有五世则迁之宗。祖迁于上,而宗易于下。祖宗之传序,人道之本也。古者系本之录,小史之官所以定世次之承,辨昭穆之列,俾后之子孙知其宗族之所由来,支派之所由别,联疏以为亲,循本以追系,莫善于谱矣。后世宗族之礼不厚,而数世之下,相视如途人,其又何能推同姓之宗而知所先后者哉?

怎么办呢?最重要的办法就是修谱牒。徽州《汪氏渊源录·论竹溪新谱书》记载:"汪氏自颍川得姓以来,歙土定居之后,数经丧乱,奔播于黄巢,抠攘于五季,析居聚寓,东西纠纷,同姓各支,无虑万千,所赖上世相传旧谱,自始祖颍川至叔和,历历可据。"由此可见,谱牒对奠世系,序昭穆和尊祖、敬宗、收族的作用大矣。徽州《汪氏渊源录·汪氏续谱》指出:"家之谱录,犹国之有史也。尊祖、敬宗、叙亲、明族,族谱其庸待乎?"

为了实现奠世系、序昭穆和尊祖、敬宗、收族的宗旨,汪氏世家大族谱牒必须阐明下列三个问题。

### (一)族姓来源

徽州《汪氏渊源录·论竹溪新谱书》曰:"别生分类,其来尚矣。三代以降,氏族日繁,支派日广,赐别改冒之姓,漫不可求,苟非谱牒所传,则莫能知其所自。故后世官籍定其源委,家乘最其承传。然而犹惑迷失遗忘,断没难考。"所以,考证族姓来源,就成为奠世系、序昭穆、尊祖、敬宗、收族一项重要任务。宋绍兴三年(1133年),汪克一在《重修家谱并序》中说:"汪氏之出,始于黄帝,帝少典之子也,姓公孙,居轩辕之丘,名曰轩辕。至(鲁)成公黑肱之子汪,有功王室,食采于颍川,子孙以名氏,故号

曰颍川汪氏焉。”①元顺帝至元三年(1337 年),欧阳书在《新安汪氏族谱序》中说,鲁成公黑肱之次子汪生的时候,“有汪氏之纹在其手,因以为姓。年既长,仕于鲁,建大功,封汪侯,而汪氏得姓实始于此”②。徽州汪氏世家大族谱牒都记载,“汪”就是他们始得姓之祖。

### (二)考辨始祖

“万物本乎天,人本乎祖。人之有祖,犹木之有根,水之有源矣。”③确定始祖是奠世系、序昭穆、尊祖、敬宗、收族的首要前提和关键所在。徽州汪氏世家大族的始祖是谁呢?元代徽州汪氏谱牒记载,是汪文和。《新安汪氏庆源宗谱·重修家谱并序》记载:“后汉建安二年,有文和者,乃汪之三十一代孙也,以龙骧将军迁会稽令,遂家于新安,于是颍川之汪派流江左矣。”④徽州《汪氏渊源录》卷三《五十二代旧谱》载:“三十一代,文和,字君睦,为人多智略,膂力绝人。汉献帝中平间,破黄巾贼,为龙骧将军。建安二年丁丑,中原大乱,文和南渡江,孙策表授会稽县令。建安十三年,孙权遣中郎将贺齐平黟、歙,分汉丹阳郡黟、歙二县地,立始新、新定、黎阳、休阳、黟、歙六县,为新都郡,治始新……文和遂家于歙,娶富春孙氏女,二子轸、超。”汪文和即是徽州世家大族始祖,或曰一世祖。

### (三)支分派别

为了奠世系、序昭穆、尊祖、敬宗、收族,搞清楚支分派别是非常重要的。徽州《汪氏渊源录》之中记载的汪氏世家大族,有 14 支。他们是:歙县唐模诸支、歙县石冈分支、婺源州大坂支、大坂分支、浯溪大坂分支、婺源回岭支、回岭分支、休宁西门支、彭护源本支、休宁程村支、饶州德兴县银港东中支、婺源五镇分支、鹳林下坑分支、符村浮沙高沙支。《新安汪氏

① 《新安汪氏庆源宗谱》,元抄本。

② 《新安汪氏族谱》,元刻本。

③ 歙县《托山程氏家谱》,明崇祯九年刻本。

④ 按:汉未设龙骧将军。龙骧将军之职衔起于晋朝。这个问题,徽州汪氏世家大族谱牒之中有辨解,可以作为一家之言。

庆源宗谱》之中记载的汪氏世家大族,有15派。他们是:椆木派、唐模派、潜口派、岩寺派、城关派、凤凰古巷口派、黄陂派、回岭派、城中派、瀹潭派、章祈派、公衮庄派、休宁西门派、德运派、明州派。《新安汪氏族谱》之中记载的汪氏世家大族,有8派。他们是:歙东坦头派、歙东坦头东宗派、坦市西宗派、坦市东宗派、荆溪坦市东宗派、歙县江村湾派、绩溪罗川派、绩溪坊市派。

修谱的宗旨是奠世系、序昭穆、尊祖、敬宗、收族。但是,由于社会动乱和自然灾害等原因,许多历史文献散佚,要达到这个目的是很困难的。① 徽州《汪氏渊源录》序记载:"汪氏之初,别于东鲁,传记可稽焉。后裔实繁,散而之四方者,盖莫之闻也。于是汪芒合于汪锜,晋绛混于平阳,子孙能言其先祖者稀矣。"《论竹溪新谱书》记载:"自始祖颍川至叔和,历历可据。惟叔和而下,疑(遗)失代名。每披细则目眯口呿,骨惊心热。士而遗其祖,真不可也。自是以后,分支又多,流派逾远,比游宦南北,虽随处询录,而莫克备究。"②

罗愿《新安志·附汪王庙考实》记载:"今黟、歙之人,十姓九汪,皆王(按:指唐代汪华——引者)后也。"这种观点,与徽州汪氏世家大族谱牒记载不符,是显而易见的。为什么会出现徽州汪氏世家大族子孙都是唐代汪华的后裔这种看法呢?一言以蔽之,就是因为唐代以前汪氏世家大族世系不十分清楚,从唐代开始才奠定了明确的世系和昭穆。

这里必须指出,除了奠世系、序昭穆、尊祖、敬宗、收族这个宗旨以外,元代徽州汪氏世家大族修谱还有另一个重要目的,即"显亲扬名","光宗耀祖",弘扬祖先和子弟的功德和业绩,提高他们宗族的社会地位。同时,垂育后人,促进宗族发展,巩固宗族统治。这一点在徽州《汪氏渊源录》和《新安汪氏庆源宗谱》的内容之中,有非常突出、非常显著的表述。

---

① 绩溪《明经胡氏龙井派宗谱》曰:"自来谱牒之遗佚,每沦于兵燹之劫灰。"《新安吴氏族谱》曰:"历年多,而经兵燹,即大姓谱牒什不一。"休宁《古林黄氏重修族谱》曰:"兵燹之后,旧谱废烬。"

② 徽州《汪氏渊源录》,明刻正德十三年重修本。

元代汪氏世家大族修谱的宗旨,对明代谱牒产生了很大影响。据我们了解,明代修谱的宗旨主要是宣传三纲五常,巩固宗族统治。①

## 二、元代徽州汪氏世家大族谱牒的内容

欧阳修《欧阳氏谱图》和苏洵《苏氏族谱》的内容,只有谱序、谱例、祖先考辨、世系图、世系录五项。与欧、苏谱牒内容相比,元代徽州汪氏世家大族谱牒的内容有很大增加。

徽州《汪氏渊源录》共分10卷。卷一包括:《叙谱》、《原姓》、《谱论》、《周鲁叙系》、《汪字说》、《汪芒辩》、《平阳辩》、《颍川辩》、《平阳后辩》。卷二包括:《晋汪旭上旧谱表》、《旧谱叙祖墓》、《旧谱叙支派》、《旧谱唐族望敕》。卷三是《五十二代旧谱》。卷四是《续谱》和《代表》。卷五是《支始图》和《详亲录》。卷六是《垂名记》。卷七是《风云记》。卷八和卷九是《辞源集》。卷十包括:《谱录古今地理图》、《古鲁国颍川图》、《唐越国公告》、《唐白渠府统军告》、《后序》、《字音》。

《新安汪氏庆源宗谱》不分卷,内容包括:《始来祖纪□图》、《前志述汪氏姓原》、《汪氏族谱辩正》、《重修家谱并序》、《灵惠公传》、《汪氏族谱》、《新安汪氏庆源宗谱序》、《谱序》、《晋汪旭上谱表》、《叙谱》。

元代徽州汪氏世家大族谱牒的内容,既继承了欧、苏谱牒,又发展了欧、苏谱牒。所谓继承,就是"一图一录",将世系图和世系录作为谱牒的主体。所谓发展,就是增加了许多内容,突出了对祖先和子弟之中"立德"者、"立功"者、"立言"者的记述和颂扬。

徽州《汪氏渊源录》共列世系图表15个:歙县唐模诸支代表、歙县石冈分支代表、婺源州大坂支代表、大坂分支代表、浯溪大坂分支代表、婺源回岭支代表、回岭分支续表、回岭分支续表后、休宁西门支代表、彭护源本支代表、休宁程村支代表、饶州德兴县银港东中支代表、婺源五镇分支代表、鹳林下坑分支代表、符村浮沙高沙支代表。

① 参见张海瀛《明代谱学概说》,《谱牒学研究》第三辑,书目文献出版社1992年版。

《新安汪氏庆源宗谱》共列世系图表33个，记录从轩辕至七十二代汪氏祖先。

世系图之后是世系录。世系录记载的是：祖先的生年、官职、卒年、墓地、配偶、子女等。内容有繁有简，多者数百字，少者几十字。

徽州《汪氏渊源录》和《新安汪氏庆源宗谱》对汪氏世家大族祖先和子弟中“立德”者、“立功”者、“立言”者的记述和颂扬，十分突出，令人注目。

《新安汪氏庆源宗谱》记录了宋、元王朝对汪华的12次封赠。

一、宋大中祥符二年三月，封灵惠公。

二、宋政和七年十二月五日，封英济王。

三、宋宣和四年六月二十八日，封显灵英济王。

四、宋隆兴二年闰十一月二十一日，封信顺显灵英济王。

五、宋乾道四年三月二十三日，封信顺显灵英济广惠王。

六、宋嘉定四年十一月，封昭应显灵英济广惠王。

七、宋淳祐八年十二月十二日，封昭应显灵英济威信王。

八、宋淳祐十二年九月二十八日，封昭应广灵显德英烈王。

九、宋宝祐二年三月二日，封昭忠广佑显圣英烈王。

十、宋宝祐六年正月十八日，封昭忠广仁显圣英烈王。

十一、宋德祐元年四月二十日，封昭忠广仁武神英圣王。

十二、元至正元年闰五月二十九日，封昭忠广仁武烈灵显王。

除了汪华的封赠之外，还记录了汪华曾祖、祖父、父亲和儿子、孙子、曾孙、玄孙的官职和封赠；汪华曾祖、祖父、父亲、儿子之夫人的封赠。

曾祖汪泰，赠基福昭佑侯，妻刘氏赠基善衍佑夫人。

祖父汪勋明，陈会稽令，赠衍庆灵佑广济侯，封戴国公，妻许氏赠衍庆灵裕协祐夫人。

父亲汪僧莹，陈海宁令、郡长史，赠世惠垂贶善应灵明侯，妻郑氏赠协惠赞佑善积昭福夫人。

长子汪建，唐宣德郎、朗州都督府法曹参军、纪王府谘议、安南都护府司马，宋封忠惠侯，进封崇德衍福广佑王，妻黄氏封昭顺协灵夫人。

次子汪璨，唐宣德郎、霍王府户曹参军，妻宋氏封嘉应协顺夫人。

三子汪达,唐会州刺史,封忠应侯,进封崇善衍祐公,爵上柱国,袭封越国公,妻葛氏封懿顺协济夫人。

四子汪广,唐左卫勋府仓曹参军、飞骑尉,封忠济侯,进封崇应衍泽公,妻陆氏封崇福协应夫人。

五子汪逊,唐右卫勋府功曹参军、飞骑尉,封惠泽侯,进封崇利衍济公,妻金氏封翊顺协惠夫人。

六子汪逵,唐薛王府户曹参军、蒋王府户曹参军,封忠仁侯,进封崇安衍顺公,妻王氏封嘉德协正夫人。

七子汪爽,唐岐王府法曹参军、凤翔府□丘(?)参军,封忠德侯,进封崇和衍烈公,妻闵氏封济德协庆夫人。

八子汪俊,唐郑王府法曹参军,封忠佑侯,进封崇惠衍庆公,妻罗氏封靖德协善夫人。

九子汪献,封忠护侯,进封崇显衍正公,妻韦氏封忠勖协靖夫人。

孙汪脩,唐荆湖制幕、临淄令、扬州别驾;汪俌,唐凤台舍人、同州刺史;汪复,唐褚遂良参军、都官郎中;汪澧,袭封越国公;汪士扬,唐散骑常侍;汪郴,唐水部员外郎。曾孙汪鼎,扬州别驾、御史,宋封福惠侯;汪瞿,同州节度使、校书郎;汪勖,羽林长史。玄孙汪世美,进士及第,河北节度使、主客员外郎、知制诰、翰林学士。

徽州《汪氏渊源录·风云记》曰:"太上立德,其次立功,其次立言,三者士之所饬,以成身也。治乱运也,穷达命也,贵贱时也,三者士之所资,以成名也。"徽州《汪氏渊源录》之中《垂名记》、《风云记》、《辞源集》的创立和编纂,就是记录汪氏世家大族祖先和子弟之中的"立德"者、"立功"者、"立言"者及其文翰。

《垂名记》记载,从汪锜至汪士德共 251 人。其中,明确记载籍贯属于徽州一府六县者占多数。

他们绝大多数人是封建官府仕宦。其中朝廷重臣有:唐歙、宣、杭、睦、婺、饶六州诸军事、歙州刺史、上柱国、越国公汪华;歙、宣、杭、睦、婺、饶总管府长史、上柱国、宣城郡开国公汪铁佛;左押衙长、歙都副指挥使、检校工部尚书汪宄;宋知枢密院事、尚书左仆射、观文殿大学士、检校少保汪伯彦;知鄂州、提点湖南刑狱、朝请大夫、司农少卿汪叔詹（道光《徽州府志》作汪淑詹）；签书枢密院事、权参知政事、端明殿学士、龙图阁学士汪勃；监察御史、中书舍人汪义端；尚书汪正等。

他们绝大多数人是进士。其中，歙县4人（道光《徽州府志》为14人）；休宁12人（道光《徽州府志》为20人）；婺源23人（道光《徽州府志》为48人）；祁门5人（道光《徽州府志》为10人）；黟县18人（道光《徽州府志》为23人）；绩溪6人（道光《徽州府志》为14人）。总计68人（道光《徽州府志》为128人）。

《风云记》记载，从汪蒙至汪汉卿共41人。其中，明确记载籍贯属于徽州一府六县者共36人。他们绝大多数人都是元朝官吏。元朝实行蒙古人、色目人、汉人、南人四等级制，南人属于最低等级。徽州人属于南人，所以汪氏世家大族子弟大多为较低级官吏。官至知州者只有汪良和汪镇二人。汪斌官衔很高，“历昭文馆大学士，至荣禄大夫、大司徒、柱国、徽国公”。但是许多官衔《元史·职官志》无征。

《辞源集》列汪遵等诗歌作者46人，汪台符等文章作者5人，汪藻等诗文作者5人。共辑录56位作者诗歌109首，文章26篇。文章之中，有辞、赋、颂、铭、箴、论、记、序、表、祝文等。

徽州《汪氏渊源录》将汪氏世家大族历代“立德”者、“立功”者、“立言”者及其文翰汇编为四卷，名曰《垂名记》、《风云记》、《辞源集》，其目的就是显亲扬名、光宗耀祖，弘扬祖先和子弟的功德，垂育后人。这些内容对明代谱牒产生了重大影响。众所周知，明代谱牒大都为有功德的祖先和子弟立传，并辑录祖先和子弟的文翰。《垂名记》、《风云记》、《辞源集》是不是明代谱牒这一内容的滥觞呢？

## 三、元代徽州汪氏世家大族谱牒的体例

元代徽州汪氏世家大族谱牒的体例，对“欧、苏谱体”既有继承又有发展。继承的是什么呢？是“图录体”——“一图一录”。发展的是什么呢？一、为少数有功德的祖先立传。实际上，这就是明代“图传体”——“一图一

传”——谱牒的萌芽;二、将一些独立的汪氏宗族汇编于一谱。实际上,这就是明代统宗谱大发展的滥觞。

欧阳修《欧阳氏谱图》和苏洵《苏氏族谱》都是“图录体”——“一图一录”。世系图均是五世一图,上自高祖,下至玄孙,格尽另图。徽州《汪氏渊源录》和《新安汪氏庆源宗谱》继承了欧、苏“图录体”,但是,图表的代数不同。徽州《汪氏渊源录》从汪文和至六十四代为“世系录”体,没有“世系图”。从六十五代起,“变而为代表”,即“图录体”——“一图一录”。其中,有诸支图表和分支图表共计15个。婺源回岭支图表、婺源五镇分支图表,均记录七代;歙县唐模诸支图表、歙县石冈分支图表、休宁程村支图表,均列八代;婺源回岭分支续表、回岭分支续表后、休宁西门支图表、彭护源本支图表、婺源鹳林下坑分支图表,均记录九代;饶州德兴县银港东中支图表、婺源符村浮沙高沙支图表,均列十代;婺源大坂分支图表、婺源浯溪大坂分支图表,均记录十一代;婺源大坂支图表,未记代数。《新安汪氏庆源宗谱》共有33个世系图表。其中,图二、图十九,均列四代;图五、图八、图九、图十一、图十二、图十四、图三十二,均记录五代;图六、图七、图十、图十三、图十六、图十七、图十八、图三十一,均列六代;图二十一、图二十二、图二十八、图二十九,均记录七代;图四、图十五、图二十四、图二十六、图二十七,均列八代;图三、图二十、图二十三、图二十五、图三十、图三十三,均记录九代;图一共列十五代。

元代徽州汪氏世家大族谱牒虽然都是“图录体”——“一图一录”,但是,其中也含有“图传体”——“一图一传”——的影子。《新安汪氏庆源宗谱》的《灵惠公传》(按:即汪华传)虽然较简略,不像传记;但是,《补唐书列传》(按:即汪华传)则是一篇比较详细的传记。文章曰:

> 汪华,字英发,新安人,少颖悟不群,好屠饮,不事田业,每栖止山楸,常有云气。一日遇大雨,与群儿牧,俱走,独华身不沾,牧人皆异之。及壮,专尚射猎,不能为家用。大业十二年,林士弘杀豫章太守王琳,自称洪王,天下盗贼蜂起。时黟令项勉暴虐,华闻乃率百姓百余人逐之,收邑之子弟,得一千三百人,遂下新安。时江淮饥荒,人皆食草木。华即发仓廪,以赈饥民,远近乐附,邻境皆杀守令以应华……武德四年九

月……令宣城长史林凯(《新安大族志》、《新安名族志》作"汪铁佛"——引者)奉表以闻。上大悦,即日克印,令华都督宣、歙等六州,赐爵越国公……持节总管宣、歙、杭、睦、婺、饶等六州诸军事,歙州刺史,上柱国,越国公,食邑三千户(一云"一千三百户",实封三百户),主者施行。

《新安汪氏庆源宗谱》世系录之中,对汪应元的记录很严谨、很详尽。这篇记录,实际上也是一篇很好的传记。其文曰:

应元,字尹卿,号桐野,行十八,言忠第五子。生而颖悟,风骨秀耸。方五六岁时,日读书数百言,辄成诵,弱冠益力学。绍兴五年,徐元杰榜擢进士第,调潭州司户参军。公于政事,不诡不随,首见知于郡守,幕府事无大小多属公,公益自勉励。长沙岁输总领所米,幕僚请更置出入斛,小大异制。公曰:"不可,以病吾民也。"言于方伯曰:"郡以此斛入,主人必以此斛取,利不及于郡,害徒及于民,无益也。"方伯大悟,立剖所创斛,复其旧制。俄设郡博士,领岳麓书院山长。寻奉台府檄,诣所部郡,称提钱楮。道出武岗之绥宁,会傜洞酋长有犯于邑令者,令杖其人。诸洞相与啸聚,其党千百数,骚动闾里,不可制,公适遇之。从者请避去,公曰:"不可,吾以王官奉王事,奈何为小寇所慑乎?他日为天子守封疆,设有警,亦将避之乎?"即挺身趋前舍,召酋长以理谕之。不施甲兵,口代蛮檄,卒致其服。当路闻之,益以公为能。代还,调监行在户部激赏北外酒库,京兆尹知公,致之幕下。淳祐六年,再擢刑法科,除大理评事,掌议天下狱。皆精审明辨,情有毫厘之差,则必为之指擿,有所见,虽威富必讫,同列皆服其精敏。会以次当时,公上疏数千言,皆切中时病,不诡不随,上嘉纳焉……

我们为什么要大段摘录关于汪华和汪应元的两篇文字呢?一言以蔽之,就是要说明元代徽州汪氏世家大族的谱牒,已经为明代谱牒的"图传体"——"一图一传"——开了先河。

元代徽州汪氏世家大族的谱牒虽然不是统宗谱,但是带有或多或少统宗谱的性质。这是值得重视的一个现象。我们已经说过,徽州《汪氏渊源录》记载了汪氏14支。他们是:歙县唐模诸支、石冈分支、婺源州大坂支、大坂分支、浯溪大坂分支、回岭支、回岭分支、休宁西门支、彭护源本支、程村支、饶州德兴县银港东中支、婺源五镇分支、鹳林下坑分支、符村浮沙高沙支。他们虽然同属于徽州汪氏始祖汪文和的后裔，但是，不完全属于一个宗族。如，歙县唐模汪氏、婺源大畈汪氏、休宁西门汪氏等，都是独立的汪氏宗族。《新安汪氏庆源录》记载了15派。他们是：梱木派、唐模派、潜口派、岩寺派、城关派、凤凰古巷口派、黄陂派、回岭派、明州派、德运派、城中派、瀹潭派、章祈派、公宄庄派、休宁西门派。这些支派虽然都是汪文和的后裔，相互间有血缘关系，但是，他们不是同一个宗族。如，歙县潜口汪氏、岩寺汪氏、城关汪氏、黟县黄陂汪氏等，都是独立的汪氏宗族。

为什么说歙县唐模汪氏、潜口汪氏、岩寺汪氏、城关汪氏、休宁西门汪氏、婺源大坂汪氏、黟县黄陂汪氏等都是独立的宗族呢？因为，他们除了具有血缘关系、昭穆世次以外，还各自具有自己的始迁之祖、聚居地点、组织管理、族规家法、共有财产，单独进行宗族活动。① 一部包括众多独立的汪氏宗族的谱牒，能不能定性为带有或多或少统宗性质的谱牒呢？

众所周知，明代是中国统宗谱大发展时期。元代徽州汪氏世家大族带有或多或少统宗性质的谱牒，能不能称为明代统宗谱的滥觞呢？

《欧阳氏谱图》和《苏氏族谱》皆为小宗谱法，"断自可见之世"。与欧、苏谱牒不同，元代徽州汪氏世家大族的谱牒是大宗谱法与小宗谱法相结合，寻根溯源的现象非常严重。徽州《汪氏渊源录》和《新安汪氏庆源宗谱》都将徽州汪氏世家大族的起源追溯到轩辕。《新安汪氏庆源宗谱》世系图表，从五千多年以前的传说时代人物轩辕开始编纂，记录了72代。由于宗族文献无征，因此，汪文和以前的祖先，只能参考"经史子集，百氏之书文，诸家之纪录，塵编绝简"②。这样，错讹和分歧就在所难免。徽州汪氏世家大族的族源和地望问题，就是一个典型例证。据徽州汪氏世家大族谱牒记载，汪氏绝大多数子弟都认为，他们得姓之祖——一世祖——是鲁成公黑肱次子

① 参见赵华富《从徽州宗族资料看宗族的基本特征》，《谱牒学研究》第四辑，书目文献出版社1995年版。

② 《新安汪氏庆源宗谱·叙谱》，元抄本。

汪,仕于鲁,封汪侯,食采颍川,望平阳、颍川。但是,汪高梧在《新安汪氏庆源宗谱序》中说:“吾宗鱼龙汪氏,由人皇之世,以迄于今,聚族新安数千年矣,非平阳、颍川二望所从来也。汪芒氏再得国于斯,显圣王复开国于此。以神武之功,勋德之裔,绵绵不绝,佑我后人。而我祖大宣义,实王之后,积德依仁,子孙寝昌。新安之汪,其宗不一。吾宗源于唐模,独为江东甲族,姓盖古诸侯之裔。”①为了阐述这个问题,汪高梧还专门撰写了一篇《汪氏族谱辩正》。其文曰:

鲁公子俾采于汪,取其地,本汪氏故都。而防风、漆园、长狄大人,人皆丑□,号鲁所不取,言采于汪,尊汪也。其地正属古扬州之区。越千岁后,我显圣王开国于越。是汪氏自轩辕之前,迄于今日,凡三得国为诸侯,皆在此地。宜其子孙蕃衍,而新安为最盛。今采摭经传,亦有可考。《姓苑》曰:“汪,新安人。”《新安志》亦曰:“望出新安。”若然则汪氏之望,称新安者良是矣。今之望者,不平阳则颍川。平阳今西京晋州,颍川今河南许州,其去新安甚远。想二州亦有汪氏,但新安汪氏非自二州来者。故为新安之汪,不当以平阳、颍川为望,要当以新安为望则是也。②

历史遥远,文献不足征,徽州汪氏世家大族族源和地望问题很难解决。这是客观存在。因此,明清徽州谱牒的编纂者与《新安汪氏庆源宗谱》、《汪氏渊源录》的做法不同,他们很少将始祖追溯到五千年以前的传说时代。

(原载《安大史学》第2辑,安徽大学出版社2006年版)

① 《新安汪氏庆源宗谱》,元抄本。
② 《新安汪氏庆源宗谱》,元抄本。

# 徽州谱牒在明代中期的发展变化

学术界大都将宋元谱牒和明清谱牒视为中国谱牒发展的两个不同阶段。徽州谱牒发展变化的历史证明，这种划分与徽州谱牒的历史发展不太吻合。历史文献记载告诉我们，徽州谱牒的发展变化不是在元明之际，而是在明代中期。

徽州谱牒不仅数量大，而且善本特别多。在全国已经发现的23种宋元谱牒中，有15种是徽州谱牒，有两种内容与徽州有关。据《北京图书馆古籍善本目录》记载，该馆藏明代谱牒有一半以上是徽州谱牒。在中国谱牒发展史上，徽州谱牒具有代表性和典型性。普遍性寓于特殊性之中。阐明明代中期徽州谱牒的发展变化，在一定程度上可以揭示中国谱牒发展变化的一般规律。

## 一、明代中期徽州谱牒发展变化的社会背景

明代中期，中国社会商品经济有了很大发展，不仅手工业——丝织业、棉织业、冶铁业、制铜业、造瓷业、制纸业、印刷业等——商品生产和商品交换空前繁荣，而且有些农产品——粮食、棉花、蚕茧、蔗糖、烟叶等——也部分地卷入了商品市场。个别经济发达的地区，少数富裕的农户开始从自给自足的自然经济逐渐向蚕茧、棉花、烟叶等专业生产农户转化。在长江三角洲和东南沿海商品经济比较发达的地区，稀疏地出现了资本主义生产关系的萌芽。

明中期商品经济的繁荣和资本主义生产关系的萌芽，对徽州社会产生了重大影响。据历史文献记载，弘治、正德以来，徽州人“弃儒服贾”、“弃农

经商”者愈来愈多[①]。归有光说：“今新安多大族，而其地在山谷之间，无平原旷野可为耕田，故虽士大夫之家，皆以畜贾游于四方。猗顿之盐，乌倮之畜，竹木之饶，珠玑、犀象、玳瑁、果布之珍，下至卖浆、贩脂之业，天下都会所在，连屋列肆，乘坚策肥，被绮縠，拥赵女，鸣琴跕屣，多新安人也。”[②]王世贞说：“大抵徽俗，人十三在邑，十七在天下；其所蓄聚则十一在内，十九在外。”[③]汪道昆说：“新都业贾者什七八，族为贾而隽为儒。因地趋时则男子所有事，外言不入于梱，此无与于窥观。”[④]

大批人“弃儒服贾”、“弃农经商”，引起徽州社会发生了重大变化。万历《歙志·风土》用前后对比的方法，对这个变化作了深刻的阐述和生动的描绘。作者说，弘治时期，“家给人足，居则有室，佃则有田，薪则有山，艺则有圃；催科不扰，盗贼不生，婚媾依时，闾阎安堵；妇女纺织，男子桑蓬，臧获服劳，比邻敦睦”。至正德末、嘉靖初年以后，情况发生了重大变化。作者说：

寻至正德末、嘉靖初，则稍异矣。出贾既多，土田不重；操资交捷，起落不常；能者方成，拙者乃毁；东家已富，西家自贫；高下失均，锱铢共竞；互相凌夺，各自张皇。于是诈伪萌矣，讦争起矣，芬华染矣，靡汰臻矣……

迨至嘉靖末、隆庆间，则尤异矣。末富居多，本富尽少；富者愈富，贫者愈贫；起者独雄，落者辟易；资爰有属，产自无恒；贸易纷纭，诛求刻核；奸豪变乱，巨滑侵牟。于是诈伪有鬼蜮矣，讦争有戈矛矣，芬华有波流矣，靡汰有丘壑矣……

迄今三十余年，则夐异矣。富者百人而一，贫者十人而九；贫者既不能敌富，少者反可以制多；金令司天，钱神卓地；贪婪罔极，骨肉相残；受享于身，不堪暴殄；因人作报，靡有落毛。于是鬼蜮则匿影矣，戈矛则

① 这里所谓的“弃儒服贾”，是放弃科举仕宦投身商业，不是放弃儒学改从商贾。徽商大多是：“亦儒亦商”、“贾而好儒”。

② 归有光：《震川先生集》卷一三《白庵程翁八十寿序》，四部丛刊初编本。

③ 王世贞：《弇州山人四部稿》卷六一《赠程君五十叙》，明万历五年王氏世经堂刻本。

④ 汪道昆：《太函集》卷一七《阜成篇》，明万历十九年金陵刊本。

连兵矣，波流则襄陵矣，丘壑则陆海矣……

这是商品经济的繁荣和资本主义生产关系的萌芽对徽州社会影响的具体表现和必然结果。

对明代中期徽州社会的变化，万历年间的长老有一个概括。他们说："成、弘以前，民间椎少文，甘恬退，重土著，勤穑事，敦愿让，崇节俭；而今则家弦户诵，夤缘进取，流寓五方，轻本重末，舞文珥笔，乘坚刺肥，世变江河莫测底止。"①

明代中期徽州社会这一重大变化，对宗族制度是一个严重冲击，对宗族统治是一个严峻挑战。因为宗族制度是以自给自足的自然经济为基础，宗族统治是建立在田园牧歌式的小农社会之上。"圣谕遵"、"孝弟崇"、"名分正"、"农桑重"、"邻里睦"、"赋役供"、"闺门肃"、"蒙养正"、"争讼止"、"节俭兴"、"游闲禁"、"四礼行"、"孤寡恤"、"斗殴息"……是宗族制度和宗族统治的巩固所需要的社会条件②。徽州宗族统治者认为，社会"风俗浇漓"，工者"作淫巧，售敝伪器"；商者"纨袴冶游，酒色荡费"；人与人之间"或狎于亵昵，或狃于阿承"，"或以富贵骄，或以智力抗，或以顽泼欺凌"，或"恃强凌弱，倚众暴寡，靠富欺贫"，是"礼崩乐坏"的前奏③。有的徽州宗族统治者认为，"狼戾妒忌，恃强凌弱"，"恃富欺贫，恃尊凌卑"，"欺孤虐寡，恃富吞贫，阴毒善良，巧施奸伪，侮弄是非，恃己势以自强，剥人赀以自富，反道败德"，特别是"金令司天，钱神卓地；贪婪罔极，骨肉相残"，是"天下大乱"的前兆④。

明代中期徽州社会的变化，对宗族统治者来讲是"山雨欲来风满楼"。形势逼人，问题严峻。他们"惧其族之将圮也，思有以维持安全之"，采取了一系列重大举措，以巩固宗族制度，加强宗族统治。改变谱牒纂修宗旨，发

① 洪文衡：《歙志序》，万历《歙志》，明万历三十七年刻本。

② 《休宁宣仁王氏族谱·宗规》，明万历三十八年家刻本；《重修古歙城东许氏世谱·许氏家规》，明崇祯七年家刻本。

③ 《休宁宣仁王 氏族谱·宗规》，明万历三十八年家刻本。

④ 歙县《泽富王氏宗谱·宗规》，明隆庆、万历年间刻本；万历《歙志·风土》，明万历三十七年刻本。

展欧、苏谱体,扩大谱牒内容,增加谱牒卷帙,加强谱牒出版力度,就是诸多重要措施当中的一个。

## 二、明代中期徽州修谱宗旨的发展变化

据历史文献记载,纂修谱牒是为了奠世系、序昭穆,这是亘古不变的宗旨。所以,歙县《泽富王氏宗谱·云源王氏世谱序》记载:“奠世系,辨昭穆,此谱之所由起也。”但是,由于历史的发展变化和社会背景的不同,每个时代的谱牒又有每个时代不同的纂修目的。

明代中期,商品经济的繁荣和资本主义生产关系的萌芽引发的“风俗浇漓”,冲击了宗族制度和宗族统治。从此以后,徽州宗族统治者即将纂修谱牒的主要目的变为宣扬封建道德,厘正社会风俗,巩固宗族统治。

据历史文献记载,徽州宗族统治者借纂修谱牒宣扬封建道德,厘正社会风俗,历史已很悠久。元修婺源《庆源詹氏族谱·庆源孝义记》记载:

> 星源,歙州之岩邑也。地曰庆源,吾家实居之……孝行义风,表表于前。有慧民者,常蒙朝廷旌表门间,《新安志》记其实事。厥后,绍兴年间,一乡一民,结盟立社,目曰“孝义”……夫孝者,德之本也。义者之宜,孝以为本,义以合宜,斯为善矣。

这是一篇通过谱牒宣扬封建道德,厘正社会风俗的重要文章。在宋修、明续休宁《商山吴氏重修族谱》中,有一篇洪武十四年《吴氏续谱序》,其文曰:

> 族之有谱,自昔然也。三代圣王,封建诸侯,而立宗法,所以统族属,别亲疏,明宗叙,厚风化者也。太史掌其籍,司徒掌其教,而必曰孝、曰友、曰睦,其不孝、不睦、不弟者刑之。是故喜则庆,忧则吊,患难相救,贫乏相周,服属虽远,而恩礼尚存;世代虽更,而分义不泯,此所以支派繁而本源固,民俗厚而教化行。越自后王,降德之典,不行于民,法弛教衰,风漓俗变,于是贵不与贱齿,富不与贫叙,争夺之端,多于异姓,忮忍之害,憯于他人。呜呼!其亦可哀也哉!则凡世家大族士夫君子,有感于人伦风化,得不思所以捄之欤!

这也是一篇宣扬封建道德、厘正社会风俗的重要文章。

但是，到明代中期，徽州宗族统治者纂修谱牒时，才将宣扬封建道德，厘正社会风俗，巩因宗族统治，变为修谱宗旨。这个宗旨在嘉靖三十年(1551年)编纂的徽州谱牒摘要汇编《新安名族志》一书中，表现得十分鲜明，非常突出。针对徽州社会“风俗浇漓”，编纂者对这一宗旨进行了淋漓尽致的阐述。程光显在《新安名族志序》一文中提出，编纂《新安名族志》的目的就是要大兴“仁让之风”。他认为，“新安，紫阳夫子乡也，以仁让教天下者，紫阳夫子之学也。兹欲执其机，溥其化，以推其教于无穷，此则生紫阳之乡者皆与有责焉。是故斯志也，虽所以续定宇陈氏之编，亦所以翼紫阳夫子之教于万一也”。程光显说：“夫子曰：‘一家仁，一国兴仁；一家让，一国兴让。’……此盖孔门授受要道，而朱子平生所愿学莫先焉者也。故曰，斯志也，所以翼其教也。”维护孔孟之道和朱熹思想，实际上就是宣扬封建道德，维护封建纲常，厘正社会风俗，从而达到巩固宗族制度、加强宗族统治的目的。因为孔孟之道和朱熹思想的核心就是三纲五常。《新安名族志凡例》规定的一个重要编纂原则是：“名族实迹，其忠孝、节义、勋业、文章有关世教者，不拘隐显存殁，悉在所录。”编纂者认为，辑录名宗右族封建道德实践者的事迹，“有关世教”。他们企图通过宣扬这些执行封建纲常的楷模，达到厘正社会风俗，巩固宗族制度和宗族统治的目的。所以，《新安名族志凡例》开宗明义即说：“《名族志》，因元儒陈氏定宇旧本而补辑之者也。观者于此，不惟见新安礼乐文物之盛，抑以彰国家化民成俗之意，相与庆甄陶之有自，以自保乐利于无涯者，不为无助也。”

明中期以后，徽州谱牒都围绕宣扬封建道德，厘正社会风俗，巩固宗族统治这一宗旨编纂。谱牒中的传记，绝大多数都是科第仕宦传、孝子贤孙传、节妇烈女传、隐德义行传。

明中期以后，徽州宗族编纂谱牒时，为了贯彻宣扬封建道德，厘正社会风俗，巩固宗族统治这一宗旨，在谱牒中增添了族规家法这一重要内容①。据我们掌握的近100部族规家法，其中大都有大量封建纲常的说教和规定。

---

① 参见赵华富《明代中期徽州宗族统治的强化》，《两驿集》，黄山书社1999年版。

如《明经胡氏龙井派祠规》开宗明义四条就是:"训忠"、"训孝"、"表节"、"重义"[①]。《新安武口王氏统宗世谱·庭训八则》:一曰"孝",二曰"弟",三曰"忠",四曰"信",五曰"礼",六曰"义",七曰"廉",八曰"耻"。

君为臣纲,对封建皇帝和封建国家要忠,这是封建纲常第一条。《明经胡氏龙井派祠规》训忠条要求入仕的宗族子弟,"在位而恪共乃职,始不负于朝廷,乃有光于宗祖"[②]。武口王氏宗族《庭训八则》忠字条要求入仕的宗族子弟,"公尔忘私,国而忘家"[③];《西皋祠训》对入仕的弟子规定:"事君则以忠,当无二无他以乃心王室,当有为有守而忘我身家。为大臣,当思舟楫霖雨之才;为小臣,当思奔走后先之用;为文臣,当展华国之谟;为武臣,当副干城之望。"[④]

父为子纲,对父母要孝,这是封建纲常第二条。歙县《金山洪氏宗谱》卷一《家训》敦伦纪条记载:"孝为百行之先,孝弟乃为仁之本。故人能立身行道,显亲扬名,此固孝之大者;即不然,服劳奉养,昏定晨省,以无忝所生,亦不失为人子。"歙县《方氏族族》卷七《家训》规定:"人子于父母,不得不愉色婉容,以欢其情,承颜顺意,以适其志;或其惑于宠嬖、厚于庶孽,而情有不均,为之子者,但当逆来顺受而已,不敢于之较也……古人于父母之所爱者亦爱之,父母之所恶者亦恶之,正为此耳。"

夫为妻纲,妇女要守节,这是封建纲常第三条。休宁宣仁王氏宗族《宗规》闺门当肃条记载:"男正位乎外,女正位乎内,圣训也。君子正家取法乎此,其闺阃未有不严肃者。"[⑤]妇女要三从四德,做贤妻良母。歙县潭渡黄氏宗族《潭渡孝里黄氏家训》规定:"风化肇自闺门,各堂子侄当以四德三从之道(按:一般作"三从四德"——引者)训其妇,使之安详恭敬,俭约操持,奉舅姑以孝,事丈夫以礼,待娣姒以和,抚子女以慈,内职宜勤,女红勿怠,服饰勿事华靡,饮食莫思饕餮,毋搬斗是非,毋凌厉婢妾,并不得出村游戏,如观

① 绩溪《明经胡氏龙井派宗谱》卷首,民国十年木活字本。
② 绩溪《明经胡氏龙井派宗谱》卷首,民国十年木活字本。
③ 《新安武口王氏统宗世谱》,清雍正四年刻本。
④ 《新安武口王氏统宗世谱》,清雍正四年刻本。
⑤ 《休宁宣仁王氏族谱》,明万历三十八年家刻本。

剧玩灯，朝山看花之类，倘不率教，罚及其夫。”①有的宗族特别强调，妇女要从一而终，“不幸寡居，则丹心铁石，白首冰霜”②。《明经胡氏龙井派祠规》记载：“妇人之道，从一而终，一与之齐，终身不改。泛柏舟而作誓，矢志何贞？歌黄鹄以明情操，心何烈？倘有节孝贤妇，不幸良人早夭，苦志贞守，孝养舅姑，满三十年而没者，祠内酌办祭仪，请合族斯文迎祭以荣之；其慷慨捐躯殉烈者，亦同。仍为公呈请旌，以表节也。”③。

“义”是封建纲常的一个重要组成部分。明中期以后，徽州族规家法之中，大都有“义”的规定。歙县东门许氏宗族《许氏家规》表彰节义条记载：“节义者，天地之正气，士人之懿行，非所望于妇人女子者也。”④休宁商山吴氏宗族《商山吴氏宗法规条》规定：“凡有……尚义为善者，宗正、副约会族众，告祠，动支银一两，备办花红鼓乐，行奖劝礼，即题名于祠。其堪奏请表扬者，合族共力举之。”歙县虹梁程氏宗族《新安程氏阖族条规·祠规条目》规定：“凡有孝子顺孙、义夫烈士，恤孤怜寡、敦谊睦族、救灾恤患一切有善可风者，小则众共声举，登簿表扬，散胙之时，另席中堂，以斯文陪之；大则鸣众徽棹，楔以旌其闾。”

明中期以后，徽州宗族统治者将封建纲常法规化，写进族规家法，编入谱牒，变成宗族成员必须恪守的行为规范，触犯了就要受到宗族的惩处。

## 三、明代中期徽州谱牒体例、内容、卷帙、出版的发展变化

有人认为，明代“把正史体裁全部引入修谱”，这是值得商榷的。⑤

什么是正史呢？《隋书·经籍志》以纪传体史书为正史。《明史·艺文志》以纪传体、编年体史书并称正史。清乾隆时编纂《四库全书》定纪传体

① 歙县《潭渡黄氏族谱》卷四，清雍正九年刻本。

② 《休宁宣仁王氏族谱》，明万历三十八年家刻本。

③ 绩溪《明经胡氏龙井派宗谱》卷首，民国十年木活字本。

④ 《重修古歙城东许氏世谱》卷七，明崇祯七年家刻本。

⑤ 张海瀛：《明代谱学概说》，《谱牒学研究》第三辑，书目文献出版社1992年版。

史书为正史。我们今天说的正史,就是纪传体史书《二十四史》为代表。

从徽州谱牒来看,明代谱牒虽不同程度受正史影响,但其体例和内容与正史有很大区别。

纪传体是以本纪和传记为中心的史书体裁。司马迁的《史记》开其端。历代封建王朝所修正史均采用这种体例。纪传体史书包括:"本纪"、"表"、"书"或"志"、"列传"。所以称纪传体,因"本纪"和"列传"是这种史书的核心。

明代徽州谱牒的体裁是什么样呢?据我们翻阅过的100多种明代徽州谱牒,绝大多数都是"图传体"。这种谱牒体例为宋人欧阳修和苏洵所创立的"图录体"的发展。《新安许氏世谱凡例》记载:"古今修谱之例有三变,始如道统图体者;中如欧、苏谱体者;至程篁墩,谓欧、苏谱体,一图一传(按:实际是"一图一录"——引者),不见统宗之义,乃变为《汉书》年表、《唐书》相表体。"①实际上,程敏政只是依据《汉书》年表和《唐书》宰相表对欧、苏谱体的谱图——世系表或曰世系图,作了一些改动,并没有根本改变欧、苏"一图一录"的"图录体"。明清时期徽州谱牒的体例虽然有些变化,但是基本上仍然继承和遵循欧、苏谱体,世系图是谱牒的核心。《新安黄氏会通宗谱·黟石山黄氏家谱后序》记载:

> 族之有谱,所以序昭穆,别亲疏,而笃同宗也。古封建一变之后,宗子之礼废,而谱学不明久矣。宋欧阳文忠公、苏老泉先生以尊祖、敬宗、睦族之心为心,采太史公记表,郑玄诗谱略作世谱,且曰:"三世不修谱,则同小人。"由是后世修谱牒者,必以欧、苏为法。

明代中期以后,徽州谱牒虽然基本上仍遵循欧、苏"一图一录"的"图录体",但是,绝大多数谱图的人名之下都增加了生平简介。内容包括:生卒年月、官爵、葬地、配偶、子女等。并为忠孝、节义、勋业、文章有关"世教"者单独立传。这是徽州谱牒体例的一个显著变化。

明代中期以后,徽州谱牒的内容有了很大增加。宋元时期,徽州谱牒的内容包括:谱序、谱例、科第、恩荣、祖先考辨、世系图、世系录、传记、祖墓、支

① 《新安许氏世谱》,清康熙间精抄本。

派、文翰等。明中期以后，增加了祠堂、祠产、族规、村图、像赞、祭祀、行辈联、余庆录、领谱编号等，有的谱牒还有书馆、庙宇、桥梁、山场、水道，等等。

嘉靖十五年(1536年)，礼部尚书夏言上《令臣民得祭始祖立家庙疏》说："臣民不得祭其始祖先祖，而庙制亦未有定制，天下之为孝子慈孙者，尚有未尽申之情……乞诏天下臣民冬至日得祭始祖……乞诏天下臣工建立家庙。"①徽州绝大多数宗族祠堂都是明代中期以后建造的②。明中期以后，徽州谱牒增加了"祠堂"这一内容，是这一历史事实的反映。

徽州祠产历史悠久。但是直到明代中期以后，随着徽商的繁荣昌盛，徽州的祠产才开始得到迅猛的增长。笔者在《明代中期徽州宗族统治的强化》一文中，列举了宋、元、明时期20宗祭田，其中多数属于明中后期；又列举了18宗义田，其中也多为明中后期。明代中期以后徽州谱牒增加了"祠产"这一内容，就是这个历史事实的记录。

在宋元时期的徽州谱牒当中，还没有族规家法这一内容。明代中期以后，徽州谱牒当中开始出现族规家法。如《重修古歙城东许氏世谱》卷七《许氏家规》，《休宁宣仁王氏族谱·宗规》等。有的宗族的族规家法还单独付梓。如《新安程氏阖族条规》、《商山吴氏宗法规条》等。

有人认为，明隆庆《新安歙北许氏东支世谱》"吸收和总结了嘉靖以前家谱内容，正式提出'家之有谱，犹国之有史'的观点，在内容上集文献、世系、地理聚落、宗族建筑之大成"。这是值得商榷的。唐代徽州谱牒，我们没有见到。宋人方桂森纂《汉歙丹阳河南方氏衍庆统宗图谱·汉歙丹阳方氏统宗世谱凡例》开宗明义即曰："国有史，家有谱，一义也。善恶备书，史之义；隐恶扬善，谱之义。"元人汪松寿纂徽州《汪氏渊源录·汪氏续谱》记载："家之谱录，犹国之有史也。尊祖、敬宗、叙亲、明族，族谱其庸待乎?"宋修、明续婺源《溪源程氏势公支谱·上溪源里门续谱旧序》(据明嘉靖本影抄)也记有："尝谓族之有谱，犹国之有史。"

① 夏言:《桂洲文集》卷一一，上海古籍出版社《四库全书》影印本。

② 参见赵华富《徽州宗族祠堂的几个问题》，《'95国际徽学学术讨论会论文集》，安徽大学出版社1997年版。

明代中期，徽州宗族为了宣扬封建道德，厘正社会风俗，巩固宗族统治，不仅增加了谱牒的内容，而且扩大了谱牒的卷帙。现存宋元时期15种徽州谱牒，婺源《庆源詹氏族谱》、《新安汪氏庆源宗谱》、《新安汪氏族谱》、祁门《左田黄氏宗派图》、《皖绩程里程叙伦堂世谱》、休宁《陈氏谱略》都不分卷，《汉歙丹阳河南方氏衍庆统宗图谱》、歙县《柏林罗氏族志》、《新安胡氏历代报功图》各一卷，休宁《商山吴氏重修族谱》二卷，婺源《溪源程氏势公支谱》、《新安旌城汪氏家录》各七卷，婺源《回岭汪氏宗谱》九卷，卷数最多的是徽州《汪氏渊源录》十卷，《新安汪氏宗谱》卷数不详。这15种谱牒中，14种都是1册，只有宋纂、明续婺源《溪源程氏势公支谱》是4册。明代前期，徽州谱牒卷帙虽然有所增加，但是卷帙较大者只有程孟纂《新安程氏诸谱会通》，14卷，3册，景泰二年刻本；程敏政纂《新安程氏统宗世谱》，20卷，谱辨1卷，附录1卷，2册，成化十八年家刻本；黄禄、程天相纂《新安黄氏会通谱》，16卷，文献录2卷，外集3卷，6册，弘治十四年家刻本。明代中期以后，徽州谱牒卷帙大增。如黄积瑜纂《新安左田黄氏正宗谱》，派系20卷，文献19卷，12册，嘉靖三十七年自刻本；汪湘纂《汪氏统宗谱》，172卷，北京图书馆藏3部，其中一部存108卷，24册，万历三年家刻本；李晖、李春荣等纂徽州《三田李氏宗谱》，13卷，18册，万历四十二年家刻本；程一枝纂《程典》，32卷，6册，万历二十六年至二十七年家刻本；程嗣功纂歙县《槐塘程氏宗谱》，20卷，首1卷，12册，万历十四年家刻本；俞育、俞周隋纂歙县《重修俞氏统谱》，18卷，又2卷，13册，万历刻本；程一枝辑《程氏贻范集补》，甲集5卷，乙集20卷，丙集1卷，丁集3卷，戊集1卷，己集1卷，10册，隆庆刻本；朱印相、朱邦校纂《徽婺紫阳朱氏正宗重修统谱》，9卷，21册，天启四年家刻本；戴尧天纂《休宁戴氏族谱》，15卷，10册，崇祯五年家刻本；张习孔、张士麟纂《新安张氏续修宗谱》，30卷，6册，顺治十六年家刻本；鲍光纯纂《重编歙邑棠樾鲍氏三族宗谱》，200卷，首1卷，北京图书馆藏一部，存199卷，20册，乾隆二十五年一本堂刻本；汪玑、汪嘉祺等纂《汪氏通宗世谱》，140卷，目录2卷，北京图书馆藏一部，存132卷，35册，乾隆刻本，等等。

明代中期以后，徽州宗族为了宣扬封建道德，厘正社会风俗，巩固宗族制度和宗族统治，加大了谱牒的出版力度。现在，我们发现的宋元徽州谱牒只有15部。据《北京图书馆古籍善本目录》记载，该馆馆藏明代徽州谱牒200多部，其中明代前期（洪武至弘治，1368—1505年）仅有十余部，90%以上是明代中后期编纂的。在明代中后期的谱牒当中，嘉靖、万历年间的特别多。中国社会科学院历史研究所收藏徽州家谱目录（周绍泉先生手抄本）记载，该所图书馆馆藏明代徽州谱牒19部，除休宁洪一讳纂《洪氏系谱》具体纂修年代不明以外，其他18部全是明代中后期的作品。安徽省博物馆馆藏族谱目录（油印本）记载，该馆馆藏明代徽州谱牒37部，其中具体纂修年代不明5部，明初2部，明中后期多达30部。《徽州地区博物馆藏书目录》（油印本）记载，黄山市博物馆藏明代徽州谱牒16部，其中5部具体纂修年代不明，明代中后期有11部。河北大学图书馆藏家谱书目（油印本）记载，该馆馆藏明代徽州谱牒13部，全部都是明代中后期的作品。

明代中期以后，徽州宗族为了宣扬封建道德，厘正社会风俗，巩固宗族制度和宗族统治，还提高了谱牒的出版质量。从我们翻阅过的徽州谱牒来看，宋元和明前期编纂的徽州谱牒质量大都较低。明代中期以后，纸张、雕版、印刷、版式、装订等都有很大提高，有些谱牒装帧十分考究。

（原载《中华谱牒研究——迈入新世纪中国族谱国际学术研讨会论文集》，上海科学技术文献出版社2000年版）

# 《新安月潭朱氏族谱》卷一非朱熹佚文考

## ——与《朱子全集》辑录者商榷

宋淳熙十年(1183年),朱熹纂修(或曰朱熹与朱然合修)了一部《婺源茶院朱氏世谱》。他在这部谱牒序文中说:“(淳熙)癸卯五月辛卯,因阅旧谱,感世次之易远,骨肉之易疏,而坟墓之不易保也,乃更为叙次,定为《婺源茶院朱氏世谱》,而并书其后如此。仍别录一通,以示族(人)。十一世以下,来者未艾,徽、建二族,自今每岁当以新收名数更相告语而附益之,庶千里之外,两书如一,传之永远,有以不忘宗族之义。”①

朱熹《婺源茶院朱氏世谱》以朱瓌为始祖,共记录了十世。这部谱牒现在何处呢?我们认为,大概已经亡佚。但是,《朱子全集》第二十六册《朱子佚文辑录·婺源茶院朱氏世谱》辑录说明曰:

> 朱熹作《婺源茶院朱氏世谱》,向以为亡佚,实保存在民国重修《新安月潭朱氏族谱》中。据《新安月潭朱氏族谱》前许承尧《序》称:“谱凡三修:一举于宋,再举于明,三举于清康熙中。迄今又二百余年矣。”是此谱乃由宋谱不断续修而来,而其中卷一却一本朱熹《婺源茶院朱氏世谱》未变,相沿至今。②

民国重修《新安月潭朱氏族谱》卷一,是不是“一本朱熹《婺源茶院朱氏世谱》未变”呢?换句话说,民国重修《新安月潭朱氏族谱》卷一,是否就是朱熹《婺源茶院朱氏世谱》呢?这个问题值得商榷。

《朱子佚文辑录·婺源茶院朱氏世谱》辑录说明作出上述判断的主要

---

① 《新安朱氏族谱》,明成化九年刻本。

② 《朱子全集》,上海古籍出版社、安徽教育出版社2002年版。

根据是，民国重修《新安月潭朱氏族谱》的纂修者说："卷一，一世至十世，熹公编次。"①但是，这个根据是错误的。据我们了解，错误的始作俑者是明成化《新安朱氏族谱》（本文所说的明成化《新安朱氏族谱》实际上是新安月潭朱氏族谱）。这部谱牒卷一一世至十世，署名"茶院府君九世孙熹编次"。②此后，清康熙《新安月潭朱氏族谱》卷一和民国重修《新安月潭朱氏族谱》卷一都因袭了这部谱牒。由于两部谱牒的纂修者都没有认真研究明成化《新安朱氏族谱》，所以，前者错误地认为，卷一一世至十世，"茶院府君九世孙熹编次"；③后者错误地说，"卷一，一世至十世，熹公编次"，或曰"茶院府君九世孙熹编次"。④《朱子佚文辑录·婺源茶院朱氏世谱》的辑录者，由于没有见到明成化《新安朱氏族谱》和清康熙《新安月潭朱氏族谱》（如果他们见到这两部谱牒，就不会说朱熹《婺源茶院朱氏世谱》"保存在民国重修《新安月潭朱氏族谱》中"），同时，又没有认真研究民国重修《新安月潭朱氏族谱》，所以，就作出了错误的判断。

我们为什么说民国重修《新安月潭朱氏族谱》卷一不是朱熹《婺源茶院朱氏世谱》呢？

一、明成化《新安朱氏族谱》卷一、清康熙《新安月潭朱氏族谱》卷一和民国重修《新安月潭朱氏族谱》卷一，均载有朱汝贤纂修新安月潭朱氏谱牒时的一个按语。其文曰：

> 汝贤按：六世从祖紫阳夫子（按：朱汝贤为朱瓌十四世孙，"六世从祖"是由下往上推——引者）所编家谱，断自茶院府君为始祖，传五世芦村府君生四子：中立、绚、发、举。绚即夫子之大父也。举之子瓒始迁临溪，瓒孙时、玄孙兴俱迁月潭。兴即汝贤之大父也（按：《朱子佚文辑录·婺源茶院朱氏世谱》辑录说明引用这段文字时，漏掉"举之子瓒始迁临溪，瓒孙时、玄孙兴俱迁月潭。兴即汝贤之大父也"——引者）。

---

① 《新安月潭朱氏族谱》，民国二十年木活字本。
② 《新安朱氏族谱》，明成化九年刻本。
③ 《新安月潭朱氏族谱》，清康熙四十六年木刻本。
④ 《新安月潭朱氏族谱》，民国二十年木活字本。

然婺、建二派甚繁，于吾固有疏远，不敢泛载，惟夫子一枝为最密，故茶院已下六世，一以夫子定本为正。

由此可见，元朱汝贤修的新安月潭朱氏谱牒、明成化《新安朱氏族谱》、清康熙《新安月潭朱氏族谱》和民国重修《新安月潭朱氏族谱》只是一世至六世“一以夫子定本为正”，七世至十世为朱汝贤续编。如果按上述明成化《新安朱氏族谱》、清康熙《新安月潭朱氏族谱》、民国重修《新安月潭朱氏族谱》及《朱子佚文辑录·婺源茶院朱氏世谱》辑录说明的说法，朱汝贤的按语——“茶院已下六世，一以夫子定本为正”——就无法解释。这说明，民国重修《新安月潭朱氏族谱》卷一不是朱熹《婺源茶院朱氏世谱》。

二、根据欧阳修《欧阳氏谱图》创立的谱法，明成化《新安朱氏族谱》、清康熙《新安月潭朱氏族谱》和民国重修《新安月潭朱氏族谱》，“各详其亲，各系其所出”，只记录五世祖芦村府君朱振的后裔。三部谱牒卷一——一世至十世——之中，均仅列朱振长子朱中立及其后裔 23 人，次子朱绚及其后裔 17 人，三子朱发及其后裔 10 人，四子朱举及其后裔 34 人，共计 84 人。从第七世开始，不仅五世祖朱纶、朱雍的后裔全部不载，而且就连朱振长兄朱迪、次兄朱郢的后裔也全部不录（参见附录）。据明刻本《婺源茶院朱氏家谱·婺源茶院朱氏家谱图传》世系图二记载，从第七世至第十世，朱纶的后裔有 46 人，朱迪的后裔有 12 人，朱郢的后裔有 10 人，共计 68 人。朱熹《婺源茶院朱氏世谱》绝不会只记录五世祖芦村府君朱振的后裔，从第七世开始，朱纶、朱迪、朱郢的后裔 68 人全部不录。这说明，民国重修《新安月潭朱氏族谱》卷一不是朱熹《婺源茶院朱氏世谱》。

三、明天启《徽婺紫阳朱氏正宗重修统谱·婺源茶院朱氏续谱序》说，《婺源茶院朱氏世谱》为朱熹、朱然合修。其文曰：“淳熙丙申，文公还自闽，展坟墓，叙世次。癸卯，始定为《婺源茶院朱氏世谱》，于然实有与焉。”①有人不同意这种看法，认为是朱熹独纂。我们认为，不论是朱熹、朱然合修，还是朱熹独纂，《婺源茶院朱氏世谱》世系图之中，一定有朱然所属支派和朱然的名字。为什么呢？据王懋竑《朱熹年谱》记载，朱熹生于闽，长于闽，一

① 《徽婺紫阳朱氏正宗重修统谱》，明天启四年家刻本。

生只两次返归故里。第一次是绍兴二十年(1150 年),第二次是淳熙三年(1176 年)。两次返归故里展墓,在故乡逗留的时间都不是太长。因此,他对徽州婺源茶院朱氏宗族的情况和资料知之不多。朱熹与族弟朱然关系密切,《婺源茶院朱氏世谱》之中徽州婺源茶院朱氏的资料,主要是族弟朱然提供的。据明刻本《婺源茶院朱氏家谱》列传二记载:

> 然字养浩,行五六,棣公长子。绍兴甲寅十二月初十日生。性质朴,尚雅素,读书善属文,吟咏不事雕琢。隐居长田之茶园前……尝与五二公熹告于有司,克复祖墓,文据契卷副,公收。既又率群从推访得十五公,方、冯二夫人墓道(按:遵朱熹之嘱,参见朱熹《婺源茶院朱氏世谱序》——引者),复书于熹。欲讼而卒……卒年八十一。①

朱熹纂修《婺源茶院朱氏世谱》,朱然“实有与焉”。因此,这部谱牒世系图不会没有朱然所属支派和朱然的名字。明成化《新安朱氏族谱》卷一、清康熙《新安月潭朱氏族谱》卷一和民国重修《新安月潭朱氏族谱》卷一,均没有记录朱然所属支派和朱然的名字(参见附录)。这说明,民国重修《新安月潭朱氏族谱》卷一不是朱熹《婺源茶院朱氏世谱》。

四、明成化《新安朱氏族谱》卷一、清康熙《新安月潭朱氏族谱》卷一和民国重修《新安月潭朱氏族谱》卷一,均载有朱熹《婺源茶院朱氏世谱序》。在朱熹的序文之后,均载有宋末婺源茶院朱氏宗族十二世孙朱冲的按语。其文曰:

> 右《茶院朱氏世谱》有刊本,见《大全后集》第十一卷。谱内己身以上称“公”,己身以下称“郎”,盖因旧谱所定凡例如此。

据我们了解,明成化《新安朱氏族谱》卷一、清康熙《新安月潭朱氏族谱》卷一和民国重修《新安月潭朱氏族谱》卷一不仅朱熹以上称“公”,而且朱熹以下(包括朱熹)也称“公”。朱熹纂修《婺源茶院朱氏世谱》怎么会自己称“公”呢?特别是不能称其儿子和儿子一辈为“公”。这是毫无疑义的。由此可见,民国重修《新安月潭朱氏族谱》卷一不是朱熹《婺源茶院朱氏世谱》。《朱子佚文辑录·婺源茶院朱氏世谱》辑录说明,为了自圆其说,将朱

---

① 《婺源茶院朱氏家谱》,明刻本。

熹以下(包括朱熹)也称“公”,不称“郎”,说成是后人修改。我们不知道其根据在哪里。

以上四个证据有力地说明,民国重修《新安月潭朱氏族谱》卷一,一世至六世“一以夫子定本为正”,七世至十世为朱汝贤续编。所以,它不是朱熹纂修的《婺源茶院朱氏世谱》。

朱熹纂修的《婺源茶院朱氏世谱》在哪里呢?朱冲说,在朱熹“《大全后集》第十一卷”。据《宋史》卷一百八《艺文》七著录,宋有《朱熹前集》四十卷、《后集》九十一卷、《续集》十卷、《别集》二十四卷。朱冲说的《大全后集》可能即是宋刊本。此书已亡佚。据我们查阅,《晦庵先生朱文公文集》(又曰《朱子大全》,商务印书馆《四部丛刊》初编本)中未收录《婺源茶院朱氏世谱》。

朱熹纂修的《婺源茶院朱氏世谱》是否存世?我们认为,大概已经亡佚。

**附录:**

明成化《新安朱氏族谱》、清康熙《新安月潭朱氏族谱》、民国重修《新安月潭朱氏族谱》一世至十世世系图:

**图1 婺源始祖世系图**

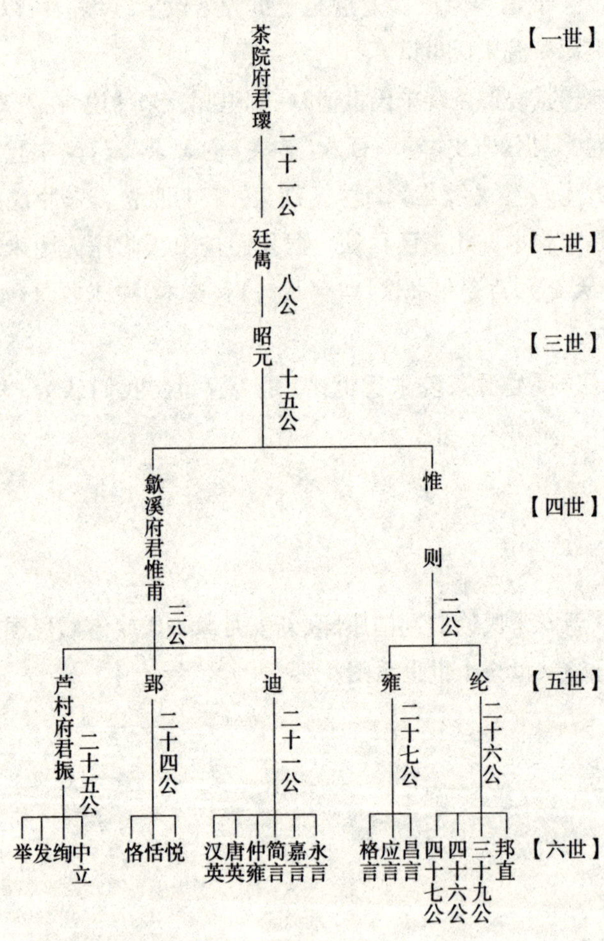

茶院府君瓌
二十一公
廷隽
八公
昭元
十五公
歙溪府君惟甫
三公
惟则
二公
芦村府君振
二十五公
郢
二十四公
迪
二十一公
雍
二十七公
纶
二十六公
举
发
绚
中立
恪
恬
悦
汉英
唐英
仲雍
简言
嘉言
永言
格言
应言
昌言
四十七公
四十六公
三十九公
邦直
【一世】
【二世】
【三世】
【四世】
【五世】
【六世】

**图 2　芦村府君长房中立公支图**

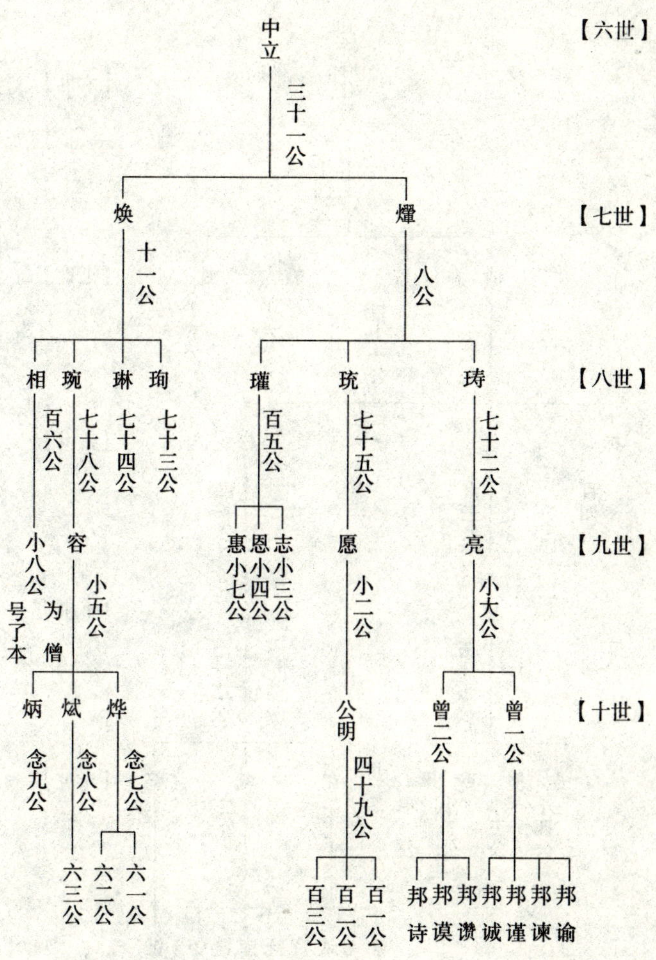

**图3　芦村府君二房绚公支图**

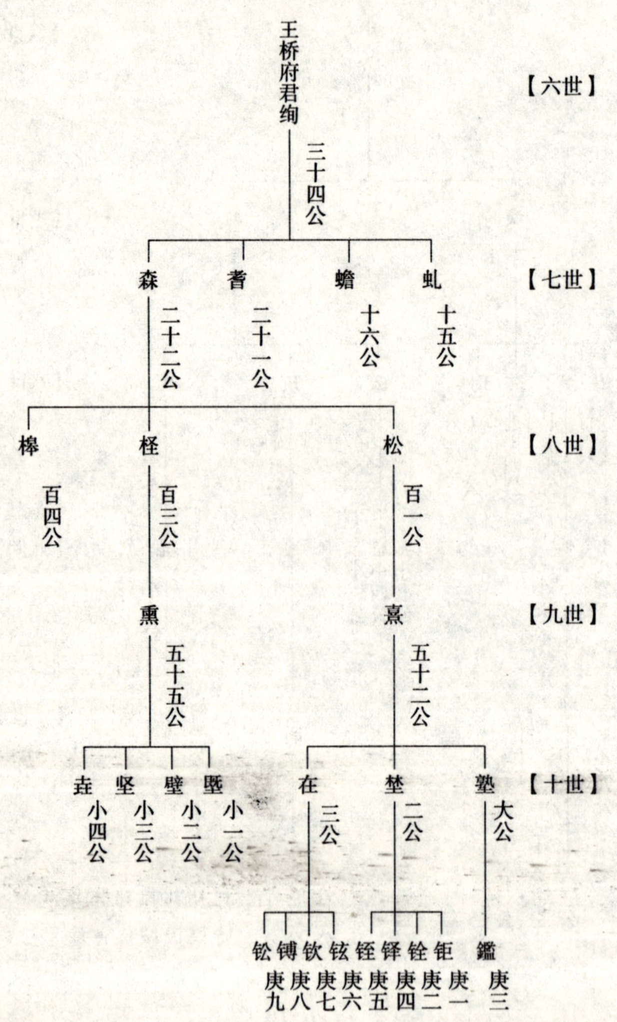

**图4　芦村府君三房发公支图**

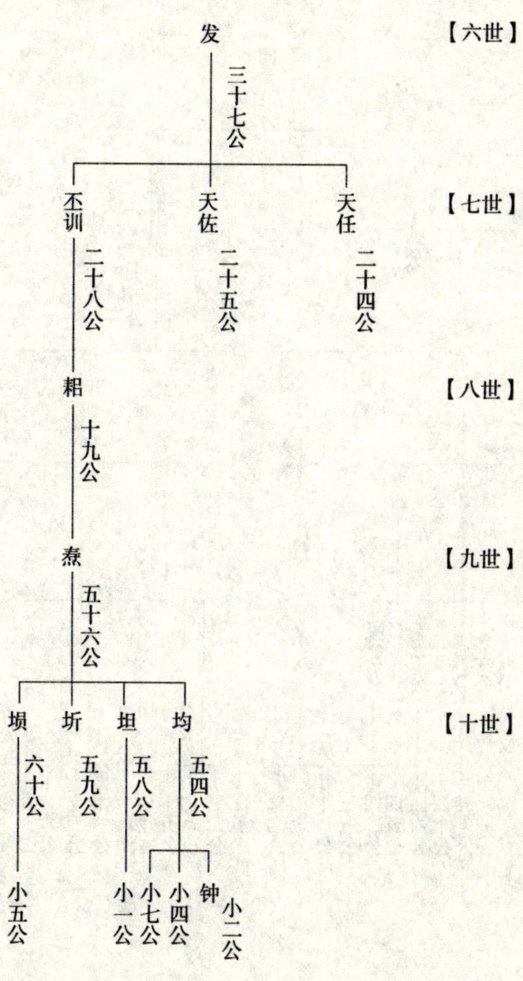

## 图5 芦村府君四房临溪府君支图

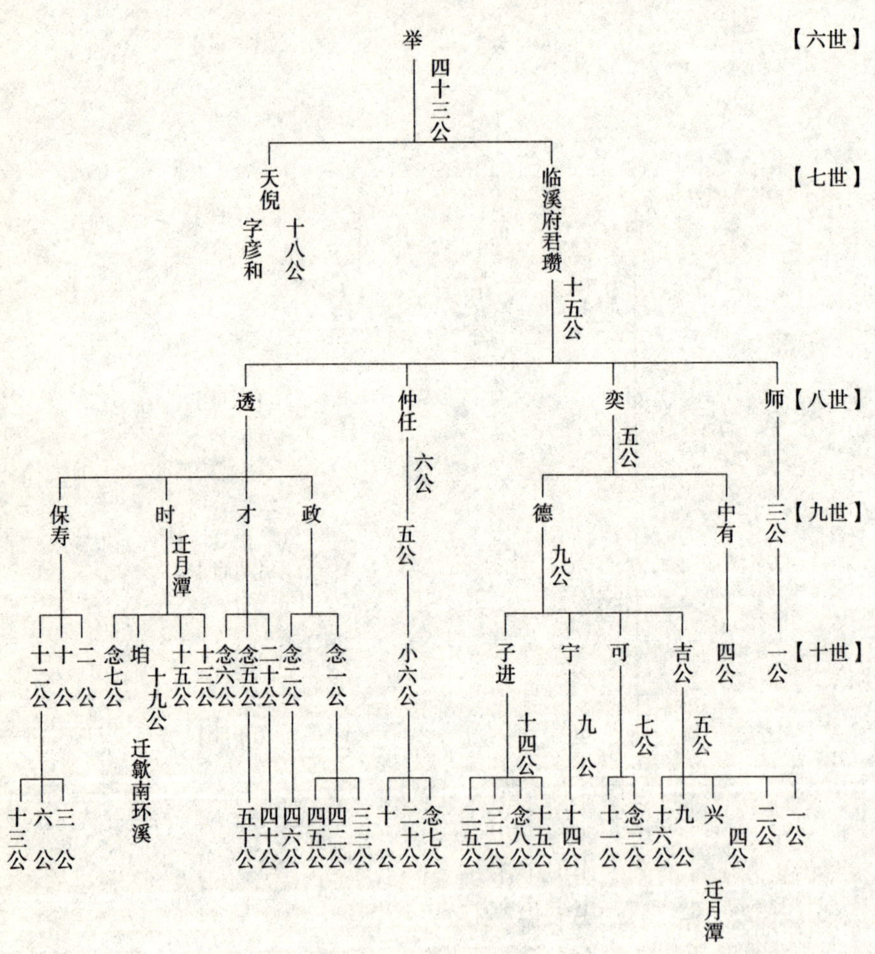


（原载《安徽大学学报》（哲学社会科学版）2007年第2期）

# 《婺源茶院朱氏家谱》中的元代契尾

我们在阅读明刻本《婺源茶院朱氏家谱》时，发现一张婺源长田朱伯亮等《批田入祠契》和《契尾》。现全文录下：

**批田入祠契**

长田朱伯亮等，有众存祖坟山地一片，坐落一都，土名练下坞，经理寒字一千七百二号，柴苿山二亩二角，茶山三角，荒草地一亩，下旱田一角三十步，内安葬朱五上舍等坟八所，元系本户经理掌立。上件祖坟，系与先贤朱文公同出一源，切虑日后子孙不能久远保守，複睹文公□(已)立庙宅，祖坟山地祭田归一掌管，永远不废。今将上件茶山、草地、旱田，系本处朱记秀兄弟耕作，每年计租谷一拾归称，请本庙逐年收租，以充输纳用度，仍量立价钱中统宝钞三十贯文，以凭印契受税管业，庶几祖坟得以岁时拜扫标挂保全，以尽子孙之责。恐后无凭，立此为照。

至元十(?)年十一月十五日

朱伯亮　押契

朱樵隐　押

朱桂芳　押

**契　尾**

皇帝圣旨里，徽州路婺源州据朱文公庙宅用中统宝钞三十贯文，据朱伯亮兄弟批舍到坟山：

一都下练坞(?)柴萘山二亩二角，茶山三角，荒草地一亩，下旱田一角三十步，山内安葬朱五上舍坟八所。

至元六年十二月　日

右付本庙收执，准此。

税课司

印押、押、押①

众所周知，元代有两个“至元”年号。一个是元世祖忽必烈至元年号，共行用三十一年(1264—1294年)；一个是元顺帝妥欢帖睦尔至元年号，共行用六年(1335—1340年)。史载，元统三年(1335年)十一月，两度“太白经天”，再加上“辰星犯房宿”、“太阴犯太微垣”、“太阴犯左执法”。天象示儆，元顺帝企望用元世祖曾经使用过的至元年号转危为安，于是“下诏改元”。他在改元诏书中说：“惟世祖皇帝，在位长久，天人协和，诸福咸至，祖述之志，良切朕怀。今特改元统三年仍为至元元年。”②历史学家通常都把元顺帝至元年号称为“后至元”，以区别于元世祖至元年号。

徽州婺源长田朱伯亮兄弟等《批田入祠契》立契时间，是在元世祖至元年间、还是在元顺帝至元年间呢？我们认为，不会是元世祖至元年间，是可以肯定的。据历史文献记载，元世祖至元十年(南宋度宗咸淳九年，1273年)徽州还在南宋王朝的统治之下，属南宋江南东路。宋恭帝德祐二年(端宗景炎元年，1276年)，“实元世祖至元十三年，李铨以州归附”，徽州才变为元朝政府统治的地区。③ 南宋王朝所属的地区和编户，在土地所有权转让的契约文书之中，不可能使用元世祖至元年号纪时，更不会到元朝地方政府税务机关办理土地转让手续，这是不言而喻的。那么，契约文书中的“至元十年”会不会是元世祖至元十三年至至元三十一年(1276—1294年)之中某一年的讹误呢？我们认为，不会。因为，如果朱伯亮兄弟等于元世祖至元十

① 《婺源茶院朱氏家谱》，明刻本。

② 《元史·顺帝纪》，中华书局标点本。

③ 弘治《徽州府志》卷一《地理志·建置沿革》，明弘治十五年刻本。

三年至至元三十一年之中的某一年立《批田入祠契》,将“众存祖坟山地一片”,转让给“朱文公庙宅”,绝不会拖到元顺帝至元六年(1340年)才到地方政府税务机关办理土地所有权转让手续。所以,朱伯亮兄弟等《批田入祠契》立契时间,一定是在元顺帝至元年间,是可以肯定的。史载,元顺帝至元年号总共行用了六年,《批田入祠契》立契时间书“至元十年”是讹误,这是毫无疑义的。

朱熹生于福建尤溪,祖籍徽州婺源,系婺源松岩里(今为婺源县紫阳镇)茶院朱氏宗族始祖朱瓌的九世孙。据朱伯亮兄弟等《批田入祠契》和《契尾》记载,徽州路婺源州长田朱伯亮兄弟与“先贤朱文公同出一源”。换句话说,他们都是婺源松岩里茶院朱氏宗族的后裔。元顺帝至元年间,朱伯亮兄弟等将“众存祖坟山地一片”——包括“柴萘山二亩二角,茶山三角,荒草地一亩,下旱田一角三十步”——作为祭产,转让给朱文公庙宅管业。其目的是:“庶几祖坟得以岁时拜扫标挂保全,以尽子孙之责。”

据历史文献记载,中国祠堂祀产源远流长,早在先秦时期即有“无田不祭”之说。南宋时期,朱熹在《家礼·祠堂》中规定:“初立祠堂,则计见田,每龛取其二十之一,以为祭田。亲尽则以为墓田。后凡正位祔者,皆仿此。宗子主之,以给祭用。上世初未置田,则合墓下子孙之田,计数而割之。皆立约闻官,不得典卖。”朱熹的话就是经典,人们大都奉行不悖。据徽州谱牒家乘和分家阄书记载,宋元以来,徽州宗族子弟分家析产时,都留除一部分田、地、山、塘——特别是墓田、墓地、墓山——作为“众存祀产”,“以给祭用”,是一种普遍社会现象。但是,这种“众存祀产”是宗族子弟集体所有制,与人们的社会私有观念相悖,出现流失现象是不可避免的。《休宁查氏肇禋堂祠事便览》卷二《肇禋堂六房公存产业新丈税亩归户事宜》记载:“先年众存田、地、山、塘甚夥,多在八都原尾等处,向属值年取租办祀,缘因业远佃贼,虽经取讨,十获二三。其后,值年中又多懒散因循,益复难追,所收者未足办粮之用。几欲控追,无如一羊九牧,彼此相推,遂作空谈。”歙县《棠樾鲍氏宣忠堂支谱》卷十七《祀事·旧有祀租》记载:“再查旧置祀产,现在无租收者甚多,其中或有因年远遗失,或有将山租赏给庄仆,或有归公取用,或有因公出质不等。”怎样才能使“众存祀产”不流失呢?朱伯亮兄弟等“切虑日后子孙不能久远保守”，所以，立《批田入祠契》，将众存祖坟田、地、山转让朱文公庙宅，以便“归一掌管，永远不废”。

唐代均田制解体以后，土地典卖十分频繁，地权转让日益发展。宋元时期，国家对土地、房屋等不动产的典卖、地权转让，已经形成一套比较完整的管理制度。根据元朝政府的政策规定，土地典卖，地权转让，必须呈报地方官府，领取凭据，方许交易；成交立契之后，必须赴州县税契，推收过割。《元典章》卷十九《户部》五《典卖田地给据税契》记载，大德四年（1300年）九月，“湖广行省准中书省咨、河南行省咨……今后亲民州县，每处委文资正官或同知或主簿科一员，不妨本职，专掌典卖田地，过割钱粮，明置文簿。凡有诸人典卖田地，开具典卖情由，赴本管官司陈告，勘当得委是梯己民田，别无规避，已委正官监视附写原告，并勘当到情由，出给半印勘合公据，许令成交。典卖讫，仰买主、卖主一同赍契赴官，销附某人典卖合该税粮，就取典卖之人承管，行下乡都，依数推收。若契到务，别无官给公据；或契到官，却无官降契本，即同匿税法科断。如不经官给据，或不赴务税契，私下违而成交者，许诸人首告。是实，买主、卖主俱各断罪；价钱、田地一半没官。没官物内，一半付告人充赏。仍令税务每月一次开具税讫地税，买主、卖主花名，乡都村庄，田亩价钞，申报本管官司，以凭查照……”

朱伯亮兄弟等将“众存祖坟山地一片”的所有权转让给朱文公庙宅，必须到婺源州官府办理推收过割手续。《婺源茶院朱氏家谱》之中记载的契尾，则是徽州路婺源州地方政府机关颁发给朱文公庙宅的证件。

20世纪40年代以来，元代土地典卖、土地所有权转让的契约文书已有零星的、个别的发现。元朝政府颁发的土地买卖、地权转让证书——契尾，还是首次发现。这个发现不仅填补了元代社会经济史——特别是元代土地制度史和元代经济法史——一个空白，而且从一定意义上讲也填补了中国社会经济史——特别是中国土地制度史和中国经济法史——一个空白。

（原载《安徽大学学报》（哲学社会科学版）2003年第5期，
标题为《元代契尾翻印件的发现》）

# 《新安大族志》研究

据我们所知,现在国内外藏有《新安大族志》3 部。

一、安徽省博物馆藏本(以下简称安博藏本)。元陈栎编纂,前后两卷,抄本。有陈栎《新安大族志序》、(明)彭泽《新安大族志序》、《新安大族凡例》、《新安大族姓氏目录》和《后跋》。

二、安徽省图书馆藏本(以下简称安图藏本)。元陈定宇(栎)编纂,(明)彭德庵(泽)参辑,(清)程以通补校,上下两卷,清康熙六年刻本。有彭德庵《新安大族志序》、程以通《剖疑》、《新安大族志全集凡例》、《新安大族志目录》和《后跋》。

三、日本东洋文库藏本(以下简称东文藏本)。分为《新安大族志金集》和《新安大族志玉集》。前后都有缺页,因此无编纂者姓名、序文、凡例、目录和后跋。

此外,安徽省博物馆还藏有一部《新安大族》抄本。此书是按姓氏编纂的中国部分名人传略,非《新安大族》志书。

《新安大族志》是研究徽州社会史、徽州宗族史和徽州文化史一部重要历史文献。日本学者多贺秋五郎、荷兰学者宋汉理、中国学者郑力民都曾对此书进行过一些研究,但是分歧很大,需要进一步讨论,有的问题还未涉及。因此,撰写此文,阐述看法,不当之处,请予指正。

## 一、《新安大族志》的编纂者

谁是《新安大族志》的编纂者呢?有的学者说,是元儒陈栎①;有的学者

① 多贺秋五郎:《关于〈新安名族志〉》,《徽州社会经济史研究译文集》,黄山书社 1988 年版。

说,不是陈栎[①]。我们认为,说陈栎不是《新安大族志》的编纂者比较难。

为什么说陈栎不是《新安大族志》的编纂者比较难呢?

第一,不同版本的《新安名族志》凡例都讲到陈栎和《新安大族志》,讲到《新安大族志》与《新安名族志》的关系。《新安名族志》凡例(国家图书馆藏二册本)说:"元儒陈定宇栎著有《新安大族志》,惜未梓行,间见抄本,疏略未备,且立例混于他郡姓名。今之采辑,惟著姓于吾新安有足征者悉书之,其无所考据及迁徙外郡者遗之。"日本东洋文库藏本《新安名族志》凡例说:"《名族志》,因元儒陈氏定宇旧本而补辑之者也……"《新安名族志》是一部集体著作,从序文来看,参加这部书编纂的徽州六邑乡绅,先后有郑佐、洪垣、汪孟沚、戴廷明、胡德卿(或曰方德卿)程瓘(或曰程子璿)、王克和、吴信夫、叶本静、程尚宽等多人。如果他们都没有见到陈栎的《新安大族志》,他们编纂的《新安名族志》没有因袭"陈氏定宇旧本而补辑之",《凡例》的作者这样"凭空杜撰",他们能答应、能接受吗?

第二,国家图书馆藏本和东洋文库藏本《新安名族志》中有7篇序文,其中有5篇用不同的语言文字,或讲到了陈栎与《新安大族志》,或阐述了陈栎的《新安大族志》与《新安名族志》编纂的关系。为了阐明这个问题,现据东洋文库藏本将有关序文文字列下。

(1)婺源乡绅洪垣在《新安名族志序》中说:

> 元儒陈定宇以不得行其志,惧乡俗日且疢戾,乃窃取新安名族,叙其源委,以微存昭鉴之权于十一,识者亮之。厥今,和溪戴子、古山吴子、旸谷程子辈,则又因述旧典,更加摭集,以详著各族先世之善,核而不滥,侈而不夸,夫岂无所为哉!

(2)休宁乡绅邵龄在《新安名族志序》中说:

> 应劭有氏族之纂,王符有姓氏之述,何承天有《姓苑》之修,路敬淳有《姓略》之辑……顷乃以是编者,为定宇陈子,悬衡于胡元,已苛瀛选。和溪诸子缀旒于我代,犹歉珠遗。

① 郑力民:《〈新安大族志〉考辨——兼谈〈实录新安世家〉》,《安徽史学》1993年第3期。

(3)祁门乡绅王讽在《新安名族志序》中说：

诸君子雅意斯举，博采各邑各氏之谱，约而成一郡名族之志，使阅之者不烦晷刻而周知无遗，且使后此而子孙者、而父祖者、而先达者、而后进者，皆知所以观感警劝……则是岂不为陈定宇之遗意哉！……诸君子之举，其必有以先得予心之所同，然而不致遗议于后来矣。而陈定宇之意，苟其借名族之志，以厘正新安之风俗，以寓观感警劝之机……

(4)黟县乡绅程光显在《新安名族志序》中说：

新安，紫阳夫子乡也，以仁让教天下者，紫阳夫子之学也。兹欲执其机、溥其化，以推其教于无穷，此则生紫阳之乡者皆与有责焉。是故斯志也，虽所以续定宇陈氏之编，亦所以翼紫阳夫子之教于万一也。

(5)歙县乡绅程尚宽在《新安名族志引》中说：

元儒陈氏定宇尝编有《新安大族志》，其书惜未盛行。顷者，双溪郑公、觉山洪公因其遗编增益而梓布之，彬彬乎可以观新安人文之盛矣，骎骎乎可以占世道亨昌之机矣，猗欤休哉！而为之采录者，则始于祁之叶本静，继以休之戴廷明辈，勤勤蒐辑，垂十年矣。

洪垣、邵龄、王讽、程光显、程尚宽的上列言论充分的证明，元儒陈栎确曾编有一部《新安大族志》。如果陈栎没有编纂《新安大族志》，这些人的阐述都是“凭空杜撰”或“人云亦云”，参与《新安名族志》编纂的“六邑贤士大夫”能不群起而攻之吗？十个编纂者为什么都一声也不响呢？这有力地说明，他们在编纂《新安名族志》时，确曾参考了陈栎的《新安大族志》。

有的学者问：既然陈栎是《新安大族志》的编纂者，怎么去元不远的弘治《徽州府志·陈栎传》记录文字较详，只字未提该志呢？怎么作为陈栎私淑弟子的朱升在其宏富的著作之中，一点未提到该志呢？怎么记载一代大儒的《元史·陈栎传》，也不著录该志呢？①

我们认为，这些问题不难理解。因为，陈栎的《新安大族志》是一个编写大纲，不是一部成熟的著作。用曹嗣轩的话说，就是“陈氏《大族志》仅书

---

① 郑力民：《〈新安大族志〉考辨——兼谈〈实录新安世家〉》，《安徽史学》1993年第3期。

地名、迁祖”①。所以,朱升不提它,弘治《徽州府志·陈栎传》和《元史·陈栎传》不著录,是理所当然的。

明嘉靖年间,徽州六邑乡绅要编纂《新安名族志》,已经被人们遗忘两百多年的陈栎《新安大族志》,成为编纂者的热门话题。因为这个编写大纲对编纂者们有重要的参考价值。用《新安名族志凡例》(国家图书馆藏本之一、东洋文库藏本《新安名族志》)的话来说:“《名族志》,因元儒陈氏定宇旧本而补辑之者也。”

## 二、东洋文库藏《新安大族志》的版本

东文藏《新安大族志》是什么时代的刊本?有的学者说:“这本书说是元代本子,是可信的,因为:(一)印刷(镌刻)、纸质、书体等方面,可以断定为元代所为,没有丝毫矛盾;(二)各氏族的调查不充分,有空白和余白;(三)记载事项简洁,接近于更古老些的氏族志记载样式。”②有的学者说,这本书“刊刻简陋,只是《新安名族志》的一个框架而已,但要认定它是元刊本却很困难”。③

东文藏《新安大族志》是不是元刊本,其中记载的内容作了十分明确的回答。例如,歙县大族汪氏上路派是一条元代末年的资料。其文曰:

> 上路,城东。有曰初者,为长兴令,由绩溪迁城东天庆观前,元季第煅于兵,徙此。

这条资料说明,东文藏《新安大族志》不是元刊本。因为,如果是元刊本,元人刻书时怎么会知道汪初在绩溪宅第毁于火,另迁歙县城东天庆观前,已处于元朝末年了呢?

除了元末资料,我们还看到5条明代资料。现列4条于下:

(1)休宁大族戴氏瑶林派,“邑东三十五里。忠恭后奢公居隆阜。四世

---

① 曹嗣轩:《休宁名族志·名族志凡例》,黄山书社2007年版。

② 多贺秋五郎:《关于〈新安名族志〉》,《徽州社会经济史研究译文集》,黄山书社1988年版。

③ 程尚宽:《新安名族志·整理前言》,黄山书社2004年版。

充公之子，曰十四、十五公迁阿坑，因避乱遂迁瑶林。又传至曰亥孙公，洪武三年奉诏受役南京内府，入籍江宁县，今子孙世居瑶林”。

(2)休宁大族程氏古墩派，“邑南四十里。沄公十二世孙逢午，于宋开庆、景定间置庄产于此。洪武甲子，汊口被火。十四世槿公娶古墩吴山长正夫公之孙女，因亲迁此居焉”。

(3)歙县大族程氏托山派，“邑西四十里。故名长源，至永乐初，室于源之西山麓，因遂改今名也”。

(4)休宁大族李氏阳湖派，“邑南三十里。唐宗室昭王德鹏公后，婺理田迁此。明德公洪武为赣州尉。嘉、隆间，叠补博士弟子员”。

上列4条资料充分的证明，东文藏《新安大族志》不是元刊本。因为，元人刊刻的书中不可能记载明洪武、永乐、嘉靖、隆庆年间的事，这是不言而喻的。

我们认为，陈栎的《新安大族志》没有元刊本，明人程尚宽在《新安名族志凡例》中已说得一清二楚。其文曰：“元儒陈定宇栎著有《新安大族志》，惜未梓行，间见抄本，疏略未备，且立例混于他郡姓名。”①

由于《新安大族志》，“惜未梓行，间见抄本，疏略未备，且立例混于他郡姓名”，因此，后人出版时对其重新编订和增补，就成为必然的了。对于这个问题，安图藏本的出版者程以通交待得比较清楚。他在《剖疑》一文中说：“或问：‘大族前贤既有定本（按：陈定宇编纂、彭德庵参辑《新安大族志》——引者），今又何用补辑？’”余曰：“贤如定宇、德庵两先生成是一书，必有定见；但皆二三百年矣，其中岂无升沉异数，致有阙失。则各派向系古族，代有名人、丁繁地广者，可不编次，以备遗漏。”程以通在《新安大族志全集凡例》中，对重新编订、补辑、考证陈栎的《新安大族志》，有比较详尽的阐述。现将第一条至第七条列下：

> 一、《大族志》，因元大儒陈定宇先生真本，明兵部尚书关中彭德庵先生参辑，细为考订，分明世派，改正亥鲁，慎之重之。
>
> 一、各姓据所迁新安朝代先后为之次序，并无甲乙。

① 程尚宽：《新安名族志》，明嘉靖三十年刻本。

一、大族实迹，自见各宅宗谱，此概不赘。

一、各邑有同姓同族者，则合其派而书之。

一、大族未得其世系者，止标其地名，缺疑以俟各宅自登记。

一、族姓迁徙未久、丁众未广者，虽显达著称，当世不敢私意插入，擅标地名，以存大公。

一、大族各派，通历年游览乡邦，出入详悉；又于读史之暇，检古残本，细为考正，方敢下笔付梓。

《新安大族志全集凡例》证明，《新安大族志》最初虽然是陈栎编纂，但是经过彭泽、程以通等后人重新修订，增添了元末和明代洪武、永乐、嘉靖、隆庆一些资料，已非原貌。

## 三、三个藏本选择比较

我们对安博藏本、安图藏本和东文藏本作了比较研究，发现三个藏本不仅体例完全一致，而且姓氏、始祖、派祖、迁徙、支派、居地、排列、文字、年代等内容，大同小异。由此可见，三个藏本最初来源于一个本子。现对三个藏本选择比较，以窥异同。

### （一）安博藏本与安图藏本姓氏目录比较

现将安博藏本姓氏目录列上，将安图藏本姓氏目录列下，进行比较。

程、鲍、方、俞、余、黄、汪、谢、詹、胡、吴、张、陈、李、
程、鲍、方、俞、余、黄、汪、谢、詹、胡、吴、张、陈、李、

叶、朱、殷、郑、戴、任、闵、许、孙、周、高、项、邵、仇、林、
叶、朱、　　郑、戴、任、闵、许、孙、周、高、项、邵、仇、林、

康、凌、唐、曹、王、蒋、奚、洪、范、舒、查、倪、徐、吕、
康、凌、唐、曹、王、蒋、奚、洪、范、舒、　　倪、徐、吕、巴、

毕、潘、金、董、冯、江、刘、罗、杨、何、游、廖、夏、赵、姚、
毕、潘、金、董、冯、江、刘、罗、杨、何、游、廖、夏、赵、姚、

施、韩、宋、佘、马、饶、齐、祝、仰、卢、滕、苏、孔、葛、庄、
施、韩、宋、佘、马、饶、齐、祝、仰、卢、滕、苏、孔、葛、庄、

杜、章、欧阳　　田、萧、丁、柯、蔡、巴
杜、章、欧阳　查、田、萧、丁、柯、蔡、

两个藏本相比，安博藏本有殷氏，安图藏本无殷氏；安博藏本查氏在舒氏之后，安图藏本查氏在欧阳氏之后；安博藏本巴氏在蔡氏之后，安图藏本巴氏在吕氏之后。其他姓氏的排列次序完全相同。

### （二）安图藏本与东文藏本支派比较

将安图藏本与东文藏本72个大族支派进行比较，我们发现其中余、詹、胡、郑、任、许、高、陆、邵、仇、林、康、凌、唐、曹、蒋、范、倪、徐、吕、奚、董、冯、刘、罗、杨、游、廖、夏、赵、施、韩、宋、佘、马、饶、齐、祝、仰、卢、滕、苏、孔、葛、庄、杜46个姓氏的支派完全相同。支派不同的姓氏有程、鲍、方、俞、黄、汪、谢、吴、张、陈、李、叶、朱、戴、孙、周、项、王、洪、舒、毕、潘、金、江、何、姚26个。

在26个支派不同的姓氏之中，绝大多数都是大同小异。现将安图藏本和东文藏本26个姓氏支派数，相同支派数，各自独有支派数列表如下。

| 姓氏 | 支派 | 相同支派 | 安图藏本独有 | 东文藏本独有 | 相同者百分比 |
|---|---|---|---|---|---|
| 程氏 | 84 | 79 | 4 | 1 | 94% |
| 鲍氏 | 7 | 6 |  | 1 | 85.7% |
| 方氏 | 16 | 14 | 1 | 1 | 87.5% |
| 俞氏 | 10 | 9 |  | 1 | 90% |
| 黄氏 | 21 | 19 | 1 | 1 | 90.5% |
| 汪氏 | 58 | 50 | 7 | 1 | 85.9% |
| 谢氏 | 13 | 12 | 1 |  | 92.3% |
| 吴氏 | 62 | 47 | 6 | 9 | 75.8% |
| 张氏 | 24 | 22 | 2 |  | 91.7% |
| 陈氏 | 25 | 13 | 12 |  | 52% |
| 李氏 | 18 | 17 | 1 |  | 94.4% |
| 叶氏 | 22 | 20 | 2 |  | 90.9% |
| 朱氏 | 22 | 20 | 1 | 1 | 90.9% |

续表

| 姓氏 | 支派 | 相同支派 | 安图藏本独有 | 东文藏本独有 | 相同者百分比 |
|---|---|---|---|---|---|
| 戴氏 | 19 | 16 | 2 | 1 | 84.2% |
| 孙氏 | 23 | 14 | 8 | 1 | 60.9% |
| 周氏 | 7 | 6 | | 1 | 85.7% |
| 项氏 | 5 | 4 | | 1 | 80% |
| 王氏 | 32 | 31 | 1 | | 96.9% |
| 洪氏 | 14 | 9 | 3 | 2 | 64.3% |
| 舒氏 | 4 | 1 | | 3 | 25% |
| 毕氏 | 8 | 7 | | 1 | 87.5% |
| 潘氏 | 11 | 4 | 1 | 6 | 36.4% |
| 金氏 | 8 | 7 | | 1 | 87.5% |
| 江氏 | 26 | 14 | 1 | 11 | 53.8% |
| 何氏 | 4 | 3 | 1 | | 75% |
| 姚氏 | 8 | 7 | 1 | | 87.5% |

在26个支派之中，安图藏本与东文藏本均有支派数量较多者，有程氏、俞氏、黄氏、谢氏、张氏、李氏、叶氏、朱氏、王氏，均占90%以上；鲍氏、方氏、汪氏、戴氏、周氏、项氏、毕氏、金氏、姚氏，均占80%以上。两种藏本均有支派数量较少者，有江氏占53.8%，陈氏占52%。最少者为潘氏占36.4%，舒氏占25%。

### （三）安图藏本与东文藏本姓氏来源文字叙述比较

| 安图藏本 | 东文藏本 |
|---|---|
| 林 氏 | 林 氏 |
| 殷比干之子逃难长林，因指为姓。 | 林出殷比干之子逃难长林，因以为姓。 |
| 唐 氏 | 唐 氏 |
| 出颛顼后，至唐高祖有天下，大号曰唐。其后，子孙避难江东，以国为姓。 | 唐出帝颛顼高阳氏，至唐高祖有天下，大号曰唐。其后，子孙避难江东，遂以国为氏。 |

续表

| 安图藏本 | 东文藏本 |
| --- | --- |
| 蒋　氏 | 蒋　氏 |
| 周公第三子伯龄封于蒋，子孙因氏焉。汉末，曰钦，从孙策渡江，授荡寇将军，子孙散居诸处。 | 蒋出周公第三子伯龄封于蒋，子孙因氏焉。传至曰钦，从孙策东渡，迁荡寇将军，散迁诸处。 |
| 江　氏 | 江　氏 |
| 嬴姓伯益之后，玄仲受封于江，因氏焉。又有萧江，本萧姓，唐宰相遘仲子祯伐黄巢，受江南守，驻兵歙，指江为誓，复唐，易姓江。 | 江出嬴姓伯益之后，玄仲受封于江，因氏。又有萧江，本萧姓，唐宰相遘仲子祯伐巢，受江南守，驻兵歙，指江为誓，复唐，易姓江。 |

大家可以看到，安图藏本和东文藏本文字叙述大同小异，基本相同。

## 四、徽州第一部移民史

《新安大族志》是第一部徽州族志，同时，也是第一部徽州移民史。它主要阐述的是新安大族始迁祖的来源和各派派祖的迁徙。

据《新安大族志》记载，新安大族始迁祖大都来自四面八方，而以中原衣冠为主。他们迁徙徽州、把徽州作为安身立命之地的原因是什么呢？

### （一）徽州的大好山水，令人无限向往

许多到徽州为官的士大夫，"有爱其山水幽奇，遂解印终身不返；亦有乐其高山万仞，爰弃官以家其间者矣"。① 现据《新安大族志》记载，将在徽州为官迁徙徽州者列表如下。

| 年代 | 姓名 | 官职 | 祖籍或原籍 | 居地 |
| --- | --- | --- | --- | --- |
| 西晋 | 程元谭 | 新安太守 | 安定 | 歙县黄墩 |
| 东晋 | 鲍　弘 | 新安太守 | 青州 | 歙县鲍屯 |

① 康熙《徽州府志》卷二，康熙三十八年万青阁刊本。

续表

| 年代 | 姓名 | 官职 | 祖籍或原籍 | 居地 |
|---|---|---|---|---|
| 东晋 | 胡　育 | 新安太守 | 青州 | 黟县横冈 |
| 东晋 | 黄　积 | 新安太守 | | 歙县黄墩 |
| 南梁 | 任　昉 | 新安太守 | | 休宁古楼 |
| 隋代 | 谢　杰 | 歙州教授 | 汝南 | 歙县谢村 |
| 唐代 | 胡　宓 | 新安太守 | 青州 | 绩溪市东 |
| 唐代 | 张　荣 | 歙州教授 | | 休宁岭南 |
| 唐代 | 叶尚或 | 新安教授 | 湖州 | 休宁陪廓 |
| 唐代 | 凌　安 | | 余杭 | 歙县沙溪 |
| 唐代 | 洪经纶 | 观察使 | 河内 | 婺源官源 |
| 唐代 | 毕师远 | 歙州判官 | 河南 | 歙县长陔 |
| 唐代 | 冯　系 | 歙尹 | | 歙县 |
| 唐代 | 江　祯 | 江南守 | | |
| 宋代 | 黄　珀 | 歙州知州 | 麻城 | 歙县黄家坞 |
| 宋代 | 陈一清 | 婺源县令 | 颍州 | 婺源陈家巷 |
| 宋代 | 孙安卿 | 祁门县令 | | 祁门正街 |
| 宋代 | 佘　潜 | 歙县县令 | 雁门 | 歙县岩镇 |
| 宋代 | 饶　弘 | | | 祁门胥山 |
| 宋代 | 孔端朝 | 歙县县令 | 曲阜 | 绩溪八都 |
| 宋代 | 杜　中 | 婺源教授(?) | | 婺源崇化坊 |
| 元代 | 仇　铉 | 徽州总管 | | 歙县王充 |
| 元代 | 李　端 | 榷茶提举 | 南滁 | 休宁中街 |
| | 范进荣 | 休宁县丞 | | 休宁博村 |
| | 余　荣 | 新安太守 | | 黟县西隅 |
| | 周继忠 | 祁门县令 | 道州 | 祁门南门 |
| | 宋　贶 | | 当涂 | 歙县上丰 |

### （二）徽州万山回环，郡称四塞，是理想的避难地

众所周知，在宋代以前，中原地区一直是中国经济、政治、文化中心。因此，各种重大战乱——包括农民战争、民族战争和统治阶级内部战争——大都发生在中原地区。据历史文献记载，每当中原大乱，即有大批人们渡江南

迁,徽州成为他们和周边人们首选避地。据《新安大族志》记载,徽州许多大族始迁祖都是避地徽州,视徽州为"世外桃源"。现将这些始迁者列表如下。

| 年代 | 姓名 | 祖籍或原籍 | 居地 | 迁徙原因 |
|---|---|---|---|---|
| 东汉 | 汪文和 | 颍川 | 新安 | 门阀混战 |
| 西晋 | 俞 纵 | 河间 | 歙县 | 永嘉之乱 |
| 西晋 | 余 祥 | | 歙县余岸 | 永嘉之乱 |
| 唐代 | 姚 彝 | | 休宁合阳 | 安史之乱 |
| 唐代 | 张保望 | 吴楚山 | 婺源甲路 | 黄巢起义 |
| 唐代 | 陈 禧 | 严陵 | 休宁陈村 | 黄巢起义 |
| 唐代 | 李 祥 | | 祁门孚溪 | 黄巢起义 |
| 唐代 | 朱师古 | 苏州 | 歙县黄墩 | 黄巢起义 |
| 唐代 | 康 先 | 会稽 | 歙县黄墩 | 黄巢起义 |
| 唐代 | 曹向贤 | 益都 | 休宁曹村 | 黄巢起义 |
| 唐代 | 潘逢辰 | 三山 | 歙县黄墩 | 黄巢起义 |
| 唐代 | 罗文昌 | 长沙 | 歙县呈坎 | 黄巢起义 |
| 唐代 | 罗秋隐 | 长沙 | 歙县呈坎 | 黄巢起义 |
| 唐代 | 赵 思 | 陇西 | 休宁龙源 | 黄巢起义 |
| 唐代 | 姚 □ | 陕西 | 休宁小贺 | 黄巢起义 |
| 唐代 | 胡昌翼 | 陇西 | 婺源考水 | 朱温篡唐 |
| 唐代 | 李德鸾 | | 婺源严田 | 朱温篡唐 |
| 唐代 | 刘依仁 | 彭城 | 休宁县前 | 因乱 |

除了上述二个重要原因之外,据《新安大族志》记载还有:歙县程氏元里派祖"姓许,自汴迁杭。元初,有八公者赘于此,顶姓程氏"。婺源马家巷马氏始迁祖马威,"因仇蔡京辞职,隐居于此"。祁门乌门廖氏始迁祖廖嵩"性好乌,辞职,每潜祝乌,栖止为家,乃随乌至祁西,栖不去。嵩遂家此,因名乌门"。婺源济溪游氏始迁祖游潜,"奉父柩,葬婺,家焉。潜子翔迁此"。歙县雄村曹氏先祖曹翱、曹翔,"同程忠壮公定乱,家黄墩。后系彦冲迁

此。”婺源叶家埠始迁祖叶林，先世苏州人，“从学于歙，迁此”。

## 五、徽州大族的发展和分布

从汉代开始，徽州大族的始迁祖即从全国各地向徽州迁徙。到达徽州之后，他们的后裔都聚族而居，逐渐形成许多以血缘关系为纽带的社会人群共同体——宗族。在历史发展的过程之中，宗族的繁衍裂变是自然和社会发展的普遍规律。

宗族繁衍裂变的原因是什么？据《新安大族志》记载，都是由于支丁向外迁徙。一、外出为官任职而迁者。如，唐景福间，歙县堨田程氏始迁祖程郇“为歙兵马先锋，分兵巡镇郡西堨田，遂家于龙墩”。休宁汉口程氏始迁祖程沄“为歙州副兵马统帅、检校御史中丞，迁此”。休宁陪廓程氏始迁祖程南节“官至左领大将军，镇休宁，遂家此”。婺源枧溪程氏先祖程湘及程全礼，因全礼“领婺源都督，遂居此”。祁门左田黄氏始迁祖黄仪，“任青阳、祁门尉，迁此”。南唐保大间，汪渍“守婺三梧镇，子中元遂家此”。二、追求大好山水而迁者。歙县云雾塘程氏始迁祖程以贵，系休宁会里程氏支丁，“尝游歙北云雾塘，耽其山水之秀，遂家焉”。休宁西馆程氏始迁祖程文祐、程必达“登齐云山，玩山水，至西馆，遂卜居焉，称为‘西程’”。婺源梅溪吴氏始迁祖吴宗道经梅溪，“爱其风土，卜居焉”。三、因婚姻、继嗣而迁者。休宁古墩程氏始迁祖程槿，“娶古墩吴山长正夫公之孙女，因迁此”。歙县郡城李氏始迁祖李念祖“娶郡城汪氏，因家焉”。休宁凤湖街戴氏始迁祖戴重熺，“自隆阜出赘刘氏，家此”。休宁西馆戴氏始迁祖戴炯“赘程氏，因家此”。休宁黄村黄氏始迁祖，“本程忠壮公系，居太塘，传七世曰可顾，出继黄氏，居此”。

据安图藏本《新安大族志》记载，在82个姓氏之中，有程氏、黄氏、汪氏、胡氏、吴氏（据东文藏本补）、李氏、许氏、周氏、王氏、范氏、舒氏、倪氏12个姓氏的支派分布徽州六县。在这12个姓氏之中，程氏、汪氏和吴氏三姓发展最快，分布最广。宋元以来，徽州即有“十姓九汪”、“一程二汪”之说，是否也可以说“一程二汪三吴”呢？

据安图藏本《新安大族志》记载，歙县程氏有22个支派。它们是：槐塘派、郡城派、荷花池派、岑山渡派、宣明坊派、南市派、竦口派、临河派、岩镇派(邑西30里)、岩镇派(邑西20里)、五里牌边派、虹梁派、元里派、表里派、冯塘派、褒家坦派、云雾塘派、堨田派、托山派、方村派、唐具派、古城关派。

休宁程氏有39个支派。它们是：汊口派、闵口派、率口派、榆村派、遐富派、山斗派、黄石派、会里派、牛坑派、阳村派、鬲山派、富溪派、溪头派、古城派、蟾溪派、汪干派、溪口派、中泽派、苏田派、渠川派、芳关派、浯田派、上草市派、率东派、临溪派(三门程氏)、临溪派(四门程氏)、临溪派(白玉程氏)、冲山派、泰塘派、横干派、陪廓派、仙林派、西馆派、梅林朱汪派、商山派、溪坦房派、浯田岭派、金川派、古墩派。

婺源程氏有16个支派。它们是：剑潭派、枧溪派、长径派、彰睦派、香田派、香山派、城东派、西湖派、种德坊派、韩溪派、溪源派、龙陂派、中平派、兴孝坊派、金竹派、沙溪派。

祁门程氏有善和派、程村派。

黟县程氏有南山派。

绩溪程氏有中正坊派、程里派、仁里派、大谷派。

徽州六邑程氏共计有84个支派。

据安图藏本《新安大族志》记载，歙县汪氏有12个支派。它们是：唐模派、潜口派、上路派、稠墅派、古城关派、西沙溪派、斗山派、岩镇派、富堨派、水界山派、丛睦坊派、环山派。

休宁汪氏有21个支派。它们是：西门派、旌城派、溪口派、斯干派、洪芳派、鹏鹄原派、富山派、当坑派、李沟派、资村派、上资派、梅林派、黎阳派、隐冲派、汊口派、石砘派、水南派、兖山派、长丰派、藏溪派、东山下派。

婺源汪氏有10个支派。它们是：大畈派、回岭派、凤砂派、官源派、符村派、西门派、冲山派、集贤坊派、石井派、鸿溪派。

祁门汪氏有10个支派。它们是：井亭派、舜溪派、侯潭派、崇善坊派、泸溪派、东西街派、北关派、桃墅派、村墅派、大坦派。

黟县汪氏有黄陂派、霞阜派。

绩溪汪氏有古墙派、税务前派。

徽州六邑汪氏共计有57个支派。

据安图藏本《新安大族志》记载，歙县吴氏有16个支派。它们是：向杲派、岩镇派、澄塘派、堨田派、泽富派、吴村派、南溪派、金山派、祊塘派、北岸派、石岭派、茆田派、黄墩南溪派、石岭篁坞派、古溪派、葛塘派。

休宁吴氏有33个支派。它们是：石岭派、江潭派、长丰派、和村派、大溪派、商山派、璜溪派、稍云派、璜源派、城北派、临溪派、方口派、吴田派、雁塘派、隆阜派、朱塘派、油潭派、高枧派、邑前派、汊口派、溪南派、官滩派、老柏墩派、流口派、山背石川派、古墩派、博村派、隆阜派、青山闸派、大连派、黄冈派、高桥派、璠溪派。

婺源吴氏有梅溪派、赋春派、中云派、环溪派。

据东文藏本《新安大族志》记载，还有歙县吴氏璠村派；休宁吴氏方口派、万安派；祁门吴氏墩上派、仙桂坊派；黟县吴氏横岗派、东山派；绩溪吴氏县前派、县后派。

徽州六邑吴氏共计有62个支派。

据安图藏本《新安大族志》记载，除了程氏、汪氏、吴氏以外，胡氏有38个支派、王氏有32个支派、陈氏有25个支派、张氏有24个支派、孙氏、叶氏各有22个支派、朱氏有21个支派、黄氏有20个支派。

## 六、对远古中华历史文化认同观念的继承

据《新安大族志》记载，徽州大族有不少姓氏是黄帝的后裔。例如，程氏是黄帝、重黎之后。“周大司马休父佐宣王，封程伯，因氏焉”。俞氏“出轩辕系。有讳拊者，轩辕俞其言，遂赐为姓。春秋，晋公子食采俞豆亭，以为氏”。吴氏“始于黄帝。至亶父，欲立季历以及昌。泰伯阴逊，逃吴。至武王定天下，封吴，以承世祀。后以国为姓”。张氏“出轩辕后，胶(肜)鱼氏之子曰挥，观弧置(制)矢，赐姓曰张，官封弓正，主祀弧星，居尹城，国于晴(青)阳”。董氏，出“黄帝之后，仕舜，赐姓董氏”。庄氏，出“黄帝后。熊绎受周封楚，有谥庄王者，后遂以庄为氏”。祝氏，“出黄帝孙重黎，为高辛氏火正，有功，封于祝地，号曰‘祝融’，因以为氏”。

此外，据《新安大族志》记载，还有不少姓氏是黄帝之孙颛顼、曾孙喾的后裔。如，朱氏“出颛帝之后，周封曹侠于邾，为楚所灭，子孙去邑，以朱为氏”；项氏“出颛顼之后，世居陈，渡江以后，散居江南”；唐氏“出颛顼后，至唐高祖有天下，大号曰‘唐’。其后，子孙避难江东，以国为姓”；曹氏“出颛顼帝元孙陆终第五子安”；赵氏，“颛帝伯益后造父受封于赵城，因以为氏”。周氏，“帝喾生后稷以及文王，因以国为氏”。

怎样理解许多大族以黄帝为始祖——或曰远祖——这种现象呢？宋代以来，许多学者都说这是攀附古代帝王。在谱牒学理论和谱牒序文中，批判这种攀龙附凤的文字，举不胜举。我们认为，这种观点值得商讨。

据历史文献记载，春秋战国和秦汉时期，中国的统治者和士大夫对远古中华历史文化形成一种共识——黄帝是华夏族的共同始祖，尧、舜等人是共同的列祖列宗。《礼记·祭法》曰：

> 有虞氏禘黄帝而郊喾，祖颛顼而宗尧；夏后氏亦禘黄帝而郊鲧，祖颛顼而宗禹；殷人禘喾而郊冥，祖契而宗汤；周人禘喾而郊稷，祖文王而宗武王。

《国语·鲁语上》曰：

> 有虞氏禘黄帝而祖颛顼，郊尧而宗舜；夏后氏禘黄帝而祖颛顼，郊鲧而宗禹；商人禘舜而祖契，郊冥而宗汤；周人禘喾而郊稷，祖文王而宗武王。

二部文献记载虽然略有出入，但是，无论有虞氏、夏后氏，还是殷人、周人都认为，黄帝是他们的共同始祖，颛顼、喾、尧、舜等人是他们的列祖列宗。《新安大族志》中许多大族以黄帝为始祖，就是继承了春秋战国和秦汉时期形成的对远古中华历史文化的认同观念。这种对远古中华历史文化的认同观念应该不应该继承呢？我们认为，不但应该继承，而且要发扬光大。

历史文献记载告诉我们，春秋战国和秦汉时期形成的对远古中华历史文化的认同观念，在中国历史发展的过程中产生了重大作用。由于各姓各族都认黄帝为始祖，因而产生了“天下一家”的观念。《礼记·礼运》曰：“故圣人耐以天下为一家，以中国为一人者，非意之也。”《后汉书·桓帝纪》云：“其不被害郡县，当为饥馁者储。天下一家，趣不靡烂，则为国宝。”《晋书·

刘弘传》曰:“诸君未之思耳。天下一家,彼此无异,吾今给之,则无西顾之忧矣。”王讽《新安名族志序》云:“天地万物其一体也,天下其一家也,中国其一人也。”①这种“天下一家”的思想观念,加深了中华民族的感情,增强了中华民族的凝聚力,促进了中华民族的团结。

春秋战国和秦汉时期形成的对远古中华历史文化的认同观念,产生了“大一统”思想。据历史文献记载,孔子作《春秋》,提出“大一统”政治观点。《汉书·王吉传》说:“《春秋》所以大一统者,六合同风,九州共贯也。”《汉书·董仲舒传》曰:“《春秋》大一统者,天地之常经,古今之通谊也。”秦汉以来,这种“大一统”的政治观念,对中国的统一起了重大作用。在两千多年的历史发展过程中,凡是顽固反对统一和坚持闹分裂者,不仅不得人心,而且都被视为乱臣贼子、中华民族败类,而被钉在历史的耻辱架上,永远不得翻身。

《新安大族志》继承了春秋战国和秦汉时期形成的对远古中华历史文化的认同观念,尊黄帝为始祖,应予肯定。

## 七、《新安大族志》编纂的背景、宗旨和特点

什么是“大族”? 为什么要编纂“大族志”?

有人认为,所谓“大族”,就是“或以任道,或以明道,或效忠义,或敦孝友,或勋业著,或文章著,或政治著”。② 我们认为,这种观点是片面的,值得商榷。什么是大族呢? 彭泽在《新安大族志序》中作了全面阐述。他说:

> 周人世官,诸侯有国,大夫有家,嗣是犹有因功德以授氏者,皆所以昭荣赏也。今尚其世之从来者远,故曰“大族”,此其一焉。又有先世或以任道、或以明道、或效忠义、或敦孝友、或勋业著、或文章著、或政治著。今皆各尚其源流之美,故曰“大族者”,此又其一焉。舍是二者,不

---

① 程尚宽:《新安名族志》,明嘉靖三十年刻本。

② 《徽州名族志·徽州名族志影印前言》,全国图书馆文献缩微复印中心 2003 年复印本。

以大族称。①

这里说得一清二楚，可以大族称者有二：一、“其世之从来者远”者；二、“其源流之美”者。

《新安大族志》编纂的历史背景与社会背景是什么呢？一言以蔽之，就是徽州大族的繁荣昌盛。胡晓在《新安名族志序》中说：

> 新安……山峭水厉，燹火弗惊，巨室名族，或晋唐封勋，或宦游宣化，览形胜而居者恒多也。其故家遗俗，流风善政，宛然具在。以言乎派，则如江淮河汉，汪汪千顷，会于海而不乱；以言乎宗，则如泰华之松，枝叶繁茂，归一本而无二；言乎世次，则尊卑有定，族居则间阎辐辏，商贾则云合通津；言乎才德，则或信义征于乡间，或友爱达于中外，或恬退著述，或忠孝赫烈。至于州里之镇定，六州之保障，诸儒之大成，宗庙血食，千载不磨，又名族之杰出者。②

我们认为，没有唐宋以来徽州大族的繁荣昌盛，就不会有《新安大族志》。《新安大族志》是徽州大族繁荣昌盛的产物与反映。

对为什么要编纂《新安大族志》这个问题，署名陈栎的《新安大族志序》作了深刻的阐述。《序》说：“古者，国朝必立史，家庙必继志。国史所以载统绪，家志所以别族属。国不可以无史，家不可以失志。使有金匮之藏，以昭后世，无效于蛮夷之戒。”但是，徽州大族“有被火难而失其家乘，或渐消而弃之者”。因此，有些大族的后裔“不明宗祖之源，遂致无相叙义，故有彼我之论，往往皆然”。所以，“士君子上以推本得姓之源，下以载派脉之远而作也”。③ 编纂《新安大族志》的宗旨，是立“体统”、厚“风俗”。用彭泽的话说就是，由于《新安大族志》的编纂，“人人知所尊祖敬宗矣，是不亦体统之立矣乎！”由于《新安大族志》的流行，“人人知所矜持自立矣，是不亦风俗之厚矣乎！”④

---

① 彭泽：《新安大族志全集序》，《徽州名族志》，全国图书馆文献缩微复印中心 2003 年复印本。

② 程尚宽：《新安名族志》，明嘉靖三十年刻本。

③ 陈栎：《新安大族志》，抄本。

④ 陈栎：《新安大族志》，《徽州名族志》，全国图书馆文献缩微复印中心 2003 年复印本。

《新安大族志》既属于谱牒学著作,又属于姓氏学著作。谱牒学著作与姓氏学著作相结合是《新安大族志》一个显著特点。安博藏本《新安大族志·后跋》曰:

夫人生天地间,总总林林,内而中华,外而蛮貊,苟无姓氏以纪之,则族类何由而辨焉?且古者,伏羲氏以风为姓,神农以姜为姓,黄帝以公孙为姓,尧以伊耆为姓……姓之与氏不胜其繁。姓者因姓所自,氏胙土所得之也。唐太宗命儒贤作《氏族志》,先品爵而后氏族也。逮乎赵宋之时,始有苏老泉、欧阳修始集系谱之端,其类于此矣。于是世家巨族皆效其法,推本姓所出之源,明世裔以纪之,使婚姻无夷狄、同姓之讥,礼序有分鱼龙之论,是以尊祖敬宗之义也。

唐太宗命儒贤编纂的《氏族志》是姓氏学著作;苏洵《苏氏族谱》和欧阳修《欧阳氏谱图》是谱牒学著作。《新安大族志》按姓氏编目,首叙姓氏来源和演变,而后叙述宗族的迁徙、支派和一些人的世次。前者属于姓氏学研究,后者属于谱牒学研究。二者既有联系又有区别。

附记:

在撰写这篇文章的过程中,每拿起东洋文库藏本《新安大族志》、《新安名族志》复印件,即想到中国社会科学院历史研究所已故的著名徽学专家周绍泉研究员,因为这两部书的复印件都是他赠送的。在徽学研究领域,我与周先生是老战友。我们曾联合有关单位举办过多次徽学学术研讨会,主编两部国际徽学学术讨论会论文集。挚友虽已驾鹤西去,但我永远不会忘记。

2009年9月28日

(原载《“宋明以来的谱牒编纂与地域社会”国际学术研讨会论文集》,
教育部人文社会科学重点研究基地安徽大学徽学研究中心2009年)

# 《新安名族志》编纂的背景和宗旨

明嘉靖三十年(1551年)编纂的《新安名族志》,是谱牒学一部重要文献。这部著作编纂的背景和宗旨是什么呢?日本学者多贺秋五郎先生在《关于〈新安名族志〉》一文中对此作过重要论述①。但是,我们认为,此书还有更重要的编纂背景和编纂目的多贺先生没有阐述。因此,特撰此文,论述我们的看法。不当之处,请方家指正。

## 一、《新安名族志》编纂的背景

元朝初期,徽州著名学者陈栎编纂《新安大族志》。继陈氏之后,明嘉靖三十年程尚宽等人又编纂《新安名族志》。这次参与名族志编纂的徽州学者,先后有郑佐、戴廷明、汪孟沚、叶本静、程子璿(或曰程璿)、胡德卿(或曰方德卿)、王克和、洪垣、吴信夫、程尚宽十人。

嘉靖年间,徽州编纂《新安名族志》的背景是什么呢?

### (一)徽州宗族的繁荣

徽州宗族的繁荣是《新安名族志》编纂的重要背景。

唐宋以来,徽州宗族特别繁荣,徽州成为中国宗族制度一个十分典型的地区。嘉靖《徽州府志》卷二记载:"家多故旧,自唐宋来,数百年世系,比比皆是。重宗义,讲世好,上下六亲之施,村落家构祠宇,岁时俎豆。"

徽州宗族的繁荣,在《新安名族志》中有充分的反映和描述。郑佐在

---

① 《徽州社会经济史研究译文集》,黄山书社1988年版。

《新安名族志序》中说，徽州"有殊邑联宗，数村一姓之蕃"；"其先代坟墓之存者，远肇齐梁，近自唐宋，百年十世者勿论焉"。这种宗族繁荣现象，"他郡罕及之也"。胡晓在《新安名族志序》一文中说：

> 新安……山峭水厉，燹火弗惊，巨室名族，或晋唐封勋，或宦游宣化，览形胜而居者恒多也。其故家遗俗，流风善政，宛然具在。以言乎派，则如江淮河汉，汪汪千顷，会于海而不乱；以言乎宗，则如泰华之松，枝叶繁茂，归一本而无二；言乎世次，则尊卑有定，族居则闾阎辐辏，商贾则云合通津；言乎才德，则或信义征于乡闾，或友爱达于中外，或恬退著述，或忠孝赫烈。至于州里之镇定，六州之保障，诸儒之大成，宗庙血食，千载不磨，又名族之杰出者。

在这里，胡晓对徽州宗族的繁荣作了淋漓尽致的描绘和阐述。他认为，天下"求族之不紊者，盖寥寥矣"，但是，"新安则异是矣"，这里的名宗右族大都宗一本而"无二"，派系分而"不乱"，世次明而"有定"，宗族制度非常发达，非常典型。

显而易见，《新安名族志》是徽州宗族繁荣的产物。没有徽州宗族制度的发达，就不会有《新安名族志》这部文献。

### （二）徽州宗族面临的严峻挑战

明朝中期，中国社会商品经济有了很大的发展，不仅手工业——丝织业、棉织业、冶铁业、制铜业、制瓷业、造纸业、印刷业等——商品生产和商品交换空前繁荣，而且部分农产品——粮食、棉花、蚕茧、蔗糖、烟叶等——也卷入了商品市场。个别经济发达的地区，少数富裕的农民开始从个体自然经济逐渐向蚕茧、棉花、烟叶等专业生产农户转化。在长江三角洲和东南沿海商品经济比较繁荣的地区，稀疏地出现了资本主义生产关系的萌芽。

明中期商品经济的繁荣和资本主义生产关系萌芽的产生，对徽州社会产生了重大影响。据历史文献记载，明弘治、正德以来，徽州人从商的愈来愈多。明人王世贞说："大抵徽俗，人十三在邑，十七在天下。"①汪道昆说，

① 王世贞：《弇州山人四部稿》卷六一《赠程君五十叙》，明万历五年王氏世经堂刻本。

徽州人“业贾者什七八”①。万历《歙志·货殖》记载,徽商不仅“两京、江浙、闽广诸省”,“苏、松、淮、扬诸府,临清、济宁诸州,仪真、芜湖诸县,瓜州、景德诸镇”皆有之,而且生意做到“山陬海壖,孤村辟壤”。

大批人“弃儒服贾”、“弃农经商”,引起徽州社会变化,对宗族制度是一个重大冲击。万历《歙志·风土》对这一变化和冲击作了淋漓尽致的描述。其文曰:

> 国家厚泽深仁,重熙累洽,至于弘治盖綦隆矣。于是家给人足,居则有室,佃则有田,薪则有山,艺则有圃。催科不扰,盗贼不生,婚媾依时,闾阎安堵。妇人纺织,男子桑蓬,臧获服劳,比邻敦睦。诚哉一时之三代也!岂特宋太平,唐贞观,汉文景哉?诈伪未萌,讦争未起,芬华未染,靡汰未臻……
>
> 寻至正德末、嘉靖初,则稍异矣。出贾既多,土田不重;操资交捷,起落不常;能者方成,拙者乃毁;东家已富,西家自贫;高下失均,锱铢共竞;互相凌夺,各自张皇。于是诈伪萌矣,讦争起矣,芬华染矣,靡汰臻矣……
>
> 迨至嘉靖末、隆庆间,则尤异矣。末富居多,本富尽少;富者愈富,贫者愈贫;起者独雄,落者辟易;资爰有属,产自无恒;贸易纷纭,诛求刻核;奸豪变乱,巨滑侵牟。于是诈伪有鬼蜮矣,讦争有戈矛矣,芬华有波流矣,靡汰有丘壑矣……

万历《歙志·风土》的记载告诉我们,在商品经济和资本主义生产关系萌芽的冲击下,徽州社会风气发生了重大变化,这个变化对徽州宗族制度是一个十分严峻的挑战。因为,宗族统治的巩固,需要的是:宗族成员之间孝悌仁爱,出入齿让,尊尊亲亲,雍雍睦睦。一言以蔽之,需要的是宗族成员间的血缘亲情。没有血缘亲情,宗族统治就不能巩固,宗族制度就不能并且也不可能存在。血缘亲情是宗族存在和统治的基础,是宗族的生命线。与此相反,“互相凌夺,各自张皇”;“奸豪变乱,巨滑侵牟”;诈伪欺骗,讦争词讼,则破坏了宗族成员之间温情脉脉的血缘亲属关系,动摇了宗族统治,影响了

① 汪道昆:《太函集》卷一七《阜成篇》,明万历十九年金陵刻本。

宗族制度的巩固。这是摆在徽州宗族面前一个十分严峻的问题。宗族统治者"惧其族之将圮也,思有以维持安全之",于是采取了一系列重大举措——大建祠堂,大修谱牒,大置族田,大办祭祖活动,以增强宗法观念,加强宗族统治,巩固宗族制度。可见《新安名族志》又是在徽州宗族统治面临严峻挑战的社会背景下的产物,是在徽州宗族统治者高歌加强宗族统治和巩固宗族制度大合唱的社会背景下编纂的。

## 二、《新安名族志》编纂的宗旨

《新安名族志》编纂的宗旨是什么呢?这个问题,此书的序文和凡例作了深刻的阐述,特别是在此书的正文中得到了充分的贯彻和具体的反映。

### (一)明本宗纪世系

早在元朝,陈栎在《新安大族志序》中就提出:"族志,何为而作也?士君子,上以推本得姓之源,下以载派脉之远而作也。"他认为,族志的编纂要"如木由本以达其枝,如水由源放乎四海"。

陈栎提出的这个编纂宗旨,被《新安名族志》的编纂者完全接受和继承。胡晓在《新安名族志序》一文中说:"族志者,所以明本宗,纪世系也。"前后使用的文字和表述虽有差异,但目的完全相同。

《新安名族志》的编纂和内容,充分地贯彻和体现了这一宗旨。

第一,记述了姓氏的起源。《新安名族志》全书共列八十四个姓氏,其中柯、邓、谭、严四姓内容阙如,九姓没载姓氏起源。编纂者推本溯源,上自三皇五帝,下至夏、商、周三代,记述了七十一个姓氏的赐姓授氏渊源。例如,"程出黄帝、重黎之后,自周大司马曰休父,佐宣王中兴,封程伯,子孙因以国氏,望安定";"鲍本姒姓,夏禹之后,至周敬叔仕齐,食采于鲍,因氏焉";"谢出姜姓神农之后,申伯为周宣王元舅,受封于汝南谢城,因以为氏,望于陈留";"朱出颛帝之后,周封曹侠于邾,为楚所灭,子孙去邑,以朱为氏",等等。这里,不无为了抬高身价,攀龙附凤,侧身帝王后裔之嫌;但是,我们也不同意一概而论。因为,《新安名族志》关于姓氏渊源的记载来源于

《元和姓纂》;《元和姓纂》所依据的资料是先秦的《世本》和汉代的《白虎通义》、《风俗通》等文献。在没有发现更早的文献以前,不能轻易否定这些姓氏起源的记载。

第二,记述了宗族的始祖。每一个宗族都有自己的共同始祖,这是宗族的一个基本特征①。所谓始祖,实际上就是"始迁祖"。《新安名族志》记载了每一个宗族始祖的来源。例如,方纮、洪经纶、范传正、蒋俨、江仲容、周继忠、仇悬等迁自河南;俞纵、邵裕期迁自河北;汪文和、鲍弘、胡焱、任昉、马蘩、孙万登、曹尚贤、王璧、孔端朝等迁自山东;康光、姚舳等迁自陕西;李祥、赵思等迁自甘肃;佘公理、吕渭、韩实迁自山西;黄积迁自湖北;毕师远、何令通、饶弘毅、欧阳文一迁自湖南;吴浅、闵纮、詹初、祝承俊、查师诣、罗文昌、陈一清、杜中、董知仁、齐公绰、章铁等迁自江西,等等。

第三,记述了宗族的支派。宗族的繁衍裂变是一个自然和社会发展的普遍规律②。《新安名族志》对这一现象作了简要的叙述。例如,歙县篁墩程灵洗的后裔有:歙县槐塘程氏、竦口程氏、托山程氏;休宁县汊口程氏、会里程氏、陪郭程氏、闵口程氏、富溪程氏、阳村程氏、鬲山程氏、溪头程氏,五城溪口程氏、中泽程氏、苏田程氏、浯口程氏、金川程氏、率东程氏、珠光程氏、临溪程氏、泰塘程氏、仙林程氏、富戴程氏;婺源县高安程氏、枧溪程氏、韩溪程氏、龙陂程氏、溪源程氏、彰睦程氏、香田程氏、香山程氏、城东程氏、西湖程氏、中平程氏;祁门县善和程氏、程村程氏;黟县南山程氏、城南程氏、淮水门程氏、淮渠程氏;绩溪县中正坊程氏、程里程氏、仁里程氏等。

第四,记述了宗族的世系。昭穆世次是宗族的一个基本特征③。《新安名族志》内所有的宗族,全部都按昭穆世次顺序排列叙述。如,黟县善和汪氏宗族,"一世曰三,元末补黟县椽;二世曰四一,朝议;三世曰一,宣尉;四

---

① 赵华富:《从徽州宗族资料看宗族的基本特征》,《谱牒学研究》第四辑,书目文献出版社 1995 年版。

② 赵华富:《从徽州宗族资料看宗族的基本特征》,《谱牒学研究》第四辑,书目文献出版社 1995 年版。

③ 赵华富:《从徽州宗族资料看宗族的基本特征》,《谱牒学研究》第四辑,书目文献出版社 1995 年版。

世曰千；五世曰敬；六世曰秀三，于洪武六年始迁于此；七世曰间，补邑椽……”又如，绩溪县市东胡氏宗族，“（一世）曰宓，唐太和间以散骑常侍掌节新安，因家乌耶（聊）山下，卒家绩溪西门外石碑头；二世曰沼，为南唐客都之官，迁居绩溪市东，以守父业；三世曰峤，四世曰埠，俱有隐德；五世曰策，庆历间捐粟赈饥，时契丹聚兵西北，又以财十万助给军赏，诏补社斋郎，官铅山县尉；六世曰宏，皇祐五年进士，历官处州司法参军……”

## （二）强化封建纲常

明朝中期，由于商品经济的繁荣和资本主义生产关系萌芽的产生所引起的徽州社会风俗的重大变化和对宗族制度的严重冲击，在封建宗法制度的卫道者们看来，是“礼崩乐坏”的前奏，“天下大乱”的前夕。他们想通过《新安名族志》的编纂，达到强化封建纲常，巩固宗族统治的目的。

针对“锱铢共竞”、“互相凌夺”、诈伪欺骗、讦争词讼的社会风气，程光显在《新安名族志序》一文中提出，必须大倡“仁让之风”。其文曰：

> 名族志，志名族也。志云何？述先德也，而迪后之机寓焉。迪后之机活，则夫兴于仁让者益久而不替矣。仁让之风旁以流，而新安之望加重于天下矣。新安紫阳夫子乡也，以仁让教天下者，紫阳夫子之学也。兹欲执其机，溥其化，以推行其教于无穷，此则生紫阳之乡者皆与有责焉。是故斯志也，虽所以续定宇陈氏之编，亦所以翼紫阳夫子之教于万一也。何也？夫合分殊而示一本之义，广亲亲也；亲亲则爱自我立，而仁昭矣。揭其人而考其当世之实，广贤贤也；贤贤则敬自我立，而让行矣。亲亲贤贤，孰无是心哉！

程光显认为，“仁让之风”兴，“殆不止于新安，机动而化自神，沛然溢于四海，而天下平矣”。

针对徽州社会风气的重大变化，王讽在《新安名族志序》中直言不讳地说，名族志者，“苟其借名族之志，以厘正新安之风俗，以寓观感警劝之机”也。《新安名族志凡例》开宗明义即说：“《名族志》因元儒陈氏定宇旧本而补辑之者也。观者于此，不惟见新安礼乐文物之盛，抑以彰国家化民成俗之意，相与庆甄陶之有自，以保乐利于无涯者，不为无助也。”

《新安名族志》的编纂者认为,“高下失均,锱铢共竞;互相凌夺,各自张皇”;“贸易纷纭,诛求刻核;奸豪变乱,巨滑侵牟”;诈伪欺骗,讦争词讼,是一种不正之风。厘正这种社会风气,最重要的是强化封建纲常。《新安名族志》编纂者为了达到这一目的,采取的基本编纂原则是:“名族实迹,其忠孝、节义、勋业、文章,有关世教者,不拘隐显存殁,悉在所录。”①他们企图通过宣扬徽州名宗右族中的忠孝、节义和勋业、文章有关世教者的实迹,以达到强化封建纲常,巩固宗族统治的目的。

《新安名族志》紧扣这一编纂宗旨,“世次精白,衍派详明,文约而事该,语质而不俚”②,阐述了八十个姓氏中的忠孝、节义和勋业、文章有关世教者的实迹。整部书的内容基本上就是徽州名宗右族子弟忠孝、节义、勋业、文章“光荣榜”。我们抽出其中四十个宗族,作了一个统计,现将统计表列下:

**忠孝、节义、勋业、文章有关世教者统计表**

单位:人

| 序列 | 宗族名称 | 科第仕宦 | 孝子贤孙 | 节妇烈女 | 隐德义行 | 儒林著述 |
|---|---|---|---|---|---|---|
| 1 | 歙县槐塘程氏宗族 | 33 | | 1 | | 5 |
| 2 | 休宁汊口程氏宗族 | 52 | 1 | 3 | | 5 |
| 3 | 歙县棠樾鲍氏宗族 | 37 | 3 | 16 | 17 | 3 |
| 4 | 婺源汪口俞氏宗族 | 30 | | | 2 | 25 |
| 5 | 婺源沱川余氏宗族 | 12 | 1 | | 3 | 7 |
| 6 | 黟县城西余氏宗族 | 10 | 1 | 7 | 10 | 4 |
| 7 | 歙县结林方氏宗族 | 9 | 1 | 4 | 8 | 20 |
| 8 | 歙县潭渡黄氏宗族 | 23 | 3 | 8 | 4 | 20 |
| 9 | 祁门左田黄氏宗族 | 16 | 2 | 3 | 29 | 16 |
| 10 | 婺源大畈汪氏宗族 | 45 | | | 1 | 24 |

① 程尚宽:《新安名族志·新安名族志凡例》,明嘉靖三十年刻本。

② 胡晓:《新安名族志序》,见程尚宽《新安名族志》,明嘉靖三十年刻本。

续表

| 序列 | 宗族名称 | 科第仕宦 | 孝子贤孙 | 节妇烈女 | 隐德义行 | 儒林著述 |
|---|---|---|---|---|---|---|
| 11 | 婺源凤砂汪氏宗族 | 33 | 3 | 5 | 6 | 12 |
| 12 | 休宁龙源邵氏宗族 | 9 | | 1 | 12 | 1 |
| 13 | 歙县岩镇谢氏宗族 | 5 | | 2 | 7 | 10 |
| 14 | 婺源庐源詹氏宗族 | 28 | 1 | 2 | 1 | |
| 15 | 婺源庆源詹氏宗族 | 9 | 6 | | 10 | 7 |
| 16 | 婺源考水明经胡氏宗族 | 22 | | | 2 | 5 |
| 17 | 黟县横冈胡氏宗族 | 43 | 3 | 2 | 18 | 8 |
| 18 | 黟县西递明经胡氏宗族 | 7 | | 2 | 15 | 12 |
| 19 | 绩溪市东胡氏宗族 | 29 | 2 | 2 | 7 | 5 |
| 20 | 绩溪龙川胡氏宗族 | 55 | | | | 19 |
| 21 | 绩溪北门张氏宗族 | 11 | 4 | 5 | 6 | 22 |
| 22 | 歙县向杲吴氏宗族 | 7 | 5 | | 8 | 10 |
| 23 | 休宁临溪吴氏宗族 | 21 | 1 | | 2 | 8 |
| 24 | 黟县横冈吴氏宗族 | 18 | | 5 | 22 | 11 |
| 25 | 休宁南街叶氏宗族 | 8 | | 1 | | 2 |
| 26 | 婺源香田朱氏宗族 | 24 | | | 3 | 5 |
| 27 | 歙县郑村郑氏宗族 | 23 | 3 | 5 | 2 | 11 |
| 28 | 婺源桂岩戴氏宗族 | 51 | 2 | 3 | 4 | 5 |
| 29 | 绩溪涧洲许氏宗族 | | 3 | 3 | 19 | 3 |
| 30 | 绩溪坊市周氏宗族 | 20 | 6 | 4 | 4 | 10 |
| 31 | 婺源官源洪氏宗族 | 24 | | 1 | 1 | 9 |
| 32 | 歙县桂溪项氏宗族 | 15 | 1 | 4 | 4 | 14 |
| 33 | 歙县呈坎前罗氏宗族 | 10 | | 3 | 10 | 20 |
| 34 | 歙县呈坎后罗氏宗族 | 14 | | | | |
| 35 | 歙县郡城杨氏宗族 | 9 | 1 | | 3 | 8 |
| 36 | 祁门白桃康氏宗族 | 32 | | | | 2 |
| 37 | 歙县表城门唐氏宗族 | 30 | 2 | 1 | 1 | 8 |
| 38 | 祁门白塔蒋氏宗族 | 20 | 2 | | 3 | 19 |

续表

| 序列 | 宗族名称 | 科第仕宦 | 孝子贤孙 | 节妇烈女 | 隐德义行 | 儒林著述 |
|---|---|---|---|---|---|---|
| 39 | 黟县屏山舒氏宗族 | 20 | 2 | 2 | 8 | 7 |
| 40 | 婺源桃溪潘氏宗族 | 69 | 2 | 1 | 6 | 33 |
|  | 合　计 | 933 | 61 | 96 | 258 | 415 |

《新安名族志》编纂者认为,上表所列人物都是忠孝、节义和勋业、文章有关世教者的楷模。宣扬这些楷模,向楷模学习,就能“厘正新安风俗”,强化封建三纲五常,巩固封建宗族统治。这是《新安名族志》最重要的编纂宗旨。

(原载《安徽大学学报》(哲学社会科学版)1997年第3期)

# 元代徽州宗族的理学家

## 一、科举仕宦

十年寒窗，金榜题名，簪缨仕宦，荣宗耀祖，是徽州宗族学人的一贯追求。但是，综观宋、元、明、清时期徽州的地方志，我们可以清楚地看到，徽州宗族学人在科举仕宦的道路上出现一个显著的马鞍形：宋代和明清成就辉煌，元代陷入低谷。

宋代，徽州宗族学人科举仕宦取得巨大成就。据弘治《徽州府志》卷六《选举志·科第》记载，宋代徽州宗族学人科举中式进士多达619人。其中一榜中式5名者10榜，中式6名者9榜，中式7名者7榜，中式8名者9榜，中式9名者3榜，中式10名者8榜，中式11名者4榜，中式12名者3榜，中式13名者1榜，中式14名者1榜，中式16名者1榜，中式17名者1榜，咸淳元年（1265年）阮登炳榜中式进士多达38人。同书卷七《人物志·勋贤》和卷八《人物志·宦业》记载，宋代徽州达官显宦共有123人。其中有宰相和副宰相3人，尚书3人，侍郎7人。罗愿在《新安志》卷一《风俗》中说："黄巢之乱，中原衣冠避地保于此（按：指歙县黄墩——引者）。后或去或留，俗益向文雅。宋兴则名臣辈出。"

据《明清进士题名碑索引》一书统计，明代徽州宗族学人科举中式进士者392人，清代有226人。这仅是徽州本籍进士，如果加上寄籍外地的徽州学人中式进士，那即远远超过这个数字。据北京歙县会馆观光堂题名榜记载，有清一代，仅歙县一个县本籍和寄籍进士即达296人。其中有状元5人，榜眼2人，武榜眼1人，探花8人，传胪5人，会元3人，解元13

人①。据统计,清代共有状元114人,徽州本籍和寄籍状元多达18人,占全国状元总数的15.7%②。据历史文献记载,明嘉靖以后,仅歙县一个县的仕宦即有大学士1人,尚书1人,侍郎9人,卿(大理寺、光禄寺)2人,少卿3人,给事中4人,检讨1人,编修1人,巡抚5人,巡按1人,御史4人,副使1人,廉使3人,廉副1人,知府2人,府尹1人,督学1人。这还不包括未列名的学士唐皋、都宪江东之、尚书殷正茂。“其同时以进士官部曹及守令者约三十人,尚未及录”③。清代,歙县官京朝者有大学士4人,尚书7人,侍郎21人,都察院都御史7人,内阁学士15人④。在全国各地为官的歙县人就更多了。如,仅歙县西溪南吴氏宗族在地方上任知县者即有12人⑤。

与宋代和明清相比,元代徽州宗族学人科举中式者显得非常少。据弘治《徽州府志》卷六《选举志·科第》记载,元代徽州宗族学人中式进士者总共只有5人。他们是:汪泽民、赵宜人、胡善、吕诚、朱克正。元代徽州宗族学人中式进士者,仅是宋代的0.8%,明代的1.27%,清代的2.21%。同书卷八《人物志·宦业》记载,元代徽州人列入《宦业传》的只有32人,而且大多是些较低级官员。

元代徽州宗族学人科第仕宦人数为什么非常少呢?我们认为,这是由以下原因造成的。

一、元朝统治时间短,科举次数少。众所周知,宋朝从公元960年建国,到1279年灭亡,统治时间319年;明朝从公元1368年建国,到1644年灭亡,统治时间276年;清朝从公元1644年入关,到1911年灭亡,统治时间267年。元朝如果从忽必烈中统元年(1260年)即位算起,到元顺帝至正二十八年(1368年)灭亡,统治时间只有108年。据历史文献记载,宋朝举行

① 许承尧:《歙事闲谭》第一一册《清代歙京官及科第》,抄本。

② 参见吴建华《清代徽州状元》,《徽学通讯》1989年第1期增卷;赵华富《论明清徽州社会的繁荣》,《东南文化》1991年第2期。

③ 许承尧:《歙事闲谭》第一〇册《北京歙县会馆建置原始》;第一一册《科举故事一》,抄本。

④ 许承尧:《歙事闲谭》第一一册《清代歙京官及科第》,抄本。

⑤ 吴吉祜:《丰南志》卷五《选举志·仕宦》,抄本。

科举118科，录取进士42,000余人；明朝举行科举88科，录取进士24,600余人；清朝举行科举112科，录取进士26,700余人。元朝不但举行科举次数很少，而且每科录取的进士也极少。据元代历史文献记载，元初，史天泽、王鹗、火鲁火孙、留梦炎、许衡等曾建议行“科举之法”，然“事未施行”①。仁宗皇庆二年(1313年)，下诏开科取士。延祐二年(1315年)，“廷试进士，赐护都答儿、张起岩等五十有六人，及第、出身有差”②。但是，整个元朝科举只举行过16科，共录取进士1,100多人。按科次计，元代科举次数仅及宋朝的13.5%，明朝的18.1%，清朝的14.2%；按录取的进士计，元代科举录取的进士数只是宋代的2.61%，明代的4.47%，清代的4.11%。

二、元朝实行民族压迫政策。统治者将全国各族百姓划分为蒙古人、色目人、汉人、南人四个等级，实行不平等的社会、政治待遇。徽州人属于南人，处于最低一等。据中书省所定条目，科举考试蒙古人、色目人、汉人、南人各选举子75人参加会试③。这就是说，蒙古人、色目人人口虽少，但参加科举会试的人数却与人口众多的汉人、南人等同。这样，作为南人一部分的徽州宗族学人参加科举会试的机会就甚少。据中书省条目规定：“南人合格者(按：参加会试举子——引者)七十五人：湖广一十八人，江浙二十八人，江西二十二人，河南七人。”④徽州属于江浙行省。元朝江浙行省辖杭州路、湖州路、绍兴路、台州路、福州路、泉州路、宁国路、徽州路……33个路，每个路还分不到一个名额⑤。根据中书省条目规定，会试时蒙古人、色目人为一场，汉人、南人为一场；发榜时蒙古人、色目人作一榜，汉人、南人作一榜⑥。这样，作为南人一部分的徽州宗族学人中式的机会就极少极少了。

三、徽州宗族学人不愿为元朝统治服务。清代徽州学者赵吉士在《寄园寄所寄》卷十一《新安理学》中说：“徽处万山中……老儒宿彦，自蒙童读

① 《元史》卷八一《选举志·科目》，中华书局标点本。

② 《元史》卷八一《选举志·科目》，中华书局标点本。

③ 《元史》卷八一《选举志·科目》，中华书局标点本。

④ 《元史》卷八一《选举志·科目》，中华书局标点本。

⑤ 《元史》卷六二《地理志》五，中华书局标点本。

⑥ 《元史》卷八一《选举志·科目》，中华书局标点本。

书，至老死未尝暂释，著述充栋，不肯一俯首就试有司。”这个结论虽有点绝对化，但是，元代徽州宗族学人不愿为当局效劳，确是历史事实。据历史文献记载，婺源武溪王氏宗族王埜翁，“隐居教授，书无不读，必推求本始，尤潜心易学，以其所自得之说而集之，书成颇自珍重”①。婺源龙陂程氏宗族程直方，“生宋淳祐辛亥，幼失怙，能自励读书，尝十年不下楼。务精道德性命之学。通诸经，尤深于《易》。左图右史，挥斤八极之外，盖无书不读，无物不格……宋既革命，不复求仕”②。婺源考川明经胡氏宗族胡炳文，“幼嗜学”。“既长，笃志朱熹之学。”尝为信州道一书院山长、婺源明经书院山长。“调兰溪州学正，不赴。所居扁曰‘随斋’。”③休宁藤溪陈氏宗族陈栎，“幼颖敏过人”。“十五(岁)乡人皆师之。宋亡，科举废，慨然发愤，致力于圣人之学，涵濡玩索，贯穿古今。”延祐初，“诏立科举取士，有司强之试乡闱，中选，不复赴礼部，教授于家”④。

由于以上三个原因，元代徽州宗族学人科第仕宦出现人数非常少的现象。

## 二、教授乡里

元代，徽州宗族学人科举仕宦之路不甚畅通，同时，许多徽州宗族理学家也“不肯一俯首就试有司”，为元朝统治服务。那么，徽州宗族理学家大都干什么去了呢？到书院中去或者自建书院，教书育人，传授理学，成为大多数理学家的重要生活道路。

据历史文献记载，元代徽州教育事业有重大发展。除了府县学、社学、

① 弘治《徽州府志》卷七《人物志·儒硕》，《天一阁藏明代方志选刊》，上海古籍书店1982年影印本。

② 弘治《徽州府志》卷七《人物志·儒硕》，《天一阁藏明代方志选刊》，上海古籍书店1982年影印本。

③ 弘治《徽州府志》卷七《人物志·儒硕》，《天一阁藏明代方志选刊》，上海古籍书店1982年影印本。

④ 弘治《徽州府志》卷七《人物志·儒硕》，《天一阁藏明代方志选刊》，上海古籍书店1982年影印本。

塾学以外，元代徽州书院有突飞猛进的增长。据统计，宋代徽州共建书院 8 所，元代创建书院多达 26 所。元朝统治时间仅及宋朝的 1/3，而徽州创建书院是宋朝时期的三倍多。这与元代徽州宗族理学家纷纷投身于教育事业是分不开的。元代徽州建立的书院是：

1. 南轩书院。元初，休宁汪逊任山长。①

2. 初山精舍。元初，休宁曹泾讲学于此。地处歙县石耳山。②

3. 遗经楼。元初，黟县汪泰初建。地处霞阜。延休宁倪道川为师。③

4. 晦庵书院。至元二十四年(1287 年)，婺源汪元圭建。地处县城文庙侧。明嘉靖九年(1530 年)，移建县城后山，改称紫阳书院。④

5. 友陶书院。歙县汪维岳入元不仕，以陶潜自居，建书院于丛睦，教授乡里。⑤

6. 明经书院。至大三年(1310 年)，婺源胡淀、胡澄建。地处考川西山之麓。延胡炳文为山长，讲学其中。⑥

7. 阆山书院。至正五年(1345 年)，婺源汪同建。地处阆山。延赵汸为师。⑦

8. 遗安义学。至正七年(1347 年)，婺源程本中建。地处环溪松山。⑧

9. 中山义塾。至正八年(1348 年)，婺源中山隐者祝寿朋建。地处邑南中山。⑨

---

① 康熙《休宁县志》卷六《人物·隐逸》，清康熙二十九年刊本。

② 康熙《徽州府志》卷七《营建志·学校》，清康熙三十八年万青阁刊本。

③ 道光《徽州府志》卷二《舆地志·古迹》，清道光七年刊本。

④ 弘治《徽州府志》卷五《学校》，《天一阁藏明代方志选刊》，上海古籍书店 1982 年影印本；康熙《徽州府志》卷七《营建志·学校》，清康熙三十八年万青阁刊本。

⑤ 康熙《徽州府志》卷七《营建志·学校》，清康熙三十八年万青阁刊本。

⑥ 弘治《徽州府志》卷五《学校》，《天一阁藏明代方志选刊》，上海古籍书店 1982 年影印本。

⑦ 弘治《徽州府志》卷五《学校》，《天一阁藏明代方志选刊》，上海古籍书店 1982 年影印本。

⑧ 康熙《徽州府志》卷七《营建志·学校》，清康熙三十八年万青阁刊本。

⑨ 康熙《徽州府志》卷七《营建志·学校》，清康熙三十八年万青阁刊本。

10. 集成书院。至正十一年(1351年),黟县黄真元建。地处黄村。①

11. 东山精舍。至正间,休宁赵汸建。地处龙源。②

12. 商山书院。至正间,婺源汪同建。地处休宁浯田。延朱升、陈光为师。③

13. 石丘书院。至正间,婺源胡孟成建。地处考川南。④

14. 师山书院。至正间,歙县鲍元康建(一说郑玉建)。地处师山,郑玉讲学处。⑤

15. 竹溪书院。至正年间,祁门方贡孙建。地处县城北隅。⑥

16. 查山书堂。元末,祁门汪时中建,为讲肄之所。地处西坑。祀朱熹与汪克宽。⑦

17. 中山书堂。元末,祁门汪应建。地处县南桃墅。汪克宽讲学处。⑧

18. 翚阳书院。元末,绩溪程璲建。地处十一都仁里。⑨

19. 三峰精舍。元末建。地处歙县槐塘。唐桂芳讲学处。⑩

20. 枫林书院。元末,休宁朱升建。地处歙县石门。⑪

21. 凤池书院。元末,地处歙县三十一都深渡。姚琏讲学处。⑫

---

① 嘉庆《黟县志》卷一〇《书院》,清同治九年刊本。

② 弘治《徽州府志》卷五《学校》,《天一阁藏明代方志选刊》,上海古籍书店1982年影印本。

③ 弘治《徽州府志》卷五《学校》,《天一阁藏明代方志选刊》,上海古籍书店1982年影印本。

④ 弘治《徽州府志》卷五《学校》,《天一阁藏明代方志选刊》,上海古籍书店1982年影印本。

⑤ 道光《徽州府志》卷三《营建志·学校》,清道光七年刊本。

⑥ 康熙《徽州府志》卷一七《杂志·古迹》,清康熙三十八年万青阁刊本。

⑦ 康熙《徽州府志》卷七《营建志·学校》,清康熙三十八年万青阁刊本。

⑧ 康熙《徽州府志》卷七《营建志·学校》,清康熙三十八年万青阁刊本。

⑨ 弘治《徽州府志》卷五《学校》,《天一阁藏明代方志选刊》,上海古籍书店1982年影印本。

⑩ 康熙《徽州府志》卷七《营建志·学校》,清康熙三十八年万青阁刊本。

⑪ 康熙《徽州府志》卷七《营建志·学校》,清康熙三十八年万青阁刊本。

⑫ 民国《歙县志》卷二《营建志·学校》,民国二十六年版。

22. 万川家塾。元末,休宁里人汪德懋建。地处万安镇。①

23. 南门书院。地处歙县南门。明初毁于兵火,唐桂芳重建于东门。②

24. 费公书院。地处岩镇。歙县岩镇闵氏宗族子弟闵道源建。③

25. 道川书院。地处婺源大田五镇。倪氏宗族子弟倪士安建。“捐田四十亩,以赡四方学者”。④

26. 月友书院。元末,休宁鬲山程氏宗族子弟程翊夫建。⑤

这26所书院的分布是:歙县7所,休宁5所,婺源8所,祁门3所,黟县2所,绩溪1所。

元代徽州建立的书院,有些规模很大,学田很多。据弘治《徽州府志》卷五《学校》记载:“明经书院在县北二十里考川……元至大三年,胡主簿淀谋于族父云峰先生炳文,为屋一百五间,右大成殿,左会讲堂;又左斋庐四;又前二塾,扁曰‘明诚’、‘敬义’,礼服祭器悉备。捐田土二百亩,充祭祀师生廪俸修学费。淀弟承务郎澄捐田五十亩,设小学,训乡族子弟。黄知州惟中聘炳文掌教事。请于朝,以明经书院为额,铨山长一员,奉祀主教,四方学者云集。吴草庐先生澄为记。”遗安义学有“三百亩之入,赡师弟子”⑥。中山义塾拥有学田“二百亩”⑦。黟县黄村黄真元建集成书院,置田630亩立“厚本义庄”,田租用于赡给师生束修膏火和周济族人贫乏者⑧。

元代徽州宗族理学家很少科第仕宦,大多在书院之中教书育人,传授理学。赵吉士在《寄园寄所寄》卷十一《新安理学》中记载:“老儒宿

---

① 弘治《徽州府志》卷五《学校》,《天一阁藏明代方志选刊》,上海古籍书店1982年影印本。

② 《紫阳书院志》卷一三,清雍正三年刻本。

③ 程尚宽:《新安名族志》前集,明嘉靖三十年刻本。

④ 程尚宽:《新安名族志》后集,明嘉靖三十年刻本。

⑤ 程尚宽:《新安名族志》前集,明嘉靖三十年刻本。

⑥ 弘治《徽州府志》卷五《学校》,《天一阁藏明代方志选刊》,上海古籍书店1982年影印本。

⑦ 弘治《徽州府志》卷五《学校》,《天一阁藏明代方志选刊》,上海古籍书店1982年影印本。

⑧ 嘉庆《黟县志》卷七《人物志·质行》,清同治九年刊本。

彦……讲学书院，自紫阳、还古而外，所在多有。”据历史文献记载，胡一桂，“生而颖悟，易学得于家庭。宋景定甲子，年十八，领乡荐，试礼部不第。入元，退而讲学，远近师之”①。胡炳文，“尝为信州道一书院山长。其族子淀为建明经书院，以馆四方来学之士。炳文署山长，为课试以训诸生，成才者多”②。陈栎，“教授于家，不出门户者数十年……善诱学者，谆谆不倦。临川吴澄，尝称栎有功于朱氏为多，凡江东人来受业于澄者，尽遣而归栎”③。祁门桃墅汪氏宗族汪克宽，“教授宣歙间，数与郑玉、汪泽民讲论，意气相洽。泽民复遣其孙世贤执经门下。四方学者从游甚众”④。歙县郑村郑氏宗族郑玉，“不乐仕进，勤于教授，门人受业者众，乃构师山书院”，以居学者⑤。休宁倪干倪氏宗族倪士毅的曾祖倪机、祖父倪文虎、父亲倪良弼，“三世皆以经学教授乡里。士毅世其学，及长，潜心求道，师乡老儒朱敬舆、陈定宇，学益以充。教授黟下阜二十三年，黟人化之”⑥。婺源武溪王氏宗族王埜翁，“隐居教授”⑦。休宁龙源赵氏宗族赵汸教授于阆山书院，又建东山精舍，讲学其中。休宁回溪朱氏宗族朱升、休宁藤溪陈氏宗族陈光教授于商山书院，等等。

元代徽州书院和徽州宗族理学家，都以朱熹思想为宗。道光《休宁县志》记载：

> 自井邑田野，以至远山深谷，居民之处，莫不有学、有师、有书史之藏。其学所本，则一以郡先师朱子为归。凡六经传注、诸子百家之书，

---

① 弘治《徽州府志》卷七《人物志·儒硕》，《天一阁藏明代方志选刊》，上海古籍书店1982年影印本。

② 弘治《徽州府志》卷七《人物志·儒硕》，《天一阁藏明代方志选刊》，上海古籍书店1982年影印本。

③ 《元史》卷一八九《陈栎传》，中华书局标点本。

④ 赵吉士：《寄园寄所寄》卷一一《新安理学》，清康熙刊本。

⑤ 赵吉士：《寄园寄所寄》卷一一《新安理学》，清康熙刊本。

⑥ 弘治《徽州府志》卷七《人物志·儒硕》，《天一阁藏明代方志选刊》，上海古籍书店1982年影印本。

⑦ 弘治《徽州府志》卷七《人物志·儒硕》，《天一阁藏明代方志选刊》，上海古籍书店1982年影印本。

非经朱子论定者,父兄不以为教,子弟不以为学也。是以朱子之学虽行天下,而讲之熟,说之详,守之固,则惟新安之士为然。

朱熹认为,教育的根本宗旨是为封建国家培养修身、齐家、治国、平天下的人才。他在《送李伯谏序》一文中说:“国家建立学校之官,遍于郡国,盖所以幸教天下之士,使之知所以修身、齐家、治国、平天下之道,而待朝廷之用也。”①在《玉山讲义》中,朱熹又说:“圣贤教人为学,非是使人缀缉言语,造作文辞,但为科名爵禄之计,须是格物致知,诚意正心,修身而推之,以至于齐家、治国,可以平治天下,方是正当学问。”②

朱熹认为,教育的根本要求是使受教育者“明人伦”,掌握三纲五常,实践三纲五常。所以,他在《白鹿洞书院揭示》中规定:“父子有亲,君臣有义,夫妇有别,长幼有序,朋友有信。”③

朱熹认为,教育的根本方法是:“博学之,审问之,谨思之,明辨之,笃行之。”④

元代徽州宗族理学家大都对朱熹非常崇拜。他们认为,“我新安为朱子桑梓之邦,则宜读朱子之书,服朱子之教,秉朱子之礼,以邹鲁之风自待,而以邹鲁之风传之子若孙也”⑤。所以,元代徽州宗族理学家在书院之中,都是根据朱熹规定的教育宗旨、教育要求、教育方法教书育人,传授理学。

## 三、著书立说

元代徽州宗族理学家科第仕宦者甚少。他们大都蜇居“深山穷谷中”,一方面教授乡里,传授理学;另一方面皓首穷经,著书立说。用赵吉士的话

① 朱熹:《晦庵先生朱文公文集》卷七五,四部丛刊初编本。
② 朱熹:《晦庵先生朱文公文集》卷七四,四部丛刊初编本。
③ 朱熹:《晦庵先生朱文公文集》卷七四,四部丛刊初编本。
④ 朱熹:《晦庵先生朱文公文集》卷七四,四部丛刊初编本。
⑤ 吴翟:《茗洲吴氏家典》,清雍正十三年刻本。

说，就是“老儒宿彦，自蒙童读书，至老死未尝暂释，著述充栋”①。他们都是朱熹的信徒，对朱子学很崇拜。捍卫和阐发朱子学是他们治学的宗旨和根本。

胡一桂之父胡方平，是宋代理学家。一桂“生而颖悟，易学得于家庭”②。“初，饶州德兴沈贵宝，受《易》于董梦程，梦程受朱熹之《易》于黄榦，而一桂之父方平及从贵宝、梦程学，尝著《易学启蒙通释》。一桂之学，出于方平，得朱熹氏源委之正。”③赵吉士《寄园寄所寄》卷十一《新安理学》记载，胡一桂“尝入闽博访诸名士，以求文公绪论。建安熊去非方读书武夷山中，与之上下议论。归则裒集诸家之说，以疏朱子之言”。著《易本义附录纂疏》、《易学启蒙翼传》、《四书提纲》、《人伦事鉴》、《朱子诗传附录纂疏》、《十七史纂古今通要》、《历代编年》、《双湖文集》等，“并行于世”④。

胡炳文，“幼嗜学，年十二夜读书不辄（辍）。父母恐其成疾，欲止之，乃以衣蔽窗隙，终夜默诵。既长，笃志朱熹之学，上溯伊洛，以达洙泗之源。凡诸子百氏、阴阳医卜、星历术数，靡不推究”。对“于《四书》诸经，会集众说，参考以求其通”⑤。他“亦以《易》名家，作《易本义通释》，而于朱熹所著《四书》，用力尤深。余干饶鲁之学，本出于朱熹，而其为说，多与熹牴牾，炳文深正其非，作《四书通》，凡辞异而理同者，合而一之；辞同而指异者，析而辨之，往往发其未尽之蕴。东南学者，因其所自号，称云峰先生”⑥。著有《周易本义通释》、《四书通》、《启蒙五赞通释》、《春秋集解》、《礼书纂述》、《纯正蒙求》、《书集解》、《诗集解》、《朱子启蒙》。“自以更易未定，门人亦有得

---

① 赵吉士：《寄园寄所寄》卷一一《新安理学》，清康熙刊本。

② 弘治《徽州府志》卷七《人物志·儒硕》，《天一阁藏明代方志选刊》，上海古籍书店1982年影印本。

③ 《元史》卷一八九《胡一桂传》，中华书局标点本。

④ 弘治《徽州府志》卷七《人物志·儒硕》，《天一阁藏明代方志选刊》，上海古籍书店1982年影印本；蒋元卿：《皖人书录》，黄山书社1989年版。

⑤ 弘治《徽州府志》卷七《人物志·儒硕》，《天一阁藏明代方志选刊》，上海古籍书店1982年影印本。

⑥ 《元史》卷一八九《胡炳文传》，中华书局标点本。

其藁者；又有《大学指掌图》、《四书辨疑》、《五经会意》、《尔雅韵语》、《云峰笔记》、《文集》等”①。

陈栎，“生三岁，祖母吴氏口授《孝经》、《论语》，辄成诵。五岁入小学，即涉猎经史。七岁通进士业。十五，乡人皆师之。宋亡，科举废，栎慨然发愤，致力于圣人之学，涵濡玩索，贯穿古今。尝以谓有功于圣门者，莫若朱熹氏，熹没未久，而诸家之说，往往乱其本真”②，乃著《四书发明》、《书集传纂疏》、《礼记集义》、《论孟训蒙口义书解》、《深衣说》、《读易编》、《读诗记》、《六典撮要》、《三传节注》、《增广通略》等，“亡虑数十万言，凡诸儒之说，有畔于朱氏者，刊而去之；其微词隐义，则引而伸之；而其所未备者，复为说以补其阙。于是朱熹之说大明于世”③。临川吴澄，“尝称栎有功于朱氏为多，凡江东人来受业于澄者，尽遣而归栎。栎所居堂曰‘定宇’，学者因以‘定宇先生’称之”④。揭傒斯撰陈栎墓志铭，将陈栎与元代著名学者吴澄并称。其文曰：“澄居通都大邑，又数登用于朝，天下学者，四面而归之，故其道远而章，尊而明。栎居万山间，与木石俱，而足迹未尝出乡里，故其学必待其书之行，天下乃能知之。及其行也，亦莫之御，是可谓豪杰之士矣。”《元史》作者说：“世以为知言。”⑤赵吉士说：“定宇先生为朱子功臣，著述俱极中正。《四书大全》所引新安陈氏说颇多。”⑥

汪克宽，“生有异质”⑦，“六岁日记数百言”⑧；“十岁，父因取东山问学于饶双峰讲授之书及当时问答之言授之。克宽玩索有得，遂于理学浸语，乃取朱子《四书》，自定句读，昼夜诵读，知为学之要。自是读六经诸子，历代

① 赵吉士：《寄园寄所寄》卷一一《新安理学》，清康熙刊本；蒋元卿：《皖人书录》，黄山书社1989年版。

② 《元史》卷一八九《陈栎传》，中华书局标点本。

③ 《元史》卷一八九《陈栎传》，中华书局标点本。

④ 《元史》卷一八九《陈栎传》，中华书局标点本。

⑤ 《元史》卷一八九《陈栎传》，中华书局标点本。

⑥ 赵吉士：《寄园寄所寄》卷一一《新安理学》，清康熙刊本。

⑦ 弘治《徽州府志》卷七《人物志·儒硕》，《天一阁藏明代方志选刊》，上海古籍书店1982年影印本。

⑧ 赵吉士：《寄园寄所寄》卷一一《新安理学》，清康熙刊本。

史、《通鉴纲目》诸书，悉皆成诵”①。至治二年(1322年)，“从父之浮梁，问业于吴仲迁，志益笃”②。吴谓诸门人曰：“克宽颖异绝伦，勇于为学，他日必有所成。”既归，遂笃志圣贤之学，“取圣人笔削之《春秋》，博考诸说之同异得失，以胡文定之传为主，而研究众说，会萃成书，名之曰《春秋经传附录纂疏》。翰林学士虞集序之，行于世。《易》有《程朱传义音考》。《诗》有《集传音义会通》。《礼》有《礼经补逸》。《资治通鉴纲目》有《凡例考异》”等③。弘治《徽州府志》作者认为：“克宽于经史圣贤之言，心融神会，造诣极深。”

汪克宽主张，研究经学的目的是经世致用。他尝对学者说：“圣贤之学，以躬行践履操存省察为先，至于文章，特其余事。”④

元代徽州宗族理学家著书立说，捍卫和阐述朱熹思想观点是其宗旨和根本。但是，他们也不都是墨守成规，不敢越雷池一步。例如，陈栎为学，“凡诸儒之说有畔于朱氏者，刊而去之；其微词隐义，则引而伸之；其所未备者，复为说以补其阙”。这里所谓的“其所未备者，复为说以补其阙”，就是发展。又如，赵汸“尝以为《周易》、《春秋》二经，皆圣人精神心术所存，必尽得不传之妙，然后孔门之教乃备”。他治《春秋》，“不舍史以论事，不离传以求经，不纯以褒贬泥圣人”⑤。他认为，“左氏、杜氏主史释经，而不知笔削本旨；公、谷、啖、赵知求笔削之旨，而不考鲁史旧章，俱不能无弊。”于是，他“离经释义，分为八类，辩而释之，名曰《春秋属词》，以著圣人笔削之旨；作《春秋集传》十五卷，以明圣人经世之志；著《左氏传补注》十卷、《师说》三卷，以为学者求端用力之阶”⑥。这些思想观点和研究方法，都有新意。再

① 弘治《徽州府志》卷七《人物志·儒硕》，《天一阁藏明代方志选刊》，上海古籍书店1982年影印本。

② 《明史》卷二八二《汪克宽传》，中华书局标点本。

③ 弘治《徽州府志》卷七《人物志·儒硕》，《天一阁藏明代方志选刊》，上海古籍书店1982年影印本。

④ 弘治《徽州府志》卷七《人物志·儒硕》，《天一阁藏明代方志选刊》，上海古籍书店1982年影印本。

⑤ 赵吉士：《寄园寄所寄》卷一一《新安理学》，清康熙刊本。

⑥ 赵吉士：《寄园寄所寄》卷一一《新安理学》，清康熙刊本。

如,婺源桃溪潘氏宗族潘荣,"隐居博学,通诸经,尤长于史。尝著《通鉴总论》,大要治天下有三:曰明、曰断、曰顺而已。明则君子进,而小人退;断则有功劝,而有罪惩;顺则万事理、人心悦,而天下和。三者之要在身,身端心诚,不令而行矣"①。这些见解,都是创造性的发展。

(原载《学术界》1999 年第 3 期,标题为《元代的新安理学家》)

① 赵吉士:《寄园寄所寄》卷一一《新安理学》,清康熙刊本。

# 元代徽州宗族理学家弘扬朱子学的学术活动

朱熹生于福建尤溪，祖籍徽州婺源县。所以，历史文献记载，朱熹是徽州婺源人。他自己也自称“新安朱熹”。因婺源是朱熹桑梓，“文公阙里”，所以，朱熹思想对徽州地区的影响特别大、异常深，研究朱子学的学者比较多。南宋末年，新安理学学派开始逐渐形成；元朝统治时期，有了重大发展。郑玉在《东山赵先生汸行状》中说：“新安自朱子后，儒学之盛，四方称之为‘东南邹鲁’。”①赵吉士在《新安理学》中曰：“新安自紫阳峰峻，先儒名贤，比肩接踵。迄今风尚醇朴，虽僻村陋室，肩圣贤而躬寔践者，盖指不胜屈也。”②阐述元代徽州宗族理学家的学术活动和对朱子学的重大贡献，是一个很有学术价值的研究课题。

## 一、以朱子学为宗

婺源是“文公阙里”。朱熹一生曾两次返故里省墓，第二次逗留时间长达三个月。乡贤名流多与之游。因此，朱熹思想对徽州社会——特别是知识界和学术界——产生了重大影响。学者大都称朱熹为“子朱子”，对其顶礼膜拜。郑玉在《与汪真卿书》中说：“吾新安朱子，尽取群贤之书，析其异同，归之至当，言无不契，道无不合，号集大成，功与孔孟同科矣。使吾道在宇宙如青天白日，万象灿然，莫不毕见；如康衢砥道，东西南北，无不可往；如

---

① 赵汸：《东山存稿》，上海古籍出版社《四库全书》影印本。

② 赵吉士：《寄园寄所寄》卷一一《新安理学》，清康熙刊本。

通都大邑，千门万户，列肆洞开，富商巨贾，轮辏辐集，所求无不可见，而天地之秘，圣贤之妙，发挥无余蕴矣。"[①]在《余力藁序》一文中，郑玉又曰："吾新安朱夫子集诸儒大成，论道理则必著之文章，作文章则必本于道理。昔之尼者行，障者明矣。"[②]

元代徽州宗族理学家大都通过不同渠道——或得自家学，或拜师访友，或皓首穷经，或兼而有之——得朱熹之真传。

史载，朱熹授"易"于黄干，黄干授"易"于董梦程，董梦程授"易"于沈贵珤。婺源梅田胡氏宗族子弟胡方平，"从学于梦程、贵珤，精研《易》旨，沉潜反复二十余年"，得朱子之传。"尝因文公《易本义》著《易学启蒙通释》"，又撰《外易》、《易余闲记》[③]。胡方平之子胡一桂，"易学得于家庭"。"尝入闽博访诸名士，以求文公绪论。建安熊去非方读书武夷山中，与之上下议论。归则裒集诸家之说，以疏朱子之言。"著《易学启蒙翼传》、《易本义附录纂疏》等书。[④]《四库全书总目提要·易附录纂注提要》作者说："《元史》称其受'易'源流出于朱子，殆以《启蒙》及是书欤？"婺源考川明经胡氏宗族子弟胡炳文，"学之所自，由其考孝善先生受学于子朱子从孙小翁之门"[⑤]，"得书说、易说之传"[⑥]。炳文"闻而修之于家久矣"。既长，"游道日广"。临川吴澄"方倡晦庵之学"，炳文"挟其得于父、师者就正之，内资外出，探其粹精，乃著《四书通》、《易通》诸书，羽翼晦庵之说，会同辨异，卓然成一家言"[⑦]。休宁藤溪陈氏宗族子弟陈栎，"生三岁，祖母吴夫人口授《孝经》、《论语》，辄成诵。五岁入小学，即涉猎经史。七岁通进士业，十五岁为人师"[⑧]。"师乡先生黄常甫。常甫出于婺源滕氏，私淑朱子，故栎学有源

---

① 郑玉：《师山遗文》卷三，上海古籍出版社《四库全书》影印本。
② 郑玉：《师山遗文》卷三，上海古籍出版社《四库全书》影印本。
③ 赵吉士：《寄园寄所寄》卷一一《新安理学》，清康熙刊本。
④ 赵吉士：《寄园寄所寄》卷一一《新安理学》，清康熙刊本。
⑤ 胡炳文：《云峰文集·云峰胡先生文集序》，上海古籍出版社《四库全书》影印本。
⑥ 胡炳文：《云峰文集》卷九《云峰胡先生行状》，上海古籍出版社《四库全书》影印本。
⑦ 胡炳文：《云峰文集·云峰胡先生文集序》，上海古籍出版社《四库全书》影印本。
⑧ 陈栎：《定宇集》卷一七《定宇先生墓志铭》，上海古籍出版社《四库全书》影印本。

委"[①]。二十三岁,"宋与科举俱废,慨然发愤圣人之学,涵濡玩索,废寝忘食,贯穿古今,罗络上下",遂成为著名的新安理学家[②]。祁门桃墅汪氏宗族子弟汪克宽,"祖华,受业双峰饶鲁,得勉斋黄氏之传。克宽十岁时,父授以双峰问答之书"[③],"玩索有得,遂于理学浸悟。乃取朱子《四书》,自定句读,昼夜诵读,知为学之要。自是读六经诸子、历代史、《通鉴纲目》诸书,悉皆成诵"。[④] 程敏政在《汪环谷先生传》附录中说:"朱子之学,一传为勉斋黄氏,再传为双峰饶氏,三传为东山汪氏(即先生仲父),而先生实嗣其传。"[⑤]所以,程氏在汪克宽像赞中说:"此考亭世嫡门生第四人也,此龙兴史局布衣第一人也。"[⑥]歙县郑村郑氏宗族子弟郑玉,"才十岁,闻人诵朱子之言,则喜其契于吾心也;闻人论朱子之道,则喜其切于吾身也。于是,日诵《四书》,玩味朱子之说而细绎之,沉潜反覆,久而融会贯通,得其旨趣"。[⑦]

元代徽州宗族理学家治学为师,都"以朱子为宗"。道光《休宁县志》记载:"自井邑田野,以至远山深谷,居民之处,莫不有学,有师,有书史之藏。其学所本,则一以郡先师朱子为归。凡六经传注、诸子百家之书,非经朱子论定者,父兄不以为教,子弟不以为学也。是以朱子之学虽行天下,而讲之熟,说之详,守之固,则惟新安之士为然。"据《还古书院志例言》记载,该书院规定:"讲义乃阐明圣贤精蕴,贵发前人所未发,又宜无偏无陂,纯粹中正,而不背子朱子之意者为佳,不敢阿私妄有所取。"[⑧]著名新安理学家倪士毅(休宁倪干倪氏宗族子弟),教授于黟县二十有三年,"非仁义道德之说尝论定于朱子者,不以教人"。著《四书辑释》[⑨]。胡一桂著《易本义附录纂注》,"以朱子《本义》为宗。取《文集》、《语录》之及于《易》者附之,谓之附

① 赵吉士:《寄园寄所寄》卷一一《新安理学》,清康熙刊本。

② 陈栎:《定宇集》卷一七《定宇先生墓志铭》,上海古籍出版社《四库全书》影印本。

③ 《明史》卷二八二《汪克宽传》,中华书局标点本。

④ 赵吉士:《寄园寄所寄》卷一一《新安理学》,清康熙刊本。

⑤ 《紫阳书院志》卷九,清雍正三年刻本。

⑥ 《紫阳书院志》卷九,清雍正三年刻本。

⑦ 郑玉:《师山遗文》附录《师山先生郑公行状》,上海古籍出版社《四库全书》影印本。

⑧ 《还古书院志》,清道光二十三年刻本。

⑨ 《紫阳书院志》卷九《倪道川先生传》,清雍正三年刻本。

录;取诸儒易说之合于《本义》者纂之,谓之纂注。其去取别裁,惟以朱子为断”。① 汪克宽,“平生以聚徒讲学为业……其学以朱子为宗”。② 郑玉,“每于名公大夫论及为政,必以树纲常厚风俗为急先务。其为学,大概本朱子。尝谓学者曰:‘斯道之懿,不在言语文字之间,而具于性分之内,不在高虚广远之际,而行乎日用常行之中,以此穷理,以此淑身,以此治民,以此觉后,庶乎无愧于古之人矣。’”③

## 二、捍卫朱子学

孔孟之学,“至于新安朱子,广大悉备。朱子既没,天下学士群起著书,一得一失,各立门户,争奇取异,附会缴绕,使朱子之说翳然以昏”。④

有的学者未通朱子学,妄自推测,造成错误。众所周知,《四书章句集注》是朱子学的重要著作。邓之原在《四书通序》中说:“《四书》之学,初表章于河南二程先生,而大阐明于考亭朱夫子……纂疏集成,博采诸儒之言,亡虑数十百家,使学者而无所折衷,予窃病焉。近世为图为书者益众,大抵于先儒论著及朱夫子取舍之说有所未通,而遽为臆说以炫于世……今新安云峰胡先生之为《四书通》也,盛取纂疏集成之戾于朱子者删而去之,有所发挥者则附己说之后,如谱昭穆以正百世不迁之宗,不使小宗得后大宗者,惧其乱也。”⑤

《资治通鉴纲目》是朱熹一部重要著作。汪克宽在《通鉴纲目凡例考异序》一文中说:“纲目凡例与纲目之书,皆子朱子手笔,褒善贬恶,明著义例,悉用《春秋》法,一字不苟。然学者抄录,书肆传刻,久而漏误者多,尹氏发明乃或曲为之说……纲目之与凡例,时或异同,皆抄录、传刻之失也。况尹氏所纪纲目,如秦王迁太后,误作‘秦人’;隋主坚弑介公阐,误作‘杀’;慕容

① 《四库全书总目提要·易附录纂注提要》,中华书局影印本。

② 《四库全书总目提要·环谷集提要》,中华书局影印本。

③ 郑玉:《师山遗文》附录《师山先生郑公行状》,上海古籍出版社《四库全书》影印本。

④ 陈栎:《定宇集》卷一七《定宇先生墓志铭》,上海古籍出版社《四库全书》影印本。

⑤ 胡炳文:《云峰文集》,上海古籍出版社《四库全书》影印本。

泓败死,作‘贬死’;征士陶潜作‘处士’之类,讹舛尤甚。克宽自幼受读,尝有所疑,而未敢决其必然。今者僭躐,谨摭刊本纲目与子朱子凡例相戾者,敬录于左,以俟有识者考焉。”①

郑玉对不认真读书,不认真研究,不认真思考,即涉笔谈朱子学之徒,进行了尖锐的批判。他说:“朱子尽取群贤之书,析其异同,归之至当,使吾道在宇宙如青天白日,万象灿然,莫不毕见。”②然而,“自是以来,三尺之童,即谈忠恕,目未识丁,亦闻性与天道,一变而为口耳之弊。盖古人之学,是以所到之深浅为所见之高下,所言皆事实;今人之学,是游心千里之外,而此身元不离家,所见虽远,而皆空言矣。此岂朱子毕尽精微以教世之意哉?学者之得罪于圣门而负朱子也深矣”。③ 郑玉认为:“吾党今日但当潜心圣贤之书,视之如军中之羽旄,如丧家之功布,进退俯仰,一随其节,久而吾心与之为一,自有得焉。不可先立一说,横于胸中,主为己见,而使私意得以横起,庶几防邪存诚,虽有小失,随时救正,不致大谬。如此死而后已,以冀于道可入。”④

有的学者虽对朱子学有所贡献,甚至有重大贡献,但是,有些观点背离了朱熹观点。胡一桂在《周易启蒙翼传原序》中说,朱子“去才百余年,而承学浸失其真,如《图》、《书》已厘正矣,复仍刘牧之者有之;《本义》已复古矣,复循王弼之乱者有之;卜筮之数炳如丹青矣,复祖尚玄旨者又有之,若是者讵容于得已也哉?”⑤陈栎《定字集》卷七《答问》记载:

吴仲文问:“饶双峰有功于朱学,有发明极好处,亦有拘处,其大可怪。入闽回,过邵武,守邀讲《尚书》人心惟危,至允执中一节,妄改朱子之言以非朱,殆不可晓。”

陈栎答:“饶氏《四书讲义》内多有好处,亦多有可非处。如,朱子补《大学》格物致知章,渠发明其意甚精密,末一段却朱说改其文,似是

① 汪克宽:《环谷集》卷四,上海古籍出版社《四库全书》影印本。
② 《四库全书总目提要·师山文集提要》,中华书局影印本。
③ 郑玉:《师山文集》卷三《与汪真卿书》,上海古籍出版社《四库全书》影印本。
④ 郑玉:《师山文集》卷三《与汪真卿书》,上海古籍出版社《四库全书》影印本。
⑤ 胡一桂:《周易启蒙翼传》,上海古籍出版社《四库全书》影印本。

两人所为。吾尝疑其人有心疾，清明在躬时说得好；其非改朱子之说，乃心疾发作时，不然何故如此纰缪，自相背驰？

所以，陈栎"慨然发愤圣人之学，涵濡玩索，废寝忘食，贯穿古今，罗络上下。以有功于圣人莫盛于朱子，惧诸家之说乱朱子本真，乃著《四书发明》、《书传纂疏》、《礼记集义》等书，余数十万言，其畔朱子者，刊而去之"。①

胡炳文"尝病世之学者名家，专门于朱子取舍《四书》、《易》、《诗》之说，大相抵牾，故力正其非。合各家之注，作《四书通》，凡辞异而理同者，合而一之；辞同而旨异者，析而辨之"。②《书胡云峰先生文集后》的作者说："盖自考亭之后，余干饶鲁之说，多叛其说。左右私淑，伐舛订讹。若先生辈，功实居多。临川吴文正公尝以是称之，遣其高弟，以求至当归一之论。"③

## 三、阐明朱子学

元代徽州宗族理学家不但都以捍卫朱子学为己任，同时，"老儒宿彦，自童蒙读书，至老死未尝暂释"，皓首穷经，"著述充栋"，以阐明朱子学为人生最高追求与目的。④

胡一桂，宋景定五年(1264年)领乡荐，试礼部不第，"入元退而讲学，远近师之"；继承家学，精研《易》理，"裒集诸家之说，以疏朱子之言，为《易本义附录纂疏》、《本义启蒙翼传》。其言曰：'易道有四象为要，易学有四占为难"。⑤《四库全书总目提要》曰，《周易启蒙翼传》(即《本义启蒙翼传》)要点有三："一曰举要，以发明变占之义；二曰明筮，以考史传卜筮卦占之法；三曰辨疑，以辨《河图》、《洛书》之同异，皆发明朱子说者也。"

---

① 陈栎：《定宇集》卷一七《定宇先生墓志铭》，上海古籍出版社《四库全书》影印本。

② 胡炳文：《云峰文集》卷九《云峰先生行状》，上海古籍出版社《四库全书》影印本。

③ 胡炳文：《云峰文集》，上海古籍出版社《四库全书》影印本。

④ 赵吉士：《寄园寄所寄》卷一一《新安理学》，清康熙刊本。

⑤ 赵吉士：《寄园寄所寄》卷一一《新安理学》，清康熙刊本。

胡炳文,幼聪颖,昼夜读书不辍。“父母恐其成疾欲止之,乃以衣蔽窗隙,终夜默诵。既长,笃志朱氏之学,上溯伊洛,以达洙泗渊源。凡诸子百氏,阴阳医卜,星历术数,靡不推究。”著有:《周易本义通释》、《诗集解》、《启蒙五赞通释》、《书集解》、《礼书纂述》、《春秋集解》、《朱子启蒙》、《纯正蒙求》、《四书通》、《大学指掌图》、《四书辨疑》、《五经会意》、《尔雅韵语》、《云峰笔记》、《云峰文集》等书①。“而于朱熹所著《四书》,用力尤深……往往发其未尽之蕴。”②《云峰先生文集序》记载:“云峰胡先生纂疏经书,阐明理学,时儒称其有功朱子者,固已家传而人诵矣。”③吴澄曾称:“有功圣门,莫若朱子;有功朱子,莫若云峰。”④吴氏认为,胡炳文“沉潜往圣之书,发挥先儒之论“;“其羽翼紫阳朱子者,皆性理之懿也”。“朱子发挥大圣之渊微,云峰又发挥大儒之渊微,希圣希贤,同一心耳。”⑤

宋亡,科举废。陈栎“慨然发愤,致力于圣人之学,涵濡玩索,贯穿古今。”⑥著《四书发明》、《尚书集传纂疏》、《四书考异》、《礼记集义译解》、《论语训蒙口义》、《三传节注》、《深衣说》、《中庸口义》、《六典撮要》、《诗经句解》、《诗大旨》、《读诗记》、《读易编》、《书解析衷》、《尔雅翼节本》、《字训注释》……共24种,“亡虑数十万言,凡诸儒之说,有畔于朱氏者,刊而去之;其微词隐义,则引而伸之;而其所未备者,复为说以补其阙。于是,朱熹之说大明于世”。⑦《论语训蒙口义》一书,“自集注外,朱子之《语录》,黄氏之《通释》,赵氏之《纂疏》,洎余诸儒之讲学可及者,咸采之,广汉张氏说亦

① 赵吉士:《寄园寄所寄》卷一一《新安理学》,清康熙刊本;蒋元卿:《皖人书录》,黄山书社1989年版,第733页。

② 《元史》卷一八九《胡炳文传》,中华书局标点本。

③ 胡炳文:《云峰文集·重刊胡云峰先生文集序》,上海古籍出版社《四库全书》影印本。

④ 胡炳文:《云峰文集》卷九《云峰先生行状》,上海古籍出版社《四库全书》影印本。

⑤ 胡炳文:《云峰文集·重刊胡云峰先生文集序》,上海古籍出版社《四库全书》影印本。

⑥ 《元史》卷一八九《陈栎传》,中华书局标点本。

⑦ 蒋元卿:《皖人书录》,黄山书社1989年版,第841—842页;赵吉士:《寄园寄所寄》卷一一《新安理学》,清康熙刊本。

取焉”。这部著作，采众家之说，附以己见，集《论语》注释之大成。陈氏自谓：“栎一得之愚，往往附见，或有发前人未发者，实未尝出朱子窠臼外。”①

“四书者，六经之阶梯。”宋元儒者“惧诵习之难，于是取子朱子平生之所以语学者，并其弟子训释之辞，疏于朱子注文之左，真氏有《集义》，祝氏有《附录》，蔡氏、赵氏有《集疏》、《纂疏》，相继成篇，而吴氏《集成》最晚出，盖欲博采而统一之。但，辨论之际，未为明备；去取之间，颇欠精神，览者病焉。比年以来，家自为学，人身为书，架屋下之屋，叠床上之床，争奇炫异，窃自附于作者之列，锓于木而传诸人，不知其几益，可叹矣！”②胡炳文和陈栎“睹《集成》之书行于东南，辗转承误，莫知所择，乃各摭其精纯，刊剔繁复，缺略者足以己意”，前者著《四书通》，后者著《四书发明》③。这两部著作，对朱熹编撰的《四书章句集注》作了精辟的阐述。

元泰定中，汪克宽应举乡试，中选。“会试以答策伉直见黜，慨然弃科举业，尽力于经学。”作为“考亭世嫡门生第四人”，他在经学研究中作出了重大成就。《春秋》“则以胡安国为主，而博考众说，会萃成书，名之曰《春秋经传附录纂疏》。《易》则有《程朱传义音考》。《诗》有《集传音义会通》。《礼》有《礼经补逸》。《纲目》有《凡例考异》”④。此外，还有《六书本义》、《春秋诸传提要》、《环谷集》⑤。赵吉士说，汪氏“六经皆有说，而《春秋》独盛；平生皆可师，而出处尤正。其道足以觉人，其功足以卫圣”。⑥ 弘治《徽州府志》作者认为：“克宽于经史圣贤之言，心融神会，造诣极深。”

朱熹一生虽无《春秋》著作，但并非“不曾精研《春秋》”。⑦ 据钱穆《朱子新学案·朱子之春秋学》记载，朱熹关于《春秋》的论述，见诸记载者近千百言。著名的新安理学家赵汸（休宁龙源赵氏宗族子弟），对《春秋》有很深

① 陈栎：《定宇集》卷一《论语训蒙口义自序》，上海古籍出版社《四库全书》影印本。
② 汪克宽：《环谷集》卷四《重订四书集释序》，上海古籍出版社《四库全书》影印本。
③ 汪克宽：《环谷集》卷四《重订四书集释序》，上海古籍出版社《四库全书》影印本。
④ 《明史》卷二八二《汪克宽传》，中华书局标点本。
⑤ 蒋元卿：《皖人书录》，黄山书社 1989 年版，第 529 页。
⑥ 赵吉士：《寄园寄所寄》卷一一《新安理学》，清康熙刊本。
⑦ 钱穆：《朱子新学案》第四册《朱子之春秋学》，巴山书社 1986 年版。

的造诣。他“尝以为《周易》、《春秋》二经，皆圣人精神心术所存，必尽得不传之妙，然后孔门之教乃备”。他治《春秋》，“不舍史以论事，不离传以求经，不纯以褒贬泥圣人”。[①] 他认为，“左氏、杜氏主史释经，而不知笔削本旨；公、谷、啖、赵知求笔削之旨，而不考鲁史旧章，俱不能无弊。”于是，他“离经释义，分为八类，辩而释之，名曰《春秋属词》，以著圣人笔削之旨；作《春秋集传》十五卷，以明圣人经世之志；著《左氏传补注》十卷，《师说》三卷，以为学者求端用力之阶”。[②] 在元代徽州宗族理学家群体之中，赵汸和汪克宽都是“春秋学”大家。

## 四、发展朱子学

一种学说，如果故步自封，墨守成规，必然陷入僵化。要想使朱子学得到发展，必须广收博采，汲取其他学派的营养。宋代，学派林立，学说纷呈，是思想理论界一个比较活跃的时代。朱学和陆学是南宋两大显学。在治学方法上，两派相互对立。朱熹主张“道问学”和“即物而穷其理”，即从博览群书和对外界事物的观察来启发内心的知识；陆九渊主张“尊德性”和“先发明本心”，认为“心即理也”，不必多做读书穷理工夫。朱氏讥陆为“禅学”，陆氏讥朱为“支离”，相互责难。

宋末和元代，“讲学者门户最严，而新安诸儒于授受源流，辨别尤甚”。[③] 朱学、陆学两派对立，相互攻击，互相诋毁，学术风气很坏。

但是，新安理学家朱升（休宁回溪朱氏宗族子弟）跳出了这一纷争。“其学以列圣传心为主，践履致用为功，务究极天人之蕴，兼理数而一之。”[④]，同时，又“网罗百家，驰骋千古”。[⑤] 他根据朱熹晚年“教人之法惟一

---

① 赵吉士:《寄园寄所寄》卷一一《新安理学》，清康熙刊本。

② 赵吉士:《寄园寄所寄》卷一一《新安理学》，清康熙刊本。

③ 《四库全书总目提要·易附录纂注提要》，中华书局影印本。

④ 朱升:《朱枫林集》卷九《休宁理学名贤朱升传》，黄山书社 1992 年版。

⑤ 朱升:《朱枫林集》卷一《翰林院侍讲学士朱升诰　陶主敬行词》，黄山书社 1992 年版。

尊德性、道问学两事为用力之要”的观点，论证了二者皆是“修己治人”不可或缺的功夫。① 在《跋大学旁注后》，朱升曰：

《大学》以修己治人为纲要，以致知力行为工程，然而知止能得之间，必有事焉。《经》所谓定静安，《论语》所谓仁能守之，《孟子》所谓居安资深者是也。《中庸》曰：“尊德性而道问学。”盖致知力行二者，皆道问学之事。动而道问学，静而尊德性，二者功夫如寒、暑、昼、夜之更迭而无间。尊德性即《大学》之正心也。《大学》诚意，是省察克治于将应物之际，正心是操，存涵养于未应物之时，与既应物之后。然而八目于致知之后，即继以诚意而正心，但列于其后者，盖《大学》为入德者言，使之先于动处用功，禁其动之妄，然后可以全其静之真也。此圣贤之心法，为传学之本也。而旁注不能详具，故表而著之云。②

此文表明，朱升在坚持朱熹的“道问学”主张的同时，又肯定了陆九渊的“尊德性”主张。他认为，“二者功夫如寒、暑、昼、夜之更迭而无间”。

如果说，朱升只是一方面坚持了朱熹主张的“道问学”，另一方面又肯定了陆九渊主张的“尊德性”，同是“修己治人”不可或缺的功夫，“如寒、暑、昼、夜之更迭而无间”；那么，郑玉提出的“和会朱陆”，就是兼采众家之长，发展朱子学的一面大胆而鲜明的旗帜了。针对朱学、陆学两派的相互对立、相互攻击和相互诋毁的不良学术风气，郑玉提出尖锐的抨击。他认为，朱学与陆学各有千秋，应该相互学习，取长补短，不应该互相攻击，相互诋毁。他在《与汪真卿书》中说：“近世学者，未知本领所在，先立异同，宗朱子则肆毁象山，党陆氏则非议朱子，此等皆是学术风俗之坏，殊非好气象也。某尝谓，陆子静高明不及明道，缜密不及晦庵，然其简易光明之说，亦未始为无见之言也。”③所以，他认为：“学者自当学朱子之学，然亦不必谤象山也。”④在《送葛子熙之武昌学录序》一文中，郑玉用对比的手法，对朱熹和陆九渊、朱

① 程敏政：《道一编》卷四《朱子答项平父》，上海古籍出版社《四库全书》影印本。

② 朱升：《朱枫林集》卷三，黄山书社1992年版。

③ 郑玉：《师山遗文》卷三，上海古籍出版社《四库全书》影印本。

④ 郑玉：《师山遗文》卷三《与汪真卿书》，上海古籍出版社《四库全书》影印本。

学和陆学的异同、长短，作了精辟、全面的阐述。这篇文章共有三个要点。

一、朱熹和陆九渊二人气质不同，因而造成治学的区别和差异。郑玉说："予语之曰：予家新安，朱子之乡也；子家临川，陆子之乡也，请各诵其所闻可乎？方二先生相望而起也，以倡明道学为己任，陆氏之称朱氏，曰江东之学；朱氏之称陆氏，曰江西之学，两家学者各尊所闻、所行、所知，今二百余年，卒未能有同之者。以予观之，陆子之质高明，故好简易；朱子之质笃实，故好邃密，盖各因其质之所近而为学，故所入之涂有不同尔。"①

二、朱熹和陆九渊的政治思想、道德学说、哲学观点是一致的，后学不求其同，惟求其异，是错误的。郑玉指出："及其并也，三纲五常，仁义道德，岂有不同者哉？况同是尧舜，同非桀纣，同尊周孔，同排释老，同以天理为公，同以人私为私，大本达道，无有不同者乎！后之学者，不求其所以同，惟求其所以异，江东之指江西则曰：'此怪诞之行也'；江西之指江东则曰：'此支离之说也'，而其异益甚矣。此岂善学圣贤者哉？"②

三、朱学与陆学各有优缺点，应该相互学习，取长补短。郑玉认为："朱子之说，教人为学之常也；陆子之说，高才独得之妙也，二家之学亦各不能无弊焉。陆氏之学其流弊也，如释子之谈空说妙，至于卤莽灭裂，而不能尽夫致知之功；朱氏之学其流弊也，如俗儒之寻行数墨，至于颓堕委靡，而无以收其力行之效，然岂二先生立言垂教之罪哉？盖后之学者之流弊云尔。"③

明朝初年，新安理学进入鼎盛时期。我们认为，朱升"网罗百家"，郑玉"和会朱陆"，起了重要作用。

## 结 束 语

本文从以朱子学为宗、捍卫朱子学、阐明朱子学、发展朱子学四个方面，论述了元代徽州宗族理学家的学术活动。我们认为，元代新安理学学派人

① 郑玉：《师山文集 · 送葛子熙之武昌学录序》，上海古籍出版社《四库全书》影印本。
② 郑玉：《师山文集 · 送葛子熙之武昌学录序》，上海古籍出版社《四库全书》影印本。
③ 郑玉：《师山文集 · 送葛子熙之武昌学录序》，上海古籍出版社《四库全书》影印本。

才辈出，著作丰富，成绩很大，对朱子学作出了重大贡献。学者在四书学、诗经学、尚书学、三礼学、春秋学、易学以及治学方法等领域，均“有发前人未发者”。但是，他们对朱子学的基本理论和基本观点——包括政治思想、伦理学说、哲学观点——没有作出重大突破和重大创新。用陈栎的话说就是，元代新安理学家对朱子学的创新和发展，即“发前人所未发”，“实未尝出朱子窠臼外”。这并不是谦虚，而是实事求是。

（原载《安徽大学学报》（哲学社会科学版）2000年第6期，
标题为《元代新安理学家弘扬朱子学的学术活动》）

# 七至十四世纪徽州世家大族汪氏研究

## ——以元代汪氏大族为重心

唐宋以来，徽州宗族特别繁荣，徽州成为中国封建社会宗族制度最发达的一个地区。胡晓在《新安名族志序》一文中说：

> 新安……山峭水厉，燹火弗惊，巨室名族，或晋唐封勋，或宦游宣化，览形胜而居者恒多也。其故家遗俗，流风善政，宛然具在。以言乎派，则如江淮河汉，汪汪千顷，会于海而不乱；以言乎宗，则如泰华之松，枝叶繁茂，归一本而无二；言乎世次，则尊卑有定，族居则闾阎辐辏，商贾则云合通津；言乎才德，则或信义征于乡间，或友爱达于中外，或恬退著述，或忠孝赫烈。至于州里之镇定，六州之保障，诸儒之大成，宗庙血食，千载不磨，又名族之杰出者。①

据历史文献记载，唐宋以来，汪氏世家大族是徽州世家大族之最。② 程敏政《篁墩文集》卷二十七《城北汪氏谱序》说："徽郡惟汪氏姓最著，族最多。"

---

① 程尚宽：《新安名族志》，明嘉靖三十年刻本。

② 宗族是历史上形成的以父系血缘关系为纽带的社会人群共同体。它有 8 个特征：1. 有共同的始祖；2. 以血缘关系为纽带；3. 有明确的昭穆世次；4. 有一定的聚居地点；5. 有一定的组织管理形式；6. 开展一定的集体活动；7. 有宗族的族规家法；8. 有宗族的公有财产。凡是具备这 8 个基本特征的社会人群共同体，都是独立的宗族（参见赵华富《从徽州宗族资料看宗族的基本特征》，《谱牒学研究》第四辑，书目文献出版社 1995 年版）。本文所说的汪氏世家大族或曰"宗族联盟"，是一个具有血缘关系（含个别没有血缘关系）的亲密和疏远的人群，其中包括许多汪氏宗族。

## 一、汪氏世家大族的崛起和从“尚武”到“崇文”的转变

据汪氏谱牒和《新安大族志》记载，徽州汪氏世家大族始得姓之祖是鲁成公次子，号汪，因“有功于鲁，食采颍川”。东汉末年，徽州汪氏大族的始祖名汪文和，“以破黄巾功为龙骧将军。建安二年，因中原大乱，南渡江。孙策表授会稽令，遂家于歙，是为新安汪氏始迁之祖”①。

隋末，天下大乱，群雄蜂起。徽州绩溪登源汪氏世家大族祖先汪华起兵，占领歙、宣、杭、睦、婺、饶六州之地，自称吴王。唐武德四年（621 年），华遣堂弟铁佛赴长安纳款，唐授华六州诸军事、歙州刺史，封上柱国、越国公。授铁佛歙、宣、杭、睦、婺、饶六州总管府长史、封金紫光禄大夫、上柱国、宣城郡开国公。武德七年（624 年），汪华奉诏晋京，累迁左白渠府统军、忠武将军、右卫积福府折冲都尉。太宗征辽，委任汪华为九宫留守。宋元时期，追封华为越国王。② 族以人显。因此，汪氏世家大族名声大振。据汪氏谱牒和《新安大族志》记载，汪华生有 9 个儿子。他们是：汪建、汪璨、汪达、汪广、汪逊、汪逵、汪爽、汪俊、汪献。汪铁佛有 8 个儿子。他们是：汪伯广、汪伯密、汪伯伦、汪伯廉（标点本《名族志》作汪伯谦）、汪伯雅、汪伯巍、汪伯顺、汪伯当。汪氏世家大族人丁兴旺。罗愿《新安志·附汪王庙考实》记载，徽州有“十姓九汪”之说。

南北朝和隋唐时期，徽州社会“尚武”。程氏世家大族祖先程灵洗是南北朝时期的代表；汪氏世家大族祖先汪华是隋唐时期的典型。从宋代开始，汪氏世家大族与徽州其他世家大族一样，从“尚武”变为“崇文”。

据历史文献记载，唐代徽州汪氏世家大族还未建立书院。宋代，汪氏子弟共建书院 6 所（含非以书院命名者）。它们是：

---

① 程尚宽：《新安名族志》，明嘉靖三十年刻本。按：这里说的“龙骧将军”有讹。因为，汉朝没有龙骧将军这一称号，龙骧将军之称起于晋朝。对此，汪氏宗族曾有辩解。这只能作为一家之言。

② 《新安大族志》，日本东洋文库藏本。

1. 四友堂。北宋西京文学汪存讲学处，地处婺源大畈。①

2. 秀山书院。宋崇宁年间(1102—1106年)休宁汪若楫建，地处休宁藏溪南山之阳。②

3. 秘阁书院。宋歙县直秘阁汪叔詹(道光《徽州府志》作汪淑詹)、汪若海建，地处西溪。③

4. 翰林书院。宋休宁方塘汪氏七世支丁汪龙孙建，地处方塘村中。④

5. 横绿书院。宋休宁方塘汪氏支丁汪洽建，地处方塘。⑤

6. 柳溪书院。原处休宁县城西门外柳溪，元末汪洗自柳溪迁邑南汉川。⑥

据道光《徽州府志·选举志》记载，唐代汪氏世家大族只中式进士1人。宋代中式进士多达127人。他们分属于徽州六县。

歙县汪氏世家大族中式进士有：汪珅、汪淑詹、汪知言、汪希旦、汪若海、汪若容、汪若思、汪宗汉、汪洪、汪宗泽、汪楫、汪饶、汪瀹、汪杰14人。

休宁汪氏世家大族中式进士有：汪远猷、汪泳、汪文震、汪雄图、汪云从、汪体仁、汪仁荣、汪棐、汪会图、汪仕德、汪万里、汪岪、汪大信、汪济、汪元通、汪深、汪惟熙、汪梦春、汪革、汪一龙20人。

婺源汪氏世家大族中式进士有：汪震、汪信臣、汪澄、汪宗颜、汪师道、汪谷、汪师雄、汪以慎、汪适正、汪茂、汪子友、汪奕、汪路、汪恺、汪汝贤、汪次言、汪瑞生、汪澈、汪发、汪廷直、汪临、汪芑、汪掀、汪思、汪利和、汪处厚、汪昭迪、汪僎、汪杞、汪利往、汪廓、汪逌、汪安仁、汪瑞彦、汪械、汪鸿举、汪洗、汪克刚、汪牧、汪幡然、汪寿夫、汪文、汪应时、汪复、汪元龙、汪宗臣、汪廷桂、汪伯海48人。

---

① 康熙《徽州府志》卷一五《人物·隐逸》，清康熙三十八年万青阁刊本。

② 弘治《徽州府志》卷五《学校》，《天一阁藏明代方志选刊》，上海古籍书店1982年影印本。

③ 康熙《徽州府志》卷七《营建志·学校》，清康熙三十八年万青阁刊本。

④ 程尚宽：《新安名族志》，明嘉靖三十年刻本。

⑤ 程尚宽：《新安名族志》，明嘉靖三十年刻本。

⑥ 弘治《徽州府志》卷五《学校》，《天一阁藏明代方志选刊》，上海古籍书店1982年影印本。

祁门汪氏世家大族中式进士有：汪仁谅、汪汉文、汪士安、汪鸿、汪伯彦、汪俣、汪黻、汪高、汪钦祖、汪震10人。

黟县汪氏世家大族中式进士有：汪舜昭、汪皋会、汪勃、汪冠卿、汪义端、汪义荣、汪必达、汪必迩、汪义和、汪纮、汪勋、汪昱、汪澄之、汪衡、汪达、汪墉、汪玠、汪衍、汪旗、汪琪、汪韶21人。

绩溪汪氏世家大族中式进士有：汪昊、汪信臣、汪汲、汪璨、汪淇、汪激、汪滋、汪天麟、汪襄、汪彦中、汪安行、汪安仁、汪标、汪安世14人。

这张127人的“进士列名榜”，非常充分地表现了宋代徽州汪氏世家大族“崇文”的风尚。

据蒋元卿《皖人书录》记载，唐代汪氏世家大族没有一个著书人。宋代，汪氏世家大族有著书人20，总计著书51部。其中，汪藻19部，汪晫6部，汪革5部，汪纲3部，汪若海2部，汪义端2部，汪应、汪砢、汪师孟、汪伯彦、汪仪凤、汪徐、汪宗臣、汪必进、汪澈、汪义发、汪革、汪若容、汪若楫、汪权经各1部。

## 二、汪王庙和汪氏祠堂

汪王庙源远流长。隋末，汪华起兵，攻占歙、宣、杭、睦、婺、饶六州之地，“保境安民”，“其功大矣”。罗愿《新安志·附汪王庙考实》记载：“汪台符庙记称：贞观二十三年，父老请建祠堂于厅事（按：指吴王厅事——引者）之西。”大历十年（775年），刺史薛邕迁于乌聊山东峰。元和三年（808年），刺史范传正又迁于南皋。罗愿说，南皋汪王庙“即今庙是也”①。

唐封汪华为越国公。汪华庙宇为什么不称汪公庙，而称汪王庙呢？对这个问题，曾有人做过解释。我们认为，唐歙州刺史薛邕尝以汪华“功德奏闻，奉勅立庙”②。此庙不可能称“汪王庙”。因为，汪华封越国公，不是封越国王。在唐代，如果有人称汪华祠堂为“汪王庙”，那不是官方的命名，而

① 罗愿：《新安志·附汪王庙考实》，《宋元地方志丛书》本。
② 罗愿：《新安志·附汪王庙考实》，《宋元地方志丛书》本。

可能是老百姓的称呼。因为,汪华起兵占领歙、宣、杭、睦、婺、饶六州之地,曾自称"吴王"。宋代,称汪华祠堂为"汪王庙",是因为宋朝追封汪华为越国王。我们认为,汪王庙之称,或来自唐代老百姓的称呼,或来自宋代的称呼。

汪王庙是供奉汪华的庙宇。此外,还祔祀毛甘、汪节、汪铁佛、汪天瑶。罗愿《新安志·附汪王庙考实》记载:"今所在王庙(按:指歙县南阜汪王庙——引者),有二武士介,而兵立于门首。土人谓之毛甘将军、汪节将军。"据《三国志·吴志》记载,毛甘是歙县人。汉建安十三年(208年),起兵反抗孙吴统治,被吴将贺齐镇压。《太平广记》记载,汪节为绩溪人,唐神策将军,有神力。罗愿说:"二人与王虽异世,民间特以有功及材武,故类而祀之。"①汪铁佛和汪天瑶二人,前者为宣城长史(《新安名族志》和《吴山汪王庙志略续编》作:六州总管府长史、宣城郡开国公),后者是淮安长史(《吴山汪王庙志略续编》作:六州总管府长史、淮安郡开国公)。"云者或曰,即王二佐",因而祔祀。②

后来,徽州又出现"汪王行祠"。程敏政在《休宁汊口世忠行祠记》一文中说:"中古以来,有行祠之设,卜地为之,其之视公祠则杀,视家礼则隆,亦犹民间不敢僭称社稷而曰义社也。"③有的汪王庙供奉汪华以外,只祔祀汪铁佛和汪天瑶。如《吴山汪王庙志略续编》记载,正殿奉祀:

历封襄安昭忠广仁武烈灵显王唐越国公汪华公神位、塑像;

唐金紫光禄大夫六州总管府长史宣城郡开国公铁佛汪公神位;

唐金紫光禄大夫六州总管府长史淮安郡开国公天瑶汪公神位。

汪华本来是唐朝一个武将,后来演变为徽州地方保护神。汪王庙是供奉徽州地方保护神汪华的庙宇。但是,对于徽州汪氏世家大族而言,汪王庙又是汪氏世家大族的宗族祠堂,具有地方神庙和宗族家庙二重性质和二重意义。

---

① 罗愿:《新安志·附汪王庙考实》,《宋元地方志丛书》本。
② 罗愿:《新安志·附汪王庙考实》,《宋元地方志丛书》本。
③ 程敏政:《篁墩文集》卷一四,上海古籍出版社《四库全书》影印本。

除了汪王庙以外，唐代婺源大田汪氏世家大族还建有大田寺墓祠①，宋代休宁臧溪汪氏世家大族建有臧溪汪氏祠堂②，歙县汪氏世家大族建有吴清山墓祠③，元代婺源凤亭汪氏世家大族建有凤亭汪氏墓祠④，婺源回岭汪氏世家大族建有永思堂墓祠⑤，婺源大畈汪氏世家大族建有知本堂和永思堂⑥。

大畈知本堂是一座宗祠，永思堂是一座家祠。赵汸在《知本堂记》中说：

> 宗法之废久矣……传曰：人道亲亲也。亲亲故尊祖，尊祖故敬宗，敬宗故收族，此宗法所由立也……夫若夫有志之士，因其所可为以为其所得为，使亲亲之道复明，而为尊祖敬宗兴行于一家，以达乎一乡一国，是固学士大夫之用心也。同郡汪侯仲玉，早岁尝有志于斯，中遭多难，虽军务填委，未尝一日而忘。乃即星源大畈田中创重屋，为楹间者五，其上通三间以为室。奉始得姓之祖神主中居，及初渡江者，及始来居大畈者。而昭穆序列左右者十有□世。又为庙于屋南，像其祖之有封爵在祀典者，配以其子孙之有功德者四人……庙有庑有门，时享月荐，买田以给，凡费者若干亩，合两名曰"知本堂"。以族人之属尊而年长者，主祀事焉。别为专祠于大畈西浯村先人故居，曰"永思堂"，祀高祖而下四世，其田与祭，则继高祖者主之焉。盖知本者以明大宗之事，而永

① 徽州《汪氏重修统宗谱》卷四一《大田寺墓祠记》。参见常建华《宋元时期徽州祠庙祭祖的形式及其变化》，《徽学》2000 年卷，安徽大学出版社 2001 年版。

② 弘治《徽州府志》卷一〇《宫室》，《天一阁藏明代方志选刊》，上海古籍书店 1982 年影印本。

③ 汪慰：《重建吴清山墓祠征信录》卷一《清道光六年安徽巡抚邓公碑文》、《清道光二十年闽浙总督程公碑文》。参见常建华《宋元时期徽州祠庙祭祖的形式及其变化》，《徽学》2000 年卷，安徽大学出版社 2001 年版。

④ 郑玉：《师山集》卷五《凤亭里汪氏墓亭记》。参见常建华《宋元时期徽州祠庙祭祖的形式及其变化》，《徽学》2000 年卷，安徽大学出版社 2001 年版。

⑤ 李祁：《云阳集》卷七《汪氏永思堂记》。参见常建华《宋元时期徽州祠庙祭祖的形式及其变化》，《徽学》2000 年卷，安徽大学出版社 2001 年版。

⑥ 弘治《徽州府志》卷一〇《宫室》，《天一阁藏明代方志选刊》，上海古籍书店 1982 年影印本。

思则小宗之遗意也。①

知本堂祀奉的汪氏世家大族祖先有:始得姓之祖鲁成公次子讳汪;初渡江之祖汉龙骧将军讳文和;始居大畈之祖讳中元。其他十几世祖先神主,按昭穆世次分列左右。②

知本堂南庙奉祀的汪氏世家大族祖先是:唐越国公、宋元封襄安昭忠广仁武烈灵显王讳华。配享者有:团练使、御史大夫、端公讳渍:顺义军使、检校司空讳武;宋西京文学四友先生讳存;端明殿学士、招讨制置使讳立信。③

宋元时期,汪王庙和汪氏世家大族祠堂祭祖礼仪如何?文献无征。朱熹《家礼·祭礼》记载有:“冬至祭始祖”、“立春祭先祖”、“季秋祭祢”。但是,宋元时期,庙制未立。朱熹认为,士庶之家“冬至、立春二祭似僭”④。所以,徽州世家大族设宗祠者不多,大都不举行春祭和冬祭。婺源大畈汪氏世家大族的知本堂是宗祠,其中供奉有汪氏始得姓之祖、始迁徽州之祖、始迁大畈之祖。如果不举行春祭和冬祭,怎样面对列祖列宗之神灵呢?我们已经说过,汪王庙是为了表彰汪华“保境安民”之功,由唐朝皇帝敕建的。因此,春祭汪王,恐怕是名正言顺吧!

从徽州谱牒之中,可以看到徽州世家大族祠堂祭祖,都有主祭、陪祭和礼生。主祭者都是辈高年长、德高望重者为之,陪祭者为成年支丁(或有一定文化水平的支丁),礼生大多数是有一定文化水平的青年支丁。

据朱熹《家礼·祭礼》记载,祭前三日斋戒,前一日设位、陈器、省牲、涤器、具馔。祭日,厥明夙兴,设蔬、果、酒、馔;质明,奉主就位。

徽州世家大族祠堂祭祖,普遍遵循朱熹《家礼·祭礼》,行“三献礼”。按《家礼·祭礼》规定祭仪如下:

1. 参神
2. 降神
3. 进馔

① 赵汸:《东山存稿》卷四《知本堂记》,上海古籍出版社《四库全书》影印本。
② 赵汸:《东山存稿》卷四《知本堂记》,上海古籍出版社《四库全书》影印本。
③ 赵汸:《东山存稿》卷四《知本堂记》,上海古籍出版社《四库全书》影印本。
④ 朱熹:《家礼·家礼附录》,上海古籍出版社《四库全书》影印本。

4. 初献

5. 亚献

6. 终献

7. 侑食

8. 阖门

9. 启门

10. 受胙

11. 辞神

12. 纳主

13. 彻

14. 馂

民国《歙县志》卷一《风土》记载，徽州世家大族祭组，“俗守文公《家礼》，在昔小异大同。咸（丰）、同（治）以后，踵事增华‘三献’也，而六行之”。

## 三、元代徽州汪氏世家大族的支派

宗族的繁衍裂变是自然发展和社会发展的普遍规律。据《新安大族志》记载，元代徽州汪氏世家大族已繁衍裂变为大小数十个支派，有51个聚族而居的居民点，形成许多大小不等的汪氏宗族，分布在徽州一府六县。现据日本东洋文库藏本《新安大族志》，并参考《新安名族志》标点本和日本东洋文库藏本，分别介绍如下。

### （一）歙县大族汪氏

唐模汪氏，一名新平里汪氏，地处邑西25里。唐元和年间（806—820年），汪华长子建八世孙（标点本《名族志》作“十一世孙”）思立，由绩溪登源（标点本《名族志》作“新建”）迁此。

潜口汪氏，地处邑西30里，出唐模派。宋金紫光禄大夫汪叔敖迁潜口下市，宣议郎汪时俊迁中市。

上路汪氏，地处郡城东。宋嘉定年间(1208—1224年)，汪初为长兴令，“由绩溪迁城东天庆观前，元季第毁于兵，徙此”。

稠墅汪氏，地处邑西20里，出唐模派。曰汪仁忻者“迁此”。

古城关汪氏，地处邑西3里。汪承吉四世孙曰叔詹(道光《徽州府志》作“淑詹”)，宋崇宁五年进士，官司农少卿，“迁此”。

西沙溪汪氏，地处邑西13里(标点本和日本东洋文库藏本《名族志》作“十里”)。司农少卿汪叔詹之六世孙曰人鉴，“由古城(关)迁此”。

斗山汪氏，地处城东门里。上世居城北二十里，凤凰派。汪承绪裔孙曰城富，“迁此”。

岩镇汪氏，地处邑西20里，出休宁资村派。宋提刑汪文振裔孙曰梅，“始迁岩镇磡头”。

富堨汪氏，地处邑北15里。汪华第三子达之后裔汪原，“由登源迁尚田”;唐光启二年(886年)，十二世汪遇，由绩溪尚田“迁此”。

水界山汪氏，地处邑西30里，出唐模派。汪承吉六世孙曰孝章，宋淳熙九年(1182年)“迁此”。

环山汪氏，地处邑西南20里。汪华长子建之后曰贵，“由唐模迁东关”。厥后，曰进，“赘环山方氏，因家焉”。

瑨村汪氏，地处邑南40里。汪铁佛之后曰脩，由引冲迁枫林坦。传六世曰昱，“居此”。

### (二)休宁大族汪氏

西门汪氏，地处邑南隅。汪华第七子爽之后裔曰接，宋初由婺源回岭“迁此”。

旌城汪氏，地处邑西50里。汪铁佛裔孙曰祖起，唐开成年间(836—840年)“始迁此。”

溪口汪氏，地处邑西50里，出旌城派。汪铁佛裔孙槱和薰，“始迁溪口居”。

鹏鹄原汪氏，一名坑口汪氏，地处邑西130里，出旌城派。汪起祖裔孙曰员，“迁此”。

党坑汪氏,地处邑西40里,出旌城派。汪起祖裔孙曰崇德,“迁此”。

资村汪氏,地处邑西25里。汪华第七子爽之后裔曰玑,“迁此”。

上资汪氏,地处邑西30里。汪铁佛裔孙曰宗礼,“迁此”。

梅林汪氏,地处邑东南20里。汪华长子建之后曰承简,“自歙迁此”。

黎阳汪氏,地处邑东30里。唐宪公裔孙汪守之为宋指挥,宝祐元年(1253年)镇守新安,子五七“迁此”。

隐冲汪氏,地处邑东20里。汪华长子建裔孙曰肆,“自绩溪迁此”。

兖山汪氏,地处邑东南35里。汪华第四子广之裔孙曰金寿,元季“迁此”。

长丰汪氏,地处邑西50里。汪华第七子爽裔孙曰子任,“迁此”。

藏溪汪氏,地处邑南50里。汪华第八子俊之七世孙曰茂,“唐末迁此”。

东山下汪氏,地处邑东南40里,出藏溪派。汪茂裔孙曰音者,“迁此”。

### (三) 婺源大族汪氏

大畈汪氏,一名镛溪汪氏,地处邑东105里。南唐保大年间(943—957年),汪华第七子爽之十三世孙曰渍者,守婺源三梧镇,子中元“遂家此”。传五世孙曰惟厚,住前村;曰惟庆,住后村;曰惟瞻,住畲田。

回岭汪氏,地处邑北百里。汪渍之孙曰程者,由大畈“迁此”。

凤砂汪氏,又名黄砂汪氏,地处邑西90里。汪华第七子爽之后裔曰昇夏,“迁此”。

官源汪氏,地处邑北90里。汪程“自大畈迁回岭”,汪涓自回岭“迁此”。

符村汪氏,地处邑南50里。汪华第七子爽十三世孙愿,居大田鹳巢。二十一世曰惟钦者,“迁符村”(据日本东洋文库藏本《名族志》)。

西门汪氏,地处邑西门。汪华后裔庸,为宋太学生,“由环珠里迁此”。

冲山汪氏,地处邑西。汪愿十一世孙仁礼,为宋池州教授,“由水东迁此”。

集贤坊汪氏,地处邑西。汪华十三世孙道安“补衙前兵马使都虞侯,镇婺源,遂家焉”(据标点本和日本东洋文库藏本《名族志》)。

石井汪氏,地处邑南30里。宋建安知录曰汪伯辉者,“由回岭迁此”。

鸿溪汪氏,地处邑东60里。始祖汪睿,“因庐墓居此”。

### (四) 祁门大族汪氏

井亭汪氏,地处邑东隅,今名汪家巷。汪华第七子爽之后曰雅者,“迁此”。

崇善坊汪氏,地处邑西隅。汪华第七子爽之十一孙曰澄甫者,“自梓溪迁此”。

东街汪氏,地处邑东隅。汪华第七子爽之后迁此。

西街汪氏,地处邑西隅。汪华第七子爽之后,“传至季仲(标点本和日本东洋文库藏本《名族志》作“仲云”)迁此”。

桃墅汪氏,地处邑南30里。汪华第七子爽之后,“传至曰俊同,迁此”。

舜溪汪氏,地处邑西90里。汪华之后裔曰显之(标点本和日本东洋文库藏本《名族志》作“显文”)者,“自井亭迁此”。

侯潭汪氏,地处邑南20里。先世居石山。汪镔为六合县令,“迁楚溪”。宋建炎初,镔九世孙寔,“自楚溪迁此”(据标点本和日本东洋文库藏本《名族志》)。

泸溪汪氏,地处邑南70里。宋南渡时,曰汪时济者,“自井亭迁此”。

北关汪氏,地处邑北隅。“先世曰迪迁此”。

村墅(标点本《名族志》作“朴墅”)汪氏,地处邑南(标点本《名族志》作“邑西南”)一都。汪华长子建后裔曰新者,由井亭迁此。

大坦汪氏,地处邑北20里。先世曰汪琦。南宋末,汪千四“迁上柏溪大坦”(据标点本《名族志》)。

### (五) 黟县大族汪氏

黄陂汪氏,地处邑北10里,栖北山麓(标点本和日本东洋文库藏本《名族志》作“碧山麓”)。始祖汪宗明,“始居于此”。

霞阜汪氏,地处邑东25里(标点本和日本东洋文库藏本《名族志》作

“三十五里”)。汪华后裔。始居宣城。宋景定年间(1260~1264 年),汪光祖“迁此”。

### (六) 绩溪大族汪氏

古墻汪氏,地处邑东隅。五代时,汪华长子建之后裔馗,自“唐模迁此”。当“宋元交荡,惟汪独有完甓,因名”。

## 四、元代徽州汪氏世家大族的谱牒

宋元时期的谱牒,已是凤毛麟角。现在已经发现宋元谱牒共计有 25 部。在这 25 部宋元谱牒之中,有徽州谱牒 16 部①。在徽州 16 部宋元谱牒之中,元代汪氏世家大族谱牒多达 6 部。元代汪氏世家大族纂修的谱牒,占全国已经发现的宋元谱牒的 24%,占徽州已经发现的宋元谱牒的 37.5%。元代徽州汪氏世家大族谱牒,不仅是全国已经发现的宋元谱牒之最,而且也是徽州已发现的宋元谱牒之最。这 6 部元代汪氏世家大族谱牒是:

1.《新安汪氏庆源宗谱》不分卷,汪垚纂修,元抄本,1 册。

2. 徽州《汪氏渊源录》,10 卷,元至治年间汪松寿纂修,明刻正德十三年重修本,1 册。

3. 婺源《回岭汪氏宗谱》,9 卷,附续谱补略 1 卷,元至正八年汪德麟纂,明嘉靖年间刻本,1 册。

4.《新安汪氏族谱》不分卷,汪云龙纂修,元刻本,1 册。

5.《新安旌城汪氏家录》,7 卷,汪炤纂修,元泰定元年刻本,l 册。

6.《新安汪氏宗谱》,木刻残本,1 册

古往今来,宗族修谱的宗旨都是“奠世系,序昭穆”。元代徽州汪氏世家大族修谱也不例外。但是,除了这一基本宗旨以外,还有一个重要目的,即尊祖、敬宗、收族。《新安汪氏庆源宗谱·新安汪氏庆源宗谱序》说:

① 参见赵华富《徽州宗族研究》,安徽大学出版社 2004 年版,第 165—166 页。此书列宋元徽州谱牒 14 部,本文补婺源《回岭汪氏宗谱》和《新安汪氏宗谱》(残本)。

周文王立为宗法，别子为祖，继别为宗，继祢为小宗，使相联属而不忘其祖。复设庠序，以明其大宗、小宗之法，叙其昭穆，有喜则相庆，有急则相救，死葬相恤，而疾病相扶持，欢然恩以相爱，粲然文以相接，然皆出于亲也。虽亲尽服绝，而和气蔼然；虽家析户分，而尊卑秩若如初，皆宗有谱、谱有图之所致也。后世以娄为刘，以疏为束，姓系淆乱，宗法不明，情弗洽而若胡越，服未远而如途人，是独无人心之天乎？良由谱不明，族不和，情不通，而势不相亲也。

徽州《汪氏渊源录》记载："世教湮微，而宗法斁，五服之外，亲竭情忘，驯致同姓之间，化为异类，民德不归于厚。"《新安汪氏族谱》曰，五服以外，"视如路人，稍有忿争，患若仇敌"。徽州《汪氏渊源录·汪氏续谱》针对这种情况指出："家之谱录，犹国之有史也。尊祖、敬宗、叙亲、明族，族谱其庸待乎？"

为了贯彻奠世系、序昭穆和尊祖、敬宗、收族的纂修宗旨，元代徽州汪氏谱牒都将辨族姓，别族类，考始祖，明支派和编纂世系图表作为谱牒内容。

**1. 族姓来源**

元代徽州汪氏谱牒重视族姓来源。因为，阐明姓氏起源，可以达到"虽族散万途，而宗归一本；视今秦越，于古为亲；稽牒则同，明伦不远"①。《新安汪氏庆源宗谱·重修家谱并序》说："汪氏之出，始于黄帝，帝少典之子也，姓公孙，居轩辕之丘，名曰'轩辕'。……至成公黑肱之子汪，有功王室，食采于颍川，子孙以名氏，故号曰'颍川汪氏'焉。"徽州《汪氏渊源录·原姓》曰："汪氏之先，本于轩辕，别于后稷，族于姬鲁，而氏于颍川，实为鲁成公之次子，夫人姒氏所生。"汪高梧不同意这种观点。他在《新安汪氏庆源宗谱序》中说："吾宗鱼龙汪氏，由人皇之世，以迄于今，聚族新安，数千年矣，非平阳、颍川二望所从来也。汪芒氏再得国于斯，显圣王复开国于此，以神武之功，勋德之裔，绵绵不绝。"

**2. 别生分类**

纂修谱牒一个重要目的是收族，不但不要"服未远而如途人"，而且也

① 徽州《汪氏渊源录》卷一《叙谱》，明刻正德十三年重修本。

要防止异姓乱宗和同姓异宗混入族内。所以，徽州《汪氏渊源录》卷二《论竹溪新谱书》说："别生分类，其来尚矣。三代以降，氏族日繁，支派日广，赐别改冒之姓，漫不可求。苟非谱牒所传，则莫能知其所自，故后世官籍定其源委，家乘最其乘传。然而犹惑迷失遗忘，断没难考。"

**3. 始祖考辨**

"万物本乎天，人本乎祖。人之有祖，犹木之有根，水之有源也。"①程一枝《程典》说："人之生也，本之为祖，统之为宗，散之为族。祖也者，吾身所自出，犹木之根也；宗族也者，吾身所同出，犹木之支干也，是皆生理之自然，而不可忽者矣。"元代汪氏谱牒重视始祖考辨。《新安汪氏庆源宗谱》记载："后汉建安二年，有文和者，乃汪之三十一代孙也，以龙骧将军迁会稽令，遂家于新安，于是颍川之汪派流江左矣。"徽州《汪氏渊源录》卷三记载："三十一代，文和，字君睦，为人多智略，膂力绝人。汉献帝中平间，破黄巾贼，为龙骧将军。建安二年丁丑，中原大乱，文和南渡江，孙策表授会稽县令。"建安十三年(208 年)，孙权遣中郎将贺齐平黟、歙。"文和遂家于歙，娶富春孙氏女，二子轸、超"。

**4. 支分派别**

为了达到奠世系、序昭穆和尊祖、敬宗、收族的编纂宗旨，元代汪氏谱牒重视支分派别。徽州《汪氏渊源录》记载，徽州汪氏有 13 支。他们是：歙县唐模诸支、石冈分支；婺源大坂支、大坂分支、浯溪大坂分支、回岭支、回岭分支；休宁西门支、彭护源本支、程村支；饶州德兴县银港支；□□五镇分支、鹳林下坑分支。《新安汪氏族谱·汪氏家乘世系图》记载，有 8 派。他们是：歙东坦头派、歙东坦头东宗派、坦市西宗派、坦市东宗派、荆溪坦市东宗派、绩溪罗川派、坊市派、歙县江村湾派。《新安汪氏庆源宗谱》记载，有 15 派。他们是：椆木派、唐模派、潜口派、岩寺派、城关派、凤凰古巷口派、黄陂派、回岭派、明州派、德运派、城中派、瀹潭派、章祈派、公衮庄派、休宁西门派。

按：徽州《汪氏渊源录》、《新安汪氏族谱》、《新安汪氏庆源族谱》与《新安大族志》所列汪氏支派不完全一样。差异有四：一、内容不同。《新安大

① 歙县《托山程氏家谱》，明崇祯九年刻本。

族志》著录的是徽州汪氏,汪氏谱牒只著录本支本派;二、范围不同。《新安大族志》只著录徽州汪氏,汪氏谱牒还著录迁徙徽州周围地区的本支本派;三、名称不同。如,《新安大族志》著录的官源汪氏,徽州《汪氏渊源录》作"大坂分支";四、详略不同。《新安大族志》著录的是徽州汪氏,支派简略;汪氏谱牒著录的是本支本派,支派详细。

**5. 世系图表**

纂修世系图表,是达到奠世系、序昭穆和尊祖、敬宗、收族宗旨的最重要措施。所以,历来谱牒的绝大部分内容都是世系图表。元代徽州汪氏谱牒的内容也不例外。6 部谱牒的绝大部分篇幅都是世系图表。

宋代欧阳修《欧阳氏谱图》和苏洵《苏氏族谱》创"欧、苏谱体"。欧、苏谱体,都是五世则迁的小宗谱法。每图五世,上自高祖、下至玄孙。五世以后,格尽另图。元代徽州汪氏谱牒"兼法二家",并发展为小宗谱法与大宗谱法相结合。

## 五、元代徽州汪氏世家大族子弟兴建的书院和汪氏世家大族文人

据历史文献记载,元代汪氏世家大族子弟兴建书院共 6 所(含非以书院命名者)。它们是:

1. 友陶书院。元初歙县汪维岳建,地处歙县丛睦。①

2. 晦庵书院。元至元二十四年(1287 年),婺源汪元圭建,地处婺源县文庙前。②

3. 万川家塾。元末,休宁人汪德懋建,地处休宁万安镇。③

---

① 康熙《徽州府志》卷七《营建志·学校》,清康熙三十八年万青阁刊本。

② 弘治《徽州府志》卷五《学校》,《天一阁藏明代方志选刊》,上海古籍书店 1982 年影印本。

③ 弘治《徽州府志》卷五《学校》,《天一阁藏明代方志选刊》,上海古籍书店 1982 年影印本。

4. 查山书堂。元季汪时中建，为子弟讲肄处，地处祁门西坑。[①]

5. 商山书院。元至正年间（1341—1368 年）婺源汪同建，地处休宁浯田。[②]

6. 阆山书院。元至正中（1341—1368 年），婺源汪同建，地处婺源阆山。[③]

元朝于世祖至元十三年（1276 年）占领徽州，顺帝至正二十八年（1368 年）灭亡，共统治徽州 92 年。在这短短的 92 年之中，徽州汪氏世家大族子弟共建书院 6 所。据我们统计，元代徽州地区共建书院 22 所[④]。在这 22 所书院之中，有 4 所建于元明之际。如果按 22 所计，元代汪氏世家大族子弟所建书院，占 27. 27%；如果按 18 所计，占 33. 33%。由此可见，元代汪氏世家大族教育异常发达。

元代新安理学昌盛。汪氏世家大族子弟建立的书院都以朱子学为宗，传授朱熹理学。赵汸《东山存稿·商山书院学田记》记载：

> 新安自南迁后（按：指宋南迁——引者），人物之多，文学之盛，称于天下。当其时，自井邑田野，以至于远山深谷，居民之处，莫不有学，有师，有书史之藏。其学所本，则一以郡先师子朱子为归。凡六经传注，诸子百氏之书，非经朱子论定者，父兄不以为教，子弟不以为学也。是以朱子之学虽行天下，而讲之熟，说之详，守之固，则惟新安之士为然。四方谓“东南邹鲁”。

徽州世家大族认为，“新安为朱子桑梓之邦，则宜读朱子之书，服朱子之教，秉朱子之礼，以邹鲁之风自待，而以邹鲁之风传之子若孙也”[⑤]。

元代汪氏世家大族产生了一批理学家。如汪炎昶、汪汝懋、汪华、汪相、汪时中、汪逢辰、汪九成、汪克宽等。

---

① 康熙《徽州府志》卷七《营建志·学校》，清康熙三十八年万青阁刊本。

② 弘治《徽州府志》卷五《学校》，《天一阁藏明代方志选刊》，上海古籍书店 1982 年影印本。

③ 弘治《徽州府志》卷五《学校》，《天一阁藏明代方志选刊》，上海古籍书店 1982 年影印本。

④ 参见赵华富《徽州宗族研究》第七章，安徽大学出版社 2004 年版。

⑤ 休宁《茗洲吴氏家典》，清雍正十三年刻本。

汪炎昶,幼有奇志。“其学渊源六经,取朱子《四书》,旁采博择,而发挥其微旨,每有所得则疏之,名曰《四书集疏》。其教人必使循序渐进,去华务实。其为文,奇而有法。诗微婉遒劲,亦时出于悲壮激烈”。①

在汪氏世家大族理学家之中,汪克宽是佼佼者。史载,他“生有异质”②,“六岁日记数百言”③;“十岁,父因取东山问学于饶双峰讲授之书及当时问答之言授之。克宽玩索有得,遂于理学浸悟,乃取朱子《四书》,自定句读,昼夜诵读,知为学之要。自是读六经、诸子、历代史、《通鉴纲目》诸书,悉皆成诵”④。至治二年(1322 年),“从父之浮梁,问业于吴仲迂,志益笃”⑤。吴谓诸门人曰:“克宽颖异绝伦,勇于为学,他日必有所成。”既归,遂笃志圣贤之学,“取圣人笔削之《春秋》,博考诸说之同异得失,以胡文定之传为主,而研究众说,会萃成书,名之曰《春秋经传附录纂疏》。翰林学士虞集序之,行于世。《易》有《程朱传义音考》。《诗》有《集传音义会通》。《礼》有《礼经补逸》。《资治通鉴纲目》有《凡例考异》”等⑥。弘治《徽州府志》作者认为:“克宽于经史圣贤之言,心融神会,造诣极深。”

汪克宽主张,研究经学的目的是经世致用。他曾对学者说:“圣贤之学,以躬行践履操存省察为先,至于文章,特其余事。”⑦

赵吉士在《寄园寄所寄》卷十一《新安理学》中说:“徽处万山中……老儒宿彦,自蒙童读书,至老死未尝暂释,著述充栋,不肯一俯首就试有司。”元代汪氏世家大族产生了 17 位著书人,撰写了 43 部著作。

汪元相:《祁阊志》。

---

① 康熙《徽州府志》卷一二《人物·儒硕》,清康熙三十八年万青阁刊本。

② 弘治《徽州府志》卷七《人物·儒硕》,《天一阁藏明代方志选刊》,上海古籍书店 1982 年影印本。

③ 赵吉士:《寄园寄所寄》卷一一《新安理学》,清康熙刊本。

④ 弘治《徽州府志》卷七《人物·儒硕》,《天一阁藏明代方志选刊》,上海古籍书店 1982 年影印本。

⑤ 《明史》卷二八二《汪克宽传》,中华书局标点本。

⑥ 弘治《徽州府志》卷七《人物·儒硕》,《天一阁藏明代方志选刊》,上海古籍书店 1982 年影印本。

⑦ 康熙《徽州府志》卷七《营建志·学校》,清康熙三十八年万青阁刊本。

汪德馨:《菊坡集》。

汪德钧:《东湖遗稿》一卷。

汪幼凤:《星源续志》。

汪汉卿:《养浩集》二十卷。

汪汝懋:《山居四要》四卷,《礼学功范》,《深衣图考》,《遁斋稿》,《春秋大义》,《历代纪年》,《善行启蒙》。

汪泽民:《巢燕稿》,《宛陵群英集》十二卷,《宛陵稿》,《深山稿》,《春秋纂疏》。

汪逢辰:《稽古编》,《太平要览》,《七经要义》,《忠孝录》,《鸣球集》。

汪九成:《四书类编》二十四卷。

汪克宽:《六书本义》,《诗集传音义会通》三十卷,《环谷集》八卷,《礼经补逸》九卷,《通鉴纲目凡例考异》,《春秋诸传提要》,《春秋胡传附录纂疏》三十卷,《周易程朱传义音考》二卷。

汪梦斗:《云间集》,《北游集》一卷,《杏山摭稿》一卷。

汪相:《祁门县志》。

汪斌:《云坡樵唱集》、《壬辰稿》。

汪松寿:《汪氏渊源录》十卷,《姚江集》。

汪时中:《三分稿》。

汪巽元:《退密老人诗》八卷。

汪炎昶:《古逸民先生集》三卷,《四书集疏》。①

元朝统治徽州92年。在短短的92年之中,徽州汪氏世家大族产生著书人多达17位,共计著书43部。其中有誉满天下的元代理学大师汪克宽和他撰写的8部重要著作。由此可见,元代汪氏世家大族文化相当繁荣。

元代,徽州汪氏世家大族为什么会出现教育发达、文化繁荣的现象呢?我们认为,这与元朝统治时期长期不开科取士、实行不平等的民族政策和徽州汪氏世家大族子弟不愿为元朝统治服务有关。

众所周知,元朝统治时期,将全国各族人民按民族和地域划分为蒙古

① 参见蒋元卿《皖人书录》,黄山书社1989年版,第494—551页。

人、色目人、汉人、南人4个等级，实行不平等的政治、社会待遇。蒙古人属于第一等，色目人属于第二等，汉人属于第三等，南人属于第四等。徽州人是南人，属于最低等级。因此，造成汪氏世家大族许多子弟与元朝统治者之间的矛盾，他们不愿为元朝统治者效劳。史载，汪炎昶，号古逸民，幼有奇志，从孙元京、江恺游①。汪元相，"富文学，隐居不仕"②。汪德懋，隐居不仕，曾与族人汪泽民纂修族谱。汪相与汪华兄弟二人，皆学于饶鲁，一生不仕，祁门理学二人开其端。汪时中"元季隐查山，筑书堂，与从兄克宽讲学，称查山先生"③。汪维岳，"入元不仕，以陶渊明自况，隐居教授"④。汪德馨，"读书好古，隐居不仕"⑤。汪德钧，"硕德耆隐，乡邦称重"⑥。

汪氏世家大族不乐仕进的子弟出路何在呢？在元朝统治的社会历史条件下，一方面，建立书院，教书育人，传授理学；另一方面，效法朱子，读经穷理，著书立说，就成为他们主要的人生追求。由于许多子弟沿着这两条道路孜孜以求，所以，汪氏世家大族就出现了教育发达、文化昌盛的局面。

（原载《谱牒学论丛》第一辑，山西古籍出版社2006年版）

---

① 康熙《徽州府志》卷一二《人物·儒硕》，清康熙三十八年万青阁刊本。

② 康熙《徽州府志》卷一五《人物·文苑》，清康熙三十八年万青阁刊本。

③ 康熙《徽州府志》卷一五《人物·文苑》，清康熙三十八年万青阁刊本。

④ 弘治《徽州府志》卷七《人物·儒硕》，《天一阁藏明代方志选刊》，上海古籍书店1982年影印本。

⑤ 康熙《徽州府志》卷一二《人物·儒硕》，清康熙三十八年万青阁刊本。

⑥ 康熙《徽州府志》卷一二《人物·儒硕》，清康熙三十八年万青阁刊本。

# 朱熹先世歙县故里考

朱熹生于福建尤溪，祖籍徽州婺源县。他的始祖名朱瓌。学术界都认为，朱熹先世的歙县故里是黄墩。《婺源茶院朱氏家谱》记载："始祖茶院府君讳瓌，又讳古僚，字舜臣，行廿二。先世居吴郡。唐乾符间，避黄巢之乱，徙居歙之黄墩。天祐中，以刺史陶雅之命，领兵三千戍婺源，民赖以安，子孙因家焉。以府君官制置茶院，遂称茶院朱氏。"由此可见，朱熹先世的歙县故里是黄墩（现名"篁墩"，系明人程敏政改）。但是，1993年秋我们在黄山市徽州区呈坎乡呈坎村进行宗族调查时，在前、后罗氏宗族后裔家藏许多罗氏族谱传抄本中，发现朱熹先世的歙县故里有另一种说法。

宋孝宗乾道三年（1167年）五月十五日，朱熹为歙县呈坎后罗氏宗族子弟罗愿编纂的《呈坎罗氏宗谱》写了一篇序，题曰：《呈坎罗氏宗谱序》。朱熹在序文的"附记"中说：

熹既笔叙谱首而归，存斋（按：罗愿的号——引者）诣予再拜曰："荷契兄不鄙，非但教世，且垂教后人，此意曷敢当？家君（按：指罗汝楫——引者）熟视之曰：'此真圣贤心也。外录诸家，藏卷册，诚百世有益之器也。'"存斋又谓曰："兄之先世在婺源，既知之矣。而先世之先，所出何在？"熹曰："予传闻在歙通德乡之朱村，与祝外祖家不甚相远。又复迁婺源耳。先君（按：朱松——引者）以宦寓建阳，遂家焉。然春露秋霜之感，上世之情，未尝不以祖源为念也。"存斋又曰："通德乡朱村有考乎？"熹冗思不能应。存斋云："通德乡者，古今为吾世居之地，朱村为近邻，至今犹云朱村云云，无异矣。"熹乃下拜曰："然则熹与畏弟乃里闬人也，使人醒然。"交泣下。是夜留宿，剧论比晓，又定后会。今并书此以俟之。虽然宦途逆旅，踪迹无常，道义之情，自尔难尽。熹又识。①

根据这个记载,朱熹先世的歙县故里不是黄墩,而是"通德乡之朱村"。

罗愿,字瑞良,号存斋,徽州歙县通德乡呈坎村人。宋乾道二年(1166年)进士,"知鄂州,有政绩"。他"博学好古,法秦、汉为词章,高雅精练"。朱熹"特称重之"②。罗愿与朱熹是朋友,两人时有往来。因此,朱熹《呈坎罗氏宗谱序》中"附记",可以断定是信史。

朱熹先世的歙县故里是通德乡朱村,还有一个证据。孝宗淳熙三年(1176年),朱熹在《婺源茶院朱氏世谱后序》一文中说:

> 熹闻之先君子太史吏部府君曰:"吾家先世居歙州歙县之黄墩(旧谱云:'长春乡呈坎人'),相传望出吴郡,秋祭率用鱼鳖。唐天祐中,陶雅为歙州刺史,初克婺源,乃命吾祖领兵三千戍之,是为制置茶院府君,卒葬连同,子孙因家焉。③

原注:"旧谱云:'长春乡呈坎人'。"按:民国《歙县志》卷一《舆地志·都鄙》记载,宋代歙县下属16个乡,其中没有"长春乡";但是,通德乡下属有个"长春里"。朱熹《婺源茶院朱氏世谱后序》注文"长春乡",显然是"长春里"之误。朱村(现曰"朱村头")是附属于呈坎村一个小自然村,或曰"卫星村",两村相距不到100米。朱熹先世编纂朱氏族谱时,朱村很可能还未形成,或者还未独立,所以,朱氏宗族旧谱将"长春里朱村人",写成"长春乡呈坎人"。

我们认为,"熹闻之先君子太史吏部府君曰:'吾家先世居歙州歙县之黄墩'"和原注"旧谱云:'长春乡呈坎人'"(按:即"长春里朱村人"),是考证朱熹先世的歙县故里极为重要的资料。这两条资料告诉我们,朱熹听父亲朱松说,他的先世"居歙州歙县之黄墩";但是,朱熹先世编纂的朱氏族谱说,他的先世是歙县通德乡"长春里朱村人"。哪一条资料最有说服力呢?显然是后者而不是前者。因为,朱熹先世自己说,他们是歙县通德乡"长春

① 歙县呈坎罗氏《宗系支谱》,传抄本。

② 《宋史》卷三八〇《罗汝楫传》附《罗愿传》,中华书局标点本。

③ 民国《歙县志》卷一五《艺文志》,民国二十六年版。

里朱村人”，不言而喻，最具有说服力和科学性。

朱熹先世的歙县故里为什么会出现两种说法呢？我们认为，从罗愿的《新安志》中可以窥见一点蛛丝马迹。该书卷一《风俗》记载：

黄巢之乱，中原衣冠避地保于此（按：指黄墩——引者），后或去或留，俗益向文雅。

据徽州历史文献记载，唐末黄巢大起义时，中原和江南衣冠纷纷避地黄墩，后来绝大多数“乱定他徙”。程一枝《程典》三十《谱录》第一上记载：

有老人言曰：“黄巢乱天下，所过杀戮无噍类，宣、歙十五州亦残破焉。独以黄者己姓也，故凡姓氏、州里、山川，但尝系黄为名，辄敛兵不犯。此时，衣冠有尝避于此（按：指黄墩——引者）而得全其族者，乱定他徙，不敢忘本，则曰：‘吾之系实出黄墩也’。以是知他姓望黄墩者，皆其暂寓，而非土著也。”予得此说而质诸史，知其可据可信也。盖巢素尊谶……所谓讳黄不犯者，其说不为无本矣。是知巢之为乱，上距梁、陈且四百年，则它族之自黄墩而徙者，皆其暂寓而不得命为黄墩人也。独忠壮（按：即程灵洗——引者）世居其地，远在梁、陈之前。

我们认为，朱熹先世之“望黄墩”，属于“暂寓，而非土著也”。“暂寓而不得命为黄墩人也”。朱熹之子朱在的《罗始祖朱氏祖妣墓记》一文记载，朱氏的先世，从吴郡徙“歙篁墩（按：即黄墩——引者）、呈坎。唐末，古僚为陶雅偏将，以兵戍婺源，后因家婺源香田。其在呈坎今名朱村生女，归罗文昌”①。由此可见，朱熹先世从吴郡首先徙歙县黄墩，而后由黄墩又迁朱村。罗愿的《新安志》、程一枝的《程典》和朱在的《罗始祖朱氏祖妣墓记》记载的精神，基本一致。

历史上的朱村，今名“朱村头”，现属黄山市徽州区呈坎乡。据我们调查，今天朱村头村民大多数是屠姓。

（原载《学术研究》1996 年第 4 期）

---

① 歙县呈坎罗氏《宗系支谱》，传抄本。

# 朱熹与婺源茶院朱氏宗族

《宋史·朱熹传》说，朱熹是徽州婺源人。据历史文献记载，朱熹生于闽，长于闽，但是终身不忘故里，对婺源茶院朱氏宗族有十分深厚的感情。情系桑梓，不数典忘祖，是中华儿女的历史文化传统。阐述朱熹与婺源茶院朱氏宗族的关系，不仅具有学术价值，而且还有一定的现实意义。

## 一、婺源茶院朱氏宗族九世孙

婺源茶院朱氏宗族始祖名瓌。朱松说，茶院朱氏“先世居歙州歙县之黄墩，相传望出吴郡，秋祭率用鱼鳖。唐天祐中，陶雅为歙州刺史，初克婺源，乃命吾祖领兵三千戍之，是为制置条院府君，卒葬连同，子孙因家焉”。①

宋政和八年(1118年)，茶院朱氏宗族八世孙朱松“同上舍出身，授迪功郎、建州政和县尉”。遭父朱森丧，守制。“服除，调南剑尤溪县尉。去官，尝侨寓建、剑二州”。建炎四年(1130年)，朱松“馆于尤溪之郑氏”，生朱熹。② 朱熹系茶院朱氏宗族九世孙。

婺源茶院朱氏宗族始祖朱瓌只有一子一孙，两世单传，四世有朱惟则和朱惟甫兄弟二人，开始“雁序分行”。朱熹是二房朱惟甫的后裔，高祖朱振(五世)、曾祖朱绚(六世)、祖父朱森(七世)、父亲朱松(八世)。③

朱熹生长于一个以诗书传家的家族之中。四世祖朱惟甫少倜傥，“尝

---

① 弘治《徽州府志》卷十一，《天一阁藏明代方志选刊》，上海古籍书店1982年影印本。

② 王懋竑:《朱子年谱》卷一上，丛书集成本。

③ 《婺源茶院朱氏家谱·世系图》，明刻本。

从兄学诗，知其大要”。大中祥符七年（1014 年），已“居吏籍二十年，明于法律，而乡里无怨言”。景祐元年（1034 年），“辞吏事归，治生业，虽烦剧中，赋诗自如也。尝自集其诗得三百余篇，自为一序，效王元之为潘阆诗序，体其诗立意教化而不苟作，识者以为自成一家”。[①] 祖父朱森，“少务学，科举既废，不复事进取。既冠而孤，他日岁时子姓为寿，举先训戒饬诸子，谆谆以忠孝和友为本，且曰：‘吾家业儒，积德五世，后当有显者，当勉励谨饬，以无坠先世之业’”。[②] 父朱松是一位著名的文学家，“其诗初亦不事雕饰，而天然秀发，格力闲暇，超然有出尘之趣，远近传诵，至闻京师，一时前辈以诗鸣者，往往未识其面而已交口誉之。其文汪洋放肆，不见涯涘，如川之方至，而奔腾蹙沓，浑浩流转，顷刻万变，不可名状，人亦少能及之。然公未尝以是而自喜”。[③] 同时又苦读六经、百家之书，成为一个理学家。朱熹在《朱公松行状》中说：

> 一日，喟然顾而叹曰："是（文）则昌矣，如去道愈远何！"则又发愤折节，益取六经、诸史、百氏之书，伏而读之，以求天下国家兴亡理乱之变，与夫一时君子所以应时合变先后本末之序，期于有以发为论议，措之事业，如贾长沙、陆宣公之为者。既又得浦城萧公颤子庄、剑浦罗公从彦仲素，而与之游，则闻龟山杨氏所传河洛之学，独得古先圣贤不传之遗意。于是益自刻励，痛刮浮华，以趋本实。日诵《大学》、《中庸》之书，以用力于致知诚意之地。[④]

朱熹自幼即受家族重教崇文传统的影响，特别是得到父亲朱松的谆谆教导。这是朱熹成长为一位杰出的教育家、文学家、理学集大成者的重要原因之一。

朱松侨居于闽，户籍仍在婺源县永平乡松岩里（或曰万安乡松岩里，下同）。程洵曾建议朱熹于故里立户。朱熹回答说："所喻立户事无不可，但

① 朱松：《韦斋集》卷十，上海古籍出版社《四库全书》影印本。
② 程敏政：《新安文献志》卷六十三《先君森行状》，黄山书社 2004 年版。
③ 程敏政：《新安文献志》卷六十八《朱公松行状》，黄山书社 2004 年版。
④ 程敏政：《新安文献志》卷六十八，黄山书社 2004 年版。

先人已立户,某又自立一户,恐于理未安,更详度示喻。”①这条资料说明,朱熹认为自己是婺源县永平乡松岩里人。如果他不是婺源县永平乡松岩里人,怎么会说“所喻立户事无不可”呢?

戴铣《优崇儒先祠嗣疏》说:“朱子乃徽之婺源人。其父松宦游闽建,是实生熹。南渡兵沮,不克归乡里,因寓家焉。宗戚坟墓故在婺源无恙也。生也自书新安,殁也追赠徽国。宋表其故居为阙里,元即其故宅以立庙。源本所在,慎重如此。”②

## 二、一返故里扫墓和捐输祭祖费用

绍兴十八年(1148年),朱熹科第中式,赐同进士出身。③按中国传统的社会风俗和宗族礼法,地处异乡的游子,金榜题名,必须衣锦还乡,祭祀祖先,光宗耀祖。所以,绍兴二十年(1150年)朱熹第一次返归婺源故里扫墓。④

朱熹第一次返归故里,必然与众多宗亲、姻党、乡绅接触交游。在一次宴会上,“酒酣,坐客以次歌诵”。朱熹“独歌《离骚经》一章,吐音洪畅,坐客竦然”。⑤与朱熹一起议论诗文学问的乡绅主要有董琦、俞靖、程鼎、洪撙、李缯、程洵、汪次山、祝直清、朱德和等人。⑥

朱熹与乡绅交谈的一个课题是诗歌创作。他在《与程允夫书》中说:“某闻先师屏翁及诸大人先生皆言,作诗须从陶、柳门庭中(来),乃佳耳。盖不如是,不足以发冲澹萧散之趣,不免于尘埃局促,无由到古人佳处也”。⑦

---

① 朱熹:《晦庵先生朱文公文集》别集卷三,四部丛刊初编本。

② 民国《重修婺源县志》卷六十四,民国十四年刊本。

③ 王懋竑:《朱子年谱》卷一上,丛书集成本。

④ 王懋竑:《朱子年谱》卷一上,丛书集成本。

⑤ 王懋竑:《朱子年谱》卷一上,丛书集成本。

⑥ 参见束景南《朱熹年谱长编》卷上,华东师范大学出版社2001年版。

⑦ 程敏政:《新安文献志》卷六十九《程知录洵传》,黄山书社2004年版。

朱熹祖墓有十处。一在连同，为始祖朱瓌之墓；二在汤村（或曰杨村），为二世祖朱廷隽、三世祖朱昭元、五世祖妣汪恭人三娘之墓；三在歙溪（或曰三公坞），为四世祖朱惟甫之墓；四在芦村，为高祖朱振暨继配汪氏九娘合葬之墓；五在王桥（或曰大王桥坞），为曾祖朱绚之墓；六在塘村，为二世祖妣方氏十三娘之墓；七在丁家桥，为三世祖妣冯氏十三恭人之墓；八在官坑，为三世祖继配金夫人、四世祖妣程恭人二娘之墓。[①] 据《重修安徽通志》记载，在镇下和小港还各有一处。"绍兴中，朱子自崇安归里，访求诸茔，封识而去"。[②]

自古以来，即有"无田不祭"之说。徽州人认为，"祀而无田，与无祀同"。[③] "宗祀之所赖以久远者，惟田。礼曰：惟士无田，则亦不祭。田固蒸尝之所自出也。"[④]"凡祭田之置，所以敬洁备物，诚不可缺"。[⑤]

朱熹这次回归故里扫墓，为婺源茶院朱氏宗族做的一件大事，是以百亩田租充省扫祭祀祖先之费。虞集《朱文公庙复田记》云：

> 婺源，文公朱子父母之邦也。其先吏部在宋政和戊戌以上舍出身调建州政和尉。丁艰服除，调剑之尤溪……乱亡未定，涪湛筦库以自给。同郡张公敦颐教授于剑，邀与还徽。而吏部之来闽，质其先业百亩以为资，归则无以食也。张侯请为赎之，计十年之入，可以当其直。而后，以田归朱氏。癸亥，吏部没。张侯以书慰文公于丧次，而归田焉……明年登第，授同安簿。绍兴庚午，省墓于婺源，以其租入充省扫祭祀之用。[⑥]

婺源是一个山多田少的县，一般地主只占有田地百亩左右，以百亩田田租用于祖宗"省扫祭祀之用"，是一个相当大的数字。

故里扫墓之后，朱熹即由婺源去歙县。其目的是：至望京门拜见外祖父

---

① 《新安月潭朱氏族谱》卷一，清康熙四十六年木刻本。
② 光绪《重修安徽通志》卷五十九，清光绪三年木活字本。
③ 《重修古歙城东许氏世谱》卷七，明崇祯七年家刻本。
④ 休宁《江村洪氏家谱》卷十四，清雍正七年刻本。
⑤ 《古黟环山余氏宗谱》卷一，民国六年木活字本。
⑥ 民国《重修婺源县志》卷六十六，民国十四年刊本。

祝确和祝氏家人;赴黄墩谒朱氏先世故居和先祖朱师古(一曰朱古僚)之墓。朱然《朱氏源流考》记载,唐乾符五年(878年),“因黄巢作乱”,朱师古奉祖父朱介之命“自金陵避歙之黄墩”。师古有四子:珉、瓌、璋、瑺。茶院朱氏宗族始祖朱瓌即是朱师古次子。① 据历史文献记载,黄墩有朱家巷和朱师古之墓。朱家巷是朱氏先世故居。②

## 三、再返故里扫墓和寻回始祖坟墓

淳熙三年(1176年),朱熹第二次返归婺源故里扫墓。

李果斋《朱子年谱》(洪去芜本)记载:“既至,邑宰张汉率诸生,请讲书于学,辞。复请撰藏书阁记,许之。而以《程氏遗书》、《外书》、《文集》、《经说》、司马氏《书仪》、《高氏送终礼》、《吕氏乡仪》、《乡约》等书留学中。”③

朱熹在《徽州婺源县学藏书阁记》中根据故乡学者的要求,阐述了“为学致道之方”。他说:

> 道之在天下,其实原于天命之性,而行于君臣、父子、兄弟、夫妇、朋友之间,其文则出于圣人之手,而在于《易》、《书》、《诗》、《礼》、《乐》、《春秋》、孔孟氏之籍,本末相须,人言相发,皆不可以一日而废焉者也……天下后世之人,自非生知之圣,则必由是以穷其理,然后知有所至而力行以终之……故傅说之告高宗曰:“学于古训,乃有获。”而孔子之教人亦曰:“好古敏以求之。”是则君子所以为学致道之方,其亦可知也已。④

朱熹第二次返归婺源故里扫墓,逗留时间近三个月。“乡人子弟日执经请问,随其资禀,诲诱不倦”。⑤ 据历史文献记载,执礼问学的学者之中重要的有:李缯、李季札、张敦颐、张敦实、程洵、吴昶、滕璘、滕珙、程先、程永

---

① 《徽婺源紫阳朱氏重修统谱》,明天启四年刻本。

② 光绪《重修安徽通志》卷四十五,清光绪三年木活字本。

③ 王懋竑:《朱子年谱》卷二上,丛书集成本。

④ 程敏政:《新安文献志》卷十二,黄山书社2004年版。

⑤ 王懋竑:《朱子年谱》卷二上,丛书集成本。

奇、汪清卿、程端蒙、程烨、程燧等人。①

淳熙三年(1176年),朱熹又为茶院朱氏宗族做了一件大事——追回失之已久的始祖之墓。

朱熹在《婺源茶院朱氏世谱序》中说:"熹还故里,将展连同之墓(即始祖朱瓌之墓——引者),则与方夫人、十五公、冯夫人之墓皆已失之。因亟询访,得连同兆域所在,乃率族人言于有司,而后得之。其文据藏于家,副在族弟然。"②

在封建时代,人们普遍认为祖宗坟墓是宗族之本,遗失祖墓是天大之事。朱熹寻得始祖朱瓌之墓,并取得官府"文据",对茶院朱氏宗族而言实在是"功德无量"。

祖墓追回,但是"岁久弗修",破败不堪。朱熹统领族人,"伐石崇土,加修葺焉"。③ 修葺竣工,举行祭典。他在《告始祖墓文》中云:

维皇宋淳熙三年岁次丙申三月戊寅朔越三日庚辰,远孙宣教郎主管台州崇道观熹,谨率弟然,侄堂、圻,侄孙钦、钟等,谨以酒菓之奠告祭于远祖二十二公(或曰二十一公——引者)制置府君、祖妣杜氏夫人之墓。惟昔显祖,作镇兹邦。开我后人,载祀久远。封茔所寄,奉守弗虔。它人有之,莫克伸理。兹用震怛,吁于有司。乡评亦公,遂复其旧。伐石崇土,俾后弗迷。即事之初,敢谢其谴。谨告。④

朱熹属茶院朱氏宗族二房房祖朱惟甫的直系后裔。按宗法规则——亲疏远近关系——祭二房房祖是祭祀重点之一。因此,朱熹除了撰写《告始祖墓文》以外,又撰写了一篇《告四世祖三公墓文》。

熹,一去乡井,二十七年。乔木兴怀,寔劳梦想。兹焉展扫,悲悼增深。所愿宗盟,共加严护。神灵安止,余庆下流。凡在云仍,毕沾兹荫。酒肴之奠,惟告其衷。精爽如存,尚祈鉴享。⑤

---

① 参见束景南《朱子年谱长编》卷上,华东师范大学出版社2001年版。

② 弘治《徽州府志》卷十一,《天一阁藏明代方志选刊》,上海古籍书店1982年影印本。

③ 王懋竑:《朱子年谱》卷二上,丛书集成本。

④ 《婺源茶院朱氏家谱·文翰录》,明刻本。

⑤ 《婺源茶院朱氏家谱·文翰录》,明刻本。

朱熹是婺源茶院朱氏宗族一个支丁,终身情系桑梓,不忘根本。淳熙三年(1176年)返归故里时,产生“思返故庐”之念,特别值得注意。汪佑《紫阳书院建迁源流记》说,朱熹这次返归婺源故里,“则西山蔡氏从之游。其时,思返故庐,迟留数月,教泽所振兴起,郡从执弟子礼者三十人”。① 程敏政《送朱子裔孙楙序》记载:“闻知长老,淳熙中文公归展祖墓,慨然思返其故庐。因挟西山蔡元定与俱,蔡氏虽精于堪舆之说,而实则闽产,力劝文公还闽。”②

回闽以后,朱熹又谆谆嘱咐茶院朱氏宗族子弟:“至于芦村府君,其墓益远,居故里者,尤当以时相率展省。更力求访三墓(按:指方夫人、十五公、冯夫人之墓——引者)所在,而表识之,以塞子孙之责。而熹之曾大父王桥府君无他子,其墓在故里者,恃有薄田于其下,得以奉守不废,当质诸有司,以为祭田,使后之子孙虽贫无得鬻云。”③

## 四、纂修《婺源茶院朱氏世谱》

淳熙十年(1183年),朱熹纂修《婺源茶院朱氏世谱》。这是他为婺源茶院朱氏宗族做的第三件大事。他在这部谱牒的序文中说:“(淳熙)癸卯五月辛卯,因阅旧谱,感世次之易远,骨肉之易疏,而坟墓之不易保也,乃更为序次,定为《婺源茶院朱氏世谱》,而并书其后如此。仍录一通,以示族人。十一世以下,来者未艾,徽、建二族,自今每岁当以新收名数更相告语,而附益之,庶千里之外,两书如一,传之永远,有以不忘宗族之谊。”④

朱熹认为,纂修谱牒的宗旨是:“序昭穆、明长幼、分士庶、别亲疏,以维持家道也。”他在《济南辛氏宗谱原序》中说:

今之修谱者众矣,推其意,不过夸示祖宗之富贵,矜言氏族之强大

① 《歙县金石志》卷七,民国二十五年紫城叶氏家庙刊本。

② 《婺源茶院朱氏家谱·文翰录》,明刻本。

③ 弘治《徽州府志》卷十一,《天一阁藏明代方志选刊》,上海古籍书店1982年影印本。

④ 弘治《徽州府志》卷十一,《天一阁藏明代方志选刊》,上海古籍书店1982年影印本。

已耳,而所以修谱之深意,则茫乎其不可问矣。盖修谱之意,所以序昭穆、明长幼、分士庶、别亲疏,以维持家道也。而今之修谱者则曰:吾太祖为某氏之官,某朝之相,而后之子孙亦与有荣施焉。凡我同姓之人,莫不依附我之氏族,而得以步其光宠。于是乎亲疏无以明,士庶无以分,长幼无以别,昭穆无以序,而修谱之义安在哉?若盛族则不然,自太祖以及始祖,以及所自出之祖,莫不在左昭右穆之中,以为之序。死者之昭穆既不紊,生者之序齿亦不乱,观礼者于此,不蔼然有孝子仁人之思哉?是诚所谓善于报本,善于追远者也……①

在这篇谱序之中,朱熹深刻地阐述了他的谱牒观。《婺源茶院朱氏世谱》就是根据这种谱牒观纂修的。欧阳修在《欧阳氏谱图》中说:"姓氏之出,其来也远,故其上世,多亡不见。谱图之法,断自可见之世。"②朱熹《婺源茶院朱氏世谱》继承了欧阳修的谱牒观,以朱瓌为始祖。这部谱牒重纪实,是信谱,对"族谱不见"、"是非不可考"者,一概不录。他在《婺源茶院朱氏世谱序》中说:

熹闻之先君子太史吏部府君曰:"吾家先世居歙州歙县之黄墩(旧谱云:"长春乡呈坎人。")。相传望出吴郡,秋祭率用鱼鳖(旧谱云:"有讳介者,世数不可考矣。"又按奉使公《聘游集》自云:"系出金陵,盖唐孝友先生之后。"考之《唐书》,孝友先生讳仁轨,自为丹阳朱氏,而居亳州永城,以孝义世被旌赏,一门阀阅相望,而非吴郡之族。奉使公作先吏部诗又云:"迢迢建业水,高台下凤凰。鼻祖有故庐,于今草树荒。"不知何所指也。)唐天祐中,陶雅为歙州刺史,初克婺源,乃命吾祖领兵三千戍之,是为制置茶院府君,卒葬连同,子孙因家焉。生三子,仕南唐,补常侍丞之号(今《族谱》亦不见)。其后亦有散居他郡者(以上并见吏部所录芦村府君作《歙溪府君诗集序》)。熹按:今连同别有朱氏,旧不通谱,近年乃有自言为茶院昆弟之后者,犹有南唐补牒,亦当时镇

① 《朱子全集》第三十六册《朱子遗集》,上海古籍出版社、安徽教育出版社2002年版。
② 欧阳修:《欧阳文忠公文集》卷七十一,四部丛刊初编本。

戍将校也,盖其是非不可考矣。①

实事求是,认真考辨,既不攀附"孝义世被旌赏,一门阀阅相望"的名宗右族,亦不以族谱不载的官衔美化自已的祖先。

## 五、深情关心茶院朱氏宗族和族人

朱熹虽然侨居千里之外,但是,对婺源茶院朱氏宗族还是有一些了解。他对族人亲情浓浓,深深关爱。在宗族追回祖墓的斗争中,有的子弟义愤填膺,行为过火,不按法律程序办事。朱熹苦口婆心,谆谆告诫族人,不要义气用事,触怒乡人,激化矛盾,违犯国法,贻笑乡里。他在《与五六郎书》中说:

八月十五日书至……书中所说连同祖坟事意如何?今有状云:请二十一叔父签书,面恳宰公理会,此书中已言之。但得其人伏理退听,不相侵犯便得。虽是自家道理分明,然当时已欠方略,毕竟有此一节未稳。不可过当,便教小人生计,却致费力也。百五郎书中说得怕人,便要申监司,申省部。又云:报前日之雠,痛加惩治。如此则不理会祖坟,只欲因而报怨,是何道理?又,如此则自家不候县中结断,便申监司、省部,便是蓦越州县,已自违碍条法了,更如何奈何得人?岂不见洪舍人、琼花公主事,近日送棘寺。吾家势力如何比得他。他尚不免如此,况吾家乎!千万更禀二十(一)叔与三六兄、百五郎仔细嘀量。更记,四公与王清叟诸人调和,酌中结果为佳,切不可过当生事端和祖坟取不得,为乡里所笑也!私开文字事,已恳周宰了。汪子卿书已说及此,断不可存留,且烦为致意子卿……闻族中子弟有以某名字为状首而论诉乡人者,窃恐官司察见情状,重实典宪,上累祖先,非是细事。其或州县姑务包容,未即究治,亦恐被扰之家,不胜怨恨,别赴台省监司论诉。即官方愈见不小,必无幸脱之理,深可寒心。请百三郎、五六郎、五八郎以此意遍喻族中,各宜体悉此意,务为循理,毋致生事……②

① 程敏政:《新安文献志》卷十八,黄山书社2004版。

② 《婺源茶院朱氏家谱·文翰录》,明刻本。

在这封短短的信中，朱熹一口气讲了茶院朱氏宗族十个支丁的名字。他们是：七世祖五十六公朱弁、八世祖二十一公朱樗、八世祖四公朱梯、九世五六郎朱然、九世十郎朱照、九世三六兄朱焘、九世五八郎朱默、十世百九郎朱重、十世百五郎朱坚、十世百三郎朱珙。无论是对长辈的禀告，还是对同辈、晚辈的忠告，都动之以情，晓之以理，情至意尽。令人十分感动。

在这封几百个字信中，朱熹两次称茶院朱氏宗族为“自家”，两次称“吾家”，说明朱熹与婺源茶院朱氏宗族的支丁是“一家人”，朱熹是这个宗族的支丁。

## 结束语

朱熹始终不忘桑梓。一生二次从建州千里迢迢到婺源扫墓，并根据自己力所能及，为茶院朱氏宗族做了三件大事——以百亩田租充祖墓“省扫祭祀之费”、寻回失之已久的始祖墓、纂修《婺源茶院朱氏世谱》。不忘桑梓是中华民族一种历史文化传统。朱熹不但在《婺源茶院朱氏世谱后序》署名“九世孙宣教郎直徽猷阁主管台州崇道观熹序”，而且许多著作都署名“新安朱熹”。朱熹死后，被宋王朝谥为“文公”，婺源为“文公阙里”。

（原载《安徽大学学报》（哲学社会科学版）2010 年第 4 期）

# 朱熹徽州行考辨

朱熹(1130—1200年)生于福建尤溪,祖籍徽州婺源县(原属安徽省,今属江西省)。近几年,有的著作和文章,为了阐述朱熹思想对徽州文化的影响,大都讲到朱熹徽州之行。许多说法与历史事实出入很大,特写此文与这些作者商榷,错误和不当之处,请指正。

## 一、朱熹一生只到过两次徽州

有的著作和文章说,朱熹一生到过三次徽州。第一次是宋高宗绍兴二十年(1150年);第二次是宋孝宗淳熙三年(1176年);第三次是宋宁宗庆元二年(1196年)。我认为,这种说法值得商榷。

据清人王懋竑的著作《朱子年谱》记载,朱熹一生只到过两次徽州。第一次,是"(绍兴)二十年庚午(按:1150年——引者),二十一岁,春,如婺源展墓";第二次,是"(淳熙)三年丙申(按:1176年——引者),四十七岁,春三月,如婺源"展墓。

宋宁宗庆元二年(1196年)九月,朱熹第三次到徽州省墓和讲学之说,肇自明人汪六符《新安学会录》。以后,又被《紫阳书院志》等书的作者所引用。历史事实证明,庆元二年(1196年)朱熹第三次如徽州省墓和讲学之说,纯属杜撰。

第一,庆元二年(1196年),南宋统治集团内部反"道学"斗争进入高潮,朝廷杀气腾腾,政治形势非常严峻。朱熹生命朝夕难保,根本不可能到徽州去省墓和讲学。

据历史文献记载,宋绍熙五年(1194年)七月,宁宗赵扩即皇帝位。八月，朱熹被任命为焕章阁待制兼侍讲；四十天后，被免职；十一月，回到福建建阳考亭。朱熹离开首都临安不久——宁宗庆元元年(1195年)，南宋朝廷就爆发了反“道学”的斗争。李果斋《朱子年谱》(李古冲本)记载：“先是台臣击伪学，既榜朝堂。未几，张贵模指论《太极图说》之非，省闱闻之。知举叶、倪、刘等，奏论文弊。复言伪学之魁，以匹夫窃人主之柄，鼓动天下，故文风未能丕变。乞将语录之类，并行除毁。是科取士，稍涉义理者，悉见黜落；六经、《语》、《孟》、《大学》、《中庸》之书，为世大禁。士子避时所忌，文气日卑。台谏汹汹，争欲以先生为奇货。门人杨道夫，闻乡曲射利者，多撰造事迹，以投合言者之意，亟以书告。”①《朱子行状》记载：“自先生去国，(韩)侂胄势益张。鄙夫悋人，迎合其意，以学为伪。谓贪黩放肆，乃人真情；洁廉好礼者，皆伪也……猾胥贱隶，顽钝无耻之徒，往往引用，以至卿相；绳趋尺步、稍以儒名者，无所容其身。从游之士，特立不顾者，屏伏丘壑；依阿巽懦者，更名他师，过门不入，甚至变易衣冠，狎游市肆，以自别其非党。”②庆元二年(1196年)十二月，御史沈继祖上疏说，朱熹“资本回邪，加以忮忍，剽窃张载、程颐之绪余，寓以吃菜事魔之妖术，簧鼓后进，张浮驾诞，私立品题，收召四方无行义之徒，以益其党伍；相与褒衣博带，食淡餐粗，或会徒于广信鹅湖之寺，或呈身于长沙敬简之堂，潜形匿迹，如鬼如魅。士大夫沽名嗜利觊其为助者，又从而誉之荐之”。因诬朱熹大罪有六。且曰：“熹为大奸大憝，请加少正卯之诛，以为欺君罔世、污行盗名者戒。其徒蔡元定，佐熹为妖，亦请编管别州。”诏朱熹落职，罢祠；窜蔡元定于道州。选人余嚞上书，“乞斩熹以绝伪学”。③ 在韩侂胄发动和领导的反“道学”大潮冲击下，在朝的朱熹同道，纷纷落职罢官，有的还被放逐。庆元二年(1196年)九月，朱熹的生命已处危难之中，怎么可能千里迢迢到徽州去省墓和讲学呢？据福建地方志记载，庆元党禁期间，朱熹在福建避难，“避迹无所定”，先后到过古田、顺昌、泰宁、长乐、霞浦、闽县(今闽侯县)、民清、连江等地。道光《重修福建通

---

① 转引自王懋竑《朱子年谱》卷四下，丛书集成本。

② 黄干：《黄勉斋先生文集》卷八，上海古籍出版社《四库全书》影印本。

③ 《续资治通鉴》卷一百五十四，中华书局标点本。

志》卷二七六《丛谈》记载："庆元元年乙卯，公（按：指朱熹——引者，下同）六十六岁。旧志载，庆元间禁伪学，公至长溪，住杨楫家。"民国《霞浦县志》卷八《寓贤》记载："紫阳朱子，庆元间以伪学禁，避地于闽，至长溪，主黄干、杨楫家，讲学于石湖馆、龟龄寺、石堂等处，从游者甚众，而黄干、杨复、林湜、高松、陈骏、郑师孟、龚郯、张泳其最著者也。"①民国《古田县志》卷三七《杂录》记载，朱熹"避伪学禁"时危在旦夕的处境。该文曰："朱子避地玉田时，韩侂胄遣人迹其后，将甘心焉。是人宁自刎死，不肯杀道学以媚权奸。邑人祀于溪山书院前，即今太保庙也。"②

第二，庆元二年（1196 年），朱熹六十七岁，年老体弱，重病缠身，已成"废人"，根本不可能到徽州去省墓和讲学。

庆元元年（1195 年），南宋朝廷爆发了反"道学"斗争。据朱熹自己说，这种严峻的政治形势，使他"不胜忧叹，怀抱抑郁"。这年秋天，"又感风湿"，"旧疾发动"，"气体积衰，遂不能当，药未有效，而传闻愈甚（按：指南宋朝廷反"道学"斗争——引者），病势遂进，不可支"。朱熹在给刘德修的信中进一步说："吾今虽未死，然必无复全理"。"臂痛不能作字，口占亦觉气乏，不得尽所欲言。自度此生，决不再见之期。"③不久，朱熹在给刘德修的信中说："昨大病中，奉状告决，今未成行，且复留宿，亦可笑也。然病亦气衰，终难扶持，未知复有后会之期否耳！……病中痓（?）发狂疾，欲舒愤懑，一诉穹苍。"④庆元二年（1196 年），朱熹在给刘德修一信中说："某自去冬得气痛足弱之疾，涉春以来，益以筯（按：筋之讹——引者）挛不能转动"⑤。在另一封信中又说："某衰晚疾病，去秋以来，足弱气痞，遂为废人。"⑥朱熹亲笔写下的大量资料证明，庆元二年（1196 年），六十七岁高龄的朱熹，因患"衰晚疾病"，已经"不能转动"，成了"废人"。在这种情况之下，怎么还能

① 转引自《朱子事迹考》，上海人民出版社 1987 年版，第 82 页。

② 转引自《朱子事迹考》，上海人民出版社 1987 年版，第 81 页。

③ 朱熹：《晦庵先生朱文公文集》别集卷一，四部丛刊初编本。

④ 朱熹：《晦庵先生朱文公文集》别集卷一，四部丛刊初编本。

⑤ 朱熹：《晦庵先生朱文公文集》别集卷一，四部丛刊初编本。

⑥ 朱熹：《晦庵先生朱文公文集》别集卷一，四部丛刊初编本。

千里迢迢到徽州去省墓和讲学呢?

庆元二年(1196年),朱熹没有到过徽州,朴学大师江永《郡城天宁寺朱子会讲辩》一文已作过考证:"朱子既寓居于闽,如婺源省墓者再。一为绍兴庚午(按:1150年——引者),一为淳熙丙申(按:1176年——引者),载之《年谱》甚明。若庆元丙辰(按:1196年——引者),朱子年六十七,本无如婺源之事,而汪六符《新安学会录》载,是年九月会于郡城天宁山房,乡先正受学者几三十人,答问语录十四条,事属子虚。"①我们这里提出的证据和历史资料是对江永看法的进一步论证和发展,是《郡城天宁寺朱子会讲辩》一文的补充。

## 二、朱熹没有在歙县读过书

有的文章说,朱熹少年时代曾在歙县读过书。我们认为,这种说法是值得商榷的。

朱熹少年时代曾在歙县读书之说,由来已久。清人吴苑在《恭请御书扁额以光文治疏》中说:"朱熹系臣徽州府人,少年读书府城外紫阳山。宋淳祐间,郡守为建紫阳书院,宋理宗书额赐之,载在《一统志》,可考。朱熹别号紫阳,实因此山为名。今桥曰'紫阳桥',城门曰'紫阳门',地因人重也。后入闽,建书堂,仍曰'紫阳书堂',示不忘本也。"②清人吴炜在《恭请扁额疏》中说:"臣原籍徽州府,生长朱子紫阳之乡。谨按:徽国文公朱熹,虽生闽之延平,而其先世则家于新安之婺源,因尝从父往来新安,读书郡城之南五里,曰紫阳山……宋淳祐间,郡守韩补为建紫阳书院,宋理宗赐额褒荣。"③吴炜在《篁墩程朱阙里乞洒宸翰疏》中又说:"朱熹虽产于闽之崇安,而始祖师古实亦居于篁墩……故注《大学》、《中庸》,必曰'新安朱熹'。又尝随父松读书于徽郡城外之紫阳书院,故到处讲学,仍以'紫阳'名其居,此

① 民国《重修婺源县志》卷六十六《艺文》四,民国十四年刊本。

② 民国《歙县志》卷十五《艺文志·奏疏》,民国二十六年版。

③ 民国《歙县志》卷十五《艺文志·奏疏》,民国二十六年版。

朱子祖居篁墩世系之源流也。"①

历史事实证明,少年朱熹曾读书于歙县紫阳山紫阳书院之说,纯属杜撰。

王懋竑《朱子年谱》记载:"(绍兴)四年甲寅(按:1134 年——引者),五岁,始入小学";"(绍兴)十年庚申(按:1140 年——引者),十一岁,受学于家庭";"(绍兴)十三年癸亥(按:1143 年——引者),十四岁,春三月辛亥,丁父韦斋先生忧"。如果朱熹少年时代曾随父在歙县城南紫阳山紫阳书院读过书,王懋竑《朱子年谱》怎么不载呢?特别是朱熹门人李果斋的《朱子年谱》不会不载。

历史文献记载告诉我们,朱熹少年时代,歙县城外紫阳山根本就没有书院,朱熹怎么能在此读书呢?据民国《歙县志》卷二《营建志·学校》记载,徽州府治歙县有两个紫阳书院:一个建于县学附近(后多次迁移),是宋淳祐五年(1245 年)州守韩补所建,理宗赐额曰"紫阳书院"。这个书院创建时,朱熹已去世四十五年;一个建于郡城南门外五里紫阳山,是明正德十四年(1519 年)知府张芹所建。这个书院创建时,朱熹已离开人世三百一十九年。

朱熹有许多回忆少年时代学习生活的言论。如,"某五六岁时,心便烦恼个天体是如何?外面是何物?""孟子所谓'弈秋'(弈楸)……某八九岁时,读《孟子》到此,未尝不慨然发奋"。"某向丱角读《论》、《孟》。自后欲一本文字高似《论》、《孟》者,竟无之"。"向年十岁,道人授以符印。父兄知之,取而焚之。"②"熹年十一岁,先君……手书此赋(按:指《昆阳赋》——引者)以授熹……于今匆匆五十有九年矣。"③"某十数岁时读《孟子》,言圣人与我同类者,喜不可言,以为圣人亦易做,今方觉得难。"④"熹年十三四时,受其说(按:指《论语》——引者)于先君,未通大义。"⑤等等。但是,朱

① 民国《歙县志》卷十五《艺文志·奏疏》,民国二十六年版。

② 《朱子语类》卷四十五,卷一二一,卷一〇四,卷三,中华书局 1986 年标点本。

③ 朱熹:《晦庵先生朱文公文集》续集卷八,四部丛刊初编本。

④ 朱熹:《朱子语类》卷一〇四,中华书局 1986 年标点本。

⑤ 朱熹:《晦庵先生朱文公文集》卷七十五,四部丛刊初编本。

熹在回忆少年时代学习生活时，从未讲到他曾在歙县城外紫阳山紫阳书院读过书。

紫阳山在歙县城南五里。朱熹在《名堂室记》一文中说："先君子故家婺源，少而学于郡学，因往游而乐之。既来闽中，思之独不置，故尝以'紫阳书堂'者刻其印章，盖其意未尝一日而忘归也。既而卒不能归。将没，始命其孤来居潭溪之上，今三十年矣。贫病苟活，既不能反其故乡，又不能大其闾闾，以奉先祀；然不敢忘先君子之志，敬以印章所刻，榜其所居之厅事……"①这段文字有两点值得我们特别注意：第一，朱熹说，他父亲朱松"少而学于郡学"，往游紫阳山而"乐之"。后来到了福建"思之独不置，故尝以'紫阳书堂'者刻其印章"，表示"未尝一日而忘归也"。朱熹不是说的他本人。第二，这是一篇回忆文章，如果朱熹少年时代果真曾在紫阳山上紫阳书院读过书，他在这篇回忆文章中，绝对不可能只字不提。

## 三、朱熹没有在歙县"立书院讲学"

有的文章说，朱熹曾在歙县创建书院，从事讲学活动。我认为，这种看法值得商榷。

朱熹曾在歙县"立书院讲学"之说，也由来已久。明成化十八年（1482年），汪贵在《请赐祭文公生旦疏》中说："（朱子）祖居歙县篁墩，迁于婺源。其父朱松因任福建尤溪县尉，遂生朱子，而歙县其祖居。故当时朱子立书院讲学于本县学宫之西紫阳山下，教化及人，愈久愈盛。其在宋朝，郡守韩补遂即其地，塑像立祠。理宗乃缘其请，大书'紫阳书院'四字，分刻两石，置之中门。"②在这篇奏疏中，汪贵提出"朱子立书院讲学于本县学宫之西紫阳山下"的说法。历史事实证明，这种说法纯属子虚。

我们已经讲过，朱熹一生只到过两次徽州，即绍兴二十年（1150年）和淳熙三年（1176年）两次。据王懋竑《朱子年谱》记载，绍兴二十年（1150

① 朱熹：《晦庵先生朱文公文集》卷七十八，四部丛刊初编本。

② 民国《歙县志》卷十五《艺文志·奏疏》，民国二十六年版。

年）春，朱熹"如婺源展墓"。但是，没有到歙县"立书院讲学"。第一，如果朱熹这次到婺源展墓曾去歙县"立书院讲学"，王懋竑《朱子年谱》怎么不载呢？特别是朱熹门人李果斋《朱子年谱》不会不载；第二，绍兴二十年（1150年），朱熹才二十一岁，虽然已进士及第，但学问还不成熟，学术地位不高，还不能被称为一个有名学者，没有资格"立书院讲学"；第三，朱熹这次到婺源省墓，逗留时间不长，这样短的时间不可能到歙县去"立书院讲学"。因为，"立书院讲学"绝非短时间能办到的事。

淳熙三年（1176年）三月，朱熹"如婺源"展墓，六月初归。据王懋竑《朱子年谱》记载，这次朱熹在婺源的活动有两个方面：一、撰《徽州婺源县学藏书阁记》，赠书县学，诲诱乡人子弟。李果斋《朱子年谱》（洪去芜本）记载："既至，邑宰张汉率诸生，请讲书于学，辞；复请撰藏书阁记，许之；而以《程氏遗书》、《外书》、《文集》、司马氏《书仪》、《高氏送终礼》、《吕氏乡仪》、《乡约》等书，留学中。乡人子弟，日执经请问，随其资禀，诲诱不倦。"①二、复始祖墓。朱熹在《婺源茶院朱氏世谱后序》中说："淳熙丙申（1176年——引者），熹还故里，将展连同之墓，则与方夫人、十五公、冯夫人之墓，皆已失之。因亟询访，得连同兆域所在，乃率族人，言于有司，而后得之，其文据藏于家，副在族弟然。"②王懋竑《朱子年谱》记载："远祖制置府君兆域，岁久弗修"，"伐石崇土，加修葺焉。"历史事实证明，淳熙三年（1176年）朱熹"如婺源"展墓，也未去歙县"立书院讲学"。第一，如果朱熹这次到婺源曾去歙县"立书院讲学"，王懋竑《朱子年谱》和李果斋《朱子年谱》不会不载。第二，这次朱熹到婺源，仅逗留了三个月，绝大多数时间都用于诲诱乡人子弟、复远祖墓、撰写《徽州婺源县学藏书阁记》等活动，哪还有时间去歙县"立书院讲学"呢？第三，这次朱熹到婺源，"邑宰张汉率诸生，请讲书于学"，被朱熹拒绝了。故乡聘请讲学拒不接受，反而跑到歙县去"立书院讲学"，有悖于情理。第四，如果朱熹这次到婺源曾去歙县"立书院讲学"，明清时期的徽州府志和歙县志怎么都不记载呢？

---

① 转引自王懋竑《朱子年谱》卷之二上，丛书集成本。

② 民国《歙县志》卷十五，民国二十六年版。

据徽州府志和歙县志等历史文献记载,宋代歙县城只建了一个书院,即紫阳书院。这个书院是宋理宗淳祐五年(1245年)州守韩补所建,理宗题额。这时朱熹已去世四十五年。“朱子立书院讲学于本县学宫之西紫阳山下”的说法,是没有历史根据的。

## 结 束 语

关于汪六符等人为什么杜撰庆元二年(1196年)朱熹天宁讲学之事,江永已有阐述。他说:“明世讲学之徒,忽凿空撰出天宁之事,盖其时良知学炽,宗其教者,援儒入墨,意在语录十四条,谓朱子晚年亦同象山之说,遂饰无为有,以惑后人。”①

那么,汪贵、吴苑、吴炜等人为什么要杜撰朱熹曾在歙县读书和立书院讲学呢?众所周知,明清时期,朱熹的地位一再拔高,最后被列为与孔子差不多相等的圣人,其思想成为官方哲学,科举考试必须以朱熹等“宋儒传注为宗”。汪贵上《请赐祭文公生旦疏》,吴苑上《恭请御书扁额以光文治疏》,吴炜上《恭请扁额疏》和《篁墩程朱阙里乞洒宸翰疏》,原因可能不尽相同,但通过这些活动,光耀乡里,提高歙县的声望和地位,则是他们的共同目的。要实现和达到这个目的,总得找些理由。于是,他们就杜撰出:朱熹少年时代曾在歙县读过书,成年以后曾在歙县创立书院讲学。

(原载《徽州社会科学》1994年第3期)

---

① 民国《重修婺源县志》卷六十六《艺文》四,民国十四年刊本。

# 典商巨子胡学梓

胡学梓(1733—1794 年),字贯三,黟县西递村人,明经胡氏二十四世祖。据调查,清乾隆年间,他开设当铺三十六爿,还有一些其他商店;在休宁县隆阜设“恒隆庄”,店铺和佃户的房屋占了半条街。他拥有白银 500 万两,是江南六大富豪之一(一说拥有白银 800 万两,富居江南第六)。他的家世和生平,在徽商中具有一定的典型性。

近几年,笔者在西递明经胡氏宗族进行调查,搜集到一些胡学梓的资料。这篇文章是用历史文献资料和社会调查资料撰写的,不当之处,请指正。

## 一、胡学梓的家世

胡学梓出身于以“经学传家”的西递明经胡氏宗族。这个宗族奉胡昌翼为始祖。胡朝贺《始祖明经公传》记载,唐昭宗天祐元年(904 年),朱全忠(即朱温)表称:“邠、岐兵逼畿甸,请上迁都洛阳。”二月,昭宗至陕州,因东都宫阙未成留止。三月朔,皇后何氏生子。四月,全忠奏:“宫室已成,请车驾早发。”昭宗遣宫人谕以“皇后新产,未任就路”。全忠疑昭宗“徘徊俟变”,谓牙将寇彦卿曰:“汝速至陕,即日促官家发来。”何皇后谓昭宗曰:“自今大家夫妇,委身贼手矣。”窃以新产子“效袴中儿,护以御衣,侑以宝玩,匿讳民间”。时婺源胡三(又名胡清)宦游长安,“匿之以归”,义养为子,遂从胡姓,取大得覆翼之义,名曰昌翼。后唐同光三年(925 年),以明经登第。胡三“授以御衣宝玩,示之以实”。昌翼“遂不仕,隐居考川”。取考槃在涧之义,字里曰“考水”。他“倡明经学,为世儒宗,尤邃于《易》”。著《周易传注》三卷,《周易解微》三卷,《易传摘疑》一卷,人称“明经翁”。子孙世以“经学传家”,署其族曰:“明经胡氏”。胡昌翼即是徽州明经胡氏始祖。①

明经胡氏宗族以“经学传家”,“尤邃于《易》”。宋元期间,先后出了七位理学名儒——胡伸(号环谷)、胡方平(号玉斋)、胡斗元(号孝善)、胡次焱(号梅岩)、胡一桂(号双湖)、胡炳文(号云峰)、胡默(号石邱),世称“七哲名家”。②

宗族繁衍裂变是一种自然和社会发展的普遍规律。③ 胡昌翼下传到第四世有子弟十人,“乃取天干十字,以名其行派”。④ 宋神宗元丰年间(1078—1085年),明经胡氏第五世壬派支丁名曰胡士良(字季臣)者,因公务去金陵,道经西递,见“山多拱秀,水势西流”,于是偕堪舆家入西川境,遍观形势。二人见这里“岭霞东蔚,涧水西流;虎阜前蹲,罗峰遥峙”;有“天马踊泉之胜,犀牛望月之奇;左环右挹,外密中宽”;⑤“产青石而如金,对霭峰之似笔;风滢水聚,土厚泉甘”。⑥ 胡士良欣然喜曰:“吾常欲卜居,此可以长子孙也。”“遂自婺源考水来迁此间。因水向西流,遂名村曰:‘西递’。”⑦

胡士良下传四世至胡常,四世单传。胡常生两子——胡淳六和胡七九。此后,开始“雁序分行,于是有上下门之别”。⑧ 胡淳六和胡七九下传五世,大约在明朝初年,西递明经胡氏宗族初步形成。请看从胡士良下传十世的世系表(俗称“挂线图),见下页。

西递明经胡氏宗族形成初期,社会地位就比较高。据黟县《西递明经胡氏壬派宗谱》记载,胡仕亨娶城西柏山刑部贵州清吏司主事王仕得女为妻,胡廷俊和胡廷佐俱娶珠川广东道监察御史王静孙女为妻,胡荣娶监察御

① 胡朝贺:《胡藤圃杂著·明经胡氏始祖七哲集传》,清末刻本。

② 胡朝贺:《胡藤圃杂著·明经胡氏始祖七哲集传》,清末刻本。

③ 赵华富:《从徽州宗族资料看宗族的基本特征》,《谱牒学研究》第四辑,书目文献出版社1995年版。

④ 黟县《明经胡氏支谱》,传抄本。

⑤ 黟县西递明经胡氏宗族《道光五年修族(谱)账录丙辰(?乙酉)》,抄本。

⑥ 黟县《明经胡氏存仁堂支谱》卷首,清同治八年木活字本。

⑦ 黟县《明经胡氏存仁堂支谱》卷首,清同治八年木活字本。

⑧ 黟县《明经胡氏存仁堂支谱》卷首,清同治八年木活字本。

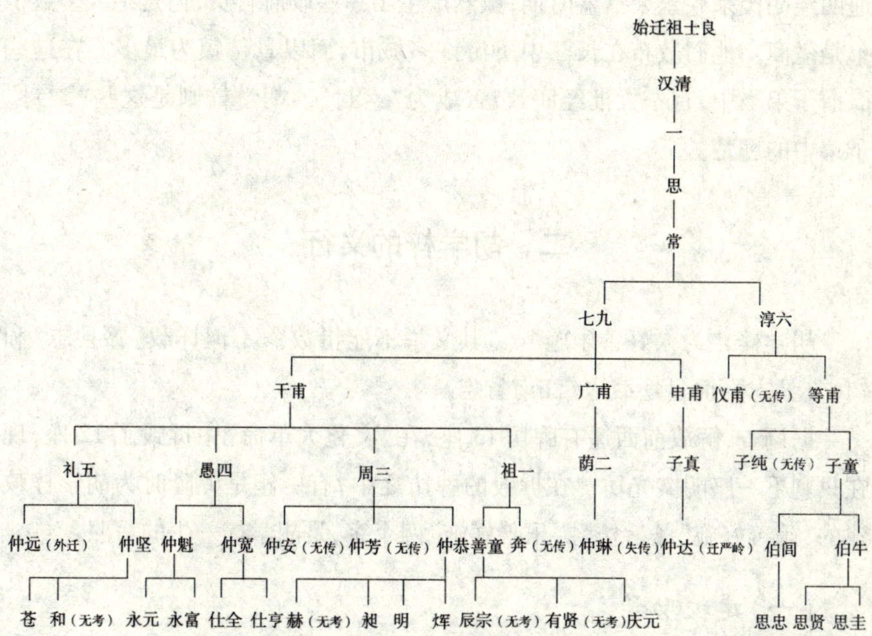


史、广东布政司左布政使王俊得孙女为妻，胡廷起娶王俊得曾孙女为妻。在婚姻论门第的时代，如果没有较高的社会地位，怎么能与这些达官显贵联姻呢？《时庸公（胡廷俊）行状》说："西川廷俊公承祖仲宽公、父仕亨公以来之盛业，钱贯朽而壤膏腴"。① 由此可见，西递明经胡氏宗族的经济实力已经很强，社会地位已经很高。

"十年寒窗，金榜题名"，这是中国封建时代绝大多数知识分子的最高追求。明嘉靖四十四年（1565 年），西递明经胡氏宗族十八世祖胡文光中举人，授江西万载县令，官至胶州知州、荆王府长史，授朝列大夫，加四品。万历六年（1578 年），敕建"恩荣"牌坊。胡文光坊是四柱、三层、五楼，雕镂精细、古朴典雅，巍峨壮观。这座牌坊一方面说明胡文光是西递明经胡氏宗族一位重要人物，另一方面也说明这个宗族财大气粗，经济力量很强。

嘉靖以后，西递明经胡氏宗族逐渐进入鼎盛时期。据历史文献记载，西

① 黟县《明经胡氏存仁堂支谱》卷首，清同治八年木活字本。

递明经胡氏宗族繁荣昌盛时期，虽然产生了一些政府官员，但是绝大多数子弟是徽商。他们散布在长江中下游许多城市，而以景德镇为最多。在这些徽商子弟当中，有一大批经商致富，成为“素封”。胡学梓则是这些“素封”子弟中的翘楚。

## 二、胡学梓的义行

胡学梓，“为人好善乐施”。“其义举不能指数”，不但详载《黟县志》和《休宁县志》，而且还载入《江南省志》。①

据调查，解放前西递有牌坊13座，在“文化大革命”中拆毁了12座，现在只剩下一座胡文光坊。在拆毁的牌坊之中，有一座是乾隆时为胡学梓敕建的“乐善好施”圣旨坊。“乐善好施”四个字，是胡学梓一生的写照。

### （一）建校助学

徽商是儒商，“贾而好儒”、“亦贾亦儒”，特别引人注目。徽商发财致富，大都热心文化教育事业。

乾隆末年，胡学梓建“万印轩”，为读经习文、修身养性和宗族子弟肄业之所。这里“厅堂高敞，楼阁玲珑，前后隙地，樊为园圃”。户部尚书曹文埴至西递，过而爱之，题其额曰“万印轩”。潘逵南《万印轩记》说：“余惟古之学者，藏修游息有其地，安亲乐信有其方。故进而齿，庠序学校，群居萃处，春诵夏絃，此时教以正业也。若夫半亩之宫，萧然环堵，拥图书翰墨，日使子弟（按：宗族子弟——引者）涵育熏陶，循循矩矱，则退息有居，学亦惟由其诚，尽其材焉耳。”②胡学梓三子胡元熙（历署衢州、湖州、嘉兴、严州、处州、杭州知府），幼年就在万印轩读书成长。

胡学梓，“好善乐施，邑议建书院，首捐白金五千两”。③

---

① 黟县《西递明经胡氏壬派宗谱》卷六，清道光六年刻本。

② 《五世传知录》。

③ 《五世传知录》。

### （二）修桥铺路

据调查，修桥铺路是胡学梓“乐善好施”的纪念碑。这些建筑不但造福于世世代代人民，而且还为中华民族留下宝贵文化遗产。《五世传知录》记载，胡学梓“造齐云山下登封桥、霭冈桥，襄造鱼亭永济桥，修造本邑及歙、休、祁邑大路九处，前后费白金逾八万两”。曹振镛为胡学梓独资修建登封桥撰《重修登封桥记》，载《五世传知录》、《休宁县志》等历史文献。大桥卧于横江之上，设计科学、精美，“如龙如虹，规模宏壮，制造精坚”，是游人登临齐云山必经之路。① 虽经两个多世纪风雨沧桑，但仍巍然屹立，坚固无损。

### （三）祠堂建设

历史上的徽州人认为，“举宗大事，莫最于祠，无祠则无宗，无宗则无祖，是尚得为大家乎？”②他们说：“追远报本，莫重于祠”③；“崇本枝，萃涣散，莫大于建祠”。④

徽商生长于“朱子桑梓之邦”，自幼“读朱子之书，服朱子之教，秉朱子之礼，以邹鲁之风自待，而以邹鲁之风传之子若孙也”。⑤ 因此，宗族观念非常强烈，非常浓厚。他们经商致富以后，大都热心于宗族事业，建造祠堂是一个重要表现。在这一方面，胡学梓则是一个典型。

乾隆五十三年（1788 年），胡学梓“谋于乡之父老，合严岭、巧桑之众，倡立专祠”。历时三载，至乾隆五十六年（1791 年）落成，名曰“本始堂”（又曰“明经祠”）。⑥ 在西递明经胡氏宗族二十六座祠堂当中，这座祠堂规模最大，营造最精，装饰最美。祠堂前有两排旗杆，有甬道、有石狮、仪门、享堂、

---

① 同治《黟县三志》卷十五《癸酉桥记》，清同治九年刊本。

② 程一枝：《程典》卷十二《本宗列传》第二下，明万历二十六年家刻本。

③ 程昌：《窦山公家议》卷三《祠祀议》，明万历三年家刻本。

④ 《歙西溪南吴氏世谱·续刻溪南吴氏世谱叙》，明末清初抄本。

⑤ 休宁《茗洲吴氏家典·序》，清雍正十三年紫阳书院刻本。

⑥ 黟县《明经胡氏存仁堂支谱·本始堂记》，清同治八年木活字本。

寝室,美轮美奂,为黟县巨观。这是胡学梓为西递明经胡氏宗族做的一件功德无量的大事。可惜,“文化大革命”时本始堂被拆毁了。现在,虽然游人已看不见这一壮丽的人文景观,但从建造这座祠堂耗费的巨大人力、物力和财力,可以想象这座祠堂的规模之大和富丽堂皇。据本始堂遗址《乐输建造宗祠》碑刻记载,购买基址、木料、石料、石灰、沙子、石子、砖瓦、铁钉、颜料、金箔和雇用木工、石工、砖工、雕工、漆工、粗工等支出,总计用银6,940.847两。

西递盛产木材和石料,因此大大降低了本始堂的建筑造价。如果从外地千里迢迢运木材和石料,这座祠堂的建筑造价一定要远远超过6,940.847两。

《五世传知录》记载:“祠成设祭,瘗其像,进木主,以妥先灵。除各支祀会合输百金外,例以捐百金者得祔祀……计经费六千九百余金……而学梓公独以三千余金总其成。”据《乐输建造宗祠》碑刻记载,胡学梓捐输银3,859.07两,支付买旧料木屑银100两,为其父应海公配享牌位输银80两,总计共输银4,039.07两,占总支出银的57.05%。

朱熹在《家礼》中规定:“初立祠堂,则计见田,每龛取其二十之一,以为祭田。亲尽则以为墓田。后凡正位祔者,皆仿此。宗子主之,以给祭用。上世初未置田,则合墓下子孙之田,计数而割之。皆立约闻官,不得典卖。”明清时期,朱熹的话就是经典,其精神人们大都奉行不悖,徽州人尤其如此。历史上的徽州人认为,“祠而无祀,与无同;祀而无田,与无祀同”;①“凡祭田之置,所以敬洁备物,诚不可缺”。②

乾隆五十六年,本始堂立祀会,置祭田。胡学梓为其父胡应海输配享银20两。据《敦本祀会》碑刻记载,配享者共37人,每股输银20两,总计共输银740两,购置田地40号,总计田、地税16.72667亩。西递处于崇山峻岭夹谷之中,耕地极少。土地改革时,明经胡氏宗族有的子弟只占有几亩土地,就被定为地主。由此可见,在西递敦本祀会已经是一个不大不小的地

---

① 《重修古歙城东许氏世谱》卷七《朴庵翁祭田记》,明崇祯七年家刻本。

② 黟县《环山余氏宗谱》卷一《余氏家规》,民国六年木活字本。

主。

到过西递旅游的人大都不会忘记，西递村中心街有一座祠堂，名曰："追慕堂"。据调查，这是胡学梓独资兴建的"家祠"。西递明经胡氏宗族分为九房、四家，追慕堂是四家的家祠。这座祠堂全部使用优质建筑材料，营造精细，巍峨壮观，木雕、砖雕、石雕古朴典雅，玲珑剔透，是三进、七开间典型徽派祠堂。今天，这座富丽堂皇的追慕堂已成为西递重要的旅游景点。

### (四)赈灾济贫

《五世传知录》记载，胡学梓"遇岁歉，赈族党，前后计米六千余石……他如置义渡义冢、捨棺助瘗、散药施茶诸事，阅数十年为之不倦"。乾隆末年，开设保元堂药店，"本村之同族、众姓，一体照方给与，听其酬直与否，不计也，亦不留账；贫而亡者，给以棺衾纸灰葬工，统计一年须白金五百两"。

## 三、胡学梓义行对子孙后代的影响

胡学梓乐善好施的道德思想，一生孜孜不倦，建校助学、修桥铺路、赈灾济贫，对子孙后代产生了很大影响。

### (一)建校助学

嘉庆年间，胡学梓长子胡尚熷(字如川)"捐万五千金倡造碧阳书院"，并"捐助府紫阳书院膏火"，"襄成考棚，缮学宫。"①三子胡元熙"与兄尚熷嗣先人志，倡建碧阳书院。后又移常平旧仓，以其地创试院及彰善祠，并葺府、县学宫"。道光年间，胡学梓孙胡积堂建"笔啸轩"。据《笔啸轩记》记载，道光十五年(1835年)，胡积堂"营构书馆于(丁)峰之麓，峰峙馆后，如卓笔然，故曰：'笔啸轩'，以为子弟(按：指宗族子弟——引者)肄业之所"②。轩分上、中、下三楹，左右皆有房。这是一处园林式建筑，内有亭、

---

① 同治《黟县三志》卷七《人物志·尚义传》，清同治九年刊本。

② 《五世传知录》。

台、楼、阁,景色宜人。除了宗族子弟在这里学习之外,一年四季,著名书画收藏家和鉴赏家胡积堂“或抚琴而鉴古,或饮酒而赋诗,子弟颂书声相与和答,其喜可知也”。①

### (二)修桥铺路

嘉庆年间,胡学梓长子胡尚熷独资捐建癸酉桥(又名“潭口石桥”),并修治歙、休、祁、黟诸道路。② 据潘逵南《癸酉桥记》记载:“潭口在黟东八都,由羊栈岭发源而来,三十有余里,为达宛陵及江以北通衢,商旅络绎。向仅架木以渡,水涨辄不能支,病覆溺者久矣。今纍石为桥,凡五洞,长五十五丈六尺,阔二丈八尺二寸;高一丈六尺四寸,石栏高二尺四寸,桥脚自水面至石骨深一丈七尺,材之固,匠之良,殆与登封桥相埒,余益以叹观察(按:指胡尚熷——引者)好义之专且大也。”③癸酉桥至今坚固无损。据调查,胡尚熷准备为母庆寿,母曰:“庆寿活动,过后什么也没有了;不如用庆寿钱修个桥,是个永久性纪念”。尚熷遵母命,用为母庆寿钱修建了癸酉桥。三子胡元熙,以“修道路、桥梁”为己任,见府城太平桥“圮败不堪”,“收其质库之余赀,而独任焉。是役也,经始于道光丙午,落成于咸丰癸丑,凡八年之久,用五六万金,厥功钜矣。使由此者皆免病涉之劳,厥惠大矣”。④ 孙胡积堂,“除道成梁,莫不毕力”。曾孙胡文铎,“好义乐施,尝捐钜资修歙、休、祁、黟大路。侨居休宁,见梅林、叶祁两岸水决道圮,寻旧途经袤十余里,鸠工改造,往来德之。道光八年,捐资重造本邑八都永济桥,纍石架木,规模宏敞;设路灯,置木栏,桥木朽者岁一易。他如襄修渔亭永济桥”等,都慷慨解囊。⑤

### (三)赈灾济贫

向先人胡学梓学习。长子胡尚熷培祀会,“惠济义仓,施汤药,置义渡,

① 《五世传知录》。
② 同治《黟县三志》卷七《人物志·尚义传》,清同治九年刊本。
③ 同治《黟县三志》卷十五《癸酉桥记》,清同治九年刊本。
④ 同治《黟县三志》卷十五《重修徽郡河西桥记》,清同治九年刊本。
⑤ 同治《黟县三志》卷七《人物志·尚义传》,清同治九年刊本。

捨棺埋胔，助饷赈饥，垂五十年善举不可殚述。尝于村北隅造亭阁以培水口，重刊先儒胡炳文《纯正蒙求》”。① 三子胡元熙，“雅尚儒，素笃义”。在家乡，“修葺(辑)宗谱，为大宗立祠承祧。从祖祠有倒坍者，修理之。贞女归胡族者赡之，殁则理其坟茔。辛卯、壬辰、甲午，岁歉三次，倡捐平粜，施医药棺木”。在京师，“添设会馆房屋”。出守浙江，“捐廉寄归，恤族之鳏、寡、孤、独、废疾者，名曰：‘先斯会’”。辞职返乡之后，见“书院旧章废弛，重理之，复其旧。客民入邑采煤烧灰，至于掘冢，大为民害，白官驱逐之。瘗被掘遗骸于庵堂基为丛冢，并立‘恻隐会’，为扫冢费。又出资为大洪岭扫雪通道之费”。② 孙胡积堂“平生崇义好善……治家政，筦质库，数十年坦平无私。同族有传十余世而式微者，为娶妻延祧；贫寡无依者，发佽助之；施药捨棺……莫不毕力……”③曾孙胡文铎，“重建六都夹蓢亭，捨棺置渡，散药施茶，历二十年不倦”。④

## 结 束 语

徽州人乡族观念较重。黟县《明经胡氏存仁堂支谱》卷首《地理谱》记载：“自来民不土著则生息不长。吾徽古姓旧族，皆土著数千年者也。君子爱枌榆，小人敬桑梓，井里可不重乎？”《新安黄氏大宗谱》卷首《黄墩始祖墓图说》曰：“安土重迁，吾徽之常；不忘其本，吾宗之奕。”徽商经商致富，大都将巨额商业利润寄回故里，修祠堂、纂族谱、置族田、办学校、修桥铺路、救灾济贫、置渡施茶，乐善好施，光宗耀祖。西递明经胡氏宗族典商巨子胡学梓是一个典型。

(原载《合肥学院学报》(社会科学版)2010 年第 4 期)

① 《五世传知录》。

② 同治《黟县三志》卷七《人物志 · 尚义传》，清同治九年刊本。

③ 同治《黟县三志》卷七《人物志 · 尚义传》，清同治九年刊本。

④ 同治《黟县三志》卷七《人物志 · 尚义传》，清同治九年刊本。

# 从徽州宗族资料看宗族的基本特征

什么是宗族？宗族有哪些基本特征？这是从事宗族研究的人必须首先回答的问题。

《尔雅·释亲》曰："父之党为宗族"。有些学者认为，宗族是"父系的亲属"，宗族是"同宗同族之人"。有的学者将《新安休宁名族志》中的二十个"名族"，说成"二十个宗族"。从徽州宗族的具体资料来看，这些观点都是值得商榷的。

唐宋以来，特别是明清时期，徽州是中国封建宗族制度的一个典型地区。清朝徽州学者赵吉士在《寄园寄所寄》卷十一《故老杂纪》中说：

> 新安各姓，聚族而居，绝无一杂姓搀入者，其风最为近古。出入齿让，姓各有宗祠统之。岁时伏腊，一姓村中，千丁皆集。祭用文公《家礼》，彬彬合度。父老尝谓，新安有数种风俗胜于他邑：千年之冢，不动一抔；千丁之族，未常散处；千载之谱系，丝毫不紊……

明清时期，徽州宗族资料异常丰富。鸦片战争以后，虽然经过一次战火和多次浩劫，但现在保存和流传下来的徽州族谱总数，还是很可观的。这些族谱分藏于：北京图书馆、中国历史博物馆、中国历史第一档案馆、中国社会科学院历史研究所图书馆、北京大学图书馆、上海图书馆、南京图书馆、安徽省图书馆、安徽省博物馆、黄山市博物馆、歙县博物馆等几十个单位。此外，还流传到国外一大批。北京图书馆馆藏善本族谱共有四百二十七部，徽州族谱占一半以上①。

普遍性寓于特殊性之中。通过对徽州这一中国封建宗族制度典型地区

① 《北京图书馆古籍善本书目》，第492—534页。

大量宗族资料的研究,我们可以对宗族进行全面的透析,揭示宗族的本质和宗族所具有的各种基本特征。

历史文献记载告诉我们,宗族是历史上形成的以父系血缘关系为纽带的社会人群共同体。在封建制时代宗族是中国社会的基层组织。它不仅是一种自然历史现象,更重要的还是一种社会历史现象。

通过对徽州宗族资料的研究分析,我们可以看到宗族的基本特征有八个。

## 一、有共同的始祖

每个宗族都有一个共同始祖。始祖是宗族的"木本水源",没有始祖即没有宗族。歙县《托山程氏家谱》说:"万物本乎天,人本乎祖。人之有祖,犹木之有根,水之有源也。"①程一枝《程典》记载:"人之生也,本之为祖,统之为宗,散之为族。祖也者,吾身之所自出,犹木之根也;宗族也者,吾身所同出,犹木之支干也,是皆生理之自然,而不可忽者矣。"②歙县《潭渡黄氏族谱》说:"夫木本水源之义,为人生之最重;慎终追远之道,乃民德所攸存。至于子孙聚族,宗祖相承,百世之树碑载道,千年之坟墓昭然者,独吾徽为盛。"③

据《新安名族志》和一些族谱记载,徽州有五十七个名族的始祖是从中原地区迁到徽州的。现将部分名族的始迁祖列表如下。

**由中原迁徽州的名族始迁祖举例表**

| 年代 | 姓氏 | 姓名 | 原籍或祖籍 | 迁徙原因 |
|---|---|---|---|---|
| 西汉 | 方氏 | 方　纮 | 河南 | 避王莽篡乱 |
| 东汉 | 汪氏 | 汪文和 | 平阳 | 避中原之乱 |
| 晋朝 | 鲍氏 | 鲍　弘 | 青州 | 在新安为官 |

① 歙县《托山程氏家谱》卷二《程氏续谱序》,明崇祯九年刻本。
② 程一枝:《程典》十九《宗法志》第三,明万历二十六年家刻本。
③ 歙县《潭渡黄氏族谱》卷五《祖墓·附重订黄墩标挂簿序》,清雍正九年刻本。

续表

| 年代 | 姓氏 | 姓名 | 原籍或祖籍 | 迁徙原因 |
|---|---|---|---|---|
| 晋朝 | 俞氏 | 俞 纵 | 河间 | 避永嘉之乱 |
| 晋朝 | 程氏 | 程元谭 | 广平 | 在新安为官 |
| 晋朝 | 詹氏 | 詹 敬 | 南阳 | 在新安为官 |
| 晋朝 | 胡氏 | 胡 焱 | 青州 | 在新安为官 |
| 晋朝 | 叶氏 | 叶 续 | 南阳 | 在新安为官 |
| 梁朝 | 任氏 | 任 昉 | 博昌 | 在新安为官 |
| 隋朝 | 谢氏 | 谢 杰 | 陈留 | 在新安为官 |
| 唐朝 | 姚氏 | 姚 鄜 | 陕西 | 避黄巢起义 |
| 唐朝 | 范氏 | 范传正 | 邓州 | 在歙州为官 |
| 唐朝 | 吕氏 | 吕 渭 | 河东 | 贬歙州司马 |
| 唐朝 | 查氏 | 查师诣 | 河内 | 避黄巢起义 |
| 唐朝 | 毕氏 | 毕师远 | 偃师 | 避黄巢起义 |
| 唐朝 | 刘氏 | 刘依林 | 彭城 | 在歙州为官 |
| 唐朝 | 曹氏 | 曹尚贤 | 青州 | 避黄巢起义 |
| 唐朝 | 康氏 | 康 先 | 京兆 | 避黄巢起义 |
| 唐朝 | 王氏 | 王 翔 | 太原 | 避黄巢起义 |
| 唐朝 | 王氏 | 王 璧 | 琅琊 | 避黄巢起义 |
| 唐朝 | 赵氏 | 赵 思 | 陇西 | 避黄巢起义 |
| 唐朝 | 冯氏 | 冯 繁 | 青州 | 在歙州为官 |
| 唐朝 | 孙氏 | 孙万登 | 青州 | 爱歙州山水 |
| 唐朝 | 江氏 | 江 祯 | 兰陵 | 避黄巢起义 |
| 唐朝 | 仰氏 | 仰 敬 | 洛阳 | 在歙州为官 |
| 唐朝 | 洪氏 | 洪经纶 | 敦煌 | 在歙州为官 |
| 唐朝 | 李氏 | 李 祥 | 陇西 | 避黄巢起义 |
| 唐朝 | 胡氏 | 胡昌翼 | 陇西 | 避朱温篡乱 |

这28个始迁祖迁到徽州定居以后，经过几代子孙繁衍，逐渐形成宗族。这些始迁祖就是这些宗族的始祖。

徽州宗族资料证明，宗族的繁衍裂变是一个普遍规律。《新安大族志》、《新安名族志》和《新安休宁名族志》中所列举的“大族”和“名族”，每一个之中都包含众多宗族，少则包含几个，多则几十个。鲍源深在《歙新馆鲍氏著存堂宗谱》序中说：“晋咸和间，元始公讳弘守新安，遂家焉。歙之有鲍氏自此始。厥后子姓蕃衍，散处于歙者，则有鲍屯、光山源、蜀源、丰口、后村、新馆、叶圉、宋祁、王千寨、唐美、棠樾、箬岭、堨田、西杨村、烟溪、霞丰、灵山、岩镇、叶村、溪子里、潭渡、大址、十里牌、环山、向杲、甸川、东村、南村、古溪凡二十九派，自各族迁外省及他郡邑，又不可盛纪。”据《新安休宁名族志》记载，程氏包括篁墩、汊口、会里、陪郭、富溪、率东、草市、榆村、阳村、鬲山、油潭、溪头、率口、阜上、山斗、会里山斗、临溪、社坛、芳干、文昌坊、瑶关、仙林、黄茅、霞汊、蟾溪、合干、汪祁、萝山、中泽、泰塘、北村、贺川竹厦、剑潭、珠光、琅琊、新塘、屯溪后田、厚河、龙湾、林塘、瑶溪、闵口、五城、荪田、浯田、富戴、塘尾、溪西、屯溪、遐富源、西馆、淮水门、古城、渠川、冲山、横干、梅林、商山、溪坦、古墩等程氏宗族。《新安月潭朱氏族谱》卷二十二下《迁平湖支弁言》说：“先世皆居婺之阙里，至瓒公徙居休宁之南，是为临溪府君；兴公自临溪东徙十里，是为月潭府君；时公自月潭徙居歙之环溪，是为杏城府君。徽郡朱姓最繁，而紫阳之族惟此四派最著。”同书卷二十二上《朱慕潭公传》记载：“吾郡朱姓，惟徽国为最著，其支派由星源分散四方，而称望族者不下十百数，月潭朱氏其一也。”据绩溪《盘川王氏宗谱》卷之前《重修新安王氏统宗世谱序》记载：“王氏出唐兵部尚书大献公，而居新安者六百余族，散处列邑，又蔓旁郡，其大且显者凡百十族。各以其地为望，而一望之聚居者，无虑数百人，数千人。诗礼簪缨，后先昭耀，盖江南首姓也。”《绩溪庙子山王氏谱》卷首《叙目》说：“今考延钊子十府君（长子不纪系），后分徙而立族者，凡四百七十有余派。呜乎，盖其盛哉！盖其盛哉！”

徽州宗族资料告诉我们，繁衍裂变出来的每一个宗族，各有自己的始祖，即“始迁祖”。如，黟县西递明经胡氏宗族始迁祖胡士良①；绩溪胡里镇

① 黟县《西递明经胡氏壬派宗谱·序》，清道光六年刻本。

明经胡氏宗族始迁祖胡延政[①]；绩溪上川明经胡氏宗族始迁祖胡七二[②]；休宁临溪朱氏宗族始迁祖朱瓒；休宁月潭朱氏宗族始迁祖朱兴；歙县环溪朱氏宗族始迁祖朱时[③]；绩溪洪川程氏宗族始迁祖程应麟[④]；绩溪仁里程氏宗族始迁祖程宏祖[⑤]；绩溪盘川王氏宗族始迁祖王仪凤[⑥]；歙县棠樾鲍氏宗族始迁祖鲍荣[⑦]；歙县新馆鲍氏宗族始迁祖鲍受[⑧]；歙县西溪南吴氏宗族始迁祖吴光[⑨]，等等。

## 二、以血缘关系为纽带

每一个宗族的子弟全部是该宗族始祖——始迁祖——的后裔，并以血缘关系为纽带结合在一起，形成一个社会人群共同体。《托山程氏宗祠记》记载：

子孙千亿，其初兄弟也，又其初一人也。犹水之千溪万壑而源同，木之千枝万干而根同。观水不绎其源，观木不寻其根，非达本者也。[⑩]

徽州许多宗族都把分辨族类，防止异姓乱宗，保持宗族血缘关系的纯洁性，视为金科玉律，列入族规家法。休宁宣仁王氏宗族《宗规》第三条族类当辨记载：

审族辨类，圣贤不废。世以门第相高，间有非族识为族者，或各宗同姓而混处一里，或他郡异县而冒姓杂居本乡，或继同姓别宗子为嗣，其类匪一。然姓虽同，而祠不同入，墓不同祭，是非难淆，疑似当别。傥

---

① 绩溪《上川明经胡氏宗谱》上卷之上《克修公传》，清宣统三年木活字本。

② 绩溪《上川明经胡氏宗谱》卷首，清宣统三年木活字本。

③ 《新安月潭朱氏族谱》卷二十二下《迁平湖支弁言》，民国二十年木活字本。

④ 绩溪《洪川程氏宗谱》卷之首《自序》，民国十二年刊本。

⑤ 《绩溪仁里程世禄堂世系谱·绩溪仁里程世禄堂家谱叙》，清宣统三年刻本。

⑥ 绩溪《盘川王氏宗谱》卷之首《凡例》，民国十年活字本。

⑦ 歙县《棠樾鲍氏宣忠堂支谱》卷三《始祖代传》，清嘉庆十年家刻本。

⑧ 《歙新馆鲍氏著存堂宗谱》，清光绪元年著存堂活字本。

⑨ 《歙西溪南吴氏世谱·续刻溪南吴氏世谱叙》，明末清初抄本。

⑩ 歙县《托山程氏家谱》卷二十一，明崇祯九年刻本。

称谓亦从叔侄兄弟,后世将若之何?此谱中所以严为之防,非得已也。神不歆非类处己,处人之道,当如是也。①

首先,严防异姓"乱宗"。许多宗族都将此写进族规家法。如绩溪《华阳邵氏宗谱》卷首《新增祠规》规定:"无后为孝之大,立继以承嗣,礼也。照例,立继先择亲房昭穆相当者,谓之'应继'。亲房不得其人,则择远房贤能者,谓之'爱继'……断不许擅令异姓入绍,及螟蛉他人子,以乱宗祏,违者不得入祠。"绩溪上庄明经胡氏宗族《新定祠规二十四条》规定:"凡派下子孙,有抱异姓子为后、暨以女婿外甥为后者,本人革出,毋许入祠,子孙永远毋许入祠。"②休宁《江村洪氏家谱》卷十四《祠规》规定:"异姓螟蛉养子,不许混入祠堂祀先,如有强挨进者,族长同房长押令扶出。"

其次,"然姓虽同,而祠不同入,墓不同祭",也不能以血缘关系为纽带结合成一个社会人群共同体。在徽州,常听到当地人说,这户人家虽然与我们同姓,但不同宗同族。意思就是说,这户人家与他们不是同一个始祖的后代,他们不属于同一个宗族。例如,歙县虹梁村程氏大多是程元谭和程灵洗的后代,他们有共同的程氏宗祠,组成一个宗族。此外,还有几户程姓人家与程元谭和程灵洗后代同姓不同宗,他们有自己的支祠。所以,这几户程姓人家与程元谭和程灵洗的后裔不能结合成一个宗族。在徽州地区,类似例子,举不胜举。

再次,在遥远历史时期,大家同姓同宗,是一个共同始祖的后代,是一个宗族,即所谓"五百年前是一家"。但是,经过漫长的历史发展,子孙散处,宗族裂变,有的甚至相隔遥远。这样,他们尽管存在血缘关系,但不能以血缘关系为纽带结合成一个社会人群共同体,换句话说,不能组成一个宗族。例如,散处歙县各地的数十个鲍氏宗族,散处徽州六县的数十个汪氏、程氏、吴氏宗族等。他们虽然有一个共同的始祖,但后来他们大都"如同路人",有的有微弱的、淡薄的联系,有的则毫无联系。他们谈不上也完全不可能以血缘关系为纽带结合为一个社会人群共同体,也就是说根本不可能结合为

① 《休宁宣仁王氏族谱》,明万历三十八年家刻本。

② 绩溪《上川明经胡氏宗谱》下卷之中,清宣统三年木活字本。

一个宗族。

歙县棠樾鲍氏宗族"敦本户"占有义田五百多亩，租谷于每年青黄不接时廉价粜给宗族子弟。在棠樾鲍氏宗族《公议敦本户规条》中规定："自宋住居本村者，方准籴。"①。棠樾鲍氏宗族为什么要制定这样一条规定呢？因为，棠樾鲍氏始迁祖鲍荣第四代孙鲍居美和鲍居安在宋代迁居棠樾，经过几代子孙繁衍，逐渐形成一个宗族，"自宋住居本村者，方准籴"，实际上就是只有鲍荣的后裔"方准籴。"有的棠樾鲍氏，不是鲍荣的后裔，不属于棠樾鲍氏宗族，所以，《公议敦本户规条》规定：不"准籴"。

历史文献记载证明，一个始祖的后代子孙以血缘关系为纽带结合成一个社会人群共同体，必须具备一定的基本条件，否则即使同一个始祖的后代，相互存在着血缘关系，也不能形成一个社会人群共同体。

## 三、有明确的昭穆世次

一个宗族必须有明确的昭穆世次。如果没有明确的昭穆世次，即使是同一个始祖的后代，也不能形成一个宗族。

《绩溪金紫胡氏家谱》卷首下《艺文·绩北胡氏世系录小引》记载：

> 原族之在绩溪者，分居散处，坊乡棋布，虽知其为共常侍公发派，然以世远人繁，音问罔通，致不能备叙昭穆矣。

绩溪金紫胡氏虽然有共同的始祖，相互间存在着血缘关系，但是他们"不能备叙昭穆"，无法形成一个宗族。

歙县《方氏族谱》卷七《家训·注》对宗族之所以要有明确的昭穆世次的重要性和重大意义，阐述得非常清楚：

> 一家之人，高曾祖考，子孙玄庶，门分户别，众而为族。族至千百，称为故旧。然必喜庆相贺，忧戚相吊，疾病相问，患难相扶，乃为之族。苟昭穆紊而名分失序，亲疏隔而情爱不通，方圆相合而判然不相联属，秦越相视而邈然不相关系，则路人而已矣，何族之有？

---

① 歙县《棠樾鲍氏宣忠堂支谱》卷十九《义田》，清嘉庆十年家刻本。

徽州所有宗族都把明确昭穆世次当做宗族头等大事。《重修古歙东门许氏宗谱》卷八《规约·书宗祠条规后》记载：

祠中神主向论龛座，不序昭穆，殊为失次。考宗庙之礼，原所以序昭穆。是子孙入祠坐次，且悉照祖宗昭穆为序，而祖宗坐位昭穆先乱，何以示子孙乎？今议：龛座中列为始祖，并所奉不祧之主坐次。余悉以世次，分左昭右穆，相循而坐，此正名根本，千古不易之论也。

歙县《方氏族谱》卷七《家训》注记载：

一本之义不明，则世系不可考；世系之考不详，则昭穆不可叙；昭穆失叙，则尊卑之分不定；夫分不定，则称谓之名不正；名分既泯，则彼此相视皆为路人。无所见闻，而同本之恩不作；无所感触，而孝悌之良不生，人且不知其有族矣，而况望其或相亲睦耶？是以君子必明始祖以来之世系，详五服既穷之昭穆，使服虽穷，而尊卑之分在；世虽远，而称谓之名存，则触之而孝悌之心油然而生，玩侮之心阁然而沮矣。

怎样才能辨昭穆、明世次呢？徽州人认为，最重要的一个方法和手段是修族谱。黟县《明经胡氏存仁堂支谱》卷首《前朝谱序》记载：

族师法废，而五服以降，遂不相亲。一姓之中，至不相识，甚至高曾而上不能举其讳字，昭穆之间无以详其辈行，数典而忘，君子耻之。然则谱系之修，将以补族师之阙，而救末俗之偷，其所系顾不重哉！

现在，让我们看看黟县《西递明经胡氏壬派宗谱》中记载的从始迁祖胡士良下传十代的世系表（见下页）。

徽州每个宗族都有像黟县西递明经胡氏宗族这样明确的昭穆世次。笔者在安徽省图书馆、安徽省博物馆、北京图书馆、中国社会科学院历史研究所图书馆、歙县博物馆等单位，阅读过三百多部徽州宗族族谱。在这些族谱中，世系大都占有重要部分，甚至占有绝大部分，或全部内容都是世系。宗族就是通过族谱的编纂达到辨昭穆、明世次的目的。

为了保持宗族的昭穆世次明确无误，徽州宗族很重视“行辈联”（或曰“行辈歌”、“排行联”、“排行歌”）的撰写。《歙新馆鲍氏著存堂宗谱》卷二《新馆著存堂宗祠行辈联》曰：“基开忠厚贻谋远，运际隆平积庆长。”鲍曾福《附跋》说：“吾新馆族支自天字辈始，依字为行，盖天文一尚（改作木）善、元

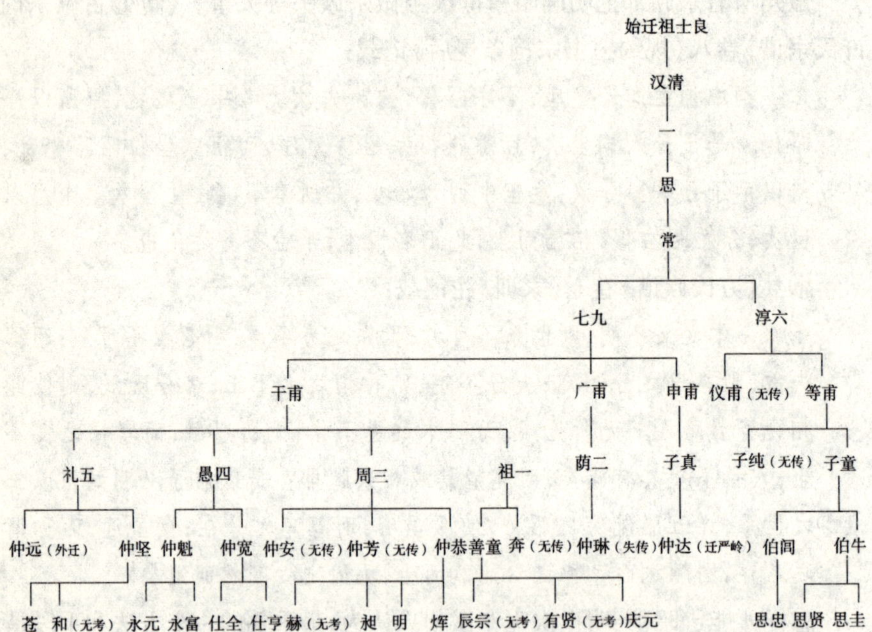


应锡光长（改作曾）、承（改作立）家（改作志）嗣（改作存）先（改作诚）德、永（改作奕）世其弘（改作荣）昌二十字也，历世遵循，昭穆易辨。今传世将逮荣昌，福忝长族齿，谨十四字成联，刊悬宗祠，以踵前武。"每一个字代表一世，全体支丁都以行辈联命名。

在明清时代编纂的徽州族谱末尾，有不少载有这种"行辈联"。行辈联为当时的族人及后世子孙昭穆世次制定了行辈"代号"。人们从这些行辈代号中，一看就能知道哪一个人属于哪一世。

为了保持昭穆世次不乱，徽州宗族大都每隔一定时期重修一次族谱。早在西晋咸宁年间，徽州程氏宗族有个名叫程延的撰写文章告诫子孙，有"三世不修谱便为小人之戒"。这个观点被儒家知识分子——特别是理学大师朱熹——大力倡导，成为徽州人的金科玉律。徽州宗族通过不断地续修族谱，达到了辨昭穆、明世次的目的。

有明确的昭穆世次是宗族的一个最基本的特征。徽州所有宗族都极端重视昭穆世次，视昭穆世次为宗族的生命。一个始祖的后代子孙，如果没有明确的昭穆世次,"如同路人",就不能成为一个宗族。

## 四、开展一定的集体活动

开展一定的集体活动,是宗族的一个基本特征。

徽州宗族的集体活动非常繁多,有"元旦团拜"、"元宵"、"春祭"、"标祀"、"中元"、"秋祭"、"冬祭"、"烧年"、"祖先忌日"、"迎神赛会"等。此外,宗族成员间"喜庆相贺,忧戚相吊"是经常性的集体活动。

据历史文献记载和社会调查资料证明,在众多的宗族集体活动中,农历正月初一团拜、春祭、标祀、秋祭和冬祭是最重要的集体活动。绩溪《华阳邵氏宗族》卷十八《先儒家训》记载:

> 家必有庙,庙必有主,月朔必荐新,时祭用仲月。冬至祭始祖,立春祭先祖,季秋祭祢,忌日迁主祭于正寝。凡事死之礼,当厚于奉生者。

有的宗族只举行春秋二祭,或只举行春祭和冬祭,或既举行春秋二祭又举行冬祭。祭祀活动都在祠堂举行。

祭祖是徽州宗族最隆重的活动。祭祀之日,一些名门右族,大都鸣锣齐集支丁。参祭支丁俱着礼服,钟鼓齐鸣,香烟缭绕,庄严肃穆,至诚至敬。祭祀礼仪,谨遵朱熹《家礼》。

凡已冠宗族子弟必须参加祭祖。歙县新馆鲍氏宗族《祠规》规定:"祠祭日,凡派下子孙在家者,俱要齐集;如无故不到者,罚银三分。六十以上者,不论。管祭者稽查。"①绩溪县上庄明经胡氏宗族《新定祠规二十四条·崇祭祀》规定:"凡祭祀,春以春分日举行,冬以冬至日举行,高曾祖祢用牲,旁亲用庶馐。一切仪节,谨遵朱子《家礼》";"有无故不到及怠慢失仪者,罚";"凡派下子孙,有不祀其祖考者,革出,毋许入祠。"②

许多宗族对老年人和儿童还作了特殊的规定。例如,歙县棠樾鲍氏宗族规定:"年七十老人不能行礼者,准祭后补拜";"未冠八岁以上,即命与

① 《歙新馆鲍氏著存堂宗谱》卷三,清光绪元年著存堂活字本。

② 绩溪《上川明经胡氏宗谱》下卷之中,清宣统三年木活字本。

祭,俾自幼习知礼节。"①

有的宗族规定,祭祖活动男女都要参加。如,黟县环山余氏宗族《余氏家规》规定:"达旦黎明,鸣鼓一周,男女俱要鲜洁衣冠,照依排定班次,随班行礼。"②

农历正月元旦团拜是徽州宗族的重大集体活动,通过这个活动可以达到"叙昭穆,秩名分,重本慎始之道"的目的。歙县新馆鲍氏宗族《祠规》对团拜庆贺仪节有以下规定:"黎明,管年者令人满街鸣锣一次。凡老少冠者,俱着吉服诣祠。到齐,祠内鸣钟三次。礼生二人,一东一西,唱序立,行谒庙礼。四拜毕,行团拜礼。循世次名分列东西,排班序立,行二拜……至巳时,各家妇人止许髻簪尾冠青布衫,齐赴祠行谒庙礼。四拜毕,行团拜礼,二拜……"③

农历正月元旦团拜规模最大,人员最多,男女老少全都参加。每个宗族团拜礼仪,都是先行谒庙礼,再行团拜礼;然后,依次列座饮"利市酒",按人头分"合和饼"(或曰"元旦饼")。

标祀(又曰挂钱,挂纸,标挂,即清明扫墓)是徽州宗族又一种重要的集体活动。祖墓"系祖宗藏魄之所"④,或者说,是"祖宗体魄所在"⑤。《休宁宣仁王氏族谱·宗规》说:"祠宇宗祖神灵所依,墓冢宗祖体魄所藏。子孙思宗祖不可见,是所依所藏之处,即如见宗祖也。祠祭、墓祭皆属展亲大礼,必加敬谨。"

农历清明,宗族子弟必须诣祖墓标祀,这是尊祖敬宗的重要表现。如果不诣祖墓标祀,就是最大"不孝"。歙县《潭渡孝里黄氏族谱》卷六《祠祀》记载:"子姓不肯遍诣各墓展拜,唯于给票(按:即颁发"胙筹"——引者)之处支领,是其胸中只重斤许猪肉,全无尊祖敬宗之心,不孝孰甚!"

历史上,徽州人很重视"风水"。因到处寻觅"风水宝地",造成祖墓既

---

① 歙县《棠樾鲍氏宣忠堂支谱》卷十七《祀事·值年规例》,清嘉庆十年家刻本。

② 黟县《环山余氏宗谱》卷一,民国六年木活字本。

③ 《歙新馆鲍氏著存堂宗谱》卷三,清光绪元年著存堂活字本。

④ 黟县《环山余氏宗谱》卷一《余氏家规》,民国六年木活字本。

⑤ 《重修古歙东门许氏宗谱》卷八《许氏家规》,清乾隆二年刻本。

分散,又遥远。许多宗族子弟不愿多跑路,花时间,"遍诣各墓展拜"。因此,大多数宗族在族规家法中都规定,对"不肯遍诣各墓展拜"的宗族子弟"罚胙",即不分给"胙肉"。

祭祖贵在一个"诚"字,"以诚敬为先"。歙县东门许氏宗族《许氏家规》记载:"人本乎祖而祭于春秋,所以报本返始以伸孝思焉尔。于此不用其诚,恶乎用其诚!"①遵循朱熹《家礼》精神,祭品"虽称家之有无,清素为上"。②

徽州人有"凡事死之礼,当厚于奉生者"的准则。许多宗族祭祀祖先的祭品是极为丰盛的。如,歙县东门许氏宗族春秋二祭,每祭"计用豚胙五十余口,约二千余斤,鸡百只,鱼百尾,枣栗时果各百斤,蜡烛百斤,焚帛百端,香楮、蔬肴、美醖之类不悉纪"。③ 据歙县《潭渡孝里黄氏族谱》卷五《祖墓》记载,黄氏始祖墓祭品:

> 猪一口,羊一腔,糖献五色,饼锭五色,粘果五色,罩果五色(花套全),鲜献五色,煎炸五色,酒肴四桌,三馔四桌,随食四桌,饼锭四桌,果子四桌,面饼四桌,小糖狮四桌,插花三十支,衣冠六身(男四、女二),绢帛六副,香烛七对,金银纸钱,祀后土三牲一副,酒米三斗,饭米三斗,柴油盐酱醋菜……

据歙县《棠樾鲍氏宣忠堂支谱》卷十七《祀事·值年规例》记载,歙县棠樾鲍氏宗族规定祭祀费用:春社祭品约用钱4,980文,中元祭品约用钱2,884文,秋社祭品约用钱4,098文,冬至祭品约用钱18,877文,烧年祭品约用钱4,098文,七次忌辰约用钱4,008文,古城关祭品约用钱5,815文,里田祭品约用钱4,812文,画山园、西沙溪祭品约用钱3,576文。这个宗族每年用于祭祀祖先费用总计53,148文,支丁胙酒钱未算在内。

通过祭祖等集体活动,特别是宗族"合食",促进宗族的发展和巩固。绩溪《华阳邵氏宗谱》卷十八《家规》引程子的话说:

---

① 《重修古歙东门许氏宗谱》卷八,清乾隆二年刻本。
② 《新安武口王氏统宗世谱·宗规》,清雍正四年刻本。
③ 《重修古歙城东许氏世谱》卷一《宗祠祀典条录·祠祀》,明崇祯七年家刻本。

族人须相与为礼,使骨肉之情常相通。骨肉自疏者,只为面不相见,情不相通耳。故古人有分岁除夕之会,有冠婚丧祭之会,有四时燕乐之会。凡以浃洽情好、联属疏远于饮食燕享之中,而寓敦睦之谊,非苟然也。

## 五、有共同的聚居地点

宗族是一种社会人群共同体。一个宗族必须有一定的活动、生存空间,这是不言而喻的。"聚族而居"是徽州宗族一个基本特征。

歙县《桂溪项氏族谱》卷首《汪太傅公序》记载:"余家新安,居万山中,风淳俗古,城郭村落率多聚族而居,故于族谊最笃,而世家巨阀尤兢兢以修谱为重务。"

《绩溪金紫胡氏家谱·嘉庆重修家谱序》记载:"新安居万山之中,民淳而俗厚,敦本务实,惟宗祠家谱为兢兢。自五代以迄于今,民生不见兵革。聚族而居,或累数十世。祠宇之绵亘连云者,远近相望,不可枚举。先儒之遗教有自来矣。"

歙县《棠樾鲍氏宣忠堂支谱》卷二十二《文翰·同老会诗》:

吾邑万山中,风俗最近古。
村墟蔼相望,往往聚族处。

根据《新安大族志》记载,徽州以族姓命名的村庄:

歙县有:方村、谢村、汪村、吴村、叶村、郑村、许村、王村、朱吴村、蒋村、徐村、李村、潘村、江村、姚村、宋村。

休宁有:黄村、张村、陈村、叶村、胡村、朱村、曹村、江村、查村、毕村。

婺源有:方村、冯村、施村。

祁门有:程村、胡村、康村、曹村。

黟县有:李村、韩村、卢村、欧村。

绩溪有:冯村。

此外,歙县有黄家坞、余家山;休宁有许家墩、苏家巷、洪家山、韩家巷;婺源有黄村口、韩家巷、马家巷、叶家埠、陈家巷;祁门有王家山、廖家巷、宋家山、饶家坞。①

这些以族姓命名的村庄说明宗族是聚族而居的；聚族而居是宗族一个基本特征。

宗族子弟外迁还算不算本宗族的成员？这个问题比较复杂，因为宗族裂变是一个很长的历史过程。一个外迁他乡的宗族子弟及其几代后裔，由于感情的原因，往往与原宗族保持一定联系，参加原宗族一定的集体活动，并且在一定程度上遵守原宗族的族规家法，这时，他们仍属于这个宗族，是这个宗族的成员。随着时间的推移，由于地域间隔，久而久之，外迁者的后裔逐渐断绝了与原宗族的联系，不参加原宗族的集体活动，不受原宗族族规家法的约束，这时，外迁者的后裔已经形成一个新的宗族，他们就不属于原宗族，不是原宗族的成员了。

聚族而居出现的原因是什么？这是由封建的农业生产方式造成的。众所周知，在封建时代，自给自足的自然经济占统治地位，那时不仅没有全国统一的市场，在徽州连地区性的市场也不存在。居住在乡村的人们，生活在一个封闭的极端狭小的天地里。许多人一生很少进城，甚至从未进过城市。《黟县南屏叶氏族谱》说："叶氏聚族居于乡，距城十里许，无公事罕入市者。"②除了自己居住的村庄和周围一些村庄，人们什么也不知道。日出而作，日入而息。人们世世代代生活在一种处于几乎僵化了的社会里。这种自给自足的自然经济，必然形成聚族而居。除了占统治地位的封建地主土地所有制以外，许多个体农民不仅是直接生产劳动者，而且还是生产资料——主要是土地——的占有者和所有者，虽然他们占有的土地很少。这种分散的个体农民土地私有制，是中国封建土地所有制一种形式和一个重要特点。农民占有了一点点土地，因此，他们也就世世代代被牢牢地束缚在土地上，成为这块土地的附属物。无论穷到何种程度，无论生活条件怎样恶劣，无论发生什么样灾难和不幸，他们也不轻易离开自己的家园。这是徽州

① 参见多贺秋五郎《关于〈新安名族志〉》，《徽州社会经济史研究译文集》，黄山书社1988年版，第118页。

② 《黟县南屏叶氏族谱》卷一，清嘉庆十七年木活字本。

人形成聚族而居的根本原因。

历史文献记载,徽州人"壮则服贾,老则归田"①,"人重去其乡"②,"其怀土重迁之风有自来矣"③。《新安黄氏大宗谱》卷首《黄墩始祖墓图说》载:"安土重迁,吾徽之常;不忘其本,吾宗之奕。"

黟县《明经胡氏存仁堂支谱》卷首《地理谱》记载:"自来民不土著则生息不长。吾徽古姓旧族,皆土著数千年者也。君子爱枌榆,小人敬桑梓,井里可不重乎?"

歙县江村江氏宗族支丁江登云说:"水有源,木有根,人之于祖亦然。吾徽敦本追远,视他郡较盛。聚族而居,一姓相传,历数百载,衍千万丁。祠宇、坟茔世守勿替。间有贸迁远地者,一旦归来,邱垅无恙,庐舍依然。语云,歙俗千年归故土,谅哉言也。"④

## 六、有一定的组织管理形式

宗族都是以血缘关系为纽带,按昭穆世次组织起来的。宗族组织的细胞是家庭。宗族是由许多个体小家庭组成的。

宗族的中层组织是"房",或曰"门"、"支"。每个宗族中层组织数目不定。每个中层组织包括的个体家庭数目有多、有少。据历史文献记载,祁门县善和里程氏宗族有五大房,歙县棠樾鲍氏宗族有三大房。每个房有房长。

宗族最高领袖是宗子或族长。徽州有些名门右族采古代宗法制之遗意,"究始祖自来之嫡长,而立为大宗子,以统通族之众,而通族之纪纲法度皆其所总理焉。则各族各支得统于小宗,而通族各族得统于大宗,群情合而庶事理,若众指之会于一臂,四体之合于一身"⑤。宗子乃"谱系之骨干

---

① 《重编歙邑棠樾鲍氏三族宗谱》卷七十五《文庆公派》,清乾隆二十五年一本堂刻本。
② 歙县《潭渡黄氏族谱》卷五《祖墓》,清雍正九年刻本。
③ 程一枝:《程典》二十《风俗志》第四,明万历二十六年家刻本。
④ 江登云:《橙阳散志》卷十二《艺文志》三《存志户墓祀序》,清嘉庆十四年刻本。
⑤ 歙县《方氏族谱》卷七《家训》,清康熙四十年刻本。

也","上奉祖考,下一宗族"①。绩溪《华阳邵氏宗谱》卷十八《家规》记载:

晚近,士大夫家皆以始迁及有功德者为始祖,以准古之别子。其嫡长世世继之为大宗,以准古继别之宗。凡族人五世外,皆合之祠堂,序以昭穆,则始祖常祀,同姓常亲。倘宗族有事,宜尊之宗长(按:即宗子——引者),会于宗祠,当兴者从众议行。设有忿争,听从处分,不可径自告官,以伤祖宗一体之义,所谓家之事宗为政是也。

宗子是宗族的领袖,主持宗族祭祀大典。《歙新馆鲍氏著存堂宗谱》卷三《祠规》主祭条规定:一、"冬祭宗子主之";二、"春祭值年头目轮主之。"

宗子不仅主持宗族祭祀,而且集宗族立法、司法、行政、财务等一切权力于一身,即所谓"统通族之众,而通族之纪纲法度皆其所总理焉"。宗子有权制定和修改族规家法。宗族成员违犯族规家法,宗子有权处理和惩罚。宗子有权处理宗族大小事务。宗族财务,最终归宗子掌管。但是,宗子制有种种弊病,如宗子年老多病,或年幼无知、智能低下、道德败坏等。因此,徽州宗族绝大多数都设有族长。

《重修古歙东门许氏宗谱》卷八《许氏家规》尊崇族长条记载:"古者宗法立而事统于宗。今宗法不行,而事不可无统也。一族之人有长者焉,分莫逾而年莫加,年弥高则德弥卲,合族尊敬而推崇之,有事必禀命焉。此宗法之遗意也。有司父母斯民,势分相临,而情或不通。族长总率一族,恩义相维,无不可通之情。凡我族人知所敬信,庶令推行而人莫之敢犯也。其有抗违故犯者,执而笞之。"

有的宗族还设"族副"(或曰"家佐")、"监视"、"掌事"等。这些人大都是宗族中辈高年长、有一定文化水平者。以族长为核心的房长、乡绅是宗族的统治者。这些人依靠他们在宗法血缘关系中的地位和社会地位对宗族实行管理和统治。

黟县《环山余氏宗谱》卷一《余氏家规》记载:"凡行家规事宜,家长(按:即族长——引者)主之,家佐辅之,监事裁决之,掌事奉行之。"

族长的权力和职责有:

① 休宁《茗洲吴氏家典》,清雍正十三年刻本。

**1. 主持宗族祭祀大典**

据历史文献记载,徽州宗族祭祖的主祭人不完全一样,大多数宗族祭祖的主祭人是族长。此外,有的宗子主祭,有的各房轮流举人主祭,有的宗子和各房分别主祭。如,歙县新馆鲍氏宗族集公、概公、乐公、宋公、橐公、檀公、善烨公、善耀公八人,“慨捐己资,共成巨万,建立宗祠,并输祭产”。所以,“以八公配飨始祖,并八公之子孙轮流主祭,且司祠事者,表立祠之功德,报输田之大义也”①。

**2. 主管宗族事务**

有些较大的宗族包括的个体小家庭数以百计,人口数以千计。宗族事务是繁多的。其中有建造祠堂,维修祠堂,纂修族谱,修筑祖墓,修桥铺路,兴修水利……都归族长主管。

**3. 主管宗族财务**

在徽州,许多宗族大都是宗族地主。有些宗族大地主占有土地达数百亩,甚至数千亩,有的还有林场,收入是很可观的。此外,还有宗族子弟的捐输和各种各样的收入。一些名门右族每年财务收入往往以千、万计。许多族长假公济私,将宗族集体所有财富攫为己有。土地改革时,徽州绝大多数族长都定为地主,这不是偶然的。

**4. 主管立法和司法**

徽州宗族的族规家法大都是族长同房长和族内乡绅共同制定的。族规家法,一般都载于族谱,有的单独刊印成册,有的还书写于木板,悬挂祠堂墙壁。族规家法是以族长为核心的宗族统治者统治族众的主要工具。如宗族子弟触犯了族规家法,要被执于祠堂,“听族长,房长率子弟以家法从事”②。例如,“不孝不弟者,众执于祠,切责之,痛惩之”③;怠慢尊长者,“执而笞之”等。歙县东门许氏宗族《许氏家规》头条就是“尊崇族长”。其中规定,

---

① 《歙新馆鲍氏著存堂宗谱》卷三《祠规》,清光绪元年著存堂活字本。

② 《休宁范氏族谱》,明万历二十八年家刻本。

③ 《新安程氏阖族条规》,清抄本。

全族成员必须服从族长领导和管理,“其有抗违故犯者,执而笞之”①。

**5. 处理宗族内部纠纷**

宗族外表虽有一层温情脉脉的面纱,但“强欺弱,众暴寡,富吞贫,恃尊凌卑,以少犯长,藐视族人而仇雠之”的现象在所难免②。族长“凡遇族中有不平之事,悉为之处分排解,不致经官。如果秉公无偏,而顽梗者不遵,则鸣之于官处治之”③。

## 七、有宗族的族规家法

每个宗族都有成文的或不成文的族规家法。以宗子或族长为核心的宗族统治者,利用族规家法对宗族成员进行管理和统治。对此,徽州宗族有许多论述。新安《汪氏统宗正脉·汪氏族规》记载:

越国(按:指汪华——引者)之裔,椒实蕃衍允矣,新安之巨室也。然梧槚之林,不能无棫棘矣。君子惧其族之将圮也,思有以维持安全之,于是作为家规,以垂范于厥宗。

歙县《方氏家谱》卷七《家训·注》说:

百家之族,情以人殊,虽不能悉为淳良,然其自弃者可劝,自暴者可惩也。睦族君子于其善之所当勉,与不善之所当戒者,编为宗约。歆之以作德之休,使跃然而知趋;示之以作伪之拙,使竦然而知避。条分目析,衡平鉴明,而俾有聪听者,罔不信从。如此而尤有自外于条约者,则齐之以刑,纠之以法,虽欲不为善,不可得矣。

笔者在徽州族谱中,摘录了数十部族规家法。概括起来,这些族规家法的重要内容有:

第一,圣谕当遵。《休宁宣仁王氏族谱·宗规》,开篇就是明太祖朱元璋的《圣谕》。歙县《仙源吴氏宗谱》卷一,首先列举了清朝康熙皇帝的《圣

① 《重修古歙城东许氏世谱》卷七《许氏家规》,明崇祯七年家刻本。

② 《重修古歙东门许氏宗谱》卷八《许氏家规》,清乾隆二年刻本。

③ 《重修古歙东门许氏宗谱》卷八《许氏家规》,清乾隆二年刻本。

谕广训》。徽州人认为,封建皇帝的“圣谕”中,“包尽作人道理。凡为忠臣,为孝子,为顺孙,为圣世良民,皆由此出”。所以,必须作为金科玉律,奉行不悖。有些宗族还定期在祠堂“特加宣诵,各宜体行,共成美俗”①。封建统治者对农民最大的要求有两条:一、安分守己;二、纳赋服役。所以,“守望当严”和“赋役当供”就成为徽州宗族族规家法重要内容②。

第二,和睦乡里。黟县环山余氏宗族《余氏家规》规定:“邻里乡党,贵尚和睦,不可恃挟尚气,以启衅端。”在历史上,徽州盛族大姓集众械斗成风,“兴讼求胜,风俗恶薄,莫此为甚,而殒命灭门,多由此也”③。环山余氏宗族《余氏家规》规定,对这种风俗,“族众务宜痛惩,毋相仿效,以保身家。其有子弟三五成群,讥此赛彼,甘靡荡造端生事者,族众不许干于外,仍各重罚,以警其余。其有轻听肤诉望风鼓众者,一例重罚”④。

第三,婚姻当谨。绩溪华阳邵氏宗族《新增祠规》规定:“婚姻嫁娶,须择阀阅相当者,不可下配匪伦,致辱祖先,违者即不得入祠。”⑤徽州人认为,“婚姻乃人道之本,必须良贱有辨,慎选礼仪不愆,温良醇厚有家法者”⑥。婚姻论门第,这是魏晋南北朝时期门阀制度的遗风流俗。徽州人将其写入族规家法,作为婚姻关系一条准则,令宗族子弟依法择婿和选媳。徽州族谱中大量资料证明,这条婚姻关系准则贯彻得很成功,绝大多数婚姻都是“阀阅相当者”。

第四,孝顺父母。“孝为百行之原,人子所当自尽者,大而扬名显亲,小而承颜顺志,皆孝也”⑦。在历史上,中国人认为,孝是做人的根本。所以,许多宗族都把孝作为人生和宗族头等大事,写进族规家法。《新安武口王氏统宗世谱·庭训八则》第一则“孝”说:“生我者谁?育我者谁?择师而教

① 《休宁宣仁王氏族谱·宗规》,明万历三十八年家刻本。
② 《休宁宣仁王氏族谱·宗规》,明万历三十八年家刻本。
③ 黟县《环山余氏宗谱》卷一,民国六年木活字本。
④ 黟县《环山余氏宗谱》卷一,民国六年木活字本。
⑤ 绩溪《华阳邵氏宗谱》卷首,清宣统二年木活字本。
⑥ 歙县《潭渡黄氏族谱》卷四《潭渡孝里黄氏家训》,清雍正九年刻本。
⑦ 绩溪《华阳邵氏宗谱》卷十八《家规》,清宣统二年木活字本。

我者谁？虽生事葬祭，殚力无遗，未克酬其万一。苟其或缺，滔天之罪，尚何可言”。

第五，尊敬长上。在宗族内部，兄长、长辈、房长、族长、宗子等；在宗族外部，地方缙绅，地方官吏、年长乡邻等，都属于“长上”。族规家法规定，对长上要“尊敬而推崇之”，要“恭顺退逊，不敢触犯”。凡是以少犯上者，以卑凌尊者，“执而笞之”①。“子孙受长上呵责，不论是非，但当俯首默受，无得分理”②。

第六，宗族当睦。歙县东门许氏宗族《许氏家规》规定：“族之人，其初一人也。一气流传至于云，仍而不可穷也，是可无敦睦之义乎？其必喜相庆，戚相吊，岁时问遗，伏腊宴会，排难解纷，周急爱拥，以分相临。”族人“凡遇灾患，或所遭不偶也，固宜不恤财、不恤力以图之，怜悯、救援、扶持、培植，以示敦睦之义”；“凡遇孤儿寡妇，恩以抚之，厚以恤之，扶持培植，保全爱护，期于树立，勿致失所；为之婚嫁，为之表彰，伯叔懿亲不得而辞其责也。”③

第七，名分当正。休宁宣仁王氏宗族《宗规》名分当正条规定：“同族者实有名分，兄弟叔侄，彼此称呼，自有定序……我族于趋拜必祈于恭，言语必祈于逊，坐次必祈依于先后。不论近宗远宗，俱照名分序列，情实亲洽，心更相安。”④绩溪龙井明经胡氏宗族《明经胡氏龙井派祠规》正名分条规定：“下不干上，贱不替贵，古之例也。”⑤

第八，闺门当肃。这是徽州宗族族规家法中的重要内容。《潭渡孝里黄氏家训》规定：“风化肇自闺门，各堂子姓当以四德三从（按：一般作“三从四德”——引者）之道训其妇，使之安详恭敬，俭约操持。奉舅姑以孝，事丈夫以礼，待娣姒以和，抚子女以慈，内职宜勤，女红勿怠，服饰勿事华靡，饮食莫思饕餮，毋搬斗是非（按：一般作“搬弄是非”——引者），勿凌厉婢妾，并

① 《重修古歙东门许氏宗谱》卷八《许氏家规》，清乾隆二年刻本。
② 休宁《茗洲吴氏家典》卷之一，清雍正十三年刻本。
③ 《重修古歙东门许氏宗谱》卷八，清乾隆二年刻本。
④ 《休宁宣仁王氏族谱》，明万历三十八年家刻本。
⑤ 绩溪《明经胡氏龙井派宗谱》卷首，民国十年木活字本。

不得出村游戏,如观剧、玩灯、朝山、看花之类,倘不率教,罚及其夫。"①

第九,制御仆从。黟县环山余氏宗族《余氏家规》规定:"家下奴仆,无所统率,致多恣肆。不论各房远近,分作十班,择伶俐十人长之。其长一年一易,俱要系腰,以别贵贱。有呼即至,有令即行。如有抗违主命,侵害各家山场,及在外饮酒生事,并自相詈殴者,其长禀于家主重治,以警其余。"②《新安程氏阖族条规》规定:奴仆"不特犯本主者罪不容于死,即见他房之主,坐则必起,呼则必诺。少有干犯,告之本主,痛加责治。仍遣本仆叩首谢罪于所犯之家,毋得宽纵,以失体统。本主姑息而曲护之,则鸣之于众,共斥其主,公责其仆。"歙县东门许氏宗族《许氏家规》认为,"此君子小人之大分,不可不正者也,慎毋忽。"③

徽州宗族的族规家法,对重大活动都做了详细规定。如"元旦团拜","庆赏元宵","春秋祭祀","春祈秋报","清明墓祭","娶妇庙见","举行冠礼","居丧吊祭"……

此外,提倡什么和禁止什么,也是族规家法中的重要内容。如"职业当勤","养正于蒙","振作士类","表彰义节","节俭当崇"……这都属于提倡者;如"擅兴词讼","斗殴相争","游戏赌博","邪巫当禁"……这都属于禁止者。

徽州宗族族规家法的指导思想是封建思想和封建伦理道德。在这里,封建的三纲五常被具体化了。

## 八、有一定的公有财产

徽州宗族都有或多或少的公有财产。

早在先秦时期,即有"无田不祭"之说。徽州人认为,"祠而弗祀,与无同;祀而无田,与无祀同"④。

---

① 歙县《潭渡黄氏族谱》卷四,清雍正九年刻本。

② 黟县《环山余氏宗谱》卷一,民国六年木活字本。

③ 《重修古歙东门许氏宗谱》卷八,清乾隆二年刻本。

④ 《重修古歙城东许氏世谱》卷七《朴庵翁祭田记》,明崇祯七年家刻本。

朱熹《家礼》规定："初立祠堂，则计见田，每龛取其二十之一，以为祭田。亲尽则以为墓田。后凡正位祔者，皆仿此。宗子主之，以给祭用。上世初未置田，则合墓下子孙之田，计数而割之。皆立约闻官，不得典卖。"在徽州，朱熹的话就是经典，人们大都奉行不悖。所以，徽州宗族非常重视祭田的设置。人们认为，"凡祭田之置，所以敬洁备物，诚不可缺"①。《重修古歙城东许氏世谱》卷七《许氏家规》记载："祭之有田，业可久也。传曰，'无田不祭'，盖谓此尔。吾宗祭社、祭墓、祭于春秋，俱有田矣。"

休宁《江村洪氏家谱》卷十四《宗祠祀田记》说：

> 宗祀之所赖以久远者，惟田。礼曰：惟士无田，则亦不祭。田固蒸尝之所自出也。吾家宗祠既建，钟鼓既具，则春秋禋祀，所恃以备羊豕，洁粢盛，立百年不敝之贮者，非田不可……后世子孙，即有公用急需，勿得妄动祀田。如弃田，是绝祖宗血食也。

在历史上，徽州宗族祭田没有留下统计数字。在徽州的地方志和宗族族谱等历史文献中，关于祭田的记载，俯拾即是，举不胜举。由此可见，祭田在徽州土地总数当中所占的比例，恐怕是相当大的。这里，根据部分历史资料制成《徽州宗族祭田（包括祠田、墓田、社田）举例表》如下。

① 黟县《环山余氏宗谱》卷一《余氏家规》，民国六年木活字本。

| 序列 | 年代 | 地区 | 宗族 | 捐输人 | 名称 | 面积 | 资料来源 |
|---|---|---|---|---|---|---|---|
| 1 | 宋 | 休宁 | 旌城汪氏 | 汪泳 | 祭田(含义田) | 100 亩 | 弘治《徽州府志》卷七《人物志·勋贤》 |
| 2 | 元 | 休宁 | 泰塘程氏 |  | 墓田、墓地 | 80 余亩 | 程一枝《程典》卷二八《茔兆图》第三 |
| 3 | 元 | 黟县 | 黄村黄氏 | 黄真元 | 祭田(含义田、学田) | 630 余亩 | 嘉庆《黟县志》卷七《人物志·质行》 |
| 4 | 明 | 歙县 | 东门许氏 |  | 祀田 | 300 余亩 | 《重修古歙城东许氏世谱》卷一《宗祠祀典条录·祠祀》 |
| 5 | 明 | 歙县 | 东门许氏 | 许朴庵 | 祀田 | 12 亩 | 《重修古歙城东许氏世谱》卷七《朴庵翁祭田记》 |
| 6 | 明 | 歙县 | 东门许氏 | 许禾 | 祭田 | 70 亩 | 《重修古歙城东许氏世谱》卷七《许氏义田宅记》 |
| 7 | 明 | 歙县 | 托山程氏 | 程世业 | 祭田 |  | 歙县《托山程氏家谱》卷二十一《祠田》 |
| 8 | 明 | 祁门 | 胡村胡氏 | 胡天禄、胡徽献 | 祭田(含义田) | 330 亩 | 康熙《徽州府志》卷十五《人物志·尚义》 |
| 9 | 明 | 歙县 |  | 程懋绩 | 祠田 | 30 亩 | 民国《歙县志》卷九《人物志·义行》 |
| 10 | 明 | 歙县 | 江村江氏 | 江若清 | 祀田 |  | 民国《歙县志》卷九《人物志·义行》 |
| 11 | 明 | 歙县 | 溪南吴氏 | 吴迪哲 | 祀田 |  | 民国《歙县志》卷九《人物志·义行》 |
| 12 | 清 | 歙县 | 潭渡黄氏 |  | 祠田 | 163 亩 | 歙县《潭渡黄氏族谱》卷六《祠记》 |

续表

| 序列 | 年代 | 地区 | 宗族 | 捐输人 | 名称 | 面积 | 资料来源 |
|---|---|---|---|---|---|---|---|
| 13 | 清 | 歙县 | 潭渡黄氏 | 黄天寿 | 祭田 | 20 亩 | 歙县《潭渡黄氏族谱》卷七《厚德》 |
| 14 | 清 | 歙县 | 江村江氏 | 江承炳 | 祭田(含义田) | 1000 余亩 | 江登云《橙阳散志》卷三《人物志·义行》 |
| 15 | 清 | 歙县 | 江村江氏 | 江承珍 | 祀田 | 40 亩 | 江登云《橙阳散志》卷三《人物志·义行》 |
| 16 | 清 | 歙县 | 江村江氏 | 江振鸿 | 祀田(含义田) | 千数百亩 | 民国《歙县志》卷九《人物志·义行》 |
| 17 | 清 | 歙县 | 江村江氏 | 江承东 | 祭田 | | 民国《歙县志》卷九《人物志·义行》 |
| 18 | 清 | 歙县 | 棠樾鲍氏 | 鲍志道 | 祭田 | 150 亩 | 歙县《棠樾鲍氏宣忠堂支谱》卷十九《祀事》 |
| 19 | 清 | 歙县 | 新馆鲍氏 | 鲍亭表 | 祠田 | | 《歙新馆鲍氏著存堂宗谱》卷二《鲍亭表公传》 |
| 20 | 清 | 歙县 | 富堨汪氏 | 汪士暹 | 墓田 | | 民国《歙县志》卷九《人物志·义行》 |
| 21 | 清 | 歙县 | 江村江氏 | 汪必达 | 祀田 | | 民国《歙县志》卷九《人物志·义行》 |
| 22 | 清 | 歙县 | 江村江氏 | 江裕瑸 | 祀田 | | 民国《歙县志》卷九《人物志·义行》 |
| 23 | 清 | 歙县 | 蜀源鲍氏 | 鲍光甸 | 祠产、社田 | | 民国《歙县志》卷九《人物志·义行》 |
| 24 | 清 | 歙县 | 新馆鲍氏 | 鲍立然 | 祠田 | | 民国《歙县志》卷九《人物志·义行》 |
| 25 | 清 | 歙县 | 坤沙胡氏 | 胡良权 | 祀田 | | 民国《歙县志》卷九《人物志·义行》 |

续表

| 序列 | 年代 | 地区 | 宗族 | 捐输人 | 名称 | 面积 | 资料来源 |
|---|---|---|---|---|---|---|---|
| 26 | 清 | 歙县 | 坑口项氏 | 项光祜 | 祀产 | | 民国《歙县志》卷九《人物志·义行》 |
| 27 | 清 | 歙县 | 丰南吴氏 | 吴　寰 | 祀田 | | 民国《歙县志》卷九《人物志·义行》 |
| 28 | 清 | 歙县 | 沙溪凌氏 | | 祀田 | | 民国《歙县志》卷九《人物志·义行》 |
| 29 | 清 | 歙县 | 双溪凌氏 | | 祀产 | | 民国《歙县志》卷九《人物志·义行》 |
| 30 | 清 | 歙县 | 长林吴氏 | 吴自亮(赎) | 祭田 | | 民国《歙县志》卷九《人物志·义行》 |
| 31 | 清 | 歙县 | 邑城程氏 | 程光国 | 祀田 | | 民国《歙县志》卷九《人物志·义行》 |
| 32 | 清 | 歙县 | 渔梁巴氏 | 巴源立 | 祀产 | | 民国《歙县志》卷九《人物志·义行》 |
| 33 | 清 | 歙县 | 项村郑氏 | 郑廷佐 | 祀田 | 50余亩 | 民国《歙县志》卷九《人物志·义行》 |
| 34 | 清 | 歙县 | 呈狮范氏 | 范　信 | 祀田 | | 民国《歙县志》卷九《人物志·义行》 |
| 35 | 清 | 歙县 | 郑村郑氏 | 郑秀圃 | 祠田 | 20余亩 | 民国《歙县志》卷九《人物志·义行》 |
| 36 | 清 | 歙县 | 洪源王氏 | 王恒镇 | 祭田 | | 民国《歙县志》卷九《人物志·义行》 |
| 37 | 清 | 歙县 | 王宅村王氏 | 王一标 | 祀田 | | 民国《歙县志》卷九《人物志·义行》 |
| 38 | 清 | 歙县 | 江村程氏 | 程文萼 | 祀产 | | 民国《歙县志》卷九《人物志·义行》 |
| 39 | 清 | 休宁 | 竹林汪氏 | 汪　丕 | 祠田 | 300余亩 | 休宁《竹林汪氏宗祠记》 |
| 40 | 清 | 祁门 | 石坑张氏 | 张启勋 | 祭田(含义田) | 数百十亩 | 同治《徽州府志》卷三十《人物志·义行》 |

续表

| 序列 | 年代 | 地区 | 宗族 | 捐输人 | 名称 | 面积 | 资料来源 |
|---|---|---|---|---|---|---|---|
| 41 | 清 | 婺源 | 庆源詹氏 | 詹德章 | 祀田 | 百数十亩 | 民国《重修婺源县志》卷三十七《人物志·义行》 |
| 42 | 清 | 婺源 | 江湾江氏 | 江祚锡 | 祭田(含义田) | 400亩 | 民国《重修婺源县志》卷三十七《人物志·义行》 |
| 43 | 清 | 婺源 | 江湾江氏 | 江祚锡 | 祠田 | 数十亩<br>44亩 | 民国《重修婺源县志》卷三十七《人物志·义行》 |
| 44 | | 婺源 | 桃溪潘氏 | | 墓田 | 25亩 | 《婺源桃溪潘氏族谱》卷十二《墓田记》 |
| 45 | | 婺源 | 桃溪潘氏 | 潘　琪 | 祠田 | 10亩 | 《婺源桃溪潘氏族谱》卷十二《墓田记》 |
| 46 | | 歙县 | 托山程氏 | | 祠田 | 30余亩 | 歙县《托山程氏家谱》卷二十一《祠田》 |
| 47 | | 歙县 | 棠樾鲍氏 | | 墓田 | 9亩余 | 《重编歙邑棠樾鲍氏三族宗谱》卷一八三《墓图》 |
| 48 | | 黟县 | 城东隅王氏 | 王錞、王钦、王大儒 | 祭田 | | 嘉庆《黟县志》卷七《人物志·尚义》 |
| 49 | | 歙县 | 桂溪项氏 | | 祭田 | 17.8亩 | 歙县《桂溪项氏族谱》卷二十二《祠祀·祭田原始》 |

祭田都归宗族所有，是宗族集体占有的公有财产，所以称之为族田。徽州不少宗族占有这种公有土地的数量是很大的。如，绩溪《上川明经胡氏宗谱·拾遗》记载："吾族祀产最多，自宗祠、支祠，下逮近代各家，无不毕有。"休宁《古林黄氏重修族谱》卷一《祠宇祀产》记载："祀田、地、山、塘，亩步四至，各有保簿开载，税入三甲黄宗祠户，十甲黄承祀户，上纳粮编。"绩溪城西周氏宗族《旧置田产》、《旧置北乡田产》、《旧置十五都田产》、《旧置地业》、《旧置山业》、《新置田产》、《修祠户》、《老配享》、《文会》、《上京户》、《能干会》、《税户》、《新管庄田产》、《新置产业归修祠户》、《新特祭配享产业》、《新特祭配享户》共十六项，总计有田近三百亩，地三十多亩，山二十余亩。此外，还有《十三都遥遥庄渊字等号田产》，总计租谷 12, 231 斤，租芦 8.5 斗①。《金紫胡氏祠产册序》记载："金紫家庙，产业颇丰，若无底籍流传，世远年湮，势难保无遗失侵占之弊……爰将祠基、屋业首列于前，各处坟茔继之，三则家边、东村、杨溪、丁家店、大石门、卓溪六柱田产，由近及远，雁编成本，颜曰《考据》，良有以也。"②

"无田不祭"。不进行祭祖活动，就不能成为一个宗族。要进行祭祖活动，就必须有一定经费。在历史上，这种经费主要来源于族田的地租。没有一定的族田，就无法进行祭祖活动，也就谈不上宗族的存在了。故拥有一定数量的公有财产——族田——是宗族的一个基本特征。

## 结 束 语

宗族是历史上形成的以父系血缘关系为纽带的社会人群共同体。将宗族归结为"父之党"、"父系的亲属"和"同宗同族之人"是片面的。这种观点只揭示了宗族的自然特征，忽视了宗族的社会特征。通过本文的论述，我们可以看到，宗族不仅是一种自然历史现象，更重要的它还是一种社会历史现象。它不仅具有自然特征，而且还具有许多社会特征。

---

① 《绩溪城西周氏宗谱》卷二十，清光绪三十一年木活字本。

② 《绩溪金紫胡氏家谱》卷首下《艺文》，清嘉庆二十四年刻本。

有的学者列举《新安休宁名族志》中的二十个“名族”，说成二十个宗族，是将复杂的社会历史现象简单化了。宗族的繁衍裂变是一种普遍的自然历史现象和社会历史现象。他们列举的《新安休宁名族志》中的二十个“名族”，每一个都包括少则几个，多则几十个宗族。

我们认为，凡是具备上述八个基本特征的社会人群共同体，都是地地道道的典型的宗族。如，休宁五城程氏宗族，泰塘程氏宗族，茗洲吴氏宗族，商山吴氏宗族，临溪朱氏宗族，月潭朱氏宗族，等等。反之，如果只具备上述八个基本特征中的某些部分，那就是一个不典型的宗族，或者是一个正在逐渐形成中的宗族，或者是一个正在逐渐解体中的宗族，也或许根本就不能称其为一个宗族。

（原载《谱牒学研究》第4辑，书目文献出版社1995年版）

# 后　记

这本论文集中的文章，大体可以分为十类：一、徽州宗族的繁荣；二、徽州宗族的来源；三、徽州宗族制度；四、徽州宗族祠堂；五、徽州宗族族规家法；；六、徽州宗族谱牒；七、徽州宗族理学；八、徽州宗族个案；九、徽州宗族人物；十、徽州宗族的典型性。其中5篇文章，论述到徽州宗族族田。

这本论文集中的文章，与原来发表时相比，个别标题略有改动；个别段落补充几条材料，文字略有修改；《从徽州谱牒看宗族对违法者的惩治》发表时，因篇幅所限删去一节，现在补入。

年过花甲的老伴谢申生全力协助我的工作。搜集资料时，她陪同我到徽州地区进行宗族调查，到许多图书馆、博物馆摘抄资料。撰写论文和书稿时，她为我核对引文，校对文字。在编辑这本书的过程中，由于她工作认真和心细，减少了许多错讹。如果没有她的帮助，这本书还要拖一些时间面世。

赵华富

2009年11月16日

责任编辑:王世勇

**图书在版编目(CIP)数据**

徽州宗族论集/赵华富 著. -北京:人民出版社,2011.11
ISBN 978 - 7 - 01 - 010396 - 9

Ⅰ.①徽… Ⅱ.①赵… Ⅲ.①宗族-徽州地区-文集 Ⅳ.①K820.9 - 53

中国版本图书馆 CIP 数据核字(2011)第 227260 号

**徽州宗族论集**

HUIZHOU ZONGZU LUNJI

赵华富 著

人民出版社 出版发行
(100706 北京朝阳门内大街 166 号)

北京龙之冉印务有限公司印刷 新华书店经销

2011 年 11 月第 1 版 2011 年 11 月北京第 1 次印刷
开本:710 毫米×1000 毫米 1/16 印张:27.5
字数:406 千字 印数:0,001-2,000 册

ISBN 978 - 7 - 01 - 010396 - 9 定价:58.00 元

邮购地址 100706 北京朝阳门内大街 166 号
人民东方图书销售中心 电话 (010)65250042 65289539